本书为韩国国立文化财研究所和俄罗斯科学院远东分院远东民族历史·考古·民族研究所联合出版的俄文版《俄罗斯滨海边疆区锡涅利尼科沃1号城址考古报告》的中译本，已获得韩国国立文化财研究所和俄罗斯科学院远东分院远东民族历史·考古·民族研究所的翻译授权。

Данная книга является китайским переводом русскоязычного издания работы «Итоги исследований на городище Синельниково-1 в Российском Приморье», совместно изданной Государственным исследовательским институтом культурного наследия Республики Корея и Институтом истории, археологии и этнографии народов Дальнего Востока Дальневосточного отделения Российской академии наук. Разрешение на перевод было получено от Государственного исследовательского института культурного наследия Республики Корея и Института истории, археологии и этнографии народов Дальнего Востока Дальневосточного отделения Российской академии наук.

이 책은 대한민국 문화재청 국립문화재연구소와 러시아연방 러시아과학원 극동지부 역사학고고학민족학연구소가 기존에 공동 출판한『연해주 시넬니코보－1산성 발굴조사보고서』러시아어판을 대한민국 문화재청 국립문화재연구소와 러시아연방 러시아과학원 극동지부 역사학고고학민족학연구소의 이용허가와 자료 협조를 받아 중국어 번역본으로 출판한다.

本译著的出版得到黑龙江省"双一流"学科建设经费资助

本译著为国家社科基金专项项目
"俄罗斯靺鞨-渤海考古资料整理、译介与研究"
（18VGB001）的阶段性成果

俄罗斯滨海边疆区锡涅利尼科沃1号城址考古报告

俄罗斯科学院远东分院远东民族历史·考古·民族研究所
韩国国立文化财研究所 ◎ 编著

梁会丽　王骁骞 ◎ 译

科学出版社
北京

图字：01-2022-1552

俄罗斯滨海边疆区锡涅利尼科沃1号城址考古报告
Excavation Report on Sinel'nikovo-1 Mountain Fortress in the Maritime Province of Russia
ISBN 978-89-299-1471-4 93910

Authorized translation from Russian language edition published by Institute of History, Archaeology and Ethnography of the Peoples of the Far East, Far Eastern Branch of the Russian Academy of Sciences and National Research Institute of Cultural Heritage of Korea in 2018.
Copyright © 2018 By Institute of History, Archaeology and Ethnography of the Peoples of the Far East, Far Eastern Branch of the Russian Academy of Sciences and National Research Institute of Cultural Heritage of Korea.
All rights reserved.

本书原版由韩国国立文化财研究所和俄罗斯科学院远东分院远东民族历史·考古·民族研究所联合出版，并经其授权翻译出版。版权所有，侵权必究。China Science Publishing & Media Ltd. is authorized to publish and distribute exclusively the Chinese (Simplified Characters) language edition. No part of the publication may be reproduced or distributed by any means, or stored in a database or retrieval system, without the prior written permission of the publisher. 本书中文简体翻译版授权由中国科技出版传媒股份有限公司独家出版。未经出版者书面许可，不得以任何方式复制或发行本书的任何部分。

内 容 简 介

锡涅利尼科沃1号山城遗址位于俄罗斯滨海边疆区西南部十月区，处于拉兹多利纳亚河西岸低矮的山顶之上。2015~2016年，韩国国立文化财研究所与俄罗斯科学院远东分院远东民族历史·考古·民族研究所对该城址进行了考古发掘。此次发掘主要对城址中部和东部进行了发掘，发现大量房址和灰坑，以及蓄水井遗迹，并通过解剖了解了城墙的结构和始建、沿用情况。此外，该遗址内还发现有旧石器时代、新石器时代和早期铁器时代文化遗存。

本书适合从事文物考古、博物馆、文化遗产保护等方面的工作者和研究人员，以及高校相关专业的师生参考阅读。

图书在版编目（CIP）数据

俄罗斯滨海边疆区锡涅利尼科沃1号城址考古报告 / 俄罗斯科学院远东分院远东民族历史·考古·民族研究所，韩国国立文化财研究所编著；梁会丽，王骁骞译. —北京：科学出版社，2023.8
　ISBN 978-7-03-071577-7

Ⅰ.①俄⋯　Ⅱ.①俄⋯②韩⋯③梁⋯④王⋯　Ⅲ.①古城遗址（考古）-发掘报告-俄罗斯　Ⅳ.①K885.128.35

中国国家版本馆CIP数据核字（2023）第114025号

责任编辑：赵　越 / 责任校对：邹慧卿
责任印制：肖　兴 / 封面设计：陈　敬

科 学 出 版 社 出版
北京东黄城根北街16号
邮政编码：100717
http://www.sciencep.com

北京汇瑞嘉合文化发展有限公司 印刷
科学出版社发行　各地新华书店经销
*
2023年8月第　一　版　　开本：787×1092　1/16
2023年8月第一次印刷　　印张：21
字数：500 000
定价：298.00元
（如有印装质量问题，我社负责调换）

前　言

本书为中世纪早期位于俄罗斯滨海地区西部的锡涅利尼科沃1号城址的考古发掘成果报告。对锡涅利尼科沃1号城址进行考古发掘和研究并非偶然，因为它能够展现滨海地区中世纪的历史。中世纪时期渤海国扩张至此处，并将该地区并入渤海国疆域范围内。

该城址的发掘始于20世纪90年代。在В. И. 博尔金的领导下，由俄罗斯科学院远东分院远东民族历史·考古·民族研究所的工作人员进行。其中有四个阶段的田野工作在日本考古工作者的参与下进行。20世纪90年代主要对该城址的防御设施进行了发掘，在该城址的西部发掘了城门，解剖了城墙，并对该城址东部阶地上的两处房址进行了发掘，其中一座房址属于靺鞨时期，另一座属于渤海时期。20世纪90年代总发掘面积约300平方米。

2015~2016年间，由俄罗斯科学院远东分院远东民族历史·考古·民族研究所和韩国国立文化财研究所联合对该城址进行发掘和研究。在锡涅利尼科沃1号城址的中部和东部进行了大规模的发掘工作，主要清理的遗迹为房址和灰坑。同时还对防御设施进行了进一步发掘，包括首次解剖了城址的东城墙和护城壕。2015~2016年间总发掘面积约650平方米。

2015年的野外考古发掘期为7月14日~8月17日。参加此次发掘工作的有韩国国立文化财研究所的工作人员尹亨俊（韩方执行领队）、林弩丽、金王国、李敏英、刘恩植；俄罗斯科学院远东分院远东民族历史·考古·民族研究所的工作人员Н. А. 克柳耶夫（俄方领队）、И. Ю. 斯列普佐夫、И. В. 格利达索娃、О. Л. 莫列娃、Е. А. 谢尔古舍娃、О. В. 博基、С. Д. 普罗科别茨。参加发掘的工人有И. 博罗金、М. 马特维耶夫、А. 舍夫科穆德、Д. 别洛夫、Е. 沙波瓦洛夫、Т. 格里什科、Ю. 克里乌利亚、П. 奥列伊尼克、В. 奥列伊尼克、И. 克鲁托乌斯、П. 巴甫洛夫、А. 多罗费耶夫、М. 盖努琳娜、Д. 拉普捷夫、А. 库兹涅佐夫、А. 布尔多诺夫、Т. 邵耶夫、Е. 列梅斯罗夫、Д. 彼得连科、Л. 叶尔马科夫。司机为В. Н. 斯特列利比茨

基和 А. М. 博罗金。厨师为 Н. В. 扎罗夫涅娃。

此外，2015年度后期发掘工作期间，韩国专家团队的池炳穆、金钟福、洪亨雨前来考察。

2015年，在该城址共展开了两个区域的考古发掘。一号发掘区的工作旨在研究该城址的中心区域，总发掘面积300平方米。最终清理出了7座中世纪早期房址、4个灰坑以及蓄水井遗迹。二号发掘区的工作在该城址的东部边缘地区进行，该地区为陡峭的山脊高地，由一条低矮的城墙和城壕将其与遗址其余部分隔开，该区域总发掘面积105平方米。通过发掘和解剖了解到，人类很早就在此居住，先后留下了新石器时代、早期铁器时代和中世纪早期的建筑遗迹。

此外，2015年还对该城址西部的防御设施进行了重新发掘和研究。

2016年，该城址的野外考古发掘于8月4~31日进行。参加此次发掘工作的有韩国国立文化财研究所的工作人员南皓贤（韩方执行领队）、安载弼、郑允熙、金天、М. А. 斯托亚金；俄罗斯科学院远东分院远东民族历史·考古·民族研究所的工作人员 Н. А. 克柳耶夫（俄方领队）、И. Ю. 斯列普佐夫、И. В. 格里达索娃、О. Л. 莫列娃、Е. А. 谢尔古舍娃、Я. Е. 皮斯卡廖娃、С. Д. 普罗科别茨。参加发掘的工人有 Е. 普罗科别茨、И. 博罗金、М. 马特维耶夫、М. 斯米尔诺夫、Д. 别洛夫、Е. 沙波瓦洛夫、Д. 马特维耶夫、М. 费杰涅娃、П. 奥列伊尼克、В. 奥列伊尼克、А. 索博廖娃、П. 巴甫洛夫、А. 多罗费耶夫、М. 盖努琳娜、Д. 拉普捷夫、К. 库兹涅佐夫、А. 布尔多诺夫、Т. 邵耶夫、Е. 列梅斯罗夫、В. 塔拉先科、С. 科涅夫、Н. 莫莫特、Л. 克留科夫、П. 申卡廖夫、Р. 博罗金、Т. 皮斯卡廖娃、И. 巴克拉诺夫。司机为 В. Н. 斯特列利比茨基和 А. М. 博罗金。厨师为 Н. В. 扎罗夫涅娃。

此外，2016年度后期发掘工作期间，韩国专家团队的李相俊、洪亨雨、成正镛、赵相基前来考察。

2016年继续对该城址的中心区域开展考古发掘。发掘是在2015年的基础上，在距离一号发掘区不远的地方对发掘范围进行扩展，即三号发掘区，并清理了9个遗迹单位，其中6个为房址。二号发掘区即东部陡峭山脊高地的发掘工作在2015年基础上扩大了范围，完成了对该地点的考古工作。此外，对位于该城址东部的被一条2米宽的沟分隔的城墙和城壕进行了发掘。2016年在该城址的总发掘面积约250平方米。

总体上，2015~2016年以及20世纪90年代在锡涅利尼科沃1号城址进行的考古发掘成果，使确定该遗址的具体年代和时期，以及揭示聚落遗存的文化属性成为可能。

该遗址2015~2016年的考古发掘工作也得到了俄罗斯科学基金会项目"远东中世纪帝国城市"（项目编号No14-18-01165）的支持。

本报告总结了自20世纪90年代以来锡涅利尼科沃1号城址的考古发掘工作，由多位学者共同编写：前言由 Н. А. 克柳耶夫撰写；第一章"锡涅利尼科沃1号城址地形地貌、地层情况及考古研究史"由 Н. А. 克柳耶夫、С. Д. 普罗科别茨、И. Ю. 斯列普佐夫撰写；

第二章"20世纪90年代锡涅利尼科沃1号城址考古发掘成果"由Н. А. 克柳耶夫、Я. Е. 皮斯卡廖娃、В. И. 博尔金、Е. И. 格尔曼撰写；第三章"2015~2016年俄韩联合考古队的发掘"由俄方的Н. А. 克柳耶夫、С. Д. 普罗科别茨、Я. Е. 皮斯卡廖娃、Н. А. 多罗费耶娃、И. В. 格里达索娃、И. Ю. 斯列普佐夫以及韩方的尹亨俊、南皓贤、金东勋、郑允熙、М. А. 斯托亚金共同撰写；第四章"锡涅利尼科沃1号城址的植物考古研究"由Е. А. 谢尔古舍娃撰写；第五章"结语"由Н. А. 克柳耶夫、С. Д. 普罗科别茨、Я. Е. 皮斯卡廖娃撰写；附录二"锡涅利尼科沃1号城址存在时期的自然气候条件（根据孢粉分析数据）"由М. С. 利亚谢夫斯卡亚撰写；附录三"拉兹多利纳亚河中游可视通信和交通体系遗迹分析"由南皓贤、郑允熙撰写。

古钱币学资料的搜集工作由А. Л. 伊夫里耶夫完成。俄文版报告的俄韩互译由М. А. 斯托亚金、郑允熙完成；排版由М. А. 斯托亚金完成；校订由Н. А. 克柳耶夫完成。

本报告大部分插图由报告编写者提供，Д. М. 别洛夫和А. А. 格拉特琴科夫也对此提供了帮助，报告编写者在此对二位表示衷心的感谢。

目 录

第一章　锡涅利尼科沃1号城址地形地貌、地层情况及考古研究史 ……… 001

第二章　20世纪90年代锡涅利尼科沃1号城址考古发掘成果 ……… 005
第一节　锡涅利尼科沃1号城址东部居址考古发掘 ……… 005
一、发掘区总体特征及发掘过程 ……… 005
二、发现的遗迹 ……… 007
三、出土遗物 ……… 009
第二节　锡涅利尼科沃1号城址西城墙和西城门发掘 ……… 011
一、发掘区总体特征及发掘过程 ……… 011
二、发现的遗迹 ……… 012
三、出土遗物 ……… 014

第三章　2015～2016年俄韩联合考古队的发掘 ……… 015
第一节　城址中部区域遗迹的发掘 ……… 015
一、发掘区总体特征及发掘过程 ……… 015
二、发现的遗迹及出土遗物 ……… 015
第二节　城址东部遗存的发掘 ……… 152
一、发掘工作进展综述 ……… 152
二、城址东部遗存分期描述 ……… 153
第三节　城址防御设施的研究 ……… 217
一、城址东部城墙和护城壕的发掘 ……… 217
二、城址西部城墙的研究 ……… 221

第四章　锡涅利尼科沃1号城址的植物考古研究 ……… 233
第一节　材料与方法 ……… 233
第二节　数据统计 ……… 235
一、一号发掘区的植物遗存 ……… 235

二、二号发掘区的植物遗存 ·· 244
　　三、三号发掘区的植物遗存 ·· 245
　第三节　数据的分析 ·· 247
　第四节　结论 ·· 261

第五章　结语 ·· 264
　第一节　轮制和手制陶器：制作技术、保存状况、出土层位 ···················· 265
　第二节　陶器形制分类：陶器的形状、纹饰 ·································· 266
　　一、A组轮制陶器 ··· 266
　　二、B组轮制陶器 ··· 268
　　三、手制陶器 ·· 268
　　四、纹饰 ·· 275
　第三节　商榷："闭合式"遗迹单位的考古材料和遗址的年代 ··················· 276

附录一　^{14}C测年结果 ·· 279

附录二　锡涅利尼科沃1号城址存在时期的自然气候条件（依据孢粉分析数据）
·· 286

附录三　拉兹多利纳亚河中游可视通信和交通体系遗迹分析 ················ 293

附录四　遗址名、地理名称、人名对译表 ···································· 305

插图目录

图1-1　锡涅利尼科沃1号城址（东南—西北）································001

图1-2　锡涅利尼科沃1号城址（东—西）····································002

图1-3　锡涅利尼科沃1号城址平面··003

图2-1-1　1999年发掘区地层剖面图··005

图2-1-2　上部文化层出土的带有锯齿状附加纹饰带的大型容器残片········006

图2-1-3　金属制品··006

图2-1-4　四号发掘区地层第2层下遗迹发掘前平面图···························007

图2-1-5　地层第2层下遗迹发掘后平面图·······································008

图2-1-6　1号房址出土陶壶复原图···009

图2-1-7　陶器··010

图2-1-8　2号房址房内堆积出土铁甲片··010

图2-1-9　2号房址房内堆积出土筒形罐··010

图2-2-1　锡涅利尼科沃1号城址城墙剖面图（В.И.博尔金发掘）············012

图2-2-2　锡涅利尼科沃1号城址城门发掘平面图（В.И.博尔金发掘）·······013

图3-1-1　遗址正投影全景照··016

图3-1-2　遗址中部一号发掘区照片（东南—西北）···························016

图3-1-3　三号发掘区照片（南—北）··016

图3-1-4　2015年一号发掘区全貌（南—北）····································017

图3-1-5　发掘后的蓄水井全貌（2015年）（南—北）·························017

图3-1-6　2016年一号发掘区全貌（南—北）····································017

图3-1-7　2015～2016年度一号发掘区遗迹分布图·······························018

图3-1-8　Ф/18探方第1层出土"开元通宝"钱币（编号No.16）（南—北）···019

图3-1-9　地层第1层出土陶器照片（一）·······································020

图3-1-10　地层第1层出土陶器线图（一）······································021

图3-1-11　地层第1层出土陶器照片（二）······································022

图3-1-12　地层第1层出土陶器线图（二）······································023

图3-1-13　地层第1层出土其他遗物··025

图3-1-14　Ф/25探方第2层出土陶多孔器··025

图3-1-15	地层第2层出土陶器照片（一）	026
图3-1-16	地层第2层出土陶器照片（二）	027
图3-1-17	地层第2层出土陶器线图	028
图3-1-18	Ф/25探方第2层出土渤海多孔器（编号No.34）	029
图3-1-19	地层第2层出土其他遗物	029
图3-1-20	1～3号房址房内上层堆积（北—南）	030
图3-1-21	1～3号房址房内上层堆积平面图	030
图3-1-22	1～3号房址下层陶器堆积（北—南）	031
图3-1-23	带有陶器堆积的1～3号房址房内下层堆积平、剖面图	031
图3-1-24	1～3号房址发掘后（西—东）	032
图3-1-25	1～3号房址平面图及柱坑、灶坑剖面图	032
图3-1-26	1号房址房内上层堆积全貌（东北—西南）	033
图3-1-27	带有陶器堆积和灼烧痕迹的1、2号房址房内下层堆积（东—西）	034
图3-1-28	2号房址中部的陶器堆	034
图3-1-29	2号房址东北角的陶器堆	034
图3-1-30	带有烧灼木柱的3号房址房内上层堆积全貌（东南—西北）	035
图3-1-31	3号房址B/5探方出土陶器（北—南）	035
图3-1-32	3号房址地面出土陶器（东南—西北）	035
图3-1-33	1号房址出土手制陶器照片	036
图3-1-34	1号房址出土手制陶器线图	037
图3-1-35	2号房址出土陶器照片（一）	039
图3-1-36	2号房址出土陶器照片（二）	040
图3-1-37	2号房址出土陶器线图	041
图3-1-38	3号房址出土陶器照片	042
图3-1-39	3号房址出土陶器线图	043
图3-1-40	1～3号房址下层填土出土其他遗物	045
图3-1-41	4号房址3/9、И/10探方出土陶器堆（南—北）	046
图3-1-42	4号房址下层填土平、剖面图	047
图3-1-43	发掘后的4号房址全貌（南—北）	048
图3-1-44	发掘后的4号房址平面图及灶坑、柱坑剖面图	048
图3-1-45	4号房址出土陶器照片（一）	050
图3-1-46	4号房址出土陶器照片（二）	052
图3-1-47	4号房址出土陶器线图	053
图3-1-48	4号房址出土其他遗物	054
图3-1-49	5号房址西南角Б-В/12-13探方陶器堆、砾石及桦树皮残片（北—南）	055

图3-1-50	5号房址Д/11探方地面出土陶器（南—北）	055
图3-1-51	5号房址В/12探方地面出土的桦树皮杯（南—北）	055
图3-1-52	5号房址东壁下陶器堆（西—东）	056
图3-1-53	5号房址Б-В/11探方地面出土斜口器（南—北）	056
图3-1-54	带陶器堆的5号房址全貌（西—东）	056
图3-1-55	5号房址下层填土平、剖面图	057
图3-1-56	发掘后的5号房址（南—北）	058
图3-1-57	发掘后的5号房址及灶坑剖面图	058
图3-1-58	5号房址В/11探方出土斜口器照片	060
图3-1-59	5号房址出土陶罐照片	060
图3-1-60	5号房址出土陶器线图（一）	061
图3-1-61	5号房址出土陶器照片（一）	062
图3-1-62	5号房址出土陶器线图（二）	063
图3-1-63	5号房址出土陶器照片（二）	064
图3-1-64	5号房址出土陶器线图（三）	065
图3-1-65	6号房址И/15探方上层填土出土人类下颌骨（南—北）	066
图3-1-66	6号房址И/16-17探方下层填土陶器堆（东—西）	066
图3-1-67	6号房址平、剖面图	067
图3-1-68	发掘后的6号房址全貌（南—北）	067
图3-1-69	6号房址出土陶器照片（一）	070
图3-1-70	6号房址出土陶器线图（一）	071
图3-1-71	6号房址出土陶器照片（二）	072
图3-1-72	6号房址出土陶器线图（二）	073
图3-1-73	6号房址底部填土出土其他遗物	074
图3-1-74	7号房址包含陶器堆全景照（南—北）	074
图3-1-75	7号房址东北角Г/19探方出土陶器（西—东）	075
图3-1-76	7号房址带有陶器堆的下层堆积平、剖面图	075
图3-1-77	发掘后的7号房址俯视全景照（北上）	076
图3-1-78	7号房址出土陶器照片（一）	077
图3-1-79	7号房址出土陶器照片（二）	078
图3-1-80	7号房址出土陶器线图	079
图3-1-81	7号房址出土其他遗物	080
图3-1-82	叠压于8号房址之上的石堆（北—南）	081
图3-1-83	石堆平、剖面图	082
图3-1-84	带有陶器堆的8号房址全景照（南—北）	083

图3-1-85	8号房址И/22-23探方地面出土陶器（东—西）	083
图3-1-86	8号房址И/23探方地面出土陶器（东—西）	083
图3-1-87	带有陶器堆的8号房址下层堆积平、剖面图	084
图3-1-88	发掘后的8号房址全景照（西—东）	084
图3-1-89	8号房址出土陶器照片（一）	087
图3-1-90	8号房址出土陶器线图（一）	087
图3-1-91	8号房址出土陶器照片（二）	088
图3-1-92	8号房址出土陶器线图（二）	089
图3-1-93	8号房址出土陶器照片（三）	090
图3-1-94	8号房址出土陶器线图（三）	091
图3-1-95	8号房址上部填土出土石磨棒	092
图3-1-96	蓄水井填土剖面（南—北）	092
图3-1-97	发掘后蓄水井全景照（北—南）	093
图3-1-98	蓄水井出土陶器照片（一）	094
图3-1-99	蓄水井出土陶器线图（一）	095
图3-1-100	蓄水井出土陶器照片（二）	096
图3-1-101	蓄水井出土陶器线图（二）	096
图3-1-102	蓄水井出土其他遗物	097
图3-1-103	1号灰坑下层填土（东—西）	099
图3-1-104	1号灰坑填土出土陶器堆（南—北）	099
图3-1-105	1号灰坑Б/1-2探方底部出土饰纹骨制品（编号No.13）（南—北）	099
图3-1-106	1号灰坑下层堆积平、剖面图	100
图3-1-107	发掘后的1号灰坑全景照（南—北）	100
图3-1-108	Б/1探方出土斜口器	101
图3-1-109	1号灰坑出土陶器照片（一）	102
图3-1-110	1号灰坑出土陶器线图（一）	103
图3-1-111	1号灰坑出土陶器照片（二）	104
图3-1-112	1号灰坑出土陶器线图（二）	105
图3-1-113	1号灰坑出土其他遗物	106
图3-1-114	发掘后的2号灰坑全景照（南—北）	108
图3-1-115	发掘后的3号灰坑全景照（南—北）	108
图3-1-116	发掘后的4号灰坑全景照（南—北）	108
图3-1-117	发掘后的5号灰坑全貌（西—东）	109
图3-1-118	发掘后的6号灰坑全貌（西—东）	110
图3-1-119	发掘后的7号灰坑全貌（南—北）	110

图3-1-120	7号灰坑堆积剖面（北—南）	110
图3-1-121	7号灰坑出土动物颌骨残块（西—东）	111
图3-1-122	7号灰坑上层填土平、剖面图	111
图3-1-123	7号灰坑出土陶器照片	113
图3-1-124	7号灰坑出土陶器线图	113
图3-1-125	发掘后的8～10号灰坑全貌（南—北）	114
图3-1-126	发掘后的三号发掘区房址（南—北）	114
图3-1-127	三号发掘区遗迹平面图	115
图3-1-128	Б/8探方第2层出土铜铃（编号No.3）（南—北）	115
图3-1-129	三号发掘区第2层出土陶器残片照片	116
图3-1-130	三号发掘区第2层出土陶器残片线图	116
图3-1-131	三号发掘区第2层出土其他遗物	117
图3-1-132	三号发掘区Б/8探方第2层出土铜铃	118
图3-1-133	三号发掘区第2层出土石器	119
图3-1-134	三号发掘区第1层出土其他遗物	119
图3-1-135	1号房址A/3探方出土陶器（南—北）	120
图3-1-136	1号房址下层填土平、剖面图	121
图3-1-137	发掘后的1号房址全貌（南—北）	121
图3-1-138	1号房址出土陶器照片（一）	124
图3-1-139	1号房址出土陶器线图（一）	125
图3-1-140	1号房址出土陶器照片（二）	126
图3-1-141	1号房址出土陶器线图（二）	127
图3-1-142	2号房址E/1探方出土陶器（西南—东北）	128
图3-1-143	2号房址下层填土平、剖面图	128
图3-1-144	发掘后的2号房址全貌（南—北）	129
图3-1-145	2号房址出土陶器照片	130
图3-1-146	2号房址出土陶器线图	131
图3-1-147	2号房址出土其他遗物	132
图3-1-148	3号房址Д/6探方出土陶器残片（南—北）	133
图3-1-149	3号房址E/4-5探方出土陶器残片（南—北）	133
图3-1-150	3号房址Г/4探方出土陶器残片（南—北）	133
图3-1-151	3号房址底部填土平、剖面图	134
图3-1-152	发掘后的3号房址全貌（南—北）	134
图3-1-153	3号房址出土轮制陶器照片	135
图3-1-154	3号房址出土轮制陶器线图	135

图3-1-155	3号房址出土手制陶器照片（一）	136
图3-1-156	3号房址出土手制陶器线图（一）	137
图3-1-157	3号房址出土手制陶器照片（二）	138
图3-1-158	3号房址出土手制陶器线图（二）	139
图3-1-159	3号房址出土其他遗物	140
图3-1-160	4号房址A/9探方出土陶器残片（南—北）	141
图3-1-161	4号房址下层填土平、剖面图	141
图3-1-162	4号房址灶坑（南—北）	142
图3-1-163	发掘后的4号房址全貌（南—北）	142
图3-1-164	4号房址出土陶器照片（一）	143
图3-1-165	4号房址出土陶器线图（一）	143
图3-1-166	4号房址出土陶器照片（二）	144
图3-1-167	4号房址出土陶器线图（二）	144
图3-1-168	4号房址第3层出土其他遗物	145
图3-1-169	4号房址出土其他遗物	146
图3-1-170	5号房址下层填土平、剖面图	147
图3-1-171	5号房址灶坑（西—东）	148
图3-1-172	发掘后的5号房址全貌（南—北）	148
图3-1-173	发掘后的5号房址全貌（西南—东北）	148
图3-1-174	6号房址下层填土平、剖面图	150
图3-1-175	发掘后的6号房址全貌（南—北）	150
图3-1-176	发掘后的5-6号房址全貌（南—北）	150
图3-1-177	6号房址Л/9探方第4层出土陶碗	151
图3-1-178	发掘后的2号灰坑（南—北）	151
图3-1-179	3号灰坑K/8-9探方中的烧土（南—北）	151
图3-2-1	城址东部发掘区全景（西南—东北）	152
图3-2-2	二号发掘区各时期遗迹分布图	154
图3-2-3	中世纪早期房址出土陶器残片	155
图3-2-4	中世纪早期房址出土其他遗物	156
图3-2-5	1号房址全景照（西—东）	157
图3-2-6	1号房址平面图	159
图3-2-7	1号房址西侧Д/10探方出土陶器（西北—东南）	160
图3-2-8	1号房址西侧E/10探方出土陶器（西南—东北）	160
图3-2-9	1号房址西北角E/10探方出土陶器（北—南）	160
图3-2-10	1号房址西北角Ж/10探方出土陶器（北—南）	161

图3-2-11	1号房址门道处Ж/7探方出土陶器（东南—西北）	161
图3-2-12	1号房址北侧E/2-3探方出土陶器（南—北）	161
图3-2-13	灶坑填土Д/4-5探方出土陶器（东—西）	162
图3-2-14	灶坑旁Г/5探方出土陶器（南—北）	162
图3-2-15	灶坑旁Г/4探方出土陶器（西—东）	162
图3-2-16	发掘完1号房址后的二号发掘区全貌（西—东）	163
图3-2-17	1号房址出土陶器照片（一）	164
图3-2-18	1号房址出土陶器线图（一）	165
图3-2-19	1号房址出土陶器照片（二）	166
图3-2-20	1号房址出土陶器线图（二）	167
图3-2-21	1号房址出土陶器照片（三）	168
图3-2-22	1号房址出土陶器线图（三）	169
图3-2-23	1号房址出土金属器	171
图3-2-24	1号房址出土石器	172
图3-2-25	2号房址带有陶器堆的下层填土（西北—东南）	173
图3-2-26	2号房址东北角Д/1探方出土陶器（南—北）	173
图3-2-27	2号房址西部Г/1-2探方出土陶器（北—南）	173
图3-2-28	2号房址Г/2探方出土陶器（南—北）	174
图3-2-29	2号房址下层填土平面图	175
图3-2-30	发掘后的2号房址全貌（西—东）	175
图3-2-31	2号房址出土陶器照片	176
图3-2-32	2号房址出土陶器线图	177
图3-2-33	2号房址出土其他遗物	179
图3-2-34	带有陶器堆的3号房址下层填土（南—北）	179
图3-2-35	3号房址北部И/3探方出土陶器（南—北）	181
图3-2-36	3号房址中部Ж-3/2探方出土陶器（西北—东南）	181
图3-2-37	3号房址东部3/1探方出土陶器（西—东）	181
图3-2-38	3号房址附近Ж/1探方出土骨片（北—南）	182
图3-2-39	包含遗物位置的3号房址下层平、剖面图	182
图3-2-40	发掘后的3号房址全貌（西—东）	183
图3-2-41	2-3号房址全貌（东南—西北）	183
图3-2-42	3号房址出土陶罐照片	184
图3-2-43	3号房址出土陶罐线图	185
图3-2-44	3号房址出土陶器照片	186
图3-2-45	3号房址出土陶器线图	186

图3-2-46	3号房址出土其他遗物	187
图3-2-47	4号房址下层填土（南—北）	189
图3-2-48	4号房址北侧К-Л/9探方交界处出土陶片（东北—西南）	189
图3-2-49	4号房址西北角К/9探方出土陶器（南—北）	189
图3-2-50	4号房址南侧3/9探方出土陶器（南—北）	190
图3-2-51	4号房址东南角И/8探方出土陶器（西—东）	190
图3-2-52	带有出土遗物的4号房址下层平、剖面图	191
图3-2-53	发掘后的4号房址俯视图（北上）	191
图3-2-54	4号房址出土陶器照片	192
图3-2-55	4号房址出土陶器线图	193
图3-2-56	4号房址出土其他遗物	194
图3-2-57	二号发掘区出土旧石器时代石核（编号No.107）	195
图3-2-58	二号发掘区新石器时代遗存分布平面图	197
图3-2-59	新石器时代中期房址西北角（东南—西北）	198
图3-2-60	新石器时代中期房址灶坑（西—东）	198
图3-2-61	新石器时代中期出土遗物	199
图3-2-62	新石器时代中期压印纹陶片	201
图3-2-63	新石器时代中期凸棱纹陶片	201
图3-2-64	博伊斯曼文化磨制石镞	202
图3-2-65	博伊斯曼文化陶片	203
图3-2-66	扎伊桑诺夫卡文化遗物	204
图3-2-67	新时期时代晚期遗物	206
图3-2-68	新石器时代石器	208
图3-2-69	古金属时代遗存分布平面图	209
图3-2-70	Ж/1探方出土古金属时代陶器堆和磨盘残片（北—南）	210
图3-2-71	古金属时代石器	211
图3-2-72	古金属时代遗物	212
图3-2-73	古金属时代陶器残片	214
图3-3-1	城址东部城墙和城壕（西南—东北）	218
图3-3-2	城址东部城墙和城壕（西—东）	218
图3-3-3	发掘后的城壕和城墙（东—西）	218
图3-3-4	发掘后的城壕和城墙（北上）	219
图3-3-5	四号发掘区城壕和城墙平面图	219
图3-3-6	沿a-b方向的城壕截面照片和线图	220
图3-3-7	А'/21探方出土燧石刮削器（编号No.1）	221

图3-3-8	城墙（西—东）	222
图3-3-9	城墙石砌部分（南—北）	222
图3-3-10	西城门平面图	223
图3-3-11	门址内侧和外侧结构（东南—西北）	224
图3-3-12	清理后的城墙正投影剖面	225
图3-3-13	城墙的营建阶段	226
图3-3-14	城墙土筑和石筑部分结构（西—东）	228
图3-3-15	城墙剖面（博尔金，1999年）	229
图3-3-16	城墙下的早期遗迹（清理前和清理后）	230
图3-3-17	城墙内出土手制及轮制陶片	231
图4-3-1	锡涅利尼科沃1号城址不同文化层出土人工栽培种子占比	250
图4-3-2	滨海边疆区中世纪遗址文化层出土人工栽培植物种子占比	250
图4-3-3	锡涅利尼科沃1号城址中采集的炭化植物种子	251
图5-2-1	锡涅利尼科沃1号城址A组轮制陶器	267
图5-2-2	锡涅利尼科沃1号城址B组轮制陶器	269
图5-2-3	锡涅利尼科沃1号城址手制陶器（一）	270
图5-2-4	锡涅利尼科沃1号城址手制陶器（二）	272
图5-2-5	锡涅利尼科沃1号城址手制陶器（三）	274

插表目录

表1	城址中部1号房址出土陶器规格	038
表2	城址中部2号房址陶器规格	044
表3	城址中部3号房址陶器规格	046
表4	城址中部4号房址陶器规格	049
表5	城址中部5号房址出土陶器规格	059
表6	城址中部6号房址陶器规格	069
表7	城址中部7号房址陶器规格	080
表8	城址中部8号房址陶器规格	086
表9	城址中部蓄水井出土陶器规格	097
表10	城址中部1号灰坑出土陶器规格	106
表11	城址东部1号房址出土陶器规格	170
表12	城址东部2号房址陶器规格	178
表13	城址东部3号房址陶器规格	180
表14	城址东部4号房址出土陶器规格	190
表15	一号发掘区1号房址人工栽培大豆种子测量数据	235
表16	一号发掘区9号灰坑紫穗稗测量（样本2/2016，E /22探方第2层）	243
表17	二号发掘区4号房址人工栽培大豆测量（样本编号6/2016）	244
表18	二号发掘区4号房址野生大豆测量（样本编号6/2016）	245
表19	锡涅利尼科沃1号城址遗迹和地层中不同类型植物种子的数量和含量比（2015年和2016年的发掘）	248
表20	锡涅利尼科沃1号城址遗迹和地层中不同种属植物种子的数量和含量比（2015年和2016年的发掘）	249
表21	锡涅利尼科沃1号城址靺鞨文化层出土粟（ *Setaria italica* subsp. *italica*）平均尺寸	252
表22	俄罗斯远东地区中世纪遗址文化层中出土粟（ *Setaria italica* subsp. *italica*）平均尺寸	252
表23	锡涅利尼科沃1号城址靺鞨文化层普通黍平均尺寸	253

- 表24　俄罗斯远东地区中世纪遗址文化层普通黍平均尺寸……………………………253
- 表25　俄罗斯远东中世纪遗址文化层中紫穗稗（*Echinochloa utilis*）平均尺寸　………254
- 表26　俄罗斯远东地区中世纪遗址文化层人工栽培大豆平均尺寸…………………………255
- 表27　俄罗斯远东地区中世纪遗址青稞（*Hordeum vulgare* var. *nudum*）平均尺寸……257
- 表28　房址中的陶器构成……………………………………………………………………276

第一章

锡涅利尼科沃1号城址地形地貌、地层情况及考古研究史

锡涅利尼科沃1号城址位于俄罗斯滨海边疆区的十月区（滨海边疆区的西南部）。该地区为远东地区地貌较为复杂的地区，主要为鲍里索夫玄武岩高地，其特点为草原和山地交错并覆盖落叶和混交林。拉兹多利纳亚河为该地区的水路命脉且有众多支流汇入。

锡涅利尼科沃1号城址位于锡涅利尼科沃2号遗址西部的拉兹多利纳亚河右岸，二者相距2.5千米。城址位于鲍里索夫玄武岩高地一个难以接近的山岗平顶上，该山岗是形成拉兹多利纳亚河谷的右侧壁（图1-1），比拉兹多利纳亚河谷高108米。城址周长约为720米，总面积为18000平方米，城址的西北部地势最高。现今城址地表覆盖着草、茂密的胡枝子、一种罕见的橡树，以及野生的杏树（图1-2）。

该遗址的主要部分设有防御设施——土石混筑城墙，由两段弧形城墙组成，两段城墙分别位于城址西侧和南侧，长度分别为72米和107米。城墙最宽处为10米，平均高度为1.5米。城墙的中部设有一处城门，为一条长5米、宽2米的通道，位于两段城墙之间。在城门沿着城墙的西北方向发现了道路遗迹，该道路通往宽广的马鞍形山脊处。城门附近城墙的最高高度——城墙顶部和底部之间的外部高度差达到2米以上。城址北部以面朝河流的陡峭岩壁作为天然防御屏障。

图1-1 锡涅利尼科沃1号城址（东南—西北）

图1-2　锡涅利尼科沃1号城址（东—西）

该遗址内有明显的阶地，阶地数量向南部及东南部递减。最新数据显示，最大坡度差不超过3.5米。可以推测在阶地地貌中存在个别的低平地带。在该遗址北部的悬崖边，还发现了一个近似垂直台阶的两级阶地，自西向东延伸，并有人工修整的迹象。

该遗址的东端为一个小型平顶山峰，峰顶的北部、东部和南部为陡峭的山坡，西部被城壕和城墙将其与主城区隔开。该城壕和城墙在锡涅利尼科沃1号城址最狭窄的地方自南向北穿过谷地延伸到斜坡处。该段城墙没有城门，城墙和城壕的现存长度约为7.5米。发掘地点的城墙现存高度不超过0.3米，城壕的东侧壁最大垂直深度为0.56~0.58米。

峰顶表面平坦，没有凹凸。表面个别区域可见自然裸露的玄武岩，玄武岩为该高地的主要结构（图1-3）。

锡涅利尼科沃1号城址的地层情况是由其所在的鲍里索夫玄武岩高地的普遍地质特征和地貌决定的。该高地的覆盖层主要为残积土[①]，平坦山地表面的覆盖层多为这种土，为一层表面有腐殖质层，包含大量碎石和岩屑的褐色或棕褐色砂质黏土。覆盖层的厚度不均，在12~15厘米，在开阔的、凸起的地段可达到1.2米，在低洼处厚度会超过12~15厘米。由于史前居住址和中世纪城址的存在形成了有文化遗迹的人为地层，其中包括房址和文化层。文化层为覆盖层以及再沉积层的沉积物，多为含碳矿体、炭灰、赭石包含

---

①　残积土：岩石风化的产物。根据母岩的性质和风化类型，可以具有从块状到黏土状不同的质地，或多或少逐渐转化为基岩。它的特点是不具分选性和层理。有时可观察到分层迹象，是原始岩石纹理的反映［参见《地质词典》第2卷，莫斯科：内德拉（Недра），1978年，第435页］。

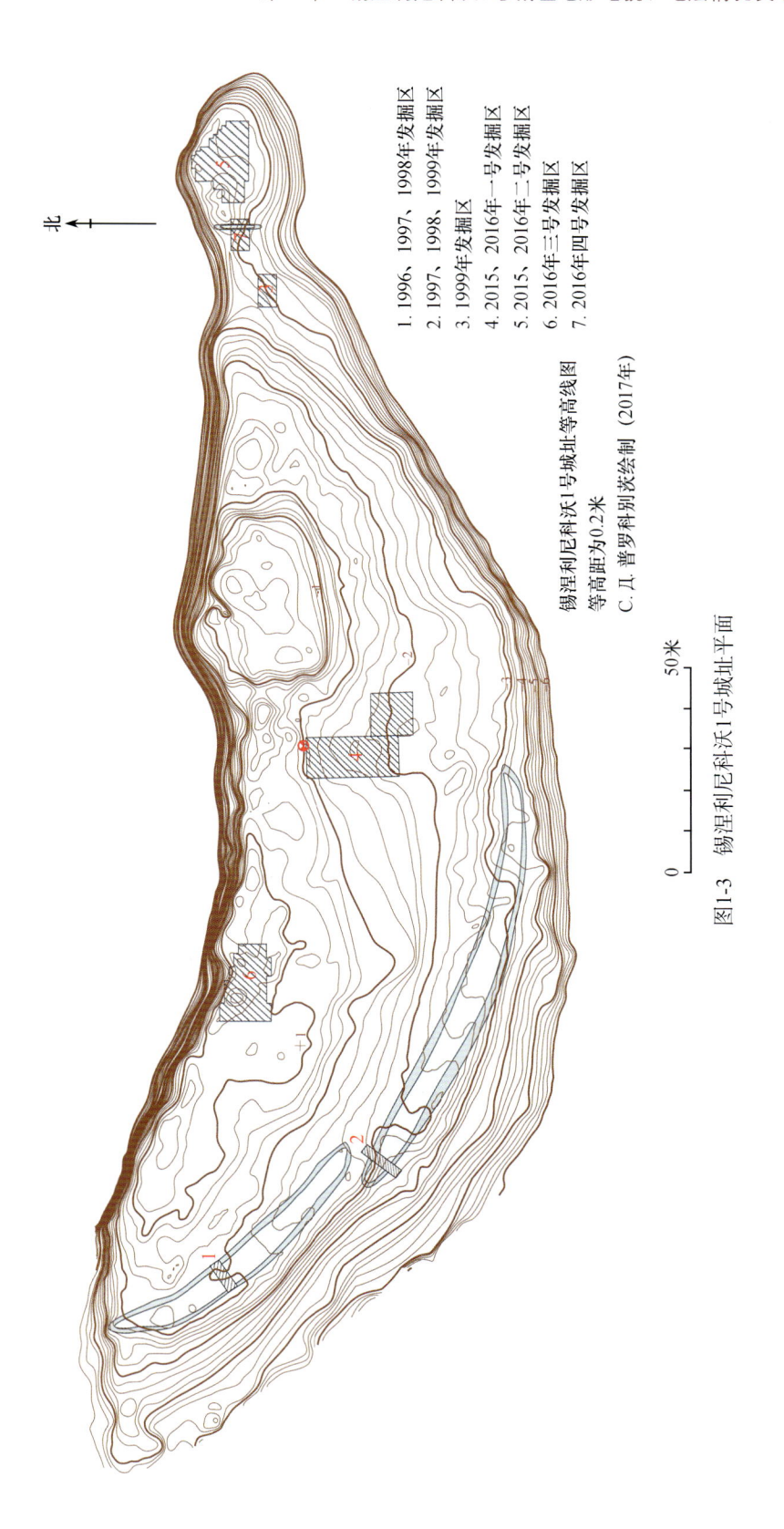

第一章　锡涅利尼科沃1号城址地形地貌、地层情况及考古研究史　003

1. 1996、1997、1998年发掘区
2. 1997、1998、1999年发掘区
3. 1999年发掘区
4. 2015、2016年一号发掘区
5. 2015、2016年二号发掘区
6. 2016年三号发掘区
7. 2016年四号发掘区

锡涅利尼科沃1号城址等高线图
等高距为0.2米
С.Д.普罗科别茨绘制（2017年）

图1-3　锡涅利尼科沃1号城址平面

物。古生土为风化壳，后转变为玄武岩层。

该遗址于1983年由А. М. 库兹涅佐夫和А. В. 梅尔兹利亚科夫发现（梅尔兹利亚科夫，1983）。1986年，由О. С. 加拉克季奥诺夫带领的考古队来到了锡涅利尼科沃1号城址，收集了相关发掘材料并首次绘制了该遗址的平面图（加拉克季奥诺夫，1986）。1996年，В. И. 博尔金和Ю. Г. 尼基京为了绘制平面图又对该遗址进行了仪器测量（博尔金、尼基京，1996）。В. И. 博尔金在20世纪90年代末对该遗址进行了考古发掘（博尔金，1997，1998，1999）。在1996～1999年的考古发掘期间，解剖了城墙和城门的西南部，从城墙的内外两侧研究了城墙的基本结构，并在该城址的东部清理出了几座房址，同时，发掘出土了包括陶器和金属器在内的代表性遗物。

В. И. 博尔金基于所得材料发表了许多文章，并得出了结论：锡涅利尼科沃1号城址属于中世纪早期（博尔金，2000，2001а，2001б，2002）。研究人员在锡涅利尼科沃1号城址首次详细揭示了靺鞨文化向渤海文化的发展演变过程。之后直至2015年，并没有对该遗址进行大规模的发掘。

参 考 书 目

[1] А. В. 梅尔兹利亚科夫：《1983年（滨海地区）拉兹多利纳亚河流域调查报告》，俄罗斯科学院考古所档案，Р-1，第9487号。

[2] О. С. 加拉克季奥诺夫：《1986年滨海边疆区境内考古调查报告》，俄罗斯科学院考古所档案，Р-1，第11516号。

[3] В. И. 博尔金、Ю. Г. 尼基京：《1996年滨海边疆区十月区、乌苏里斯克区、卡瓦列罗夫区和丘古耶夫卡区考古发掘报告》，俄罗斯科学院考古所档案，Р-1，第20547号。

[4] В. И. 博尔金：《1997年滨海边疆区阿努钦区锡涅利尼科沃1号城址及克拉斯基诺城址田野调查收获》，俄罗斯科学院考古所档案，Р-1，第21131号。

[5] В. И. 博尔金：《1998年滨海边疆区锡涅利尼科沃1号城址及克拉斯基诺城址田野调查收获》，俄罗斯科学院考古所档案，Р-1，第18842号。

[6] В. И. 博尔金：《1999年滨海边疆区锡涅利尼科沃1号城址及克拉斯基诺城址田野调查收获》，俄罗斯科学院考古所档案，Р-1，第23269号。

[7] В. И. 博尔金：《俄罗斯滨海边疆区境内锡涅利尼科沃1号城址调查》，《青山考古》2000年第18期，第189～225页（日语）。

[8] В. И. 博尔金：《滨海边疆区中世纪早期遗迹——锡涅利尼科沃1号城址》，《亚洲东部传统文化》，布拉戈维申斯克：阿穆尔国立大学出版社，2001年第3期，第122～131页。

[9] В. И. 博尔金：《1994至1998年滨海边疆区渤海遗迹考古调查结果》，《东亚古代及中世纪历史》，纪念渤海建立1300年国际学术研讨会资料，符拉迪沃斯托克：俄罗斯科学院远东分院，2001年第6期，第72～75页。

[10] В. И. 博尔金：《滨海边疆区西南中世纪考古学文化分期及锡涅利尼科沃1号城址研究》，《远东考古及文化人类学》，符拉迪沃斯托克：俄罗斯科学院远东分院，2002年，第181～185页。

第二章

20世纪90年代锡涅利尼科沃1号城址考古发掘成果

第一节 锡涅利尼科沃1号城址东部居址考古发掘

一、发掘区总体特征及发掘过程

该项发掘工作于1999年在锡涅利尼科沃1号山城东城墙的东侧附近进行,总发掘面积为85平方米。在发掘工作开展之前,就能够看到地表呈现两级阶地。发掘区从东北端至高点到西南最低点的高度差为1.08米。

该发掘区的地层情况如下(图2-1-1):

第1层:草皮——腐殖质层,平均厚度为20厘米,发掘区西北角阶地斜坡处最薄,为10厘米,发掘区南侧最厚,为44厘米。

第2层:棕色砂质土层,厚度为25~30厘米。

第3层:夹有灰色和黑色砂质土的黑褐色砂质土层,分布于1号房址区域,厚度为20~25厘米。

第4层:带有深灰色砂质黏土夹层的黑色和黑褐色砂土层,分布于2号房址区域,厚

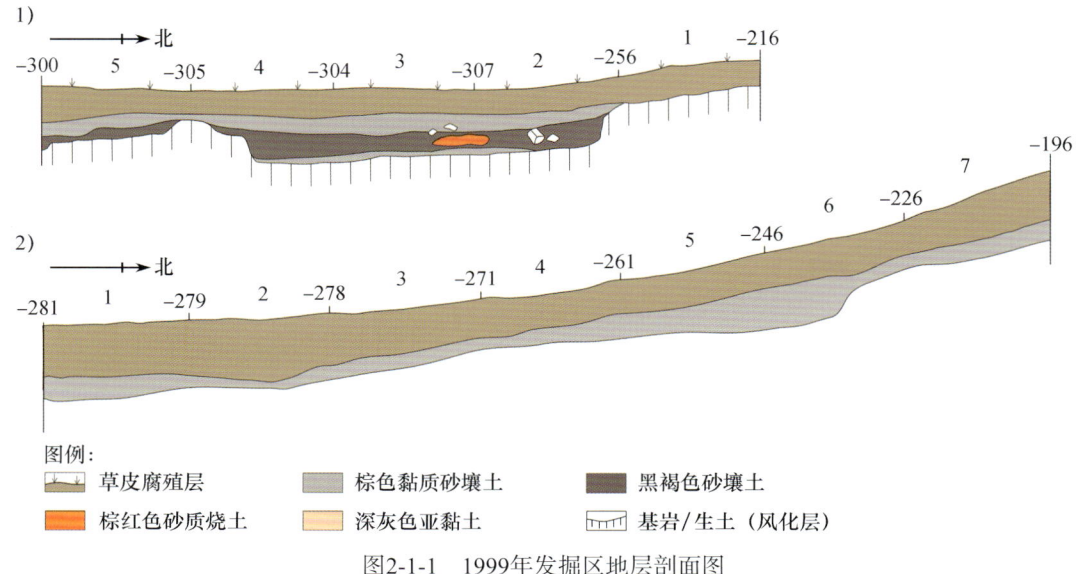

图2-1-1 1999年发掘区地层剖面图
1)1号房址剖面 2)发掘区西壁剖面

度为20～25厘米。

第4层下为生土及玄武岩基岩。

第1层地层为草皮——腐殖质层和棕色砂壤土，内中含有大量零散的陶器残片（图2-1-2）和一些铁质和石质人工制品。第1层出土手制陶器残片137件，轮制陶器残片38件，二者的比例分别为78%和22%。这个比例到第2层时有所不同，轮制陶片的数量显著降低，仅占11%。发现了青花瓷盅残片，可证明该遗址具有19世纪末期至20世纪初期的地层，这些青花瓷片应当是位于遗址地势较高区域的朝鲜人墓葬中的遗物。同时，在上层地层中还发现了猪骨等动物骨骼以及陶器，陶器主要集中在发掘区南部靠近城墙一侧。在发掘区的南部发现了两片页岩石片。在发掘区的西部发现了一把窄刃铁刀（图2-1-3，6），刀刃的末端已被磨圆。刀身通长16.8、刃长10.1厘米，中间部分宽1厘米，刀背厚0.3厘米，刀柄长6.7厘米。在发掘区北侧的玄武岩层之上出土了1件仅存底部

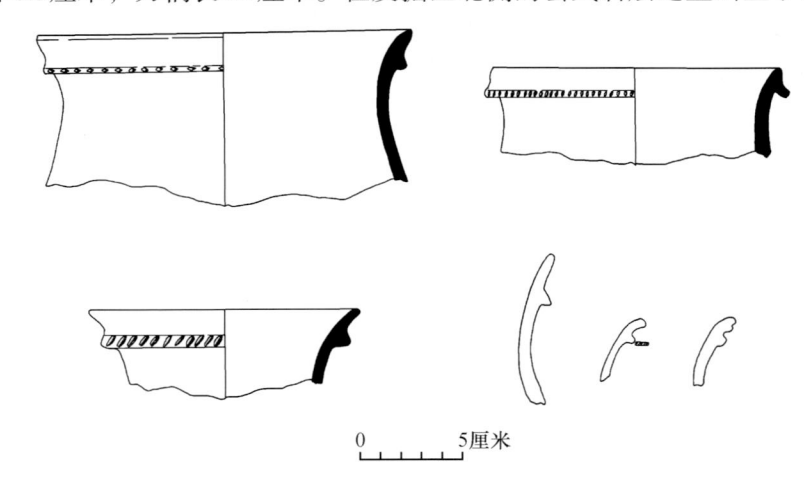

图2-1-2 上部文化层出土的带有锯齿状附加纹饰带的大型容器残片

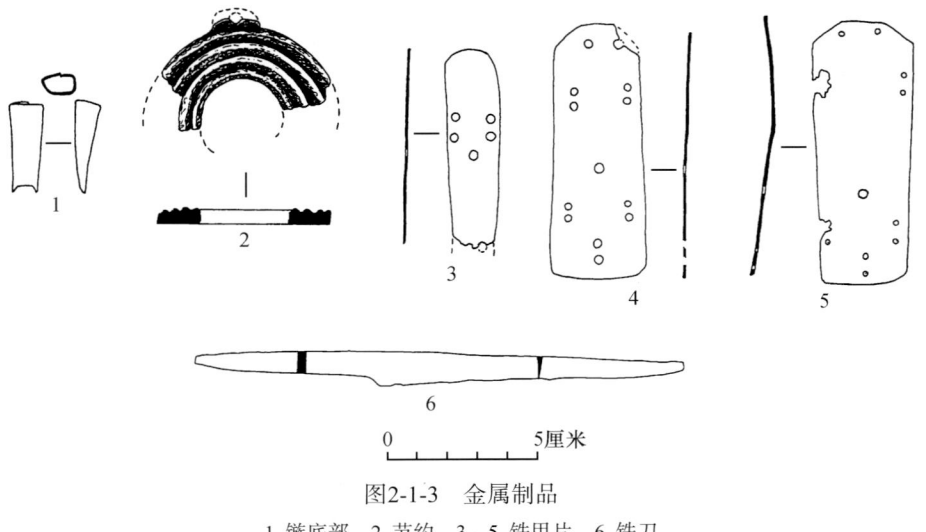

图2-1-3 金属制品
1.镞底部 2.节约 3～5.铁甲片 6.铁刀

的镞，为典型的渤海时期遗物（图2-1-3，1），长3、宽0.95厘米，銎部截面呈椭圆形，规格为0.7厘米×1.1厘米，壁厚0.1厘米。

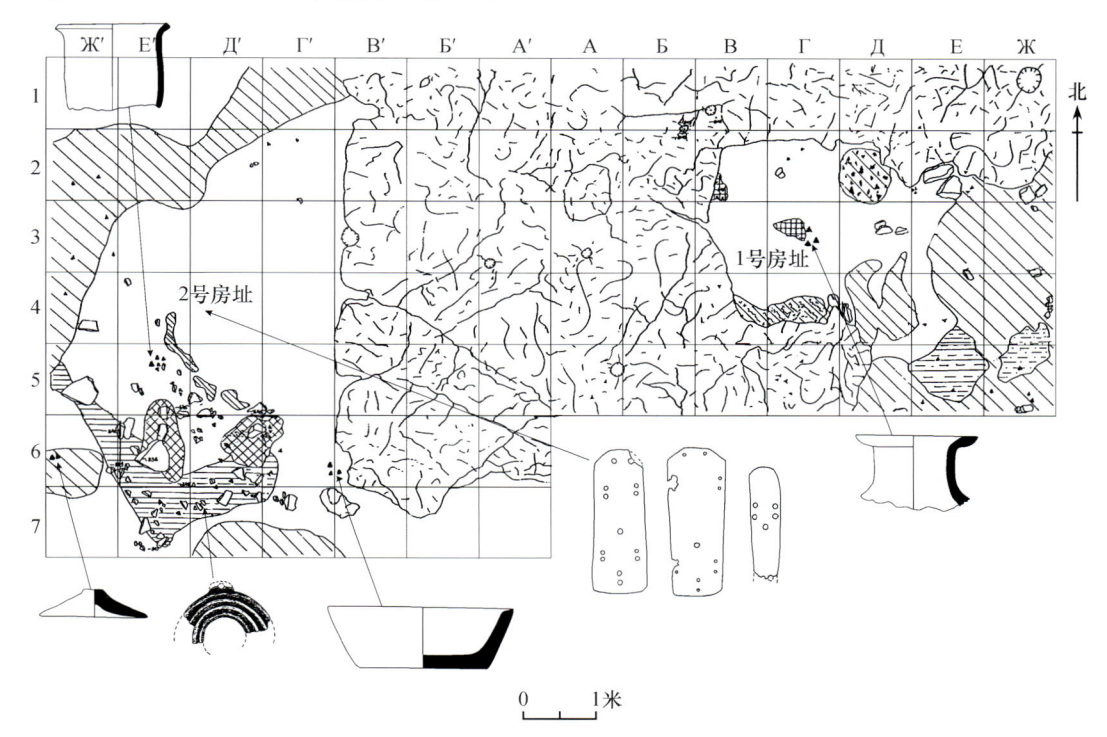

图2-1-4　四号发掘区地层第2层下遗迹发掘前平面图

二、发现的遗迹

在考古发掘的过程中对两处房址进行了清理，其中一座房址为地面式（2号房址），另一座为半地穴式（1号房址）。房址附近的岩壁上挖有平台，形成了阶地，并与岩壁有棱角分明的界限（图2-1-5）。1号房址位于发掘区东半部，平面近方形，长2.8、宽2.4米，房址附近的平台打破土石混合结构的生土层，深0.1~0.2米。平台表面平坦，西北角方向有个不大的台阶。在发掘区西部的2号房址附近也建有平台，其平面形制为矩形，北侧有一条带状通道，平台面宽3.3、进深0.2米。

1. 1号房址

1号房址的边缘轮廓线可被清晰辨识：在大块的玄武岩上可见规格为3米×3.2米的矩形灰色砂壤土斑点，且夹杂着深棕色和灰褐色杂斑。中间有一小块黑色砂壤土的斑点范围为0.3米×0.5米，应为灶坑的残迹，在清理灶坑时出土了轮制陶壶的残片。在灰色砂壤土层中几乎没有什么出土物，在下面的深褐色砂壤土层中发现大量陶器和其他人工制品的残片。陶器主要位于灶坑旁，同时还发现了两处靺鞨时期手制陶器残片

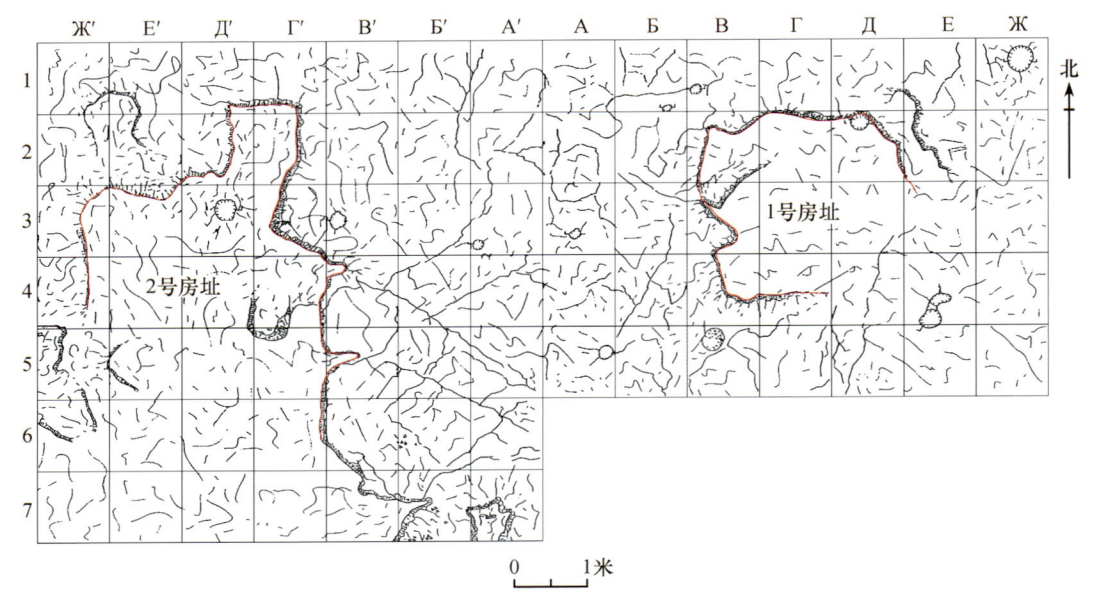

图2-1-5 地层第2层下遗迹发掘后平面图

堆积。

　　在清理至生土层后发现，该房址呈阶梯式，整体为一个在土石混合结构的生土层中挖出的矩形，规格为2.8米×2.4米。房址内残存两个柱坑，一个位于房址西北角，直径12、深20厘米，填土为带有炭屑的深褐色砂壤土，另一个位于房址东北角，直径22、深34厘米，填土为灰色砂壤土。房址内其他的柱坑未被保留下来。房址外围共发现了7个不同直径和深度的柱坑（1～6号坑和8号坑），应不属于该房址，这些柱坑的主要填土为带有炭屑的棕色或褐色砂壤土。

　　该房址的灶坑位于房址中心略偏西侧的位置，为一个直径约50厘米的口大底小的凹坑，深度为4～6厘米，主要填土为含白灰量较大的暗白色砂壤土。灶坑周边发现了大量与居民的日常活动相关的遗物，如带有火烧痕迹的动物骨骼、陶容器的残片等。该房址的形制结构与滨海边疆区其他遗址中发现的靺鞨时期的房址构造相同。

2. 2号房址

　　在清理完地层第2层后，发现了平面呈"凸"字形的2号房址。房址的西部和南部主要为石块和带有炭灰的黑褐色斑点砂壤土，北部为断断续续的带有炭颗粒的黄褐色壤土带。这极有可能是渤海时期房址内的供暖设施——"火炕"的残迹，在可能为灶坑和烟道的地方观察到了灼烧严重的红烧土斑点。通过发掘得知，该房址曾被烧毁并在后期遭到了严重破坏。该房址规模很小，仅2米×3米（图2-1-5）。在该房址内发现了三个可能与房屋的架构相关的柱坑。坑的直径为12～28厘米，深度为10～16厘米。

三、出土遗物

1. 1号房址

在1号房址中出土了4件石质工具：房址的西北角出土1件砾石质地的磨具，长10.6、宽5.8厘米，1件形体较大的磨盘，长17.4、宽12厘米，1件砾石质地的杵，长9.1、宽3.9厘米；房址的西侧出土1件板状石器。

房址内还出土少量陶器残片，主要集中在灶坑附近。所有陶器均为手制，壁厚为0.35～0.6厘米。残片包括1件带豁口的陶器口沿，1件束颈陶罐的底部和口沿，口径19、底径8厘米（图2-1-6）。唯一1件轮制陶壶的残片为带颈部的口沿，出土于房址的中心区域上部，处于地层第2层中，而不是房址的堆积层中（图2-1-7，1）。

2. 2号房址

在房址堆积层内及其周围出土了手制和轮制的陶器残片、动物骨骼、金属制品等。

在房址的东北角附近出土了较多铁甲片（图2-1-3，3～5；图2-1-4；图2-1-8）。铁甲片由厚0.1厘米的薄铁片制成。从其中一些甲片的形制和孔的位置推断它们是头盔的部件（图2-1-8，2、4），其余的甲片属于较为普遍的身体部位的甲片，此种铠甲片在中世纪的欧亚大陆曾广泛使用。单件甲片的尺寸为长8.4、窄端宽2.6、宽端宽3.25厘米。个别甲片有火灼烧的痕迹。在房址旁还发现了铸铁制的节约（图2-1-3，2），其直径为5.4厘米，厚度为0.4厘米。

房址中出土的陶器有24件轮制和11件手制的陶器残片。还发现了部分保存相对完整的陶器：轮制陶碗1件，由陶罐的底部二次加工而成（图2-1-7，2），胎体呈棕褐色，口径12、壁厚0.9、高4.2、底径8.2毫米，敞口，斜直壁，器表光滑；房址西部出土1件手制陶器盖残片（图2-1-7，3），直径7厘米。此外，在房址东北角还发现了浅褐色筒形罐残片（图2-1-9），慢轮制成，壁厚0.7～0.9、口径18、残高13.8厘米。

1999年，对紧邻锡涅利尼科沃1号城址东部城墙的这两座房址进行了考古发掘和研究。它们之间的距离约为5米。这两座房址都建在事先铲平的人工阶地上，该阶地是在玄武岩上挖成的，但是两座房址的结构完全不同。

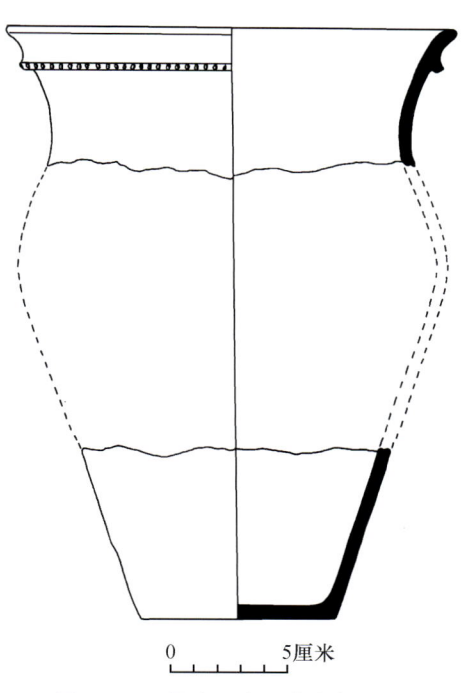

图2-1-6　1号房址出土陶壶复原图

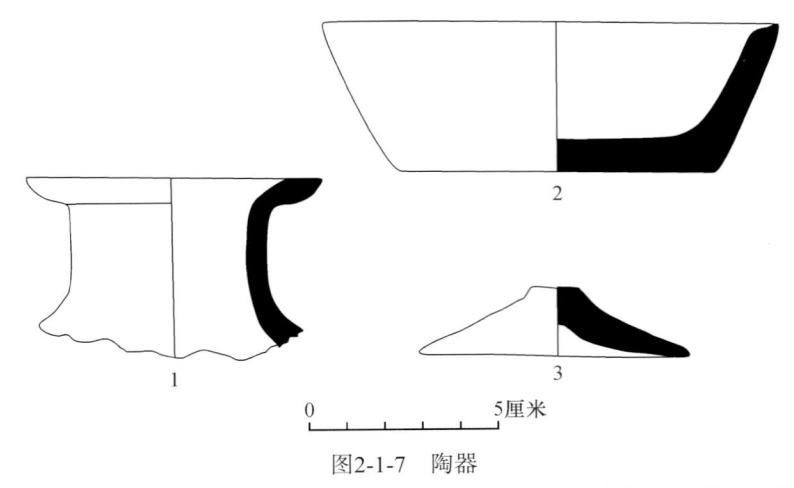

图2-1-7 陶器
1. 上层文化层出土陶壶口沿　2. 2号房址房内堆积出土轮制陶碗　3. 2号房址房内堆积出土手制陶器盖

图2-1-8　2号房址房内堆积出土铁甲片

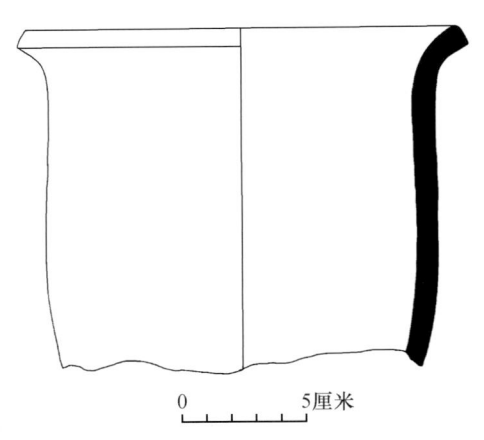

图2-1-9　2号房址房内堆积出土筒形罐

1号房址为半地穴式，2号房址则是地面式，且发现了供暖设施——"火炕"的遗迹。在滨海地区，中世纪时期的火炕只在渤海时期的遗址中有发现。此外，正如克拉斯基诺城址（滨海地区的渤海时期典型遗址）的考古发掘结果所示，早期并不存在这种带火炕的房址，火炕作为房址构造的一部分并没有出现在渤海文化的最初阶段。房址的出土遗物也各不相同，显然它们是属于不同的时期。西部的2号房址具有火炕、轮制陶器等渤海文化特征的遗存；东部的1号房址年代相对较早，属于典型的靺鞨文化。

第二节　锡涅利尼科沃1号城址西城墙和西城门发掘

一、发掘区总体特征及发掘过程

1996～1999年，在В. И. 博尔金的带领下，对锡涅利尼科沃1号城址的防御设施——城墙（一号发掘区）和城门（三号发掘区）进行了发掘及研究。

1. 一号发掘区

包括1996年的试掘区和随后的田野工作期间新开的一系列探方。

1996年，在该城址的西南部进行了面积为6米×1米的试掘。该项发掘工作沿西南——东北线进行，覆盖了城墙内侧整个斜面（从墙脚到顶部），旨在搞清该防御设施的结构特征和锡涅利尼科沃1号城址在该地段文化堆积层的形成情况。

1997年，为了进一步研究城墙的构造，在一号发掘区扩出了面积为15.5平方米的探方，规格为8.5米×2米，对城墙的顶部、内侧壁以及局部墙脚进行了考古发掘。

1998年，在继续1996～1997年考古发掘任务的同时，扩出长6米、宽4米，总面积24平方米的发掘范围，该发掘区域与之前的发掘区域呈垂直方向分布，并覆盖了城墙内侧斜面的底部。

覆盖城墙的土层土质较为疏松，为亚黏土，土色为棕色系（灰棕色到棕褐色），可分为四层，直至生土，生土为风化的玄武岩。考古发掘人员仔细地记录了每一层的发掘情况，并清理了墙壁坍塌形成的碎石堆积。此外，还确认了包含有灶坑、炭灰痕迹的文化层，以及具有人类活动遗迹的下层文化层。

2. 三号发掘区

1997年，在发掘城墙的同时，也对该遗址的城门开展了考古发掘工作，城门所在地即三号发掘区的发掘面积为106平方米。该发掘区包括城门、城墙和部分城内的区域。发掘区地势不平，至高点与至低点之间的高度差为3.16米。发掘区被两条垂直相交的阶地边缘分成四个区域。在清理了发掘区中的杂草和垃圾后，在其西南部发现了石头堆积，这些石堆是构成此段城墙的主要材料。

1998年，为了进一步研究城墙的构造，在城门外墙的外斜面上开设了一个12米×5米的发掘区，总发掘面积60平方米。这是之前西南方向发掘工作的延续，并与其编入统一的探方体系之中。该发掘区被阶地边缘划分为西北区和东南区，至高点与至低点的高度差约为4米。

在清除草皮后可清楚地看到城墙本体的上端。在其下方可看到坍塌形成的碎石堆积。接下来发掘人员清除了城墙前的石堆，将此山坡处的碎石堆积清理至生土层。后续的工作重点为清理城墙上的砌石。

1999年，为了继续研究城门附近城墙本体的构造，在1997~1998年三号发掘区的东南侧增扩了一个1.4米×4米的小型发掘区。该发掘区探方纵坐标编号为9~12，包括И-К/9，И-К/10，И-К/11，И-К/12探方。该发掘区布设于城墙的砌石表面，西南部分被野生杏树的根系破坏。通过逐步拆除城墙砌石开展解剖工作。首先，对其上层进行拆解，再对下层进行清理、水平测量和绘图，直至底部，共划分出10个层次。根据墙体砌石层次逐层进行拆解，并水平记录考古发掘出土遗物。随着发掘深度的加深，发掘面积因城墙砌石面积的扩大而逐渐缩小。

二、发现的遗迹

通过发掘可知，城墙的外侧是由大型块状玄武岩残片构成的。随着时间的推移，城墙的上部已被破坏，只保留下来了6~7层砌石。在其底部为大块砌石，位于阶梯状排列的砌石之下。城墙的高度为2.5~2.6米，砌石宽达1.5米（图2-2-1）。城墙内侧用木栅栏加固，这可以通过发掘过程中发现的深度为60厘米，直径约为20厘米的两个柱坑来证明，二者相距近2米。在柱坑旁发现的炭灰和煅烧痕迹也能证明城墙内侧用木栅栏加固这一情况。值得注意的是，在渤海时期的新戈尔杰耶夫卡城址的防御设施中也发现了类似的木结构遗存。

发掘者认为，锡涅利尼科沃1号城址的城墙构造与滨海边疆区其他渤海时期遗址的防御设施有类似之处，尤其是同克拉斯基诺城址极为相似。石墙和木墙间填充带有砾石

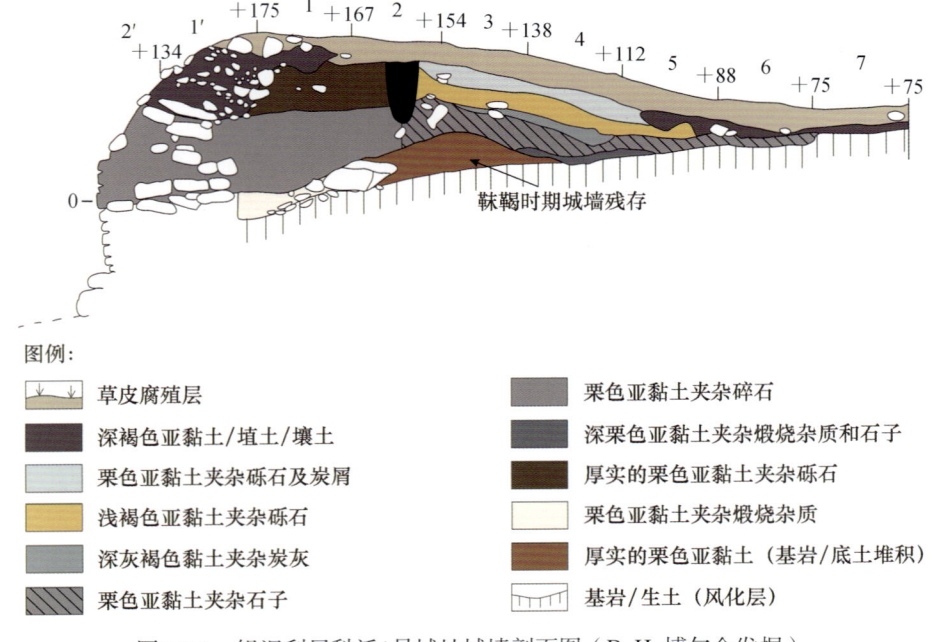

图2-2-1 锡涅利尼科沃1号城址城墙剖面图（В. И. 博尔金发掘）

图例：
- 草皮腐殖层
- 深褐色亚黏土/填土/壤土
- 栗色亚黏土夹杂砾石及炭屑
- 浅褐色亚黏土夹杂砾石
- 深灰褐色黏土夹杂炭灰
- 栗色亚黏土夹杂石子
- 栗色亚黏土夹杂碎石
- 深栗色亚黏土夹杂煅烧杂质和石子
- 厚实的栗色亚黏土夹杂砾石
- 栗色亚黏土夹杂煅烧杂质
- 厚实的栗色亚黏土（基岩/底土堆积）
- 基岩/生土（风化层）

（图中标注：靺鞨时期城墙残存）

和小石头的棕色土壤，填土中含有靺鞨文化遗物。在城墙填土的底部发现了直接位于生土上的带有烧土杂质的棕色壤土夹层，该夹层中也发现了靺鞨时期的遗物。从上述情况可以看出，渤海时期的城墙是在更早的土质城墙基础上建造的，二者构造存在着显著差异（2015年韩国学者的研究结果为我们提供了新的认识，即该遗址防御设施的修筑在不同阶段有不同的体现，参见本报告第三章第三节第二部分）。城墙的填充物由亚黏土组成。从外部看，城墙的基石使用大型漂砾，顶部覆盖着一层焦砂。基石的两侧发现了混有灰烬和棕色壤土的土层，这应是位于土墙上部的烧焦木柱的痕迹，城墙上部存在深40、直径24厘米的柱坑，也能够证明这一点。城墙土筑部分宽3.5米，高度为0.4米。毫无疑问，这座城墙是在靺鞨时期建造的，并且极有可能曾在军事冲突中遭到破坏。渤海时期以破损的靺鞨时期城墙为基础，在其上新建了城墙。

西城门位于西城墙的西南部，为城墙砌石间一条长5~5.5、宽2米的通道（图2-2-2）。如上所述，城墙由大石块组成。城门处城墙的内侧砌石仅有3层保留了下来，而外侧则保留下来了6~7层砌石。城墙外部砌石的上层遭到了严重的破坏，所形成的碎石堆积填充

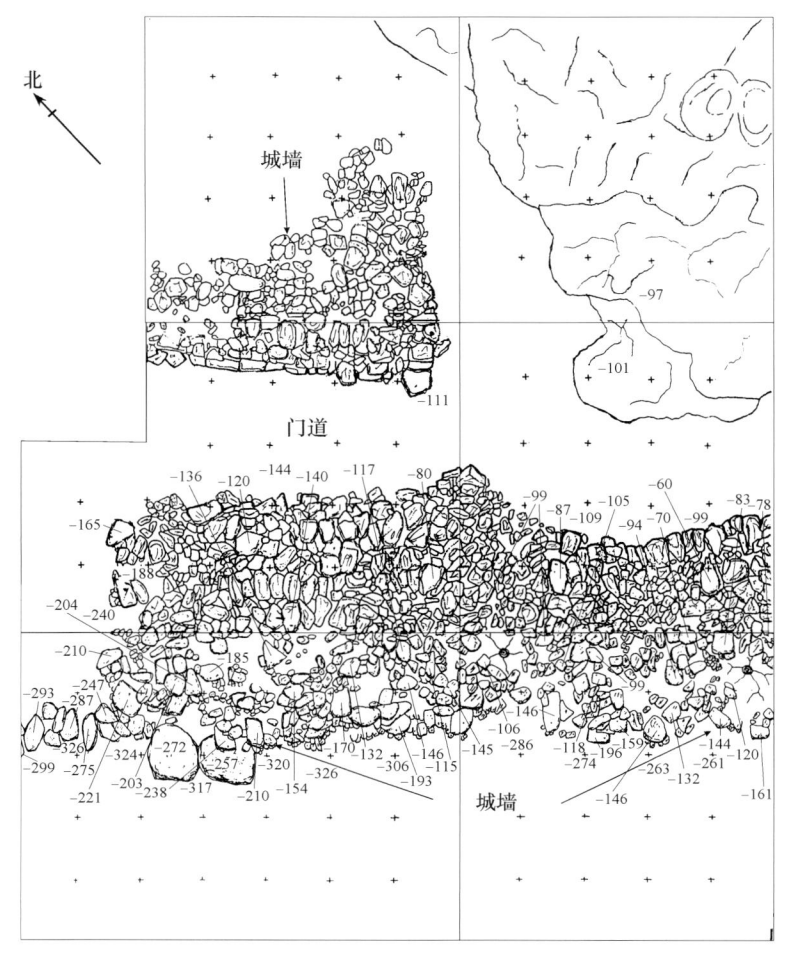

图2-2-2　锡涅利尼科沃1号城址城门发掘平面图（В. И. 博尔金发掘）

于城门中和城墙外侧。在滨海地区其他渤海时期遗址（斯塔罗列钦斯克遗址，尼古拉耶夫卡1号遗址）以及女真人遗址（什克利亚耶夫卡城址）的防御设施中都发现了类似的城门结构。在城门沿着城墙的西北方向发现了古代道路遗迹。

三、出土遗物

В. И. 博尔金认为，从城墙的剖面和城门发掘区中出土的考古材料分属两个时期——靺鞨时期和随后的渤海时期。出土于各层的考古材料非常单一，仅有陶器和动物骨骼。在疏松的上层地层中出土了靺鞨和渤海时期的陶器；在下层地层中只出土了靺鞨时期的陶器。并且，渤海陶器较集中地分布于草皮——腐殖质层和深褐色壤土中。在土层整体相对较厚的地层中发现了动物骨骼。博尔金还指出，该遗址出土的渤海时期陶器的制作工艺特征与同属于渤海时期的尼古拉耶夫卡2号城址和康斯坦丁诺夫卡1号村落址中出土的陶容器类似。

渤海时期的陶器为轮制，大多呈深灰色和浅棕色。壁厚为0.5～1厘米，陶质致密，含有少量细小砂粒，质地均匀。大部分残片为素面，在个别残片上发现了砑磨的水平或波浪形的平行线纹饰。

靺鞨时期的陶器是手制的，其特征是在陶器口沿下部贴塑有圆柱状附加堆纹带，附加堆纹带上通常压印有斜向凹窝纹饰。陶器残片呈灰褐色、棕褐色和棕色。多数陶器残片的内表面都经过磨光处理，胎体中含有细砂，各种不同形式的装饰手法均集中在陶器的上部，陶器腹部残片大多没有装饰，器壁厚为0.3～0.7厘米，器类单一，均为筒形罐。

在一号发掘区中出土了由大型动物肢骨制成的厚实的带扣，带扣表面有刻划纹线条装饰。带扣通过两个孔连接到皮带上，长10.5、宽2.4、厚0.6、孔径0.4厘米。此外，还出土了1件生铁铸造的斧。

三号发掘区（城门）中有典型特征的遗物发现不多。比较特别的是1件龟形的小型骨质工具，其内表面上有一个小槽，极有可能是用于钻木取火的工具。在以往发掘的渤海时期的遗址中，已经发现了多件具有各种用途的带槽的骨质工具。出土了两种类型的镞：扁平叶形镞尖（К/2探方），以及横截面为菱形的四棱形镞尖（Ж/7探方）。第一种类型的镞以往在靺鞨时期和渤海时期的遗迹中均有发现，第二种类型的镞在渤海时期遗址和黑龙江女真人遗迹中曾有发现。除了镞之外，在Е/4探方中还出土了1件刀的残片。此外，在发掘区的不同位置发现了4件砺石，1件直径3.2、厚2厘米的玄武岩磨光工具，1件玉髓质地的垫具。在该遗址文化层中还出土了新石器时代的陶器。

第三章

2015~2016年俄韩联合考古队的发掘

第一节 城址中部区域遗迹的发掘

一、发掘区总体特征及发掘过程

2015~2016年，在遗址的中部区域（图3-1-1）开展了大规模的考古发掘工作，在这里开设了两个规模较大的发掘区，分别编为一号发掘区和三号发掘区（图3-1-2；图3-1-3），发现了大量的遗迹现象，通过发掘证实了该遗址具有不同时期遗存的推测。

一号发掘区位于遗址的中心位置，坐落于山顶地势平坦处（图3-1-2；图3-1-6）。该发掘区的发掘工作于2015至2016年进行，总发掘面积为327平方米（图3-1-4）。一号发掘区所在区域地表相对平整，自北向南略有倾斜，倾斜度约为3°。有东西方向分布的宽约5米的凸起阶地，阶地表面可见房址和灰坑的迹象。在该发掘区的东南部有一个深坑，后经发掘证实是一处储水遗迹——蓄水井（图3-1-5）。

在发掘出遗迹之前，清理了两层地层，分别是一层草皮——腐殖质层，以及一层棕褐色砂质黏土。清除了这两层地层后，就露出大面积生土，生土由带有深棕色霜裂痕纹理的棕红色砂质黏土，以及表面被部分风化的基岩构成。可观察到打破生土层的较为清晰的带有碎石的棕褐色砂质黏土斑迹，为鞑靼时期半地穴房址的房内堆积。

三号发掘区位于遗址西部，相关工作于2016年开展（图3-1-3）。该发掘区位于一号发掘区西北90米处的城内至高点，位于城址正门北偏东70米处。

三号发掘区处于相对平坦的平台上，东北、西南两端地势略低，北部紧邻山坡陡壁，面向拉兹多利纳亚河。清理发掘区表土层时，发现了几处较浅的凹坑。三号发掘区总发掘面积为150平方米。

二、发现的遗迹及出土遗物

在一号发掘区、三号发掘区发掘过程中，发现了许多不同功能的房址和坑穴遗迹（图3-1-7）。一号发掘区发现了八座房址的基坑，三号发掘区发现了六座房址的基坑（图3-1-127）。除了房址基坑，还在一号发掘区发现了一口蓄水井和几个日常生活遗址中常见的灰坑。此外，还有部分石质铺垫层，不过目前并不明确它的具体用途。

图3-1-1　遗址正投影全景照

图3-1-2　遗址中部一号发掘区照片（东南—西北）

图3-1-3　三号发掘区照片（南—北）

图3-1-4　2015年一号发掘区全貌（南—北）

图3-1-5　发掘后的蓄水井全貌（2015年）（南—北）

图3-1-6　2016年一号发掘区全貌（南—北）

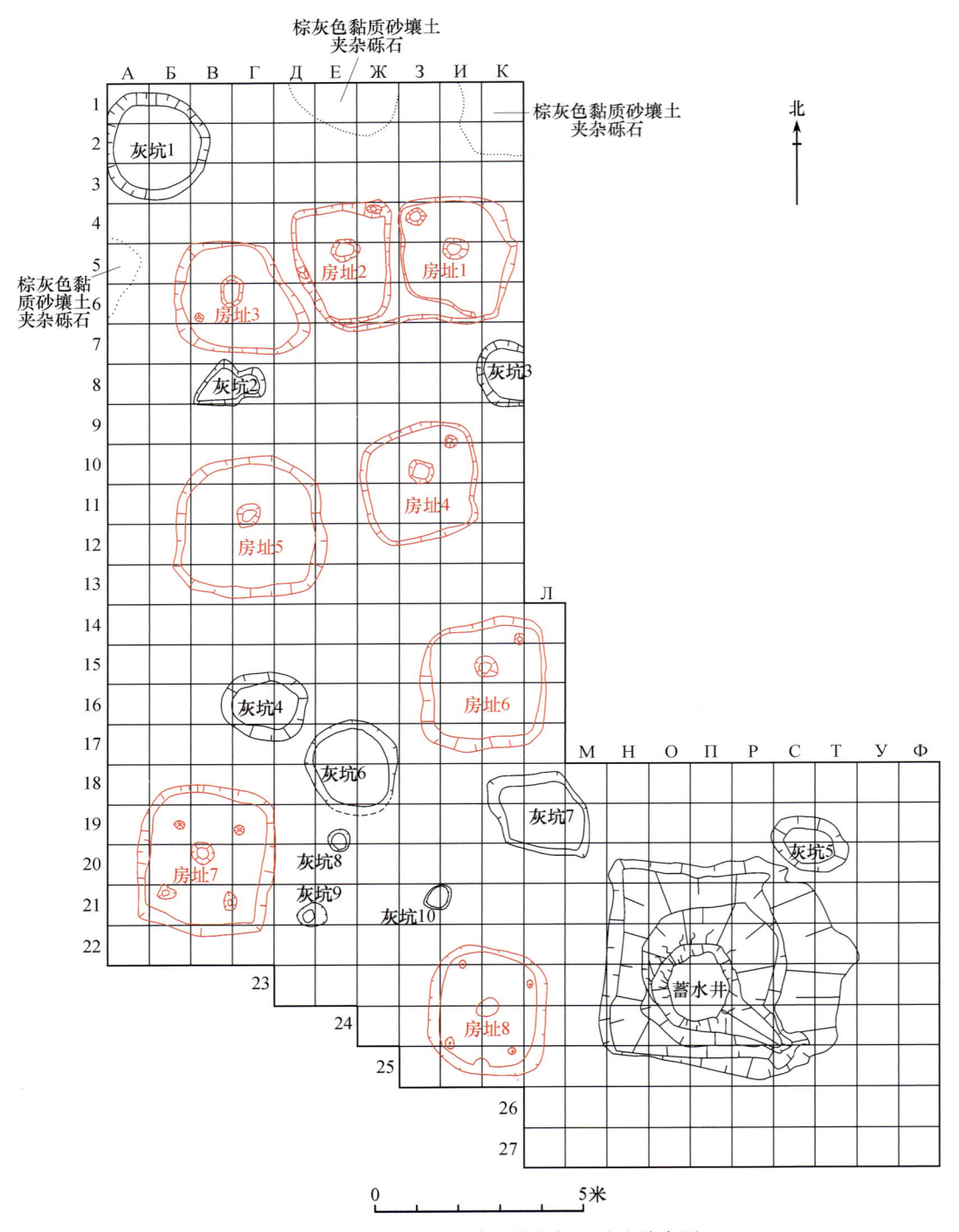

图3-1-7　2015~2016年度一号发掘区遗迹分布图

遗物主要出土于半地穴房址的基坑中，在上层堆积中只发现了少量人工制品，既有中世纪时期的人工制品，也包含新石器时代、古金属时代等更早些时期的遗物。

在发掘一号发掘区的第1层地层时，出土了以下器物："开元通宝"钱币1枚，编号No.16（图3-1-8；图3-1-13，1）；铁镞2件，分别编号No.5、No.15（图3-1-13，2、3），铁带扣残片1件，编号No.1（图3-1-13，4）；砺石1件，编号No.2（图3-1-13，5）；石棋子1枚，编号No.40；古金属时代陶纺轮1件，编号No.3（图3-1-13，6）；靺鞨和渤海时期的陶器残片若干。大多数陶片是零散出土的，不成片，难以修复。在出土的1970块陶片中，有142片属于渤海时期，363片属于靺鞨时期，21片属于古金属时代，2片可追溯到新石器时代。中世纪早期的陶器既有手制也有轮制。从陶片弧度判断，手制陶器主要呈罐形，深腹，颈部粗短，口沿下有素面或带有戳点纹饰的圆柱状附加堆纹带（图3-1-11，2、3、6；图3-1-12，2、3、6）。手制陶器的底部为平底或略微内凹（图3-1-11，7、8；图3-1-12，7、8），还发现了圈足碗的残片（图3-1-9，1、5；图3-1-10，1、5）。装饰手法上，大多数采用戳压技术，使用边缘棱角分明的工具（图3-1-9，2、7、9、10；图3-1-10，2、7、9、10），有时使用齿状戳压工具（图3-1-9，3、4、8；图3-1-10，3、4、8），并且还有刻划和戳压组合的装饰手法（图3-1-9，3；图3-1-10，3）。在手制陶器中，还见有斜口器残片。

轮制陶器占地层第1层出土陶器总量的9%左右。从中修复了1件完整的陶罐（图3-1-11，1；图3-1-12，1），罐形低矮，壁较厚，达0.7～0.9厘米，器体较宽，口沿外侈，平底。口径34.4厘米，大于器高（约26厘米），胎体大量夹砂，所夹砂粒主要是中等粒度的颗粒，器表磨光，根据断茬处的色泽呈灰色判断，该陶罐曾经历过修补后的

图3-1-8　Φ/18探方第1层出土"开元通宝"钱币（编号No.16）（南—北）

图3-1-9 地层第1层出土陶器照片（一）

1、5. 圈足陶碗底（У/20探方；M/26探方） 2~4、6~10. 纹饰陶片（Ж/6探方；O/27探方；T/21探方；T/21探方；C/23探方；B/5探方；T/18探方；У/20探方）

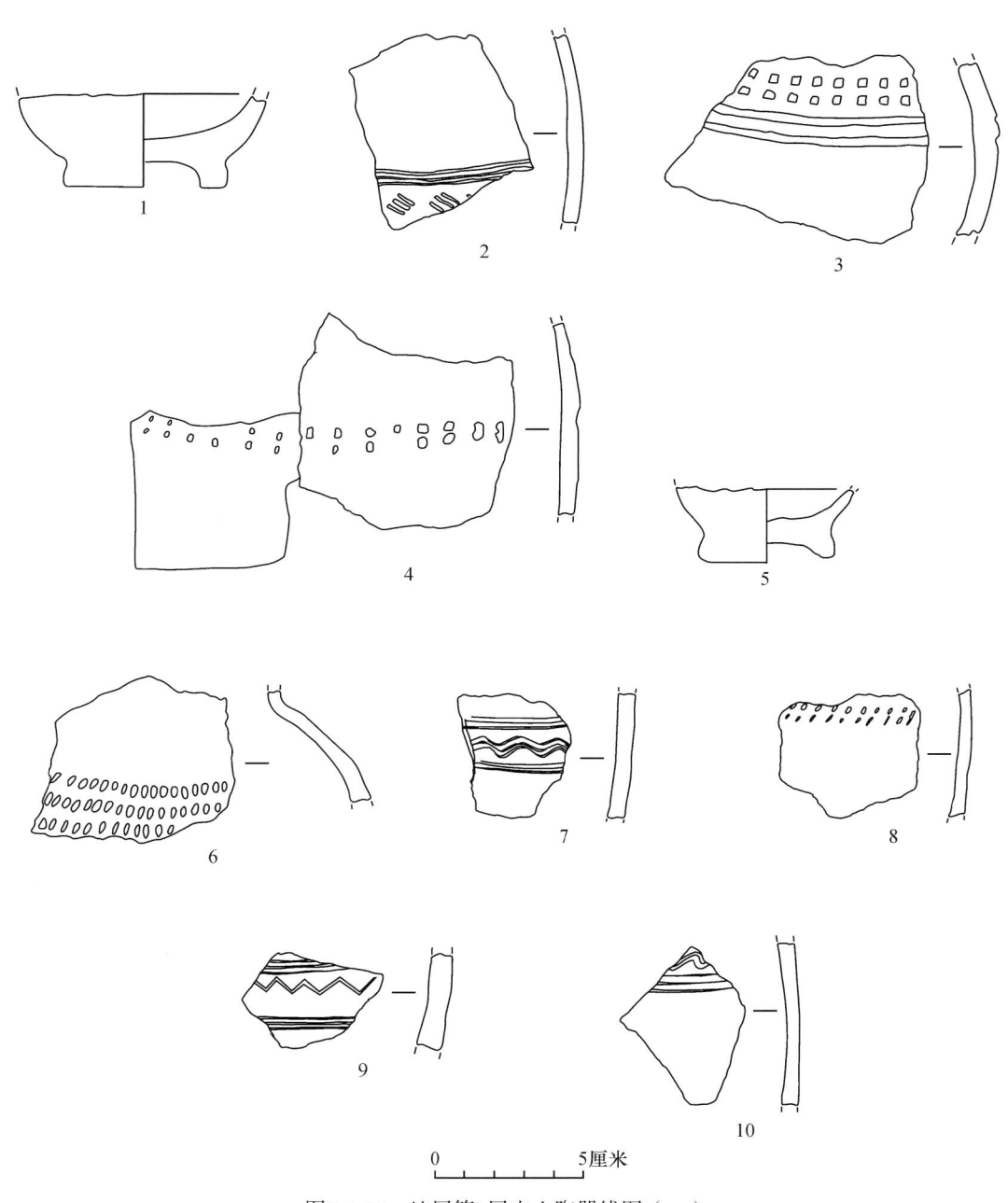

图3-1-10　地层第1层出土陶器线图（一）

1、5.圈足陶碗底（У/20探方；M/26探方）　2~4、6~10.纹饰陶片（Ж/6探方；О/27探方；Т/21探方；Т/21探方；С/23探方；В/5探方；Т/18探方；У/20探方）

图3-1-11　地层第1层出土陶器照片（二）

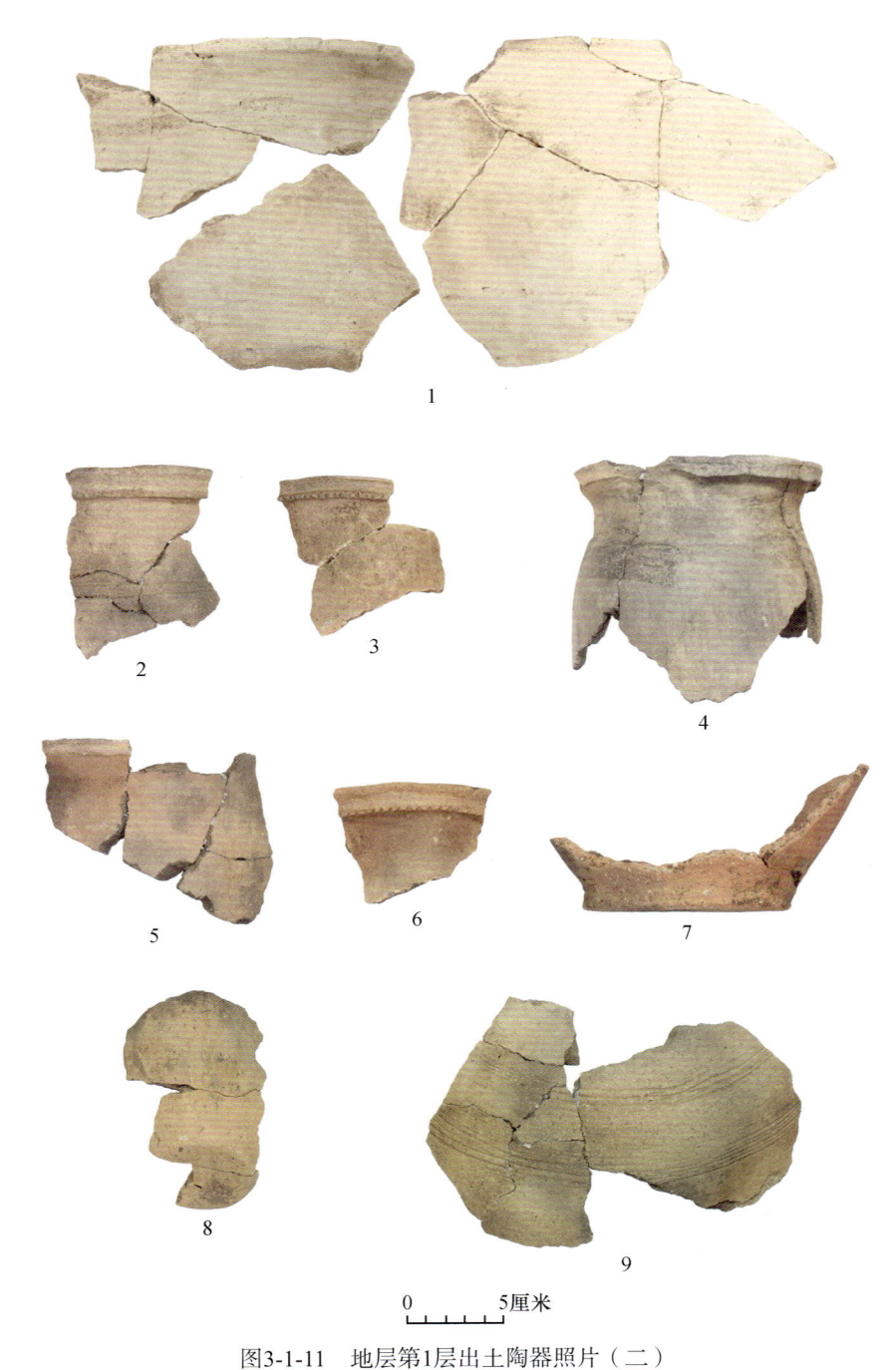

1、4、5、9. 轮制陶器残片（C/18探方；Б/3探方；Л/23探方；И/7探方）　2、3、6~8. 手制陶器残片（Н/18探方；C/20探方；Р/20探方；М/27探方，Е/27探方）

图3-1-12　地层第1层出土陶器线图（二）

1、4、5、9.轮制陶器残片（C/18探方；Б/3探方；Л/23探方；И/7探方）　2、3、6~8.手制陶器残片（H/18探方；C/20探方；P/20探方；M/27探方；E/27探方）

二次烧造。这种容器在滨海边疆区的其他渤海遗址中也有发现，如克拉斯基诺城址（考古研究，2013：241）。出土于地层第1层的轮制陶器口沿有圆唇（图3-1-12，1）和重唇（图3-1-11，5；图3-1-12，4）两种类型。轮制陶器表面光滑，且有条带状磨光痕。陶器上的纹饰仅有刻划线条纹一种，且这种带有纹饰的陶器残片发现极少（图3-1-9：7、10；图3-1-10，7、10；图3-1-11，9；图3-1-12，9）。

清理地层第2层，出土了如下器物：石锄1件，编号No.4；青铜耳环残片1件，编号No.17（图3-1-19，2）；球形光玉髓珠子2件，分别编号No.42和No.20（图3-1-19，5、6）；圆柱形石管1件，编号No.43（图3-1-19，7）；圆柱形陶珠1件，编号No.45（图3-1-19，8）；陶片磨制而成的纺轮1件，编号No.24（图3-1-19，4）；柳叶形铁镞1件，编号No.29（图3-1-19，1）；青铜铃铛1件，编号No.44（图3-1-19，3）；渤海陶多孔器1件，编号No.34（图3-1-14；图3-1-18）。在出土的1307件陶器残片中，77件属于渤海时期，221件属于靺鞨时期，6件属于新石器时代。

与地层第1层相比，地层第2层中发现的大块陶片数量更多，其中包括陶器堆。在发掘区北部出土了手制罐形陶器的残片，这些陶器的口沿下方具有素面附加纹饰带，还发现了圈足底陶器（图3-1-15，6；图3-1-17，6）的下半部分，以及球腹陶器残片，但口沿已缺失（图3-1-16，3；图3-1-17，7）。在发掘区南部出土了1件大型手制陶器的下半部分，器身下腹急收（图3-1-15，7；图3-1-17，10），此外，还出土了靺鞨时期陶器口沿残片，口沿下有附加纹饰带（图3-1-16，1；图3-1-17，4）。

出土的轮制陶器主要为陶器的上半部分（图3-1-15，1、3、5；图3-1-17，1、5、9）。在Д/1探方出土了1件陶壶的上半部分残片，壶颈部细长，口沿外翻，鼓肩（图3-1-16，2；图3-1-17，2）。

在清理完第1层和第2层地层后，出现了房址基坑和灰坑开口的轮廓线。紧接着，对这些遗迹单位的填土进行了发掘和土样采集。

（一）一号发掘区：房址和灰坑

1. 1号房址、2号房址和3号房址

这是由三个半地穴式房址构成的一组建筑（图3-1-20～22；图3-1-24；图3-1-25），位于一号发掘区的北部，沿东西向一线排布（图3-1-7）。各房址间由狭窄的坑壁隔开，1号房址和2号房址北侧有一个二层台，将这两座房址连接在一起。

（1）1号房址

1号房址位于3-K/4-6探方，处于该组建筑的东侧。在清理房址西北部上层堆积时，出土了2件残损严重的陶器碎片形成的堆积，即1号陶器堆和2号陶器堆。在2号陶器堆中，还发现了动物的碎骨。房址中心的凹陷处有一片红烧土，这应是灶坑使用形成的遗迹。在发掘地面北侧和部分东侧坑壁的下部时，发现了劈开的半截圆木，并有被火烧毁的痕

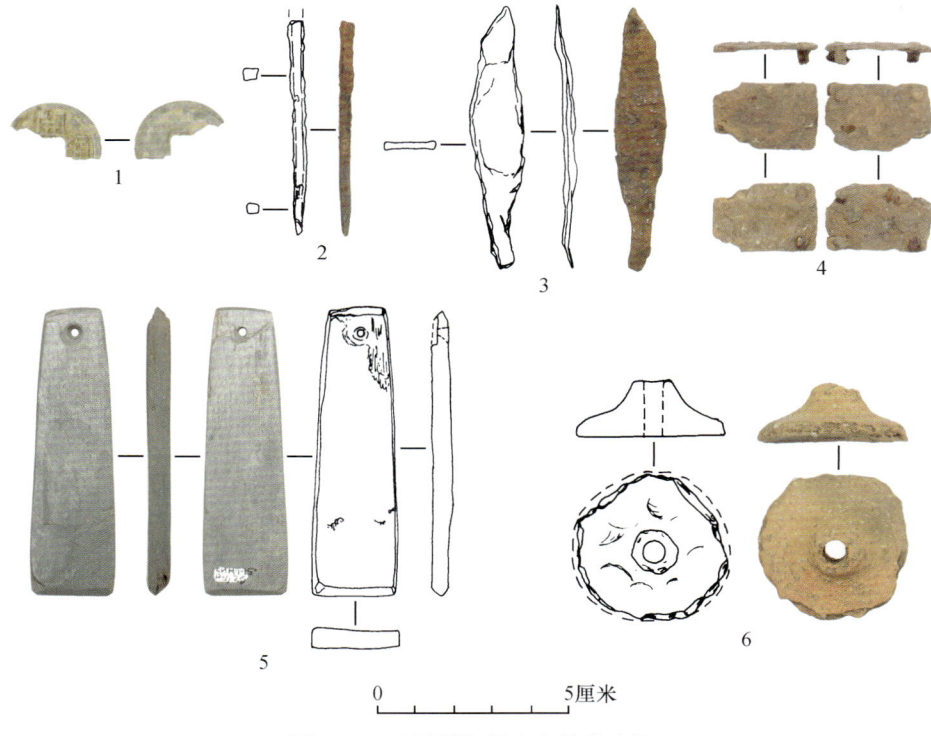

图3-1-13 地层第1层出土其他遗物

1. "开元通宝"铜钱残片（编号No.16，Ф/18探方） 2、3. 铁镞（编号No.5，Ж/12探方；编号No.15，Б/6探方）
4. 铁带扣残件（编号No.1，У/26探方） 5. 砺石（编号No.2，Ж/4探方） 6. 陶纺轮（编号No.3，А/3探方）

图3-1-14 Ф/25探方第2层出土陶多孔器

图3-1-15 地层第2层出土陶器照片（一）
1、3、5. 轮制陶器残片（3/6探方；Ф/26探方；Д/20探方） 2、4. 手制陶器残片（Ф/25探方；В/5探方）
6. 圈足陶器底（И/6和Ж/5探方） 7. 手制陶器底（П/18探方）

图3-1-16　地层第2层出土陶器照片（二）
1. 手制陶器残片（H/18探方）　2、3. 轮制陶器残片（Д/1探方；E-Ж/9探方）

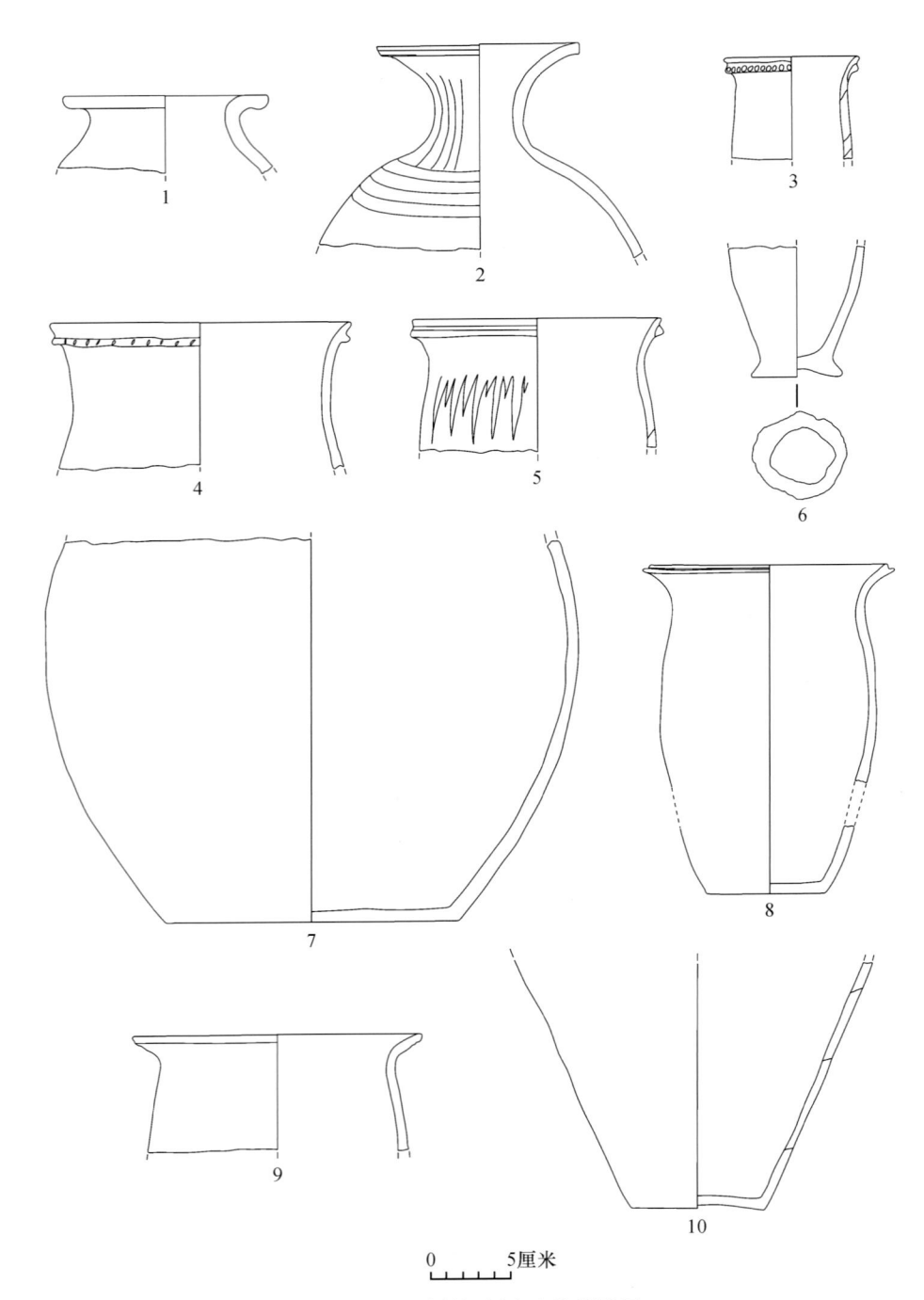

图3-1-17 地层第2层出土陶器线图

1、2、5、7、9. 轮制陶器残片（3/6探方；Д/1探方；Ф/26探方；Е-Ж/9探方；Д/20探方） 3、4、8. 手制陶器残片（Ф/25探方；Н/18探方；В/5探方） 6. 圈足底手制陶器底（И/6和Ж/5探方） 10. 手制陶器底（П/18探方）

第三章 2015~2016年俄韩联合考古队的发掘　029

0　　　　5厘米

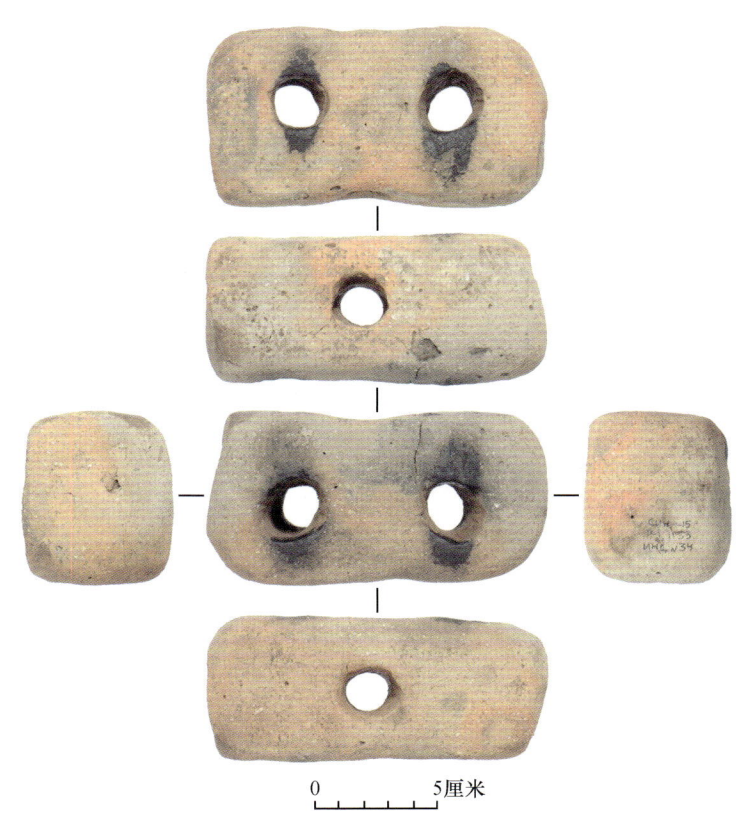

图3-1-18　Ф/25探方第2层出土渤海多孔器（编号No.34）

0　　　　5厘米

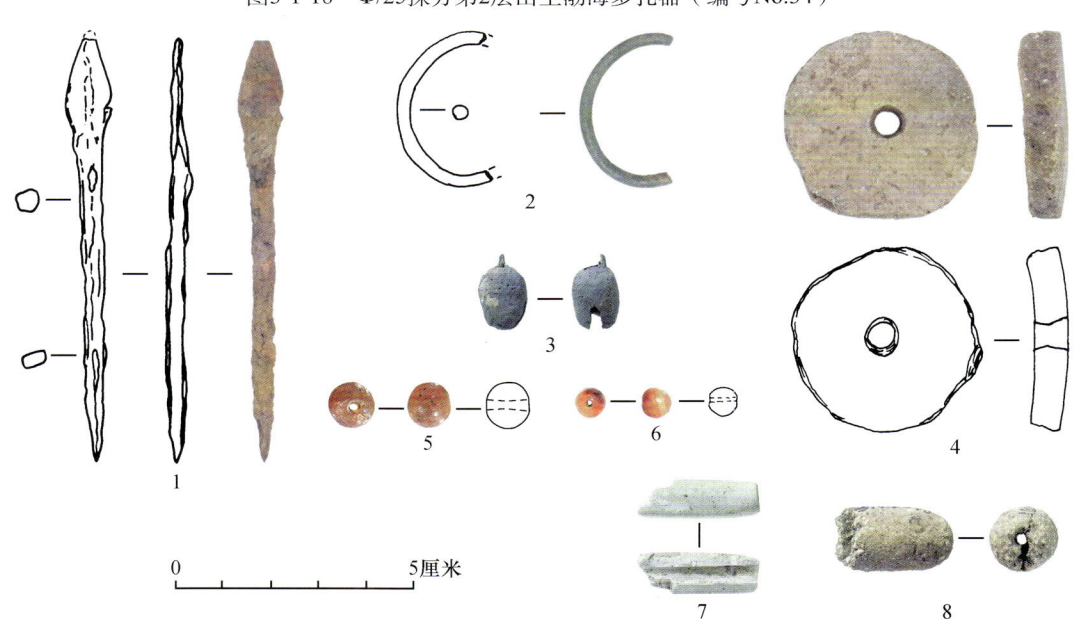

图3-1-19　地层第2层出土其他遗物
1. 铁镞（编号No.29，C/20探方）　2. 青铜耳环残片（编号No.17，O/18探方）　3. 青铜铃铛（编号No.44，И/19探方）
4. 陶器腹片制纺轮（编号No.24，B/20探方）　5、6. 光玉髓珠子（编号No.42，E/22探方；编号No.20，У/19探方）
7. 石管（编号No.43，Ж/24探方）　8. 陶珠（编号No.45，Л/15探方）

图3-1-20　1~3号房址房内上层堆积（北—南）

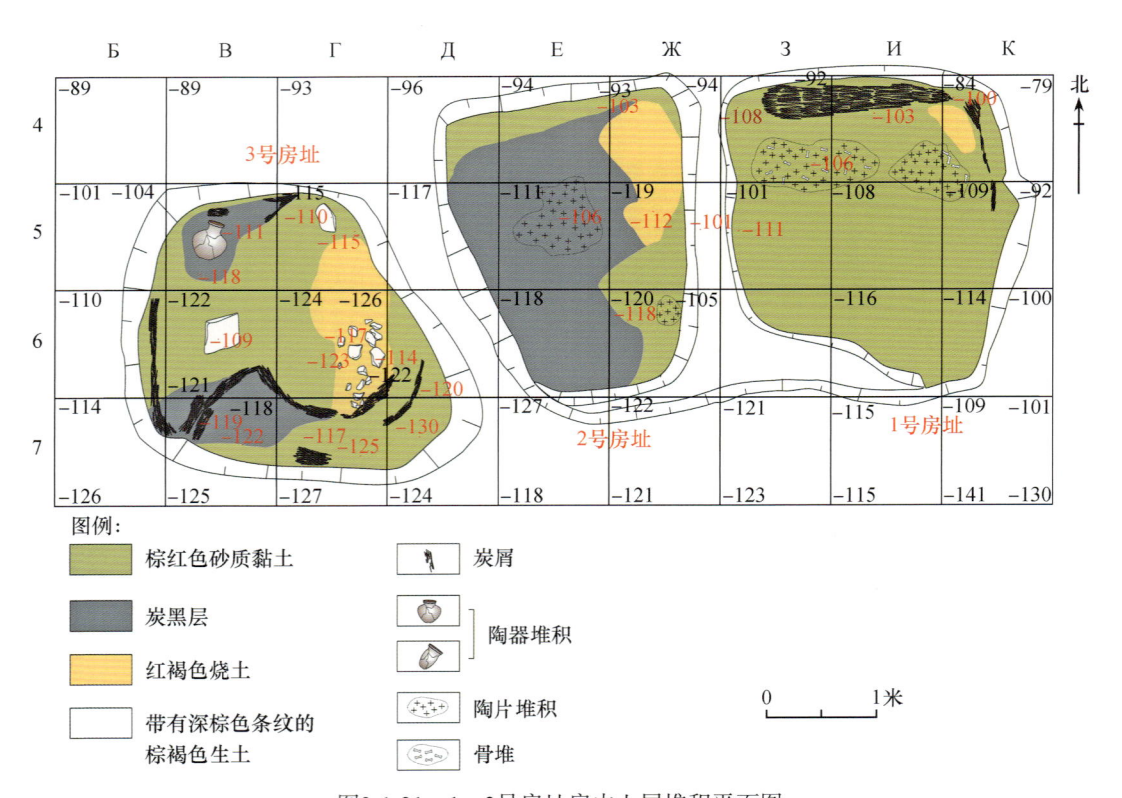

图3-1-21　1~3号房址房内上层堆积平面图

图3-1-22　1~3号房址下层陶器堆积（北—南）

1号房址、2号、3号按照a-b线的地层剖面图

图例：
- 棕红色砂质黏土
- 炭黑层
- 红褐色烧土
- 带有深棕色条纹的棕褐色生土
- 炭屑
- 陶器堆
- 陶片堆积
- 骨骼堆积

1~3号房址出土遗物：
编号No.7—甲片残片，Ж/6探方
编号No.9—锛，B/6探方
编号No.10—石矛，Б/6探方
编号No.11—石质工具半成品，Ж/5探方
编号No.12—骨纺轮，Б-B/5探方

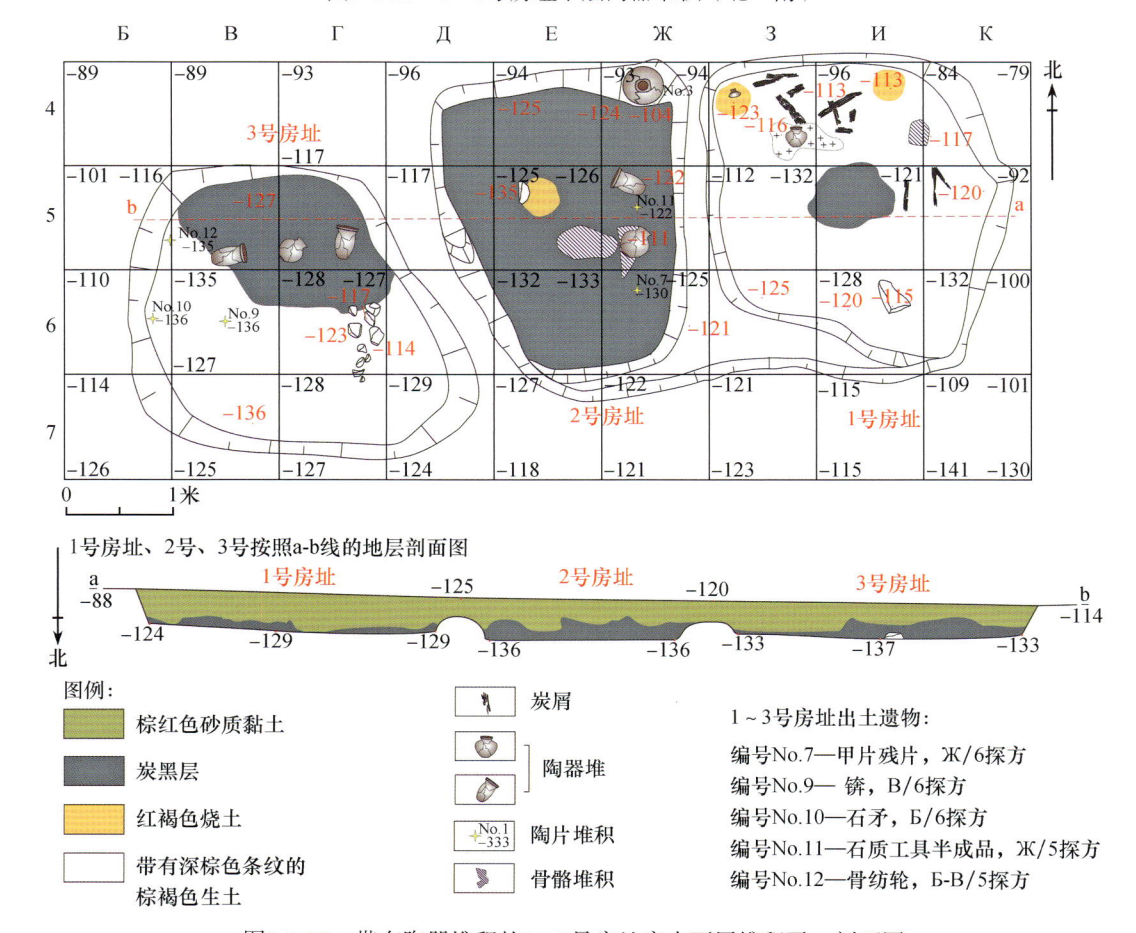

图3-1-23　带有陶器堆积的1~3号房址房内下层堆积平、剖面图

图3-1-24　1~3号房址发掘后（西—东）

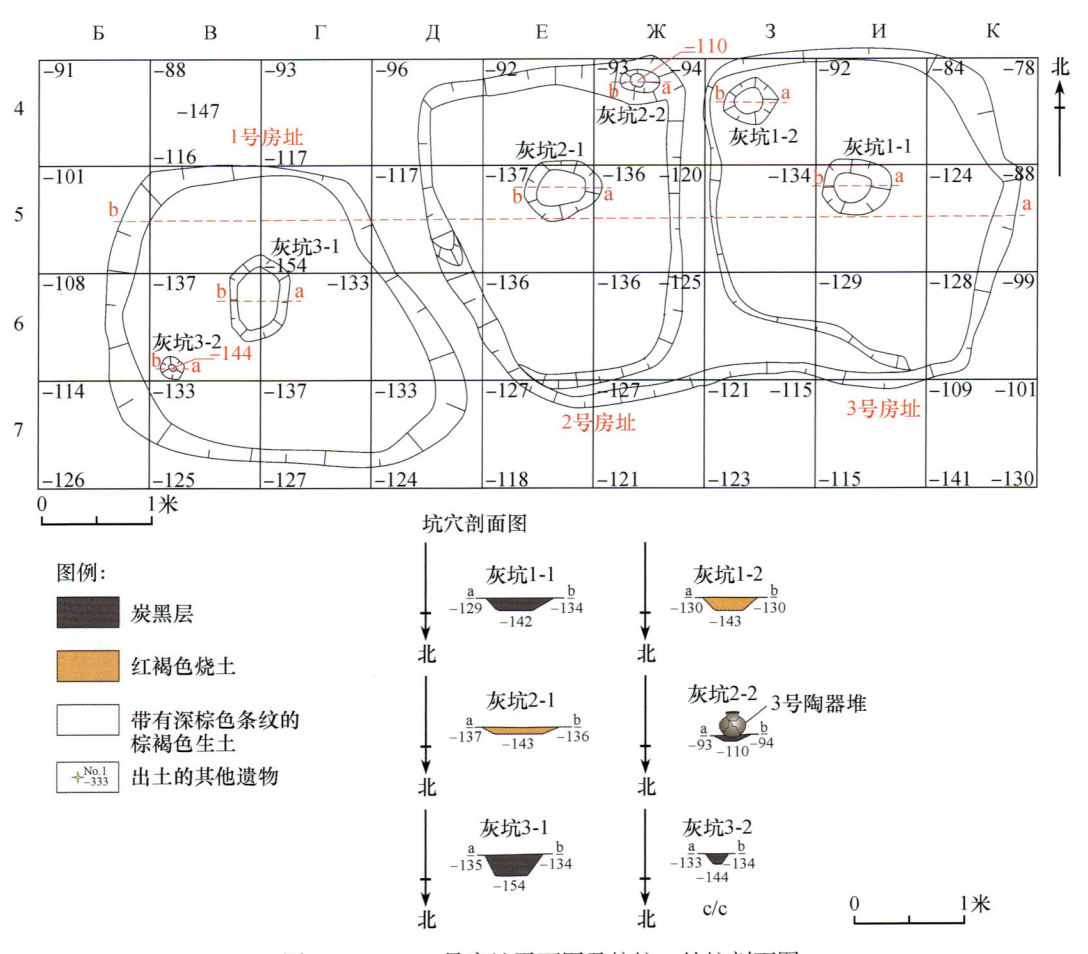

图3-1-25　1~3号房址平面图及柱坑、灶坑剖面图

迹。房址的中部发现了4件陶器的残片堆积，西北角（图3-1-27）发现1件小型陶器，在靠近房址灶坑的中央部分还发现了1件桦树皮容器。

1号房址平面大致呈正方形，长2.8、宽2.7米（图3-1-24；图3-1-25）。基坑坑壁较直，稍有倾斜，平均深度为35厘米。房址底部平整，有两个坑，其中一个直径约60厘米，深度为8厘米，坑中心有红烧土，极可能为该房址的灶坑，另一个较小的坑位于房址的西北角，可能是柱坑。

在房址地面上，出土了5件可完整复原的手制陶器，分别是：位于И/4探方的1件陶碗编号No.311（图3-1-33，5；图3-1-34，5）；位于3/4探方的2件陶罐，分别编号No.310和No.303（图3-1-33，2、4；图3-1-34，2、4）；位于3/4探方的1件深腹陶壶，编号No.308（图3-1-33，6；图3-1-34，6）；位于Ж/4探方的1件球腹陶壶，编号No.302（图3-1-33，1；图3-1-34，1）。形体最大的陶器是球腹陶壶，高30.6厘米，颈部狭窄，侈口，口沿外侧下部带有一圈捏制的附加堆纹带，其上装饰有较窄的椭圆形戳点，壶身上的装饰图案为四排椭圆形戳点纹，用与制作附加堆纹带上戳点纹饰相同的工具制成。还有1件陶壶，与这件球腹陶壶出土于同一陶器堆中，颈部较窄，肩部稍斜，腹部外凸（图3-1-33，6；图3-1-34，6），胎体中夹杂有粗砂颗粒和云母的混合物，颈部残留有烧焦的食物残渣。该陶器堆中的另外2件陶器为陶罐（图3-1-33，2、4；图3-1-34，2、4），这2件陶罐颈部较粗，外侈不明显，罐身外鼓，大平底，口沿外侧附加堆纹带上有较浅的椭圆形压印纹饰。此外，这里还出土了7件无纹饰的轮制陶器壁残片。

在И/4号探方的2号陶器堆中，发现了1件底部外撇的手制台底陶碗（图3-1-33，5；图3-1-34，5），和1件器壁较薄、器体较小的手制陶罐口沿，编号No.313（图3-1-33，3；图3-1-34，3），还出土3件球腹陶罐残片（表1）。

图3-1-26　1号房址房内上层堆积全貌（东北—西南）

图3-1-27 带有陶器堆积和灼烧痕迹的1、2号房址房内下层堆积（东—西）

图3-1-28 2号房址中部的陶器堆

图3-1-29 2号房址东北角的陶器堆

第三章 2015～2016年俄韩联合考古队的发掘 035

图3-1-30 带有烧灼木柱的3号房址房内上层堆积全貌（东南—西北）

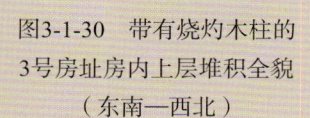

图3-1-31 3号房址B/5探方出土陶器（北—南）

图3-1-32 3号房址地面出土陶器（东南—西北）

图3-1-33 1号房址出土手制陶器照片
1. 球腹陶壶（编号No.302，Ж/4探方） 2~4. 陶罐（编号No.310，3/4探方；编号No.313，И/4探方；编号No.303，3/4探方） 5. 陶碗（编号No.311，И/4探方） 6. 陶壶（编号No.308，3/4探方）

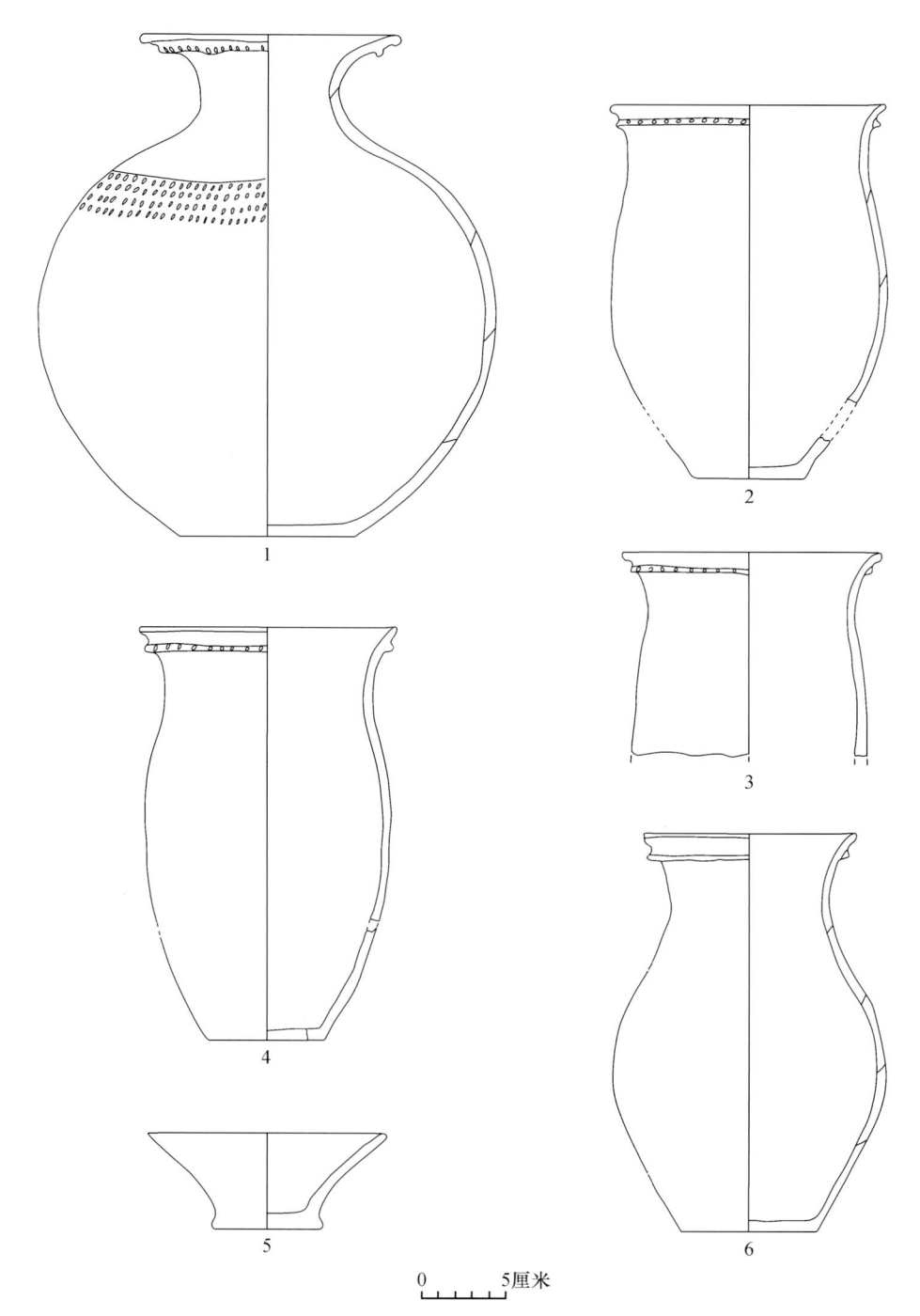

图3-1-34　1号房址出土手制陶器线图
1. 球腹陶壶（编号No.302，Ж/4探方）　2~4. 陶罐（编号No.310，З/4探方；编号No.313，И/4探方；编号No.303，З/4探方）　5. 陶碗（编号No.311，И/4探方）　6. 陶壶（编号No.308，З/4探方）

表1　城址中部1号房址出土陶器规格

编号	口径（厘米）	高（厘米）	底径（厘米）	壁厚（厘米）
И/4探方，No.311	14	5.8	6.4	0.5
Ж/4探方，3号陶器堆，No.302	15	30.6	10	0.6～0.7
3/4探方，4号陶器堆，No.313	15.4	—	—	0.5～0.6
3/4探方，4号陶器堆，No.310	16.2	22.8	6.6	0.5～0.6
3-И/4探方，陶器堆，No.308	12.6	24	8	0.6
3-И/4探方，陶器堆，No.303	15	25	6.8	0.5～0.6

（2）2号房址

2号房址是这组建筑中的中心建筑物，处于Д-Ж/4-6探方范围内（图3-1-7），由于它被一层厚厚的炭灰覆盖，推测它曾遭受火灾的破坏，房内的下层堆积几乎完全是炭灰。在2号房址东南部所处的Ж/4-5探方内，发现了红褐色烧土的斑迹。在2号房址的填土中共出土了5件器物的陶器堆积（图3-1-28；图3-1-29），其中四件位于房址的东墙，第5件位于一小块烧焦的桦树皮上。在发掘下层填土并进行最后清理时，出土了1件铁甲片残片，编号No.7（图3-1-40，2），以及1件石质工具的半成品，编号No.11（图3-1-40，5）。

2号房址的平面形状接近梯形，规格为2.2米×3米（图3-1-21；图3-1-23）。基坑坑壁较直，稍有倾斜，平均深度为35厘米。房址的底部平坦，有两个小坑：第一个坑位于房址中心，呈椭圆形，长径68、短径60、深8厘米，坑内有红褐色的烧土，应为灶坑；第二个坑位于东北角，呈椭圆形，长径36、短径18、深16厘米，坑内满是黑色的灰烬，坑上放置1件陶罐（3号陶器堆），该坑很可能是柱坑。

当对2号房址的填土进行取样分析时，在地面上发现了两堆陶片，分别位于E/5探方（1号陶器堆）和Ж/6探方（2号陶器堆）。此外，E/6探方还出土了1件器物的几块大尺寸残片，被部分修复。

1）手制陶器

在1号陶器堆中共有4件陶器，其中3件被完整修复，1件被部分修复。3件被完整修复的陶器中，有2件为颈部较粗、不太典型的陶罐分别编号No.176和No.326（图3-1-35，6；图3-1-36，2；图3-1-37，2、3），被部分修复的陶器编号No.184，仅保存了上部大约三分之二的部分，由于陶器颈部不明显，器壁弧度较小，故可将其归为筒形罐（图3-1-35，1；图3-1-37，6）。编号No.2的陶罐（图3-1-35，6；图3-1-37，2）形体不对称，一侧稍有下垂，这些缺陷可能是在晾坯和烧制过程中操作不当造成的。编号No.326的陶罐（图3-1-36，2；图3-1-37，3）具有明显的颈部，凹底，且罐身有垂直抹光的痕迹。

在2号陶器堆中发现了不同陶器的100多片残片，包括2件陶器壁和1件带有波浪线纹饰的器底（图3-1-35，4；图3-1-37，5），以及2件可修复的手制陶器。可修复的陶器中，第1件陶器，编号No.328，整体较高且瘦长，轮廓起伏不明显（图3-1-35，5；图3-1-37，1），器身肩部装饰有三排椭圆形戳点纹。第2件陶器，编号No.329，是1件形体很小的陶

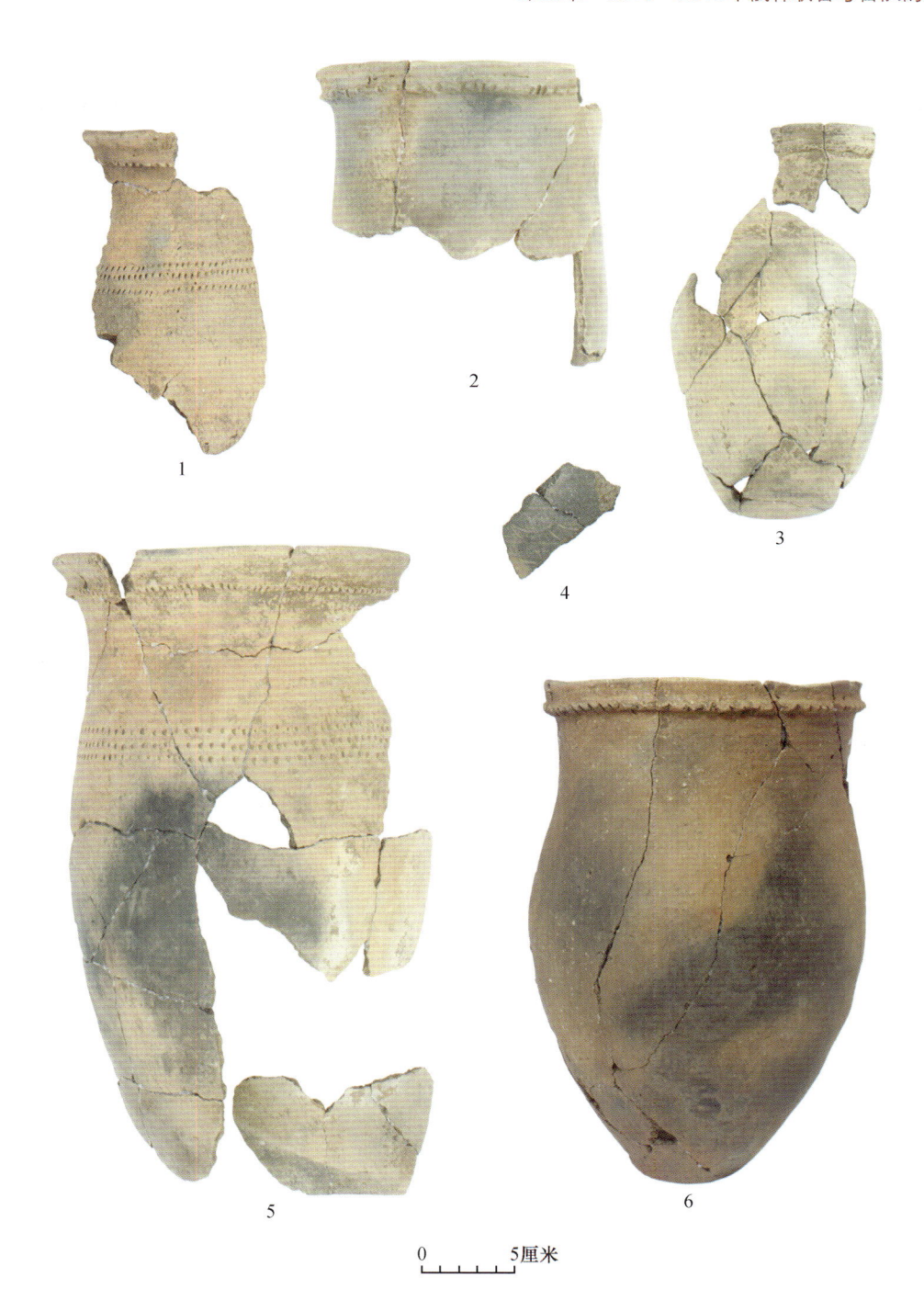

图3-1-35　2号房址出土陶器照片（一）

1～3、5、6.手制陶罐（编号No.184，E/6探方；编号No.322，Д/5探方；编号No.329，Ж/6探方；编号No.328，Ж/6探方；编号No.176，E/5探方）　4.纹饰陶片（Ж/6探方）

图3-1-36　2号房址出土陶器照片（二）

1、3. 轮制陶器（编号No.320，E/5探方；编号No.321，E/5探方）　2. 手制陶罐（编号No.326，Ж/5探方）

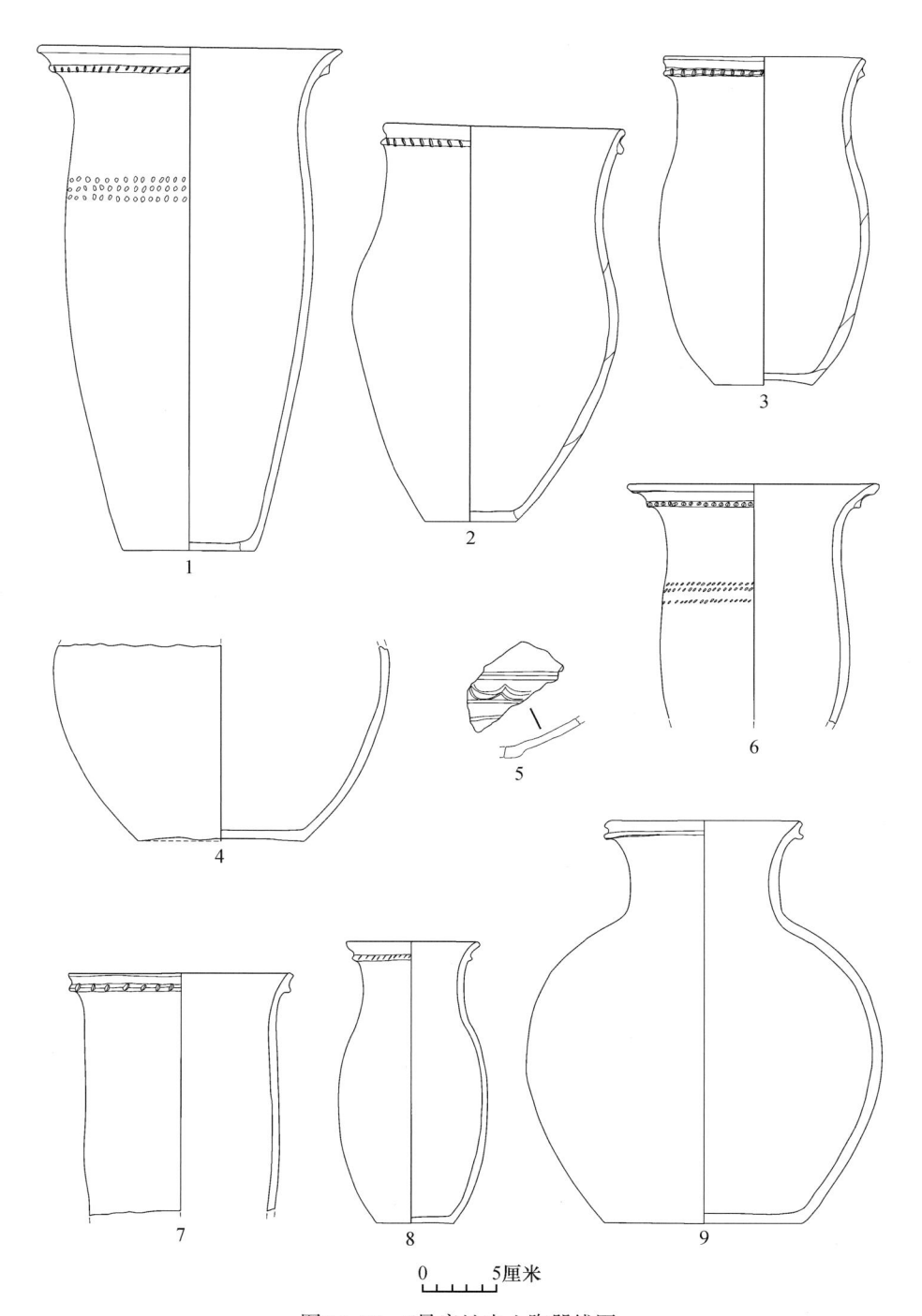

图3-1-37　2号房址出土陶器线图

1～3、6～8. 手制陶罐（编号No.328，Ж/6探方；编号No.176，E/5探方；编号No.326，Ж/4-5探方；编号No.184，E/6探方；编号No.322，Д/5探方；编号No.329，Ж/6探方）　4、9. 轮制陶器（编号No.320，E/5探方；编号No.321，E/5探方）　5. 纹饰陶片（Ж/6探方）

图3-1-38　3号房址出土陶器照片

1、3.球腹陶壶（编号No.334，B/5探方；编号No.340，Γ/5探方）　2、4.手制陶罐（编号No.341，Γ/5探方；编号No.342，B/5探方）

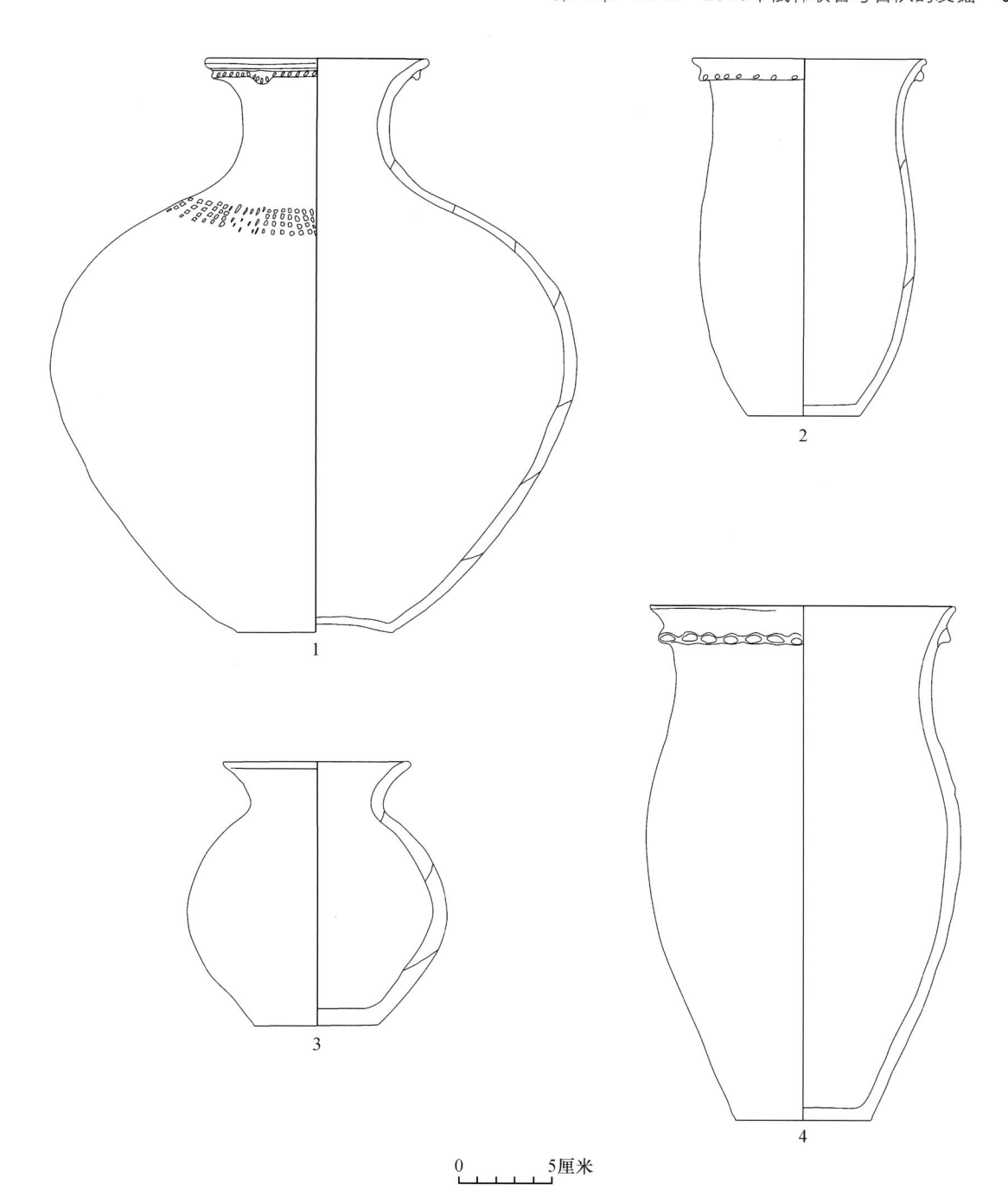

图3-1-39　3号房址出土陶器线图

1、3. 球腹陶壶（编号No.334，B/5探方；编号No.340，Γ/5探方）　2、4. 手制陶罐（编号No.341，Γ/5探方；编号No.342，B/5探方）

壶，器壁较薄，颈高且细，底部较平，该器物保存不太完好，表面带有土锈斑点（图3-1-35，3；图3-1-37，8）。在发掘2号房址处于Д/5探方的边缘区域时，出土了一件深腹陶器的上半部分，还发现了几块较大且壁较厚的手制陶器残片。

2）轮制陶器

在1号陶器堆中还发现了轮制陶器。在E/5探方发现的1件陶器，编号No.321，底部较宽，颈部窄直，圆唇侈口，口沿外侧下部有素面的附加泥圈（图3-1-36，3；图3-1-37，9）。该陶器器体对称性良好，内、外表面均可见规整的平行分布的轮修痕迹。在E/5探方内还出土了1件器表磨光的大型轮制陶器的下半部分，编号No.320（图3-1-36，1；图3-1-37，4）。

表2 城址中部2号房址陶器规格

编号	口径（厘米）	高（厘米）	底径（厘米）	壁厚（厘米）
E/6探方，1号陶器堆，No.184	16.6	—	—	0.6
Ж/4-5探方，1号陶器堆，No.326	13.2	22.2	6.4	0.5～0.6
E/5探方，1号陶器堆，No.176	15.6	26.8	6	0.5～0.6
E/5探方，1号陶器堆，No.321	12.8	27	12.8	0.6～0.7
Ж/6探方，2号陶器堆，No.329	8.8	18.8	5.2	0.4～0.5
Д/6探方，1号陶器堆，No.322	14.6	—	—	0.5～0.6
E/6探方，2号陶器堆，No.328	19.8	34.1	8.6	0.5～0.6
E/5探方，1号陶器堆，No.320	—	—	11	0.5～0.6

（3）3号房址

3号房址位于这组建筑的西端，处于Б-Д/5-7探方范围内（图3-1-7；图3-1-21；图3-1-23）。与前两座几乎处于同一条直线上的房址相比，3号房址略向南侧偏离。3号房址上层填土含有大量灼烧过的有机物质（图3-1-20；图3-1-21），这里有一堆烧焦圆木残迹，很可能是用于支撑房址的梁架（图3-1-30）。东侧壁附近放置有小石块，位于圆木烧毁后的残迹上，同样起支撑作用。在坑的西北角有一个陶器堆（图3-1-23）。在发掘3号房址下层填土时，出土了以下遗物：В/6探方内出土磨制石斧半成品1件，编号No.9（图3-1-40，1）；Б/6探方内出土石矛半成品1件，编号No.10（图3-1-40，3）；Б-В/5探方内出土骨质纺轮1件，编号No.12（图3-1-40，4）。

3号房址的平面呈椭圆形，长径2.8、短径2.5米（图3-1-24；图3-1-25）。基坑坑壁较直，稍有倾斜，房址深度达到35厘米。房址底部平坦，有两个坑，其中一个坑位于房址的中部，平面呈椭圆形，长径56、短径44、深18厘米，坑内填土为红棕色烧土，可能为一处灶址，第二个坑位于房址西南角，平面呈圆形，直径约22厘米，深11厘米，填土为深色灰烬，很可能是柱坑。

在3号房址的填土中，出土了中世纪早期的手制陶器器壁11件和口沿5件。它们与滨

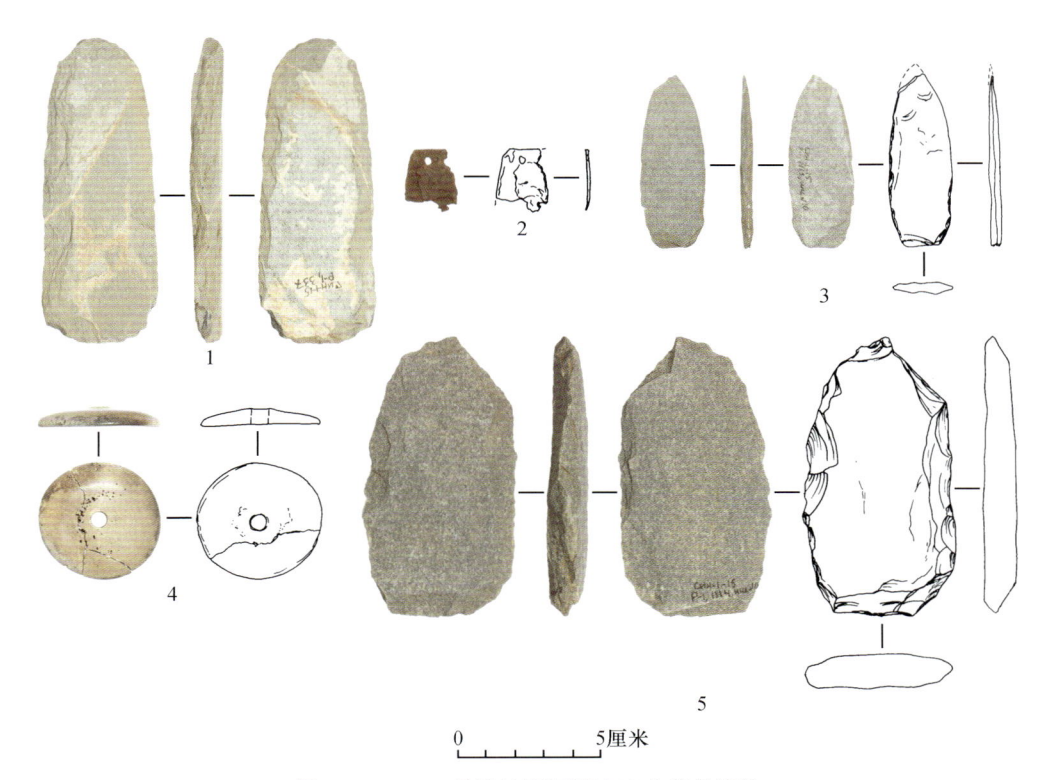

图3-1-40　1~3号房址下层填土出土其他遗物

1. 磨制石斧半成品（编号No.9，В/6探方，3号房址）　2. 铁甲片残片（编号No.7，Ж/6探方，2号房址）　3. 磨制石矛半成品（编号No.10，Б/6探方，3号房址）　4. 骨纺轮（编号No.12，Б-В/5探方，3号房址）　5. 石质工具半成品（编号No.11，Ж/5探方，2号房址）

海边疆区其他古金属时代遗址中出土的陶器较为类似。同时，在上层填土中还出土了腹部圆鼓、颈部狭窄的陶壶残片（共87块陶片）的堆积（图3-1-38，1；图3-1-39，1），该陶壶，编号No.334，底部内凹，圆唇口沿，口沿下的附加纹饰带上有细小的珍珠状压印纹饰，肩部有四圈梳齿状凹窝纹饰，器表有磨光迹象，没有烧焦的残渣痕迹。

房址地面上共清理出了3件陶器的残片堆积（图3-1-32）。在Г/5探方出土了1件具有较窄漏斗形口部和球形腹部的陶壶，编号No.340（图3-1-38，3；图3-1-39，3），陶壶壁相对较厚，达0.7~0.8厘米，大平底，口沿下没有附加堆纹装饰，器形对称而规整，可能经慢轮修整。在Г/5和В/5探方还出土了2件腹部瘦长的筒形罐，这2件筒形罐为平底，器类不典型。其中，出土于В/5探方的1件（图3-1-31），口沿下方的附加纹饰带较粗，且位置距口沿较远，相距约1.5厘米，其上压印有较深的椭圆形凹窝，胎体中夹杂粗砂颗粒杂质和云母片（图3-1-38，4；图3-1-39，2）。另1件较小的筒形罐，编号No.341，在口沿下方有一圈附加堆纹装饰带（图3-1-38，2；图3-1-39，4）。2件陶器的表面都有竖向抹光痕迹（表3）。

房址下层填土由一层厚厚的灰烬构成，灰烬中有烧焦的木材，存在灶坑，而且该层中出土了大量的日用陶质容器残片，根据这些特征，我们得出这样的结论：这座房址是在被火灾烧毁后而遭到废弃的，后被散落的碎石和土覆盖。

表3　城址中部3号房址陶器规格

编号	口径（厘米）	高（厘米）	底径（厘米）	壁厚（厘米）
В/5探方边缘，No.2、No.342陶器	16.6	28.6	7.2	0.6～0.7
В/5探方，No.1、No.334陶器	12	32	8.4	0.5～0.7
Γ/5探方，No.341陶器	12.6	20	6	0.5～0.6
Γ/5探方，No.340陶器	10	14.6	6.6	0.7～0.9

2. 4号房址

在清理地层第2层时，发现了位于Ж-И/9-12探方区域中部的4号房址（图3-1-7），开口处可见掺杂碎石的棕褐色黏土的方形轮廓，这是房址填土的上层，其中包含有陶器和动物骨骼的残片。房址下层填土是深色灰烬层（图3-1-42）。在Ж-З/10-11探方的中心位置发现了一处椭圆形的红褐色烧土痕迹。在房址北部角落处于З-И/9探方范围内的灰烬层中，发现了三处陶器堆积（图3-1-41）。还有1件陶器被埋于红烧土层中。

在З/10探方出土了1件铁镞铤部，编号No.8（图3-1-48，1）；在И/11探方出土了1件两端带有小型穿孔的饼形陶器，编号No.30（图3-1-48，2）。

房址平面呈圆角长方形，长2.7、宽2米（图3-1-42；图3-1-43）。房址基坑坑壁较直，稍有倾斜，底部平整，深度达54厘米（图3-1-44）。底部有两个坑，其中一个位于房址的中心部位，平面呈椭圆形，长径66、短径61、深8厘米，坑内填土为红褐色烧土，应当是一处灶坑（图3-1-44），第二个坑位于房址的东北角，平面呈圆形，直径14、深11厘米，填土为深色灰烬层，应当是柱坑（图3-1-44）。

图3-1-41　4号房址З/9、И/10探方出土陶器堆（南—北）

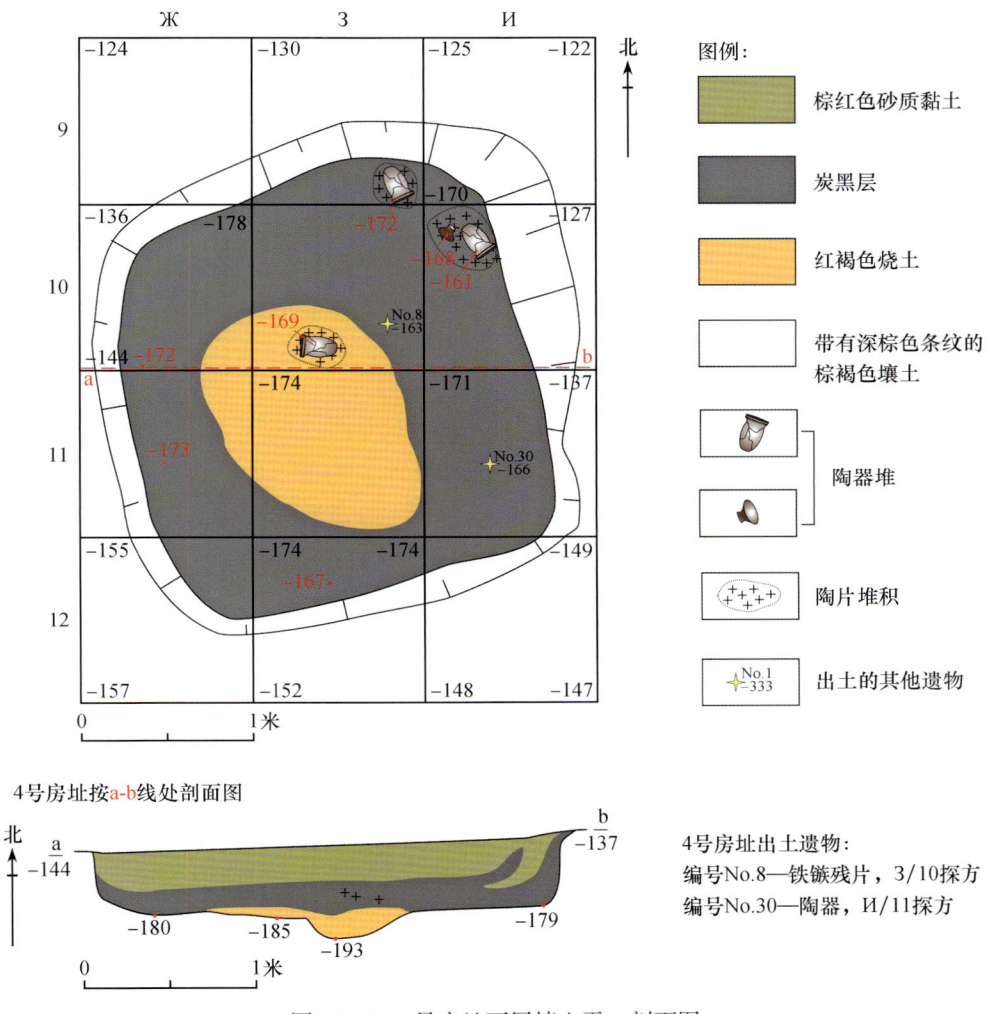

图3-1-42　4号房址下层填土平、剖面图

在发掘4号房址时，出土了7件可以部分修复的陶器，以及各种零散的口沿、器壁和器底残片。

这些陶器主要出土于3/9探方（发现3件陶器）和И/10探方（发现2件陶器）的房址地面上，在3/10探方和И/12探方，陶器残片在上层填土、下层填土以及房址地面上都有出土。

出土了以下形制的陶器：矮圈足底陶碗1件，出土于И/10探方的2号陶器堆，编号No.420（图3-1-45，1；图3-1-47，5）；筒形罐4件，其中，1件出自位于3/9探方的3号陶器堆，编号No.399（图3-1-46，2；图3-1-47，2），1件出自位于И/9探方和И/10探方之间的2号陶器堆，编号No.421（图3-1-46，3；图3-1-47，3），2件出自位于3/10探方的4号陶器堆，分别编号No.402（图3-1-45，2；图3-1-47，4）和No.407（图3-1-46，1；图3-1-47，1）；球腹陶壶2件，其中1件出自3/9探方，编号No.413（图3-1-46，4；图3-1-47，7），另1件出自И/12探方的1号陶器堆，编号No.424（图3-1-45，3；图3-1-47，6）。除

图3-1-43 发掘后的4号房址全貌（南—北）

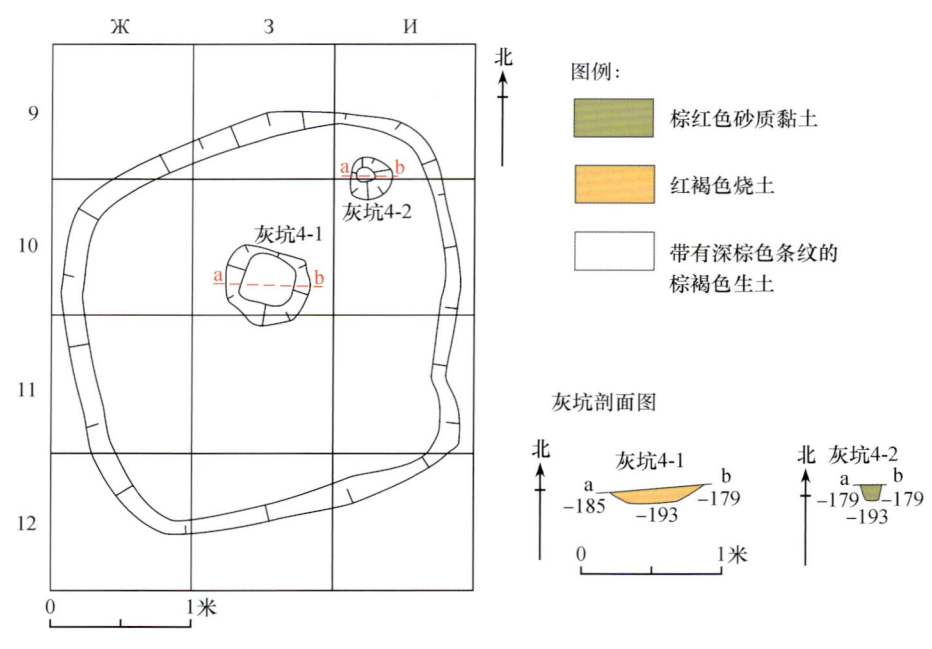

图3-1-44 发掘后的4号房址平面图及灶坑、柱坑剖面图

了3/9探方出土的凹底筒形罐（图3-1-47，2）和И/10探方出土的圈足底碗（图3-1-47，5）外，其余出土陶器均为平底器。

所有陶器均为手制，器壁较厚的陶器胎体都夹有粗砂，如И/12探方的球腹陶壶，3/10探方出土筒形罐的陶胎中还夹有很多云母。需要说明的是，这些陶器破损较严重，器身被压碎，很难搞清器表的加工工艺。3/10探方发现的陶片器壁较薄，茬口处有土锈，表面可见明显的粗砂颗粒（图3-1-45，2）。陶器的主要装饰手法体现在口沿下有附加纹饰带，有的陶壶颈部或肩部也有纹饰。在3/10探方出土的陶器（共发现该陶器的9个残片）颈部有两排由三齿梳状工具形成的篦齿纹装饰纹样（图3-1-45，2；图3-1-46，1；图3-1-47，1、4）。在3/9探方出土的球腹陶壶的肩部有由两条横线间填充双波浪线组成的纹饰。

发掘过程中，除了出土完整的陶器外，还出土了30件鞑鞨手制陶器口沿残片，其中2件带有素面附加泥圈装饰，203件陶器壁，其中4件为饰纹陶片，3件底部残片，包括1件碗底，除此之外，4号房址中还发现了轮制陶器残片2件。

填土的土质，烧焦的木材残迹和灶坑，表明这座房址曾遭遇火灾，后来被碎石和土覆盖。

表4 城址中部4号房址陶器规格

编号	口径（厘米）	高（厘米）	底径（厘米）	壁厚（厘米）
3/9探方，地面，3号陶器堆，No.399～401	13.8	25.8	6.6	0.5～0.6
И/12探方，下层填土，1号陶器堆，No.424	12	≈33	9.8	0.6～0.8
3/9探方，No.413～427	11.6	≈24.8	6.2	0.5～0.6
3/10探方，上层及下层填土，No.407、No.415、No.495	17.8	30.7	6.4	0.5～0.6
И/10探方，2号陶器堆，No.421	—	不小于22.8	7	0.5～0.6
3/10探方，4号陶器堆，No.402	8.6	13.5	4.4	0.4～0.5
И/10探方，地面，2号陶器堆，No.420	15	6	5.2	0.5

3. 5号房址

5号房址位于Б-Е/10-13探方区域的中部（图3-1-7），于清理完地层第二层后发现。房址开口处土质为带有砂岩碎石的棕色黏土，平面呈矩形。下层的填土主要是红褐色的烧土，在房址南部的墙壁附近，发现了夹有炭屑的呈带状分布的灰烬层。沿着房址北侧墙壁有一个木质结构房架残迹，由烧毁的半截圆木和四个小木柱构成。沿着Д/11-12探方墙壁东侧一线有至少包含5处陶器堆积，分别编号2、3、5～7号陶器堆（图3-1-52、54、55）。在Б-В/11探方交界处的房址西北角的编号为4号的陶器堆，出土了1件斜口器（图3-1-53、58）。在В/13探方的房址西南角还发现了另一个陶器堆，将其编号为1号陶器堆，在1号陶器堆附近的Б-В/12-13探方，发现了一块白桦树皮残片，桦树皮上放置着6件细长的砾石（图3-1-49），这些砾石很有可能是被当作某种工具使用，并保存在桦树皮中。在В/12探方中还出土了1件桦树皮杯，编号No.14

图3-1-45 4号房址出土陶器照片（一）

1. 圈足碗（编号No.420，И/10探方） 2. 手制陶罐残片（编号No.402，3/10探方） 3. 手制球腹陶壶（编号No.424，3/10和И/12探方）

（图3-1-51）。在Г/12探方出土了1件骨制品，编号No.27。

房址平面呈圆角方形，规格为长3.4、宽3.3米，深约57厘米（图3-1-56；图3-1-57）。房址基坑坑壁较直，壁面平整，稍有倾斜，底部较平坦。在房址底部有一个坑，位于房址中部（图3-1-56；图3-1-57），平面呈椭圆形，长径54、短径50、深8厘米，由红棕色烧土填充，很有可能是一个灶坑。

在5号房址上层填土中，出土了30件手制陶器壁残片，4件手制陶器口沿残片，3件轮制陶器口沿，2件手制陶器底部。在Д/13探方房址上层填土中，发现了一处器壁较薄的陶器残片堆积，出土共计20件残片（图3-1-63，4；图3-1-64，4）。有些属于同一件陶器上的残片，既在上层填土中出土，又在下层填土中有发现，如在B-Д/10-13探方上层填土以及房址底部均发现了同1件轮制陶器（图3-1-61，6；图3-1-62，6）的残片，在Д/11、14探方上层填土以及房址底部均发现了同1件形体较小的陶器（图3-1-61，5；图3-1-62，5）的残片。

5号房址地面上共出土12件陶器，其中9件被完整修复。这些陶器既有手制，也有轮制。

（1）手制陶器

共有以下几种器类。

1）陶罐。这种陶器占大多数，且规格不一。Д/12探方中的3号陶器堆和B/13探方中的1号陶器堆各发现了1件较大的这种类型陶器（图3-1-63，1、5；图3-1-64，1、5）。这2件陶器的高度分别为40厘米和39.4厘米，颈部较粗，底部极小，1号陶器堆出土的陶器编号No.431，底径与口径的比例为1∶4，3号陶器堆出土的陶器，编号No.435，底径与口径的比例为1∶3。这些陶器的底部面积极小，无法自行立住，很可能是坐到别的物体上或由石头抵住固定的。还有1件该类陶器，出自与3号陶器堆同样位于Д/12探方内的7号陶器堆，编号No.1052，形体同样很大，通高30.7厘米，是1件腹部较深的筒形罐，陶器底部稍有内凹（图3-1-59，1；图3-1-60，2）。在这件陶器所处的7号陶器堆中，还有另1件陶罐的几块残片，该陶罐在进行晾坯和入窑烧制时就已经变形，器身不对称，一侧稍有下垂，陶器底部内凹，编号No.1051（图3-1-59，2；图3-1-60，3）。在Д/14探方出土的1件陶罐，其漏斗形的颈部与上述陶器有所不同，平底，肩部微鼓（图3-1-59，3；图3-1-60，4）。在Д/12探方出土了2件形体不大的陶罐，其中1件，编号No.1060，口部残（图3-1-63，2；图3-1-64，2），另1件陶罐编号No.1061，底部略微内凹，颈部粗短，溜肩，高度约为15厘米（图3-1-63，3；图3-1-64，3）。

大型陶罐陶胎中大多夹粗砂，但没有掺杂云母，表面主要通过垂直方向的抹光进行处理。所有口沿下有附加纹饰带的陶器，纹饰带上都装饰有椭圆形或圆形戳点纹。只有3件陶罐的器身上装饰有纹饰，均为戳印纹（图3-1-59，1；图3-1-63，1、2）。值得注意的是，出自7号陶器堆的编号No.1052的这1件陶罐，一部分装饰有很细的刻划纹，另一部分装饰有细小的圆形戳点纹（图3-1-59，1；图3-1-60，2）。

2）球腹陶壶。Д/12探方内的3号陶器堆中出土了2件这种类型的手制陶器（图3-1-61，1、4；图3-1-62，1、3），在Д/11探方也发现了1件这种类型的陶器（图3-1-50）。

图3-1-46　4号房址出土陶器照片（二）

1~3.手制陶罐（编号No.407，3/10探方；编号No.399，3/9探方；编号No.421，И/10探方）　4.手制球腹陶壶残片（编号No.413，3/9-10和Ж/10探方）

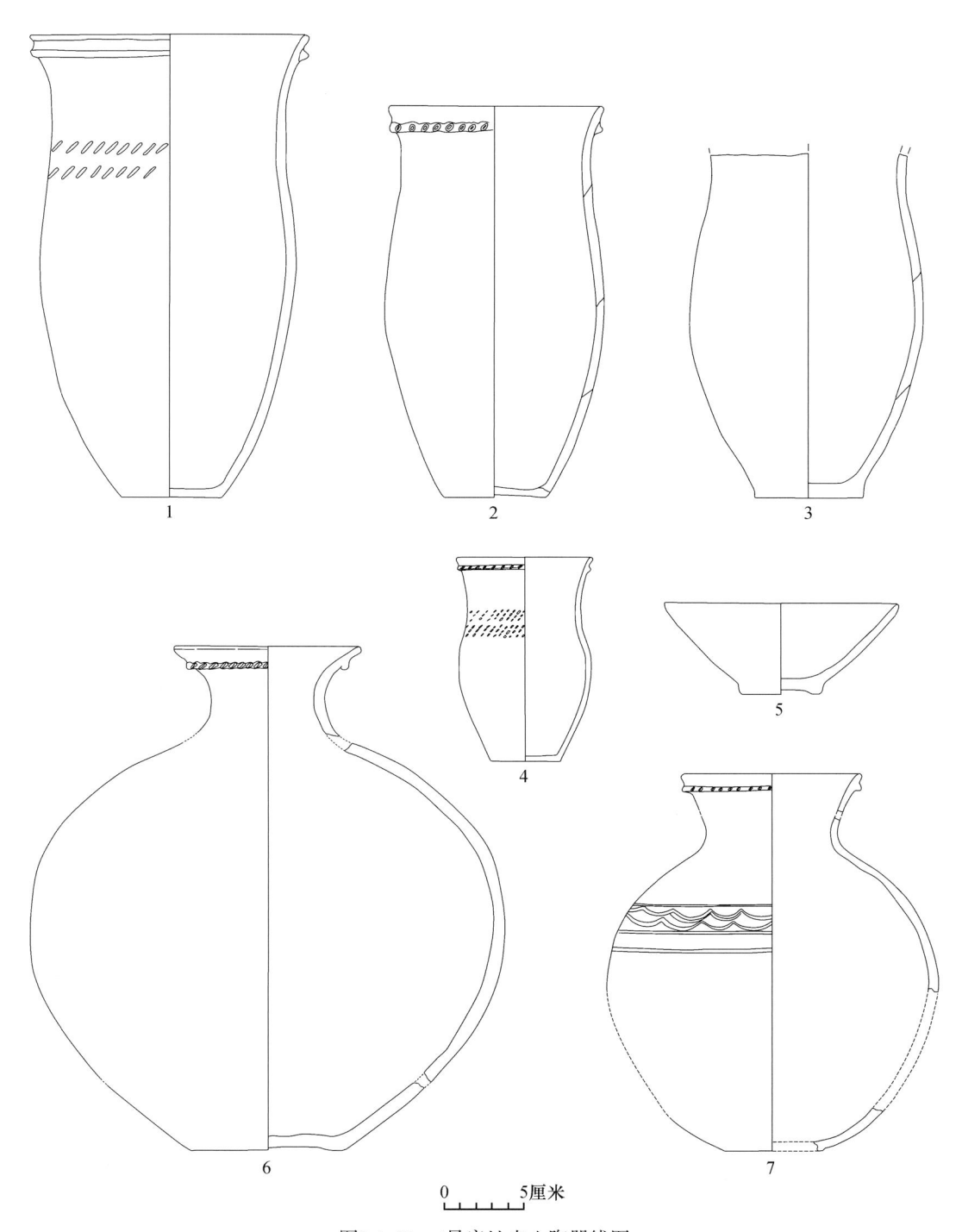

图3-1-47　4号房址出土陶器线图
1~4.陶罐（编号No.407，3/10探方；编号No.399，3/9探方；编号No.427，И/10探方；编号No.402，3/10探方）
5.圈足碗（编号No.420，И/10探方）　6、7.球腹陶壶（编号No.424，3/10和И/12探方；编号No.413，3/9-10和Ж/10探方）

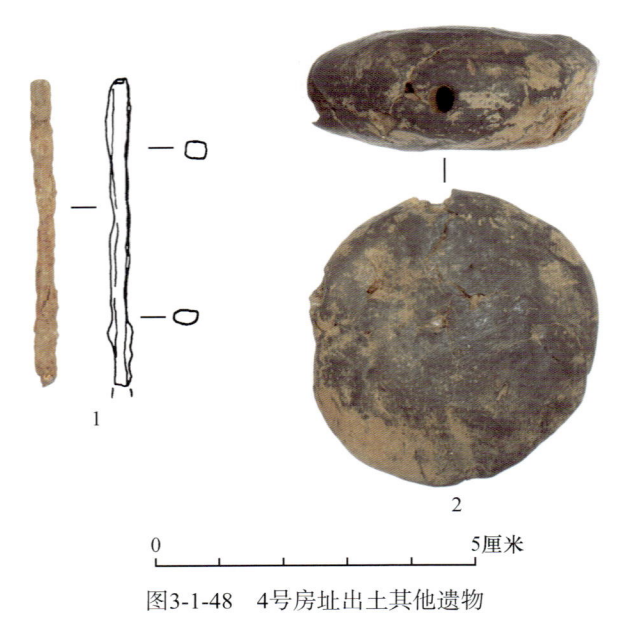

图3-1-48　4号房址出土其他遗物
1. 铁镞铤（编号No.8，3/10探方）　2. 圆饼形穿孔陶器（编号No.30，И/11探方）

Д/12探方发现的球腹陶壶，编号No.1058和No.1063，为平底，底部面积较大，颈部较细较直，口沿下方饰附加堆纹装饰带，其中规格较小的那件陶壶（No.1063）肩部还有三角形的双齿戳印凹窝纹饰。Д/11探方出土的球腹陶壶，编号No.1074，与前2件不同——胎体中掺有云母，夹杂的砂粒大多为细砂，底部内凹，口沿下没有附加堆纹带。其肩部有一圈纹饰带，以上、下两组刻划平行线为边缘，每组平行线有三条，内填刻划不规则短线，这些短线用的是与平行线相同的工具刻划而成（图3-1-61，3；图3-1-62，4）。

3）鼓肩陶壶。只在Д/12探方出土了1件这种类型的陶壶，编号No.1062，是1件形体厚重的陶器（高25.5厘米），颈部较短且粗，器身最大径偏上，位于肩部，自肩部向下逐渐内收，小平底，陶器表面凹凸不平。肩部有不规整的水平方向波浪线纹饰（图3-1-61，2；图3-1-62，2）。

4）斜口器。发现于В/11探方的4号陶器堆，编号No.1030。该陶器被完整修复，器底呈椭圆形，器壁较直，口部略敞，豁口形状不甚工整，表面的垂直抹光痕迹略有倾斜，陶器表面没有烧焦的残渣痕迹（图3-1-58；图3-1-60，1）。

（2）轮制陶器

轮制陶器在该房址出土的陶器中所占份额很小，约5%。其中，只有2件被完整修复，这2件陶器均为陶壶（图3-1-61，5、6；图3-1-62，5、6）。其中1件出土于В-Д/10-13探方的陶壶，编号No.468，其残片在房址上、下层填土及房址地面上均有出土，细颈、球腹，大平底（图3-1-62，6）。2件陶壶口沿下部均没有附加纹饰带（表5）。

根据填土的性质，烧毁的木材，灶坑内的残余物以及下层填土出土的日用陶器情况，推测该房址曾经历火灾，被烧毁随后被碎石杂土覆盖。

第三章　2015～2016年俄韩联合考古队的发掘　055

图3-1-49　5号房址西南角Б-В/12-13探方陶器堆、砾石及桦树皮残片（北—南）

图3-1-50　5号房址Д/11探方地面出土陶器（南—北）

图3-1-51　5号房址В/12探方地面出土的桦树皮杯（南—北）

图3-1-52　5号房址东壁下陶器堆（西—东）

图3-1-53　5号房址Б-В/11探方地面出土斜口器（南—北）

图3-1-54　带陶器堆的5号房址全貌（西—东）

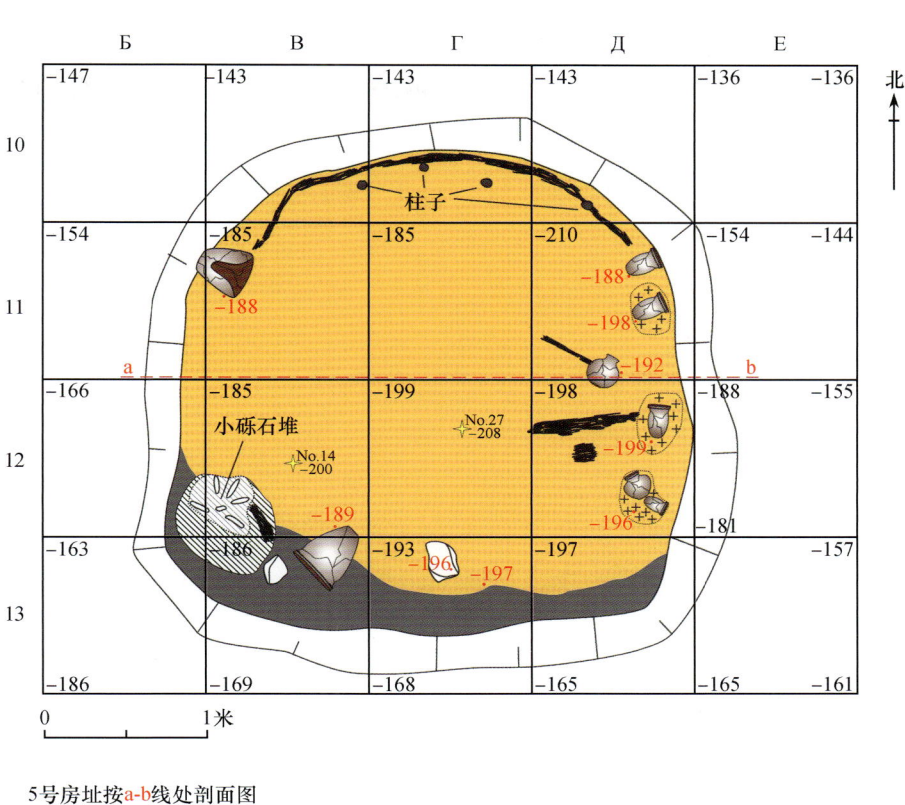

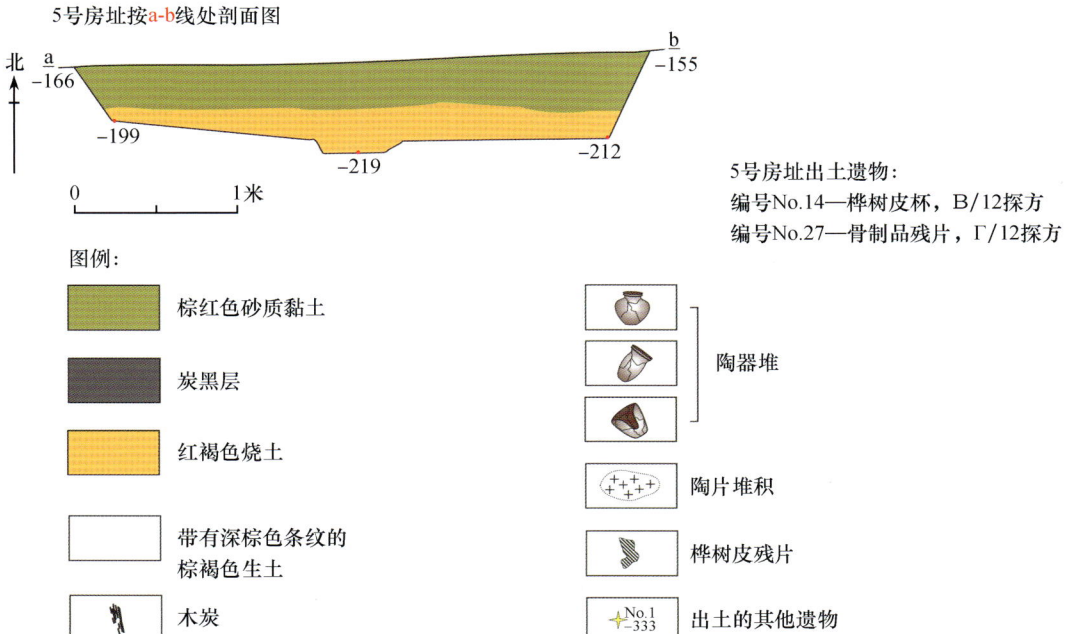

第三章　2015～2016年俄韩联合考古队的发掘

5号房址按a-b线处剖面图

5号房址出土遗物：
编号No.14—桦树皮杯，В/12探方
编号No.27—骨制品残片，Г/12探方

图例：
- 棕红色砂质黏土
- 炭黑层
- 红褐色烧土
- 带有深棕色条纹的棕褐色生土
- 木炭
- 陶器堆
- 陶片堆积
- 桦树皮残片
- 出土的其他遗物

图3-1-55　5号房址下层填土平、剖面图

图3-1-56 发掘后的5号房址（南—北）

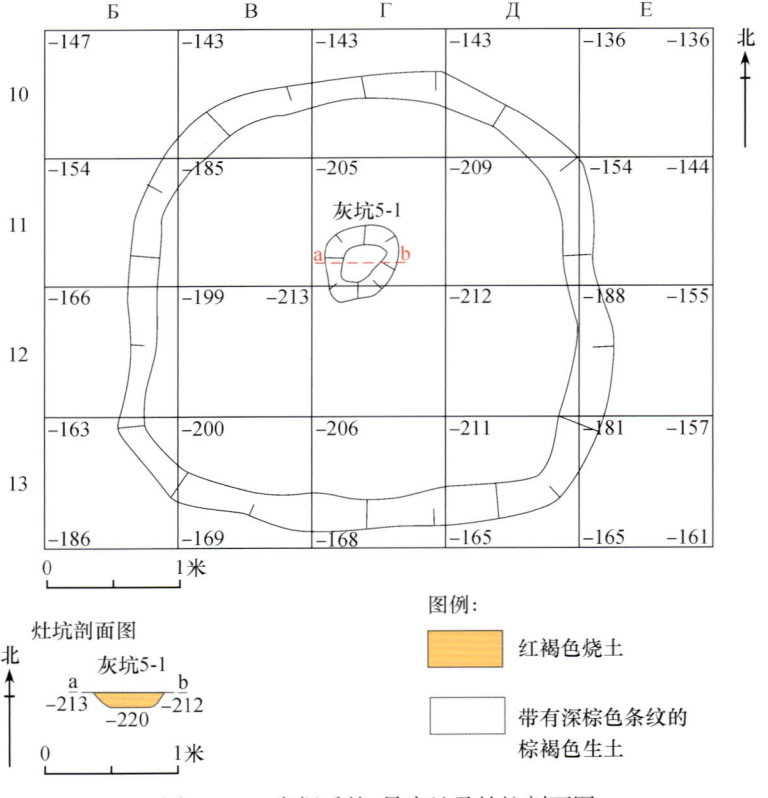

图3-1-57 发掘后的5号房址及灶坑剖面图

表5　城址中部5号房址出土陶器规格

编号	口径（厘米）	高（厘米）	底径（厘米）	壁厚（厘米）
Γ/13，下层填土，No.468~473	12	≈24	13.8	0.7~0.9
Д/13，上层填土，边缘，No.1071	9.8	>18	—	0.5
Д/11，边缘，下层填土，No.436	8	15.6	6.4	0.5~0.6
Д/14，边缘，地面，No.1048~1075	14	22.4	5	0.6~0.7
Д/12，地面，No.1062	12.6	25.5	6.8	0.5~0.7
Д/11，地面，6号陶器堆，No.1074	6.6	16.6	7.4	0.5~0.7
Д/12，地面，3号陶器堆，No.1058	12.6	25.1	8.4	0.5~0.7
Д/12，下层填土，No.1063	11.2	19	8.4	0.6~0.7
Д/12，地面，7号陶器堆，No.1052	17.4	30.7	7.2	0.5~0.6
Д/12，地面，No.1060	—	≥14.2	4.8	0.5~0.6
Д/11，地面，7号陶器堆，No.1051	12.6	24.3	6.5	0.5~0.6
Д/12，地面，No.1061	8.6	15.3	5	0.5~0.6
В/13，1号陶器堆，No.431	27.2	39.2	6	0.5~0.6
В/11，地面，4号陶器堆，No.1030	21.8	31.8	9	0.5~0.6
Д/12，地面，3号陶器堆，No.435	26.2	39.6	8.4	0.6~0.7

4. 6号房址

6号房址位于3-Л/14-17探方的中部区域（图3-1-7），在清理完地层第2层之后发现。房址平面呈矩形，填土土质为斑块状棕色黏质砂壤土，并且上层填土还带有碎石，并夹杂有动物骨骼残片。在И/15探方中发现了一块人类颌骨的残片（图3-1-65）。

房址的下层填土是含有红褐色烧土的深色灰烬层。该房址打破生土，填土下部的生土层几乎遍布整个房址基坑，在该区域上部出土有陶器。共发现了12处陶器堆积：位于И/14-17探方（图3-1-66）和К/14-15探方中的，处于房址的西侧和北侧，分别编号1~9号陶器堆；在И-К/16探方中，处于房址中心位置的，编号10号陶器堆；另外，在К/16探方中也有发现陶片堆积，处于房址的东南角。

在К/17探方中出土了1块砺石，编号为No.18（图3-1-73，3），К/16探方中出土1件铁环，编号No.36（图3-1-73，2）。在И/15探方和К/15探方出土有2件木质容器的残件，口径分别为45和47厘米。在该房址发掘的后期阶段，在К/16探方出土1件柳叶形铁镞，编号No.35（图3-1-73，1）。

房址平面呈长方形，长3.1、宽2.5米，深54厘米，基坑坑壁较直，略向内倾斜，底部平坦（图3-1-67）。在房址的底部有两个坑，其中一个位于房址的中心，平面圆形，直径52、深8厘米，内中有火烧过的砂质黏土，应是一处灶坑，另一个坑位于房址的西南角，平面呈圆形，直径22、深8厘米，坑内堆积为包含大量炭灰的深色灰烬层，极有可能是一个柱洞。

图3-1-58　5号房址B/11探方出土斜口器照片

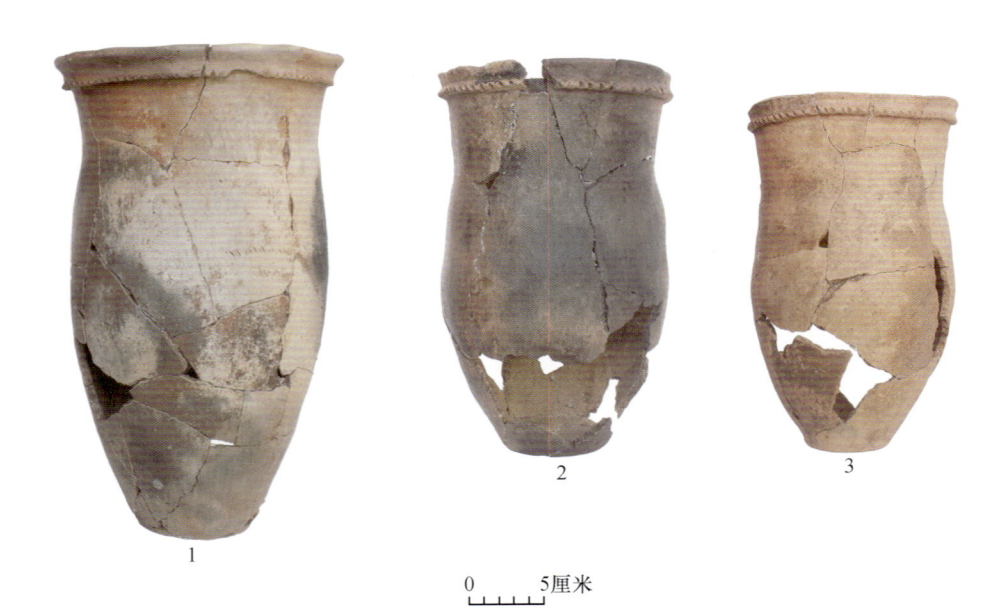

图3-1-59　5号房址出土陶罐照片
1. 编号No.1052，Д/12探方　2. 编号No.1051，Д/12探方　3. 编号No.1048，Д/14探方

图3-1-60 5号房址出土陶器线图（一）
1. 斜口器（编号No.1030，B/11探方） 2~4. 手制陶罐（编号No.1052，Д/12探方；编号No.1051，Д/12探方；编号No.1048，Д/14探方）

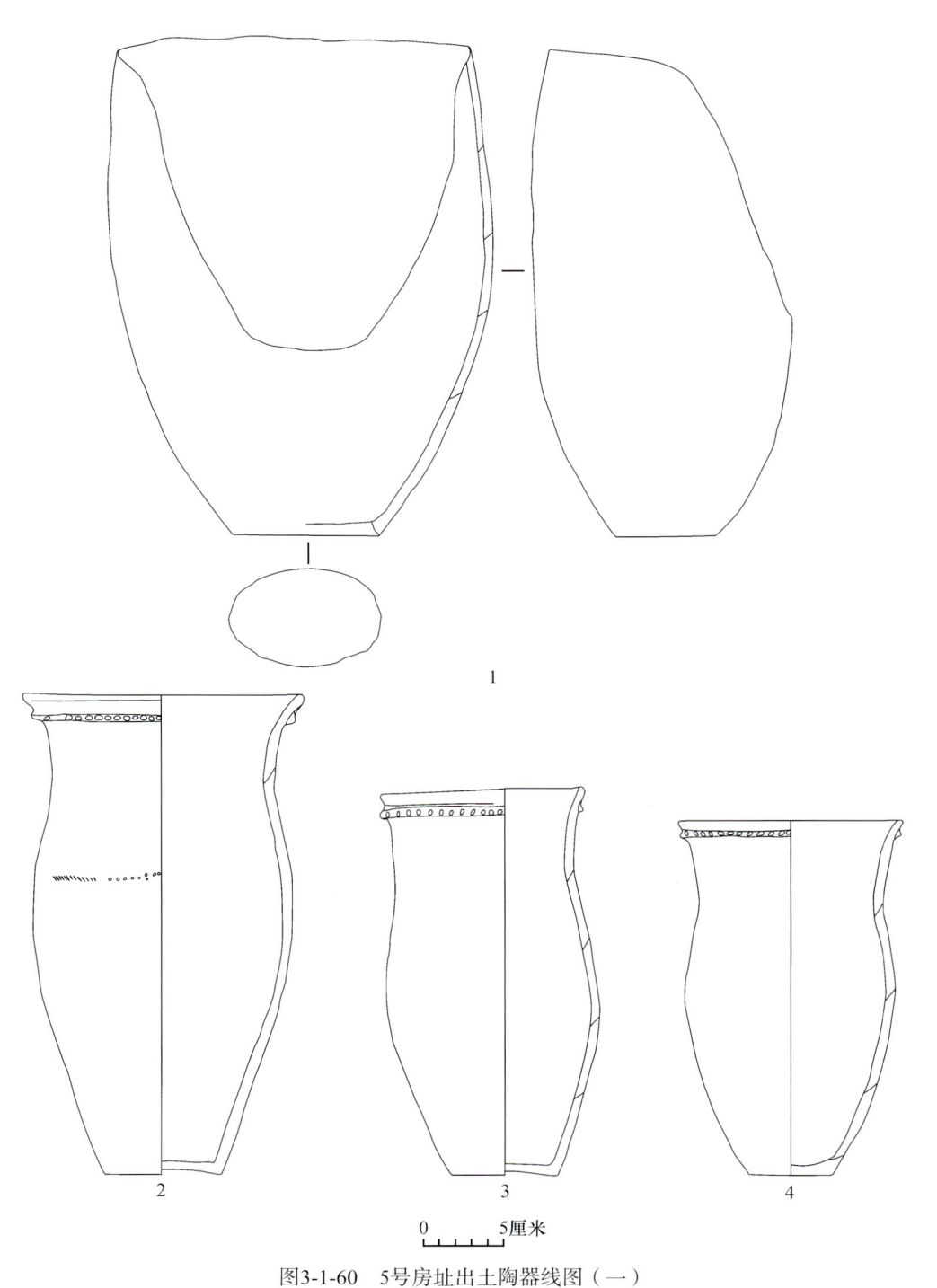

图3-1-61 5号房址出土陶器照片（一）

1~4.手制陶器（编号No.1058，Д/12探方；编号No.1062，Д/12探方；编号No.1074，Д/11探方；编号No.1062，Д/12探方） 5、6.轮制陶器（编号No.436，Д/11探方；编号No.468，В-Д/10-13探方）

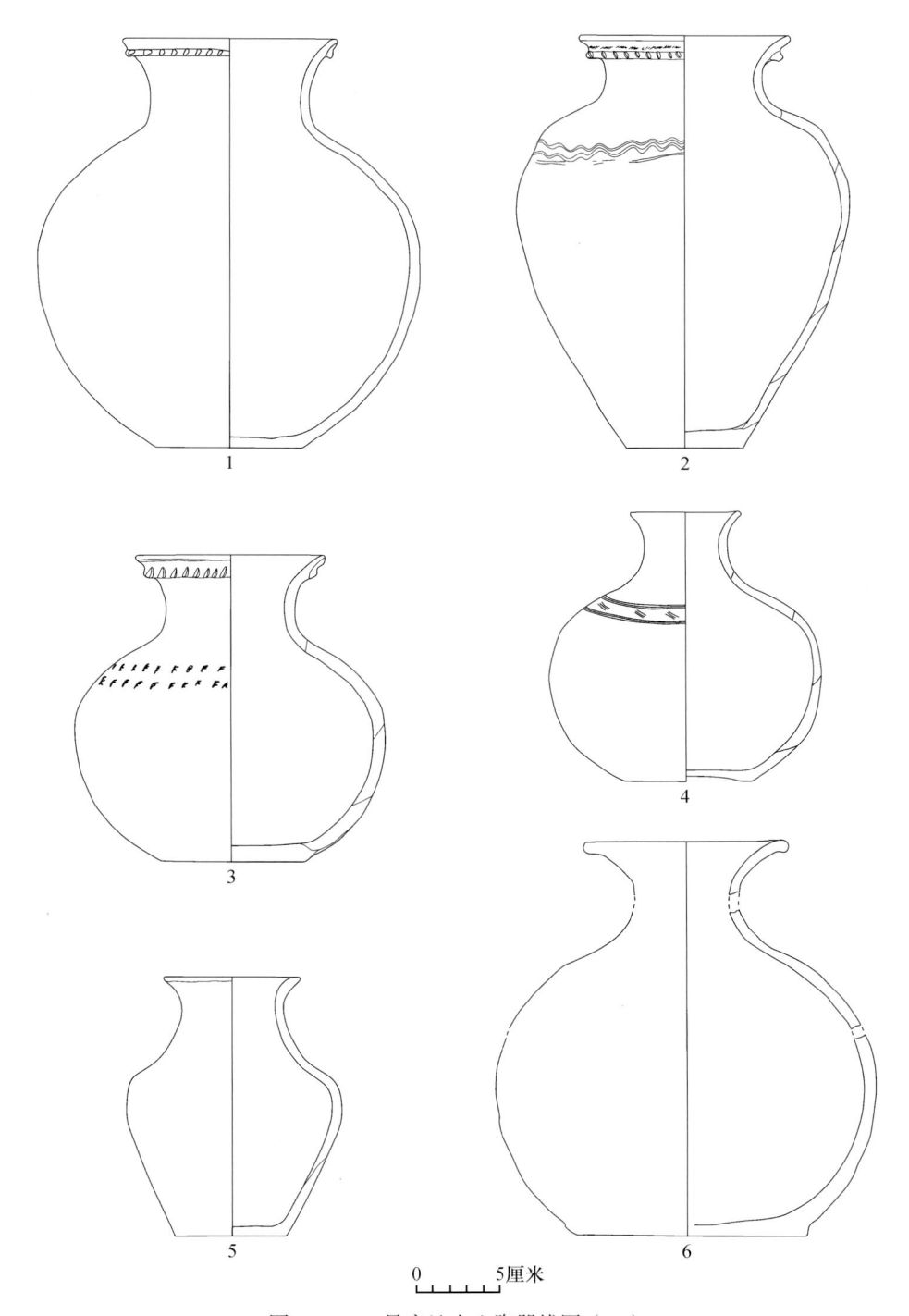

图3-1-62　5号房址出土陶器线图（二）

1~4. 手制陶器（编号No.1058，Д/12探方；编号No.1062，Д/12探方；编号No.1063，Д/12探方；编号No.1074，Д/11探方）　5、6. 轮制陶器（编号No.436，Д/11探方；编号No.468，В-Д/10-13探方）

图3-1-63　5号房址出土陶器照片（二）
1. 编号No.435，Д/12探方　2. 编号No.1060，Д/12探方　3. 编号No.1061，Д/12探方　4. 编号No.1071，Д/13探方
5. 编号No.431，B/13探方

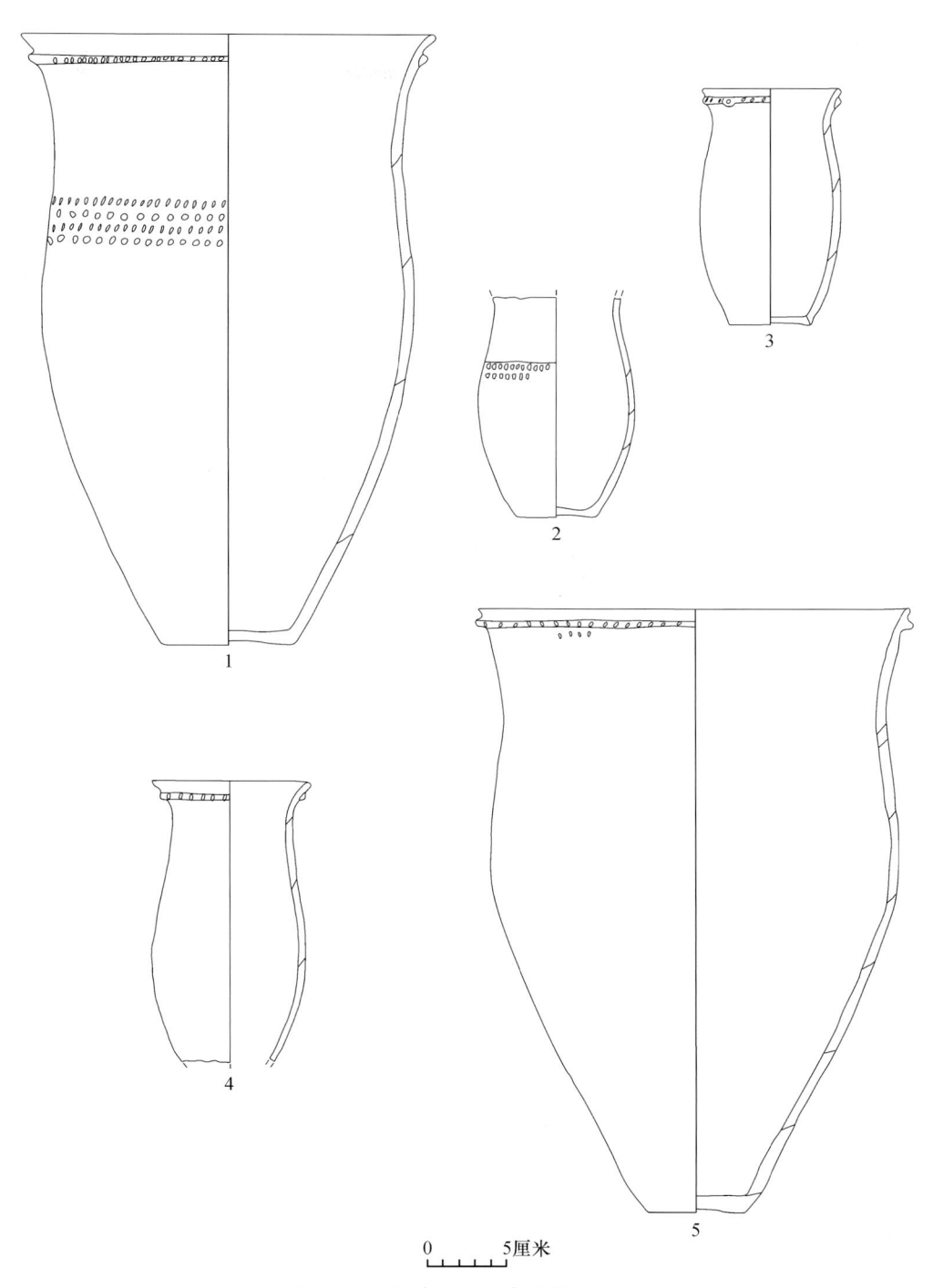

图3-1-64　5号房址出土陶器线图（三）
1. 编号No.435，Д/12探方　2. 编号No.1060，Д/12探方　3. 编号No.1061，Д/12探方　4. 编号No.1071，Д/13探方
5. 编号No.431，B/13探方

图3-1-65 6号房址И/15探方上层填土出土人类下颌骨（南—北）

图3-1-66 6号房址И/16-17探方下层填土陶器堆（东—西）

图例：

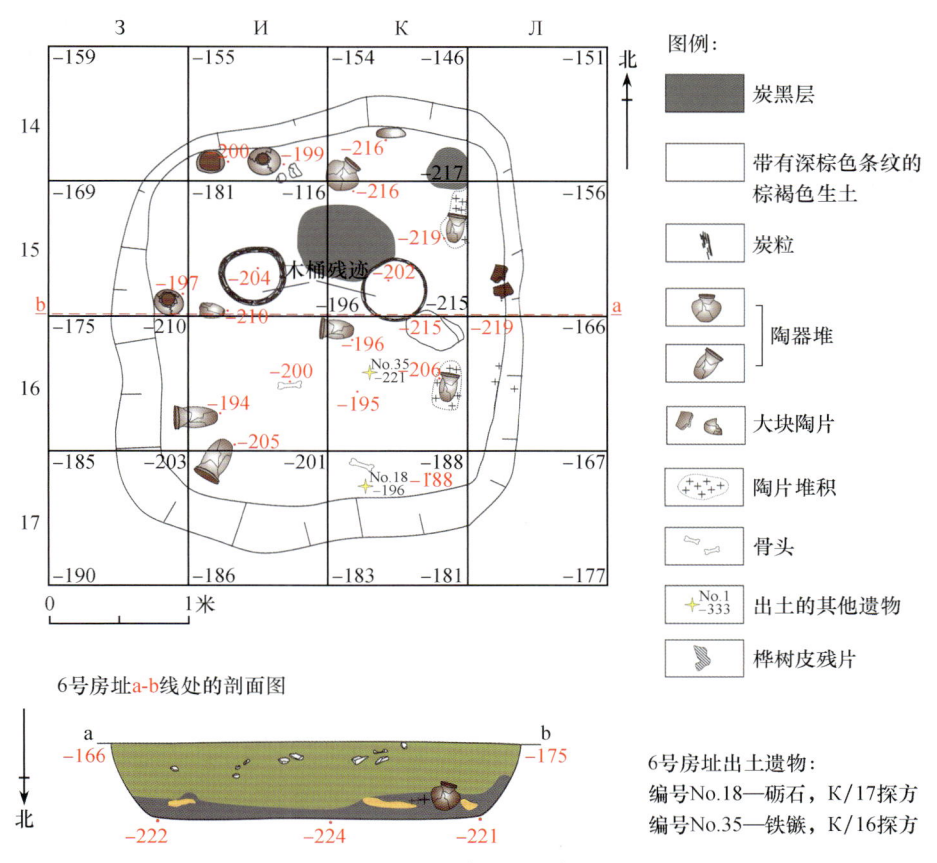

- 炭黑层
- 带有深棕色条纹的棕褐色生土
- 炭粒
- 陶器堆
- 大块陶片
- 陶片堆积
- 骨头
- 出土的其他遗物
- 桦树皮残片

6号房址出土遗物：
编号No.18—砺石，K/17探方
编号No.35—铁镞，K/16探方

图3-1-67　6号房址平、剖面图

图3-1-68　发掘后的6号房址全貌（南—北）

在房址填土的上层发现了一些分布较为零散的陶片。其中的手制陶器中，有11件为鞣鞨时期的陶器口沿，2件底部残片，4件带有纹饰的器壁残片和158件无纹饰的器壁残片。轮制陶器有3件，均为陶器壁残片。在下层填土中，出土了14件鞣鞨时期手制陶器壁残片，4件带有戳印纹饰附加堆纹带的手制陶器口沿，和1件带有无戳印纹饰附加堆纹带的轮制陶器口沿，还出土器底残片1件。

在发掘房址底部时，发现了12个陶器残片堆积，从中完整修复了7件陶器，其中6件为手制陶器，1件为轮制陶器。

（1）手制陶器

器类有陶罐和陶壶二类。

1）陶罐。该类型陶器主要有出土于И-К/16探方10号陶器堆的编号No.809（图3-1-69，2；图3-1-70，2）、处于К/16探方9号陶器堆的编号No.1031（图3-1-69，3；图3-1-70，3）、处于И/17探方1号陶器堆的编号No.808（图3-1-69，1；图3-1-70，1）、处于И/16探方2号陶器堆（编号No.811）（图3-1-69，5；图3-1-70，5）中。在И/16探方的11号陶器堆（图3-1-71，4；图3-1-72，4）、К/15探方的6号陶器堆（图3-1-69，8；图3-1-70，8）和К/14探方7号陶器堆（编号No.820）（图3-1-69，4；图3-1-70，4）中出土的不完整的陶器极有可能都属于该类型。这些陶器均为手制，其中形体较大的陶器的矿物质掺和物的颗粒大小不均，例如，在К/16探方中出土的陶罐（图3-1-69，3；图3-1-70，3）的大多数碎片中都含有颗粒较粗的掺和物，其中还包括砾石颗粒，陶器表面光滑。在所有这一类陶器中，口沿下方的附加纹饰带都装饰有戳压形成的圆形或椭圆形凹窝。К/16探方的9号陶器堆中出土的这件陶罐，口沿下方的附加纹饰带很粗，其上的印痕很深且相当粗糙（图3-1-69，3）。仅有2件陶器外表面有纹饰：第1件是肩部带有一排梳齿状压痕的纹饰（图3-1-69，8；图3-1-70，8），第2件是肩部有两条刻划平行线，其间填充成排的指甲戳印纹（图3-1-69，3；图3-1-70，3）。值得注意的是，这2件陶器的底部均略微内凹。

2）陶壶。分别出土于И/15探方（图3-1-71，3；图3-1-72，3）、И/14探方的4号陶器堆（图3-1-71，2；图3-1-72，2）和К/14探方的3号陶器堆（图3-1-71，1；图3-1-72，1）。在这些器物口沿下有一条附加纹饰带，器壁较厚，且胎体中的掺和物为粗大的颗粒，但器体表面光滑。有2件器物颈部下端都具有纹饰：编号No.837为二排椭圆形凹窝（图3-1-71，3），编号No.787为四排较小的圆形压痕（图3-1-71，2）。3号陶器堆积中编号No.819的这件陶壶器形不规整，一侧下垂，且底部凹陷（图3-1-71，1）。

在3/16探方，沿着房址一侧边缘线进行最后的清理时，出土1件小型圈足碗，器身表面非常粗糙，凹凸不平（图3-1-69，6；图3-1-70，6）。

（2）轮制陶器

该房址轮制陶器出土的比例很小，约占总数的7%。在И/15探方中出土的陶器，编号No.803（图3-1-71，5；图3-1-72，5）器表可见轮修痕迹——在口沿部分有集中分布的平行线条，是在给陶器进行轮修时形成的抹痕，陶器没有纹饰，口沿下部也没有附加纹饰带（表6）。

表6 城址中部6号房址陶器规格

编号	口径（厘米）	度（厘米）	底径（厘米）	壁厚（厘米）
З/16探方，No.1021	9	4	2.8	0.5~0.6
К/14探方，房址底部，3号陶器堆，No.819	12.8	32.4	12.6	0.6~0.7
И、К/16探方，10号陶器堆，No.809	14	22	7	0.5~0.6
И/15探方，下层填土，No.803	11	20.4	8.2	0.5
И/15探方，No.837	12.8	23	8.2	0.6
И/14探方，下层填土，4号陶器堆，No.787	—	不少于27	9.6	0.5~0.6
И/16探方，残片No.2、No.811	16.6	28.2	7.4	0.5~0.6
И/17探方，地面，1号陶器堆，No.808	17.8	31.6	6.8	0.6~0.7
К/14探方，下层填土，7号陶器堆，No.820	24	—		0.5~0.6
К/16探方，下层填土，9号陶器堆，No.1031	17.8	29.6	7	0.6~0.7

填土的土质，烧焦的木结构残余物，以及大量的厨房用器皿表明，该面积不大的房址曾遭遇火灾，后被碎石和杂土覆盖。

5. 7号房址

该房址位于发掘区的南部，处于А-Г/18-22探方区域内，在发掘完地层第2层后发现。房址平面呈矩形，上层填土为棕色黏土掺杂砂岩斑点，并夹有碎石。

在上层填土中发现了零散的陶器残片和动物骨骼。在清理В-Г/19-20探方内的房址中部以及处于Б-Г/20探方的房址南部时，在下层填土发现了包含炭屑的深色灰烬层，在В/20探方内发现了分布平面呈圆形的红褐色烧土（图3-1-74）。

在房址下层堆积中发现了10个陶器堆，分别位于Б/18、Б/19、Г/18、Г/19、Г/20、Б/21和Г/21探方中（图3-1-74~76）。

在В/20探方中出土了1件铁质刮刀，编号No.19（图3-1-81，4），出土1件锥状铁器，编号No.22（图3-1-81，3），出土1件三棱形铁镞，编号No.21（图3-1-81，1）。在В/20和Г/20探方出土了2件石棋子，分别编号No.23（图3-1-81，7）和No.28（图3-1-81，8）。在Б/19探方出土了1件带有纹饰的骨制品，编号No.25（图3-1-81，6）。

在最后的清理中，还出土了以下遗物：石环残段1件，位于Б/19探方，编号No.26；骨制品1件，位于Б/19探方，编号No.31（图3-1-81，5）；铁镞铤部1件，位于Г/19探方，编号No.32（图3-1-81，2）。

该房址平面呈圆角矩形，长3.3、宽2.5米，基坑坑壁较直，略微倾斜，底部较平（图3-1-76；图3-1-77）。底部发现五个坑。其中最大的一个位于房址的中心部位，平面呈圆形，直径56、深14厘米，内部有经火烧形成的红烧土，应当是一处灶址。其他的坑都位于房址角落里，应是柱坑。这些柱坑的尺寸都很小，直径不到25厘米，深10厘米，内部有深色灰烬层。房址中出土了9件陶器，其中6件完整复原，另外3件已部分修复。这

图3-1-69 6号房址出土陶器照片（一）

1~5.手制球腹陶壶（编号No.808，И/17探方；编号No.809，И-K/16探方；编号No.1031，K/16探方；编号No.820，K/14探方；编号No.811，И/16探方） 6.手制圈足碗（陶器盖）（编号No.1021，3/16探方） 7、8.手制陶器底（И/14探方；K/15探方）

第三章　2015～2016年俄韩联合考古队的发掘　071

0　　　5厘米

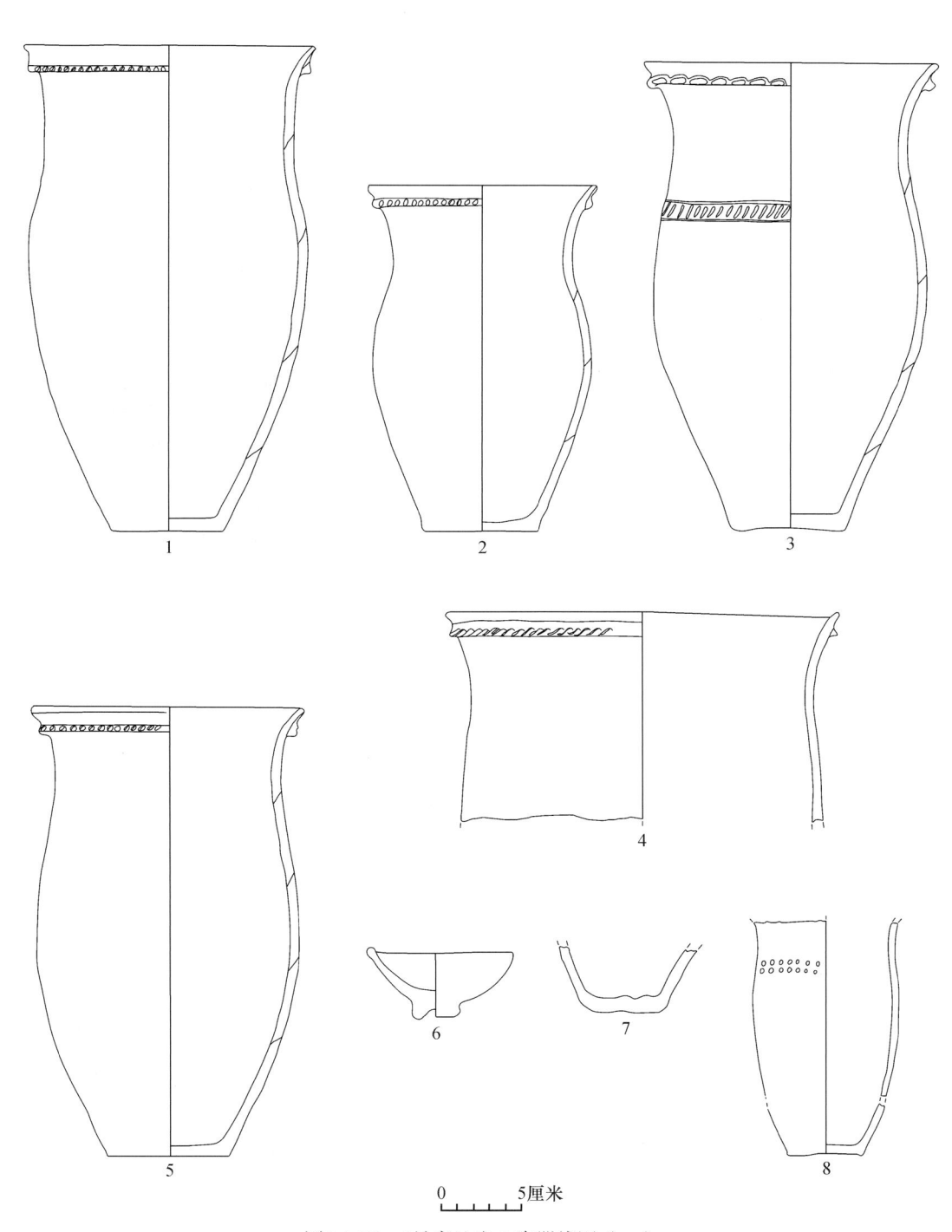

图3-1-70　6号房址出土陶器线图（一）

1～5. 手制球腹陶壶（编号No.808，И/17探方；编号No.809，И-К/16探方；编号No.1031，К/16探方；编号No.820，К/14探方；编号No.811，И/16探方）　6. 手制圈足碗（陶器盖）（编号No.1021，З/16探方）　7、8. 手制陶器底（И/14探方；К/15探方）

图3-1-71　6号房址出土陶器照片（二）
1. 手制陶壶（编号No.819，K/14探方）　2、3. 手制球腹陶壶（编号No.787，И/14探方；编号No.837，И/15探方）
4. 手制陶罐下部（И/16探方）　5. 轮制球腹陶壶（编号No.803，И/15探方）

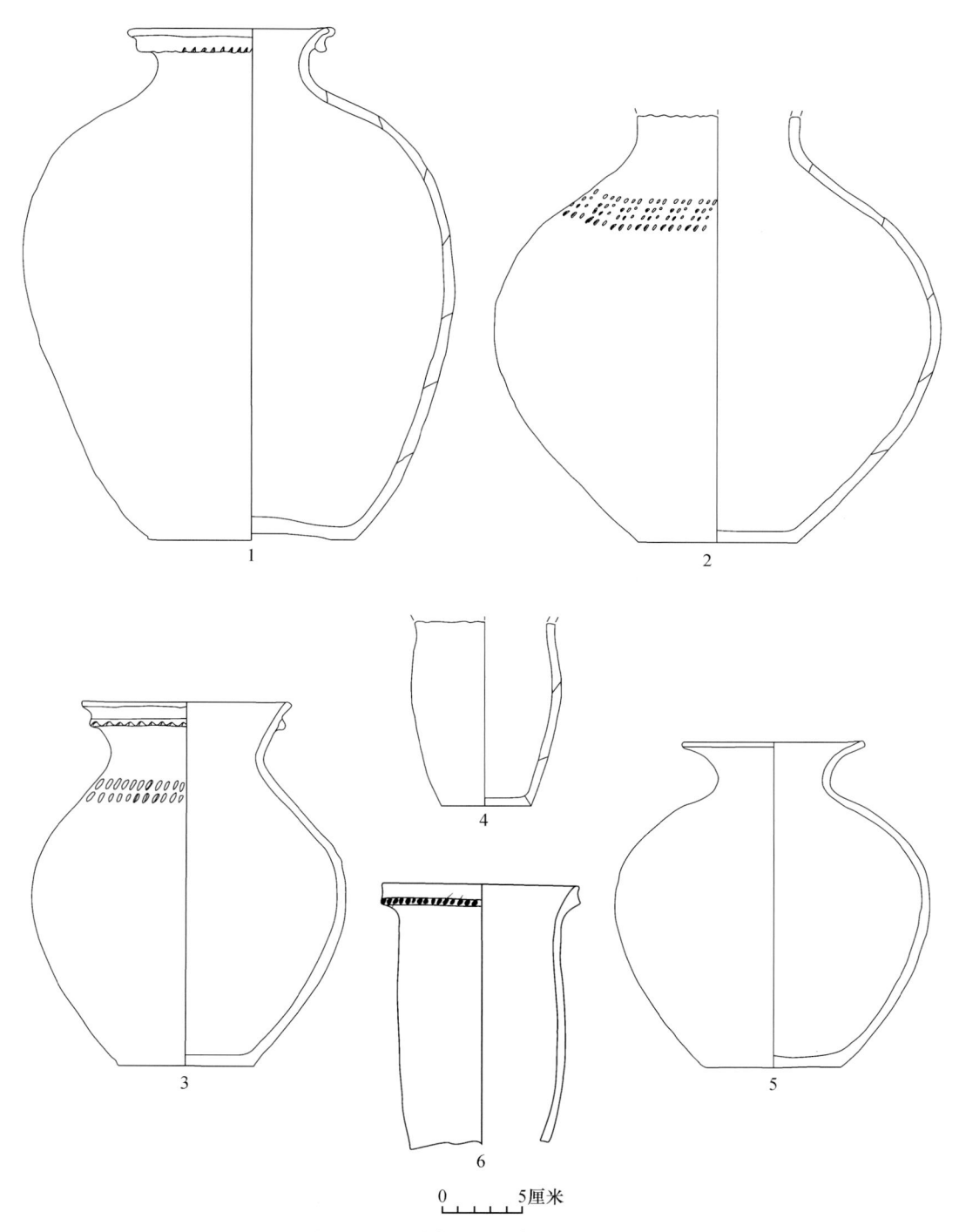

图3-1-72　6号房址出土陶器线图（二）
1. 手制陶壶（编号No.819，К/14探方）　2、3. 手制球腹陶壶（编号No.787，И/14探方；编号No.837，И/15探方）
4. 手制陶罐下部（И/16探方）　5. 轮制球腹陶壶（编号No.803，И/15探方）　6. 手制陶罐（Л/15-16探方）

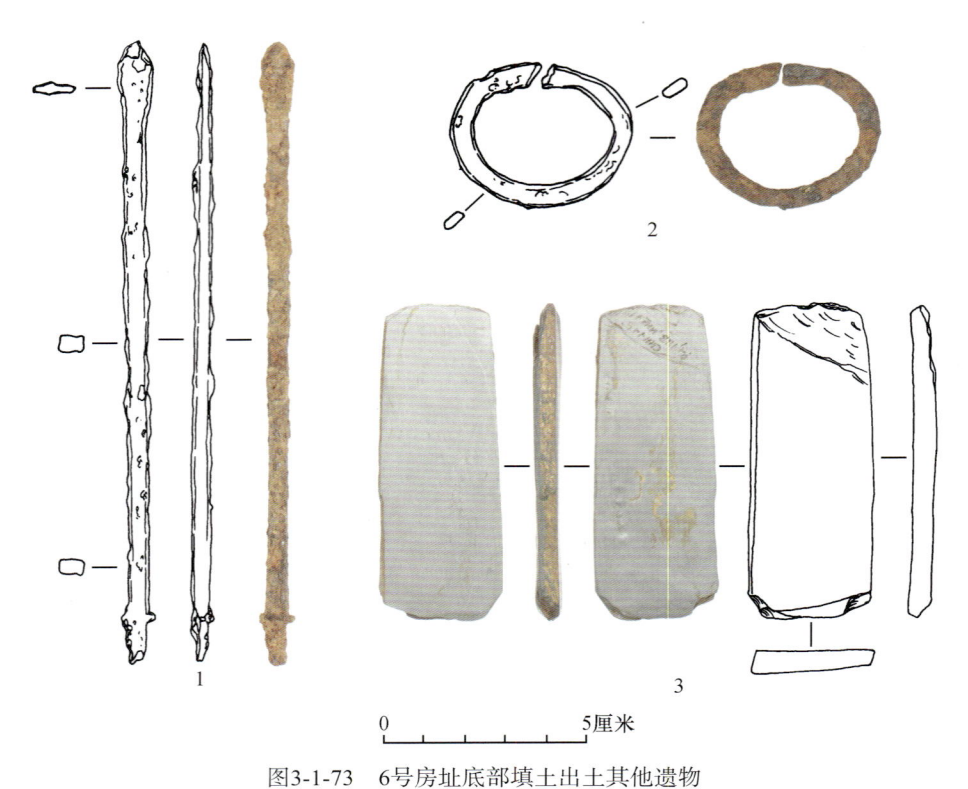

图3-1-73　6号房址底部填土出土其他遗物

1. 铁镞（编号No.35，K/16探方）　2. 铁环（编号No.36，K/16探方）　3. 砺石（编号No.18，K/17探方）

图3-1-74　7号房址包含陶器堆全景照（南—北）

第三章　2015～2016年俄韩联合考古队的发掘　　075

图3-1-75　7号房址东北角Γ/19探方出土陶器（西—东）

图例：
- 棕红色砂质黏土
- 炭黑层
- 棕红色亚黏土烧土
- 带有深棕色条纹的棕褐色生土
- 炭粒
- 陶器堆
- 大块陶片
- 骨头
- 出土的其他遗物
- 桦树皮残片

7号房址出土遗物：
编号No.19—铁刮刀，В/20探方
编号No.21—铁镞，В/20探方
编号No.22—锥状铁器，В/20探方
编号No.23—石棋子，Γ/20探方
编号No.25—骨制品，Б/19探方
编号No.26—石环残段，Б/19探方
编号No.28—石棋子，В/20探方
编号No.31—骨器，Б/19探方
编号No.32—铁器，Γ/20探方

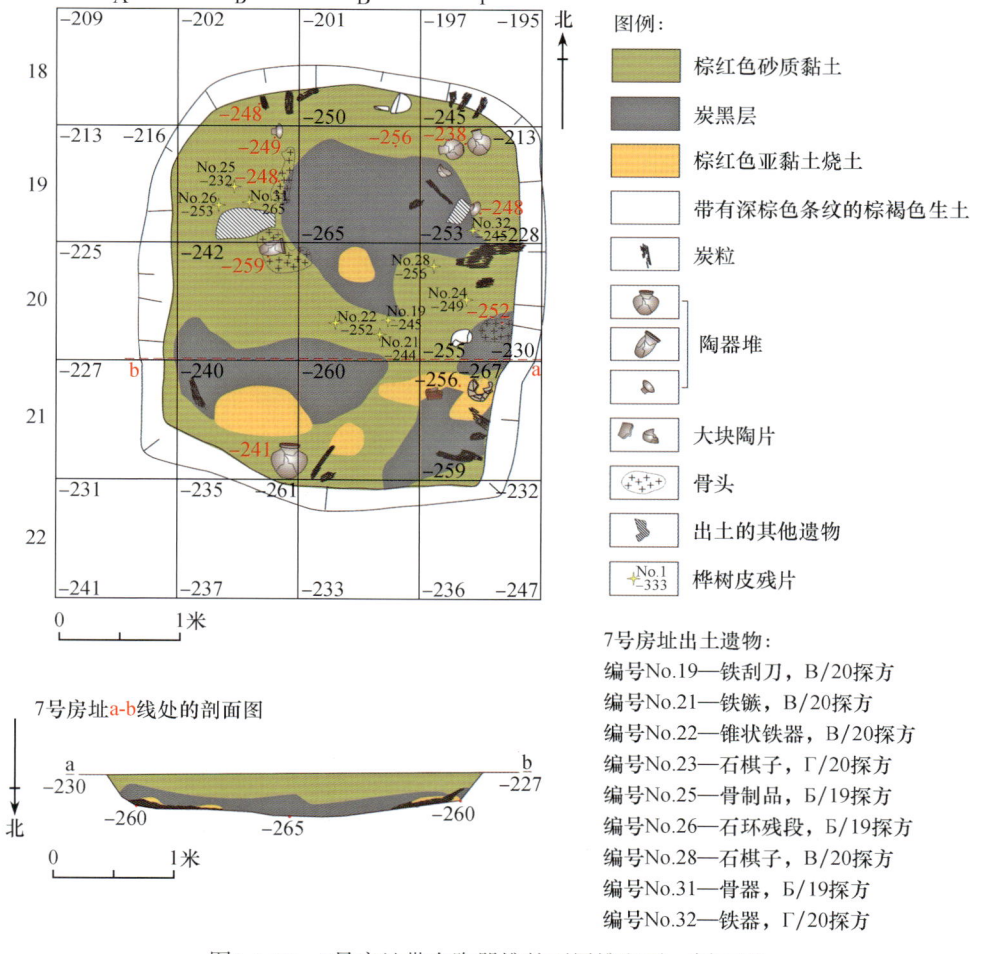

7号房址a-b线处的剖面图

图3-1-76　7号房址带有陶器堆的下层堆积平、剖面图

些陶器中，出土于Б/20探方、Б/19探方（2件陶器）、Г/20探方（2件陶器）和Г/19探方（3件陶器）中的陶器位于房址地面上，出土于В/18探方中的1件陶器是在清理房址上层填土时出土的，可能位于房址的侧壁处。在清理处于Б/20探方的7号陶器堆时，不仅出土了大量的可复原陶器，还出土了大型容器的残片，其中1件编号No.746的陶器，口沿部分被修复，直径约为36厘米（图3-1-79，1；图3-1-80，9）。Б/19探方和Г/19探方中各出土1件带有不高的台底的碗，分别编号No.745（图3-1-78，4；图3-1-80，10）和No.741（图3-1-78，5；图3-1-80，5）。Г/19探方（图3-1-79，3；图3-1-80，8）和Г/20探方（图3-1-78，3；图3-1-80，4）中出土了球腹陶壶，其中1件编号No.842。Г/20探方、Б/19探方和Б/20探方中出土了筒形罐，分别编号No.782（图3-1-79，2；图3-1-80，3）、No.735（图3-1-78，2；图3-1-80，2）和No.747（图3-1-78，1；图3-1-80，1）。В/18探方出土了1件陶壶，编号No.1146（图3-1-79，4；图3-1-80，7）。Г/19探方中出土1件厚壁的垂腹陶器，编号No.779，大平底，细颈，口沿缺失（图3-1-79，5；图3-1-80，6）。所有陶器均采用颗粒大小不同的夹砂黏土手制而成，如出土于Б/20探方7号陶器堆的编号No.746的大型陶器（图3-1-79，1；图3-1-80，9），胎体中具有大量明显的粗砂颗粒杂质及砾石，使胎体更为坚固。出土于Г/20探方的球腹陶壶和出土于В/18探方的陶壶胎体表面均磨光。除了碗以外的大多数陶器的口沿外侧下方均有附加纹饰带，上饰椭圆形或圆形戳压凹窝纹。其中，有2件陶器的附加纹饰带上有手捏的突起，4件容器的器身上有纹饰。其中的1件球腹陶壶和1件颈部较长的陶壶，器身肩部有3~4行的圆形和椭圆形凹窝，在1件筒形罐上有两排尖尖的凹窝，形似指甲戳印痕，在Г/19探方的小型球腹陶壶上，饰有两条刻划平行线，间饰多组短斜线。所有陶器均在氧化气氛下烧造，器表有烟熏和灼烧痕迹（表7）。

图3-1-77　发掘后的7号房址俯视全景照（北上）

第三章　2015～2016年俄韩联合考古队的发掘　077

图3-1-78　7号房址出土陶器照片（一）
1、2. 手制陶罐（编号No.747，Б/20探方；编号No.735，Б/19探方）　3. 球腹陶壶（编号No.842，Г/20探方）
4、5. 碗（编号No.745，Б/19探方；编号No.741，Г/19探方）

图3-1-79 7号房址出土陶器照片(二)
1、2. 手制陶罐（编号No.746，Б/20探方；编号No.782，Г/20探方） 3. 球腹陶壶（Г/19探方） 4. 陶壶（编号No.1146，В/18探方） 5. 陶器底（编号No.779，Г/19探方）

图3-1-80 7号房址出土陶器线图

1~3、9. 手制陶罐（编号No.747，Б/20探方；编号No.735，Б/19探方；编号No.782，Г/20探方；编号No.746，Б/20探方）
4、8. 球腹陶壶（编号No.842，Г/20探方；Г/19探方） 5、10. 手制陶碗（编号No.741，Г/19探方；编号No.745，Б/19探方） 6. 陶器底（编号No.779，Г/19探方） 7. 手制陶壶（编号No.1146，В/18探方）

表7　城址中部7号房址陶器规格

编号	口径（厘米）	高（厘米）	底径（厘米）	壁厚（厘米）
Б/19探方，下层填土，6号陶器堆，No.735	11.2	19	5.4	0.5～0.6
Γ/20探方，下层填土，1号陶器堆，No.782	8	18	5.3	0.5～0.6
Γ/19探方，下层填土，4号陶器堆，No.779	—	—	7.2	0.7
Γ/20探方，下层填土，No.842～843	10.2	—	8	0.5～0.6
Б/20探方，下层填土，6号陶器堆，7号陶器堆，No.747	15.4	24.5	8	0.5～0.7
В/18探方，上层填土，No.1146	6.6	15.5	6.2	0.5
Б/19探方，下层填土，5号陶器堆，No.745	10.8	6	4.5	0.6
Γ/19探方，下层填土，2号陶器堆，No.741	8.8	5	4	0.5
Б/20探方，下层填土，7号陶器堆，No.746	36	—	—	0.6～0.8

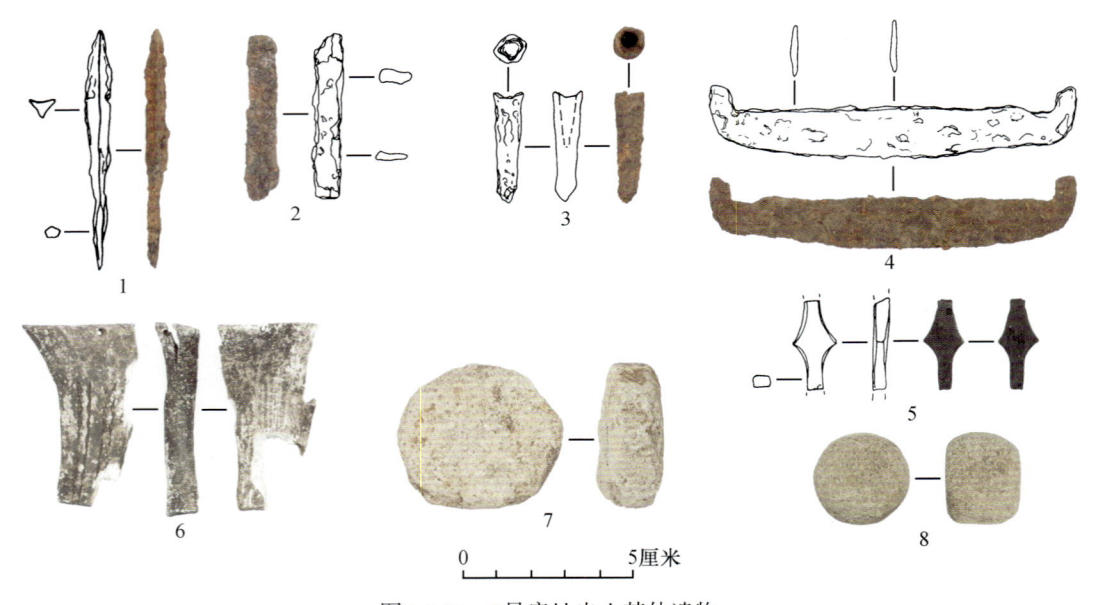

图3-1-81　7号房址出土其他遗物

1. 镞（编号No.21，В/20探方）　2. 镞铤（编号No.32，Γ/9探方）　3. 锥状铁器（编号No.22，В/20探方）
4. 刮刀（编号No.19，В/20探方）　5. 骨制品（编号No.31，Б/19探方）　6. 饰纹骨制品（编号No.25，Б/19探方）
7、8. 石棋子（编号No.23，В/20探方；编号No.28，Γ/20探方）

根据填土的性质，烧焦的木结构遗迹，灶坑，成套的厨房器皿推断，房址是被大火焚烧毁坏，而后被碎砾杂土覆盖。

6. 石堆（建筑倒塌堆积）

在2015年的发掘中，于纵坐标20～25，横坐标E～K范围内的探方中揭露出了一大片棕褐色黏土砂岩（图3-1-82；图3-1-83）。2016年，对一号发掘区进行扩方，全面揭露了

图3-1-82　叠压于8号房址之上的石堆（北—南）

这处石堆遗迹。石堆平面呈南北向长方形，形成于生土层之上，石块形制扁平，表面比较光滑，规格多为10厘米×15厘米，分布范围1.5米×2.5米（图3-1-82；图3-1-83）。

为了确定石堆本体的结构特点和性质，决定对其东半部进行解剖。解剖面积为40厘米×60厘米。确定石堆本体由1～2排石块组成，厚度约为20厘米。发掘中基本不见其他遗物，仅在И/23探方的石块间隙中发现了手制陶器的残片。

此外，对该遗迹的其余部分也进行了清理。在发掘区东南部的И/22-23探方和3/21探方中的石堆下，发现了一层棕褐色的带有砾石的沙质壤土，这是位于其下方的房址中的填土。

这些石堆的性质暂不确定。此外，石堆的下方还发现一些其他遗迹（其中一处后来被确认为8号房址），从其所处层位来看，石堆很可能是后期堆砌的。从外部形态和内部结构上，均没有发现有基坑的痕迹，由此判断这种遗迹应该不是城墙，从石堆分布不平整，向南侧自然倾斜5°的情况来看，也不可能作为地面建筑的基础。

7. 8号房址

该房址位于2015年发掘区的南部，处于3-Л/22-25探方区域内（图3-1-87），房址原有一部分处于发掘区之外，因此在2016年扩大了发掘范围，以便完全揭露这一遗迹单位。房址的上层填土由褐色黏土和砾石组成，其中发现了散落的陶器和动物骨骼残片。下层填土由灰烬层和炭屑组成，包含房架的残迹。在И/24，K/24，И/22探方发现了圆形的红褐色烧土斑点。

图 3-1-83　石堆平、剖面图

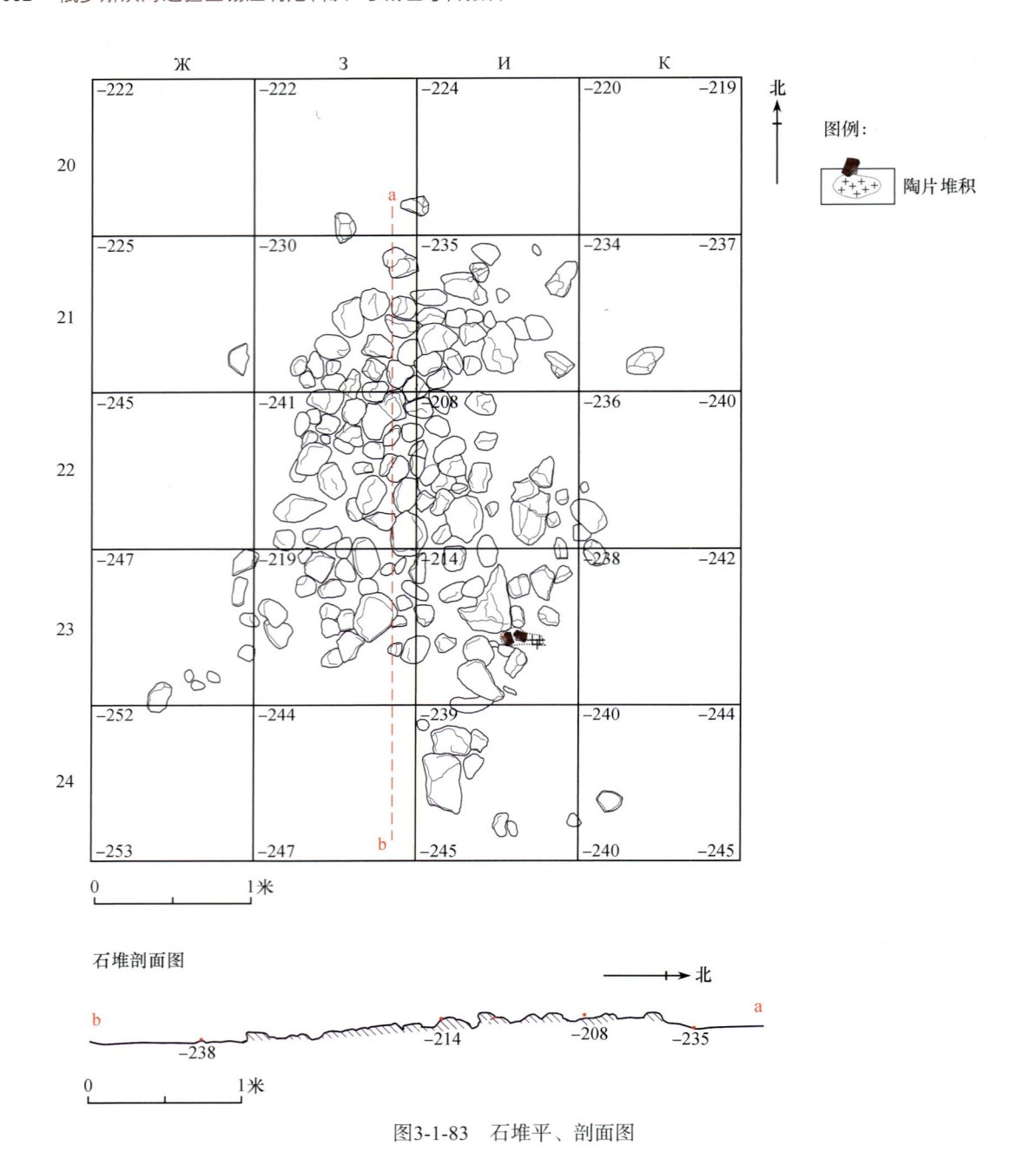

房址的下层填土位于И/23，И/24等探方处，发现了大量的陶器残片的堆积（图3-1-84～87）。值得注意的是，几乎所有遗物都集中在房址的北部，其他区域出土的遗物较少且非常零散。在Л/15探方出土了陶坠饰。

房址平面大致呈圆角方形，长3.1、宽3米（图3-1-87；图3-1-88）。基坑坑壁较直，略有倾斜，底部平整。深度可达45厘米。房址的底部有6个坑。最大的坑位于房址中部，平面呈椭圆形，长径61、短径40、深18厘米，坑内填满了深色灰烬和火烧形成的红烧

图3-1-84 带有陶器堆的8号房址全景照（南—北）

图3-1-85 8号房址И/22-23探方地面出土陶器（东—西）

图3-1-86 8号房址И/23探方地面出土陶器（东—西）

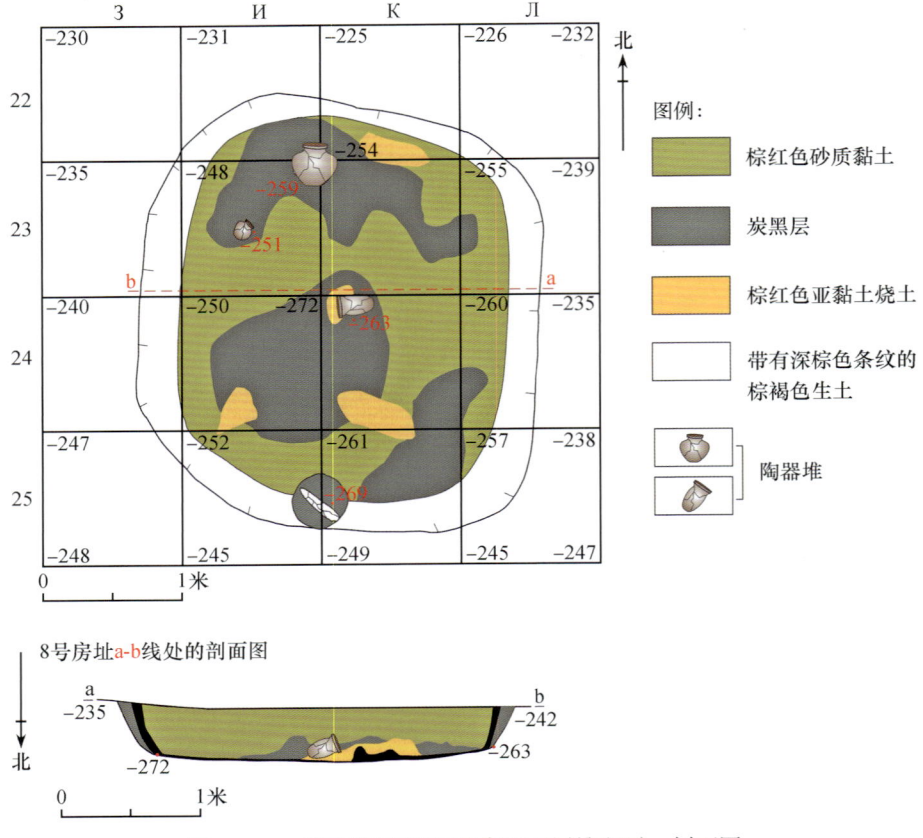

图3-1-87　带有陶器堆的8号房址下层堆积平、剖面图

图3-1-88　发掘后的8号房址全景照（西—东）

土，很有可能是一处灶坑。还有4个圆形的坑位于房址的角落，这些坑的直径从8.5～20厘米不等，深6～16厘米不等。坑内填土主要是深色灰烬，这些应当是柱坑。其中一个位置比较特殊的坑，位于房址南侧的中部，处于И-К/25探方内，从中出土了1件长40、宽20厘米用深灰色板岩制成的长方形石磨棒。石磨棒为细长的椭圆形，截面呈矩形，两侧有因大力碾磨而形成的使用痕迹（图3-1-95）。在8号房址中出土了11件手制平底陶器残片。所有陶器均以泥条盘筑法制成，泥条宽度5～6厘米，在氧化气氛中进行烧制。器类有球腹陶壶、深腹陶罐和碗。

1）球腹细短颈陶壶。该类陶器中最大的1件出土于房址的南侧，器身严重变形并被土压碎，但保留下的器壁、口沿和底部残片约有80片。修复后测得陶器高35、口径15.2、底径8.2、最大腹径29.2厘米，器表抹光，口沿内壁上有多处不大的烧焦痕迹，口沿外侧下部装饰有一圈附加堆纹带，上饰整齐的椭圆形凹窝纹饰（图3-1-93，1；图3-1-94，1）。在这件陶壶的旁边还有另外1件器形相似的陶器，处于И/24探方内，保留有器壁的大块残片，但底部和口沿都未见，器身最大腹径为28.4厘米，肩部刻有平行线和波浪纹的组合以及锯齿状戳印纹装饰图案，这些纹饰是在对陶器表面进行抹光处理之前就已施于器物表面的，因此图案不甚清晰（图3-1-93，3；图3-1-94，3）。房址填土中还出土了另1件饰纹陶壶的上部残片，肩部使用垂帐纹与平行线相结合的纹饰图案（图3-1-93，4；图3-1-94，4）。在西侧还出土1件球腹陶壶，但形体较小，口径8、底径8、高18、最大腹径15厘米，该陶器腹部有垂直的磨光痕迹，口沿外侧下方有附加堆纹饰带，其上装饰有窄椭圆形凹窝，同样的纹饰在陶器的颈部也有一圈（图3-1-93，2；图3-1-94，2）。

2）深腹陶罐。在И-К/22-23探方范围内出土了一些陶罐残片，是至少4件同类型陶器的遗存。1件在灶坑内发现，被完整保留下来。该器物形制不甚规整，颈部较粗，表面不甚光滑，口径14、底径8、最大腹径14、高19.5厘米，口沿外侧下方有附加纹饰带，上装饰有窄椭圆形凹窝纹饰（图3-1-89，1；图3-1-90，1）。另有2件陶器被部分保留下来：1件没有口沿（图3-1-91，4；图3-1-92，4），另1件只有部分肩腹部残片，肩部有一圈凸弦纹带，底部残（图3-1-91，3；图3-1-92，3）。房址北部K/22探方还出土了1件小型深腹陶罐，侈口，束颈，器表磨光，肩部有两排圆形戳点纹饰，陶器高13.2、口径9、底径4.4、最大腹径8厘米（图3-1-91，1；图3-1-92，1）。

3）碗。在8号房址的填土中出土1件完整的该类陶器。碗的尺寸不大，口径11、底径5.4、高6.5厘米，喇叭形台底，底部平坦，器壁平均厚度为0.5厘米，胎体中夹杂大颗粒粗砂掺和物，口沿外侧下方有一圈附加纹饰带（图3-1-93，5；图3-1-94，5）。

此外，在8号房址填土中还出土了1件鼓腹陶器的下半部分，处于И/23探方（图3-1-89，2～4；图3-1-90，2），一些带有纹饰的手制陶器器壁残片（图3-1-91，5、7、9；图3-1-92，5、7、9），斜口器和碗的口沿等（表8）。

填土的土质，烧焦的木结构的残迹，灶坑和柱坑的存在表明，房址被大火焚烧损毁，而后被碎石、杂土覆盖。

表8　城址中部8号房址陶器规格

编号	口径（厘米）	高（厘米）	底径（厘米）	壁厚（厘米）
И/25探方，下层填土	15.2	35	8.2	0.5～0.6
下层填土	8	18	8	0.4～0.7
И-К/22-23探方，下层填土	14	19.5	8	0.4～0.8
К/22探方，下层填土	—	不小于17	6.3	0.4～0.6
К/23-24探方，灶坑	13.6	19.7	7.8	0.5～0.7
К/22探方，下层填土	9	13.2	4.4	0.4～0.5
下层填土	11	6.5	5.4	0.5

8. 蓄水井

该遗迹位于发掘区东南部的H-T/20-25探方内，为一处蓄水遗迹（图3-1-7）。在发掘前地面上就可见一较深的凹坑，在去除地层第2层之后显现出了凹坑的轮廓，发掘后发现坑的外周边为一圈低矮的"台阶"（图3-1-96）。坑内有一堆石头，这些石头用于垒砌井口，但随着时间的推移，它们移位倒塌，滚入坑内。在清理井的填土时，于P/22-23探方处的低矮"台阶"上出土了一些大型陶罐的残片，这些陶罐残片无论从形制特征还是制作工艺来看，都是典型的渤海时期的器物，这也让我们得出这口蓄水井在城址的晚期阶段仍在使用的观点。

井坑的主体部分呈方形筒状，坑口长3.2、宽2.5米，面积约10平方米（图3-1-97）。从"台阶"处深度算起，蓄水井的最大深度为95厘米，井口所在区域文化层的总厚度为119厘米（图3-1-96）。蓄水井的填土主要为单纯的黑褐色黏土。在"台阶"处填土的中间部分，有一片经火烧形成的红烧土。清理填土时，发现以下遗物：双翼形铁镞1件，编号No.33（图3-1-102，2）；铁刀1件，编号No.38（图3-1-102，1）；磨制石镞2件，分别编号No.37（图3-1-102，4）和No.39（图3-1-102，3）。

蓄水井打破生土层35～50厘米，此处生土为带有深棕色条纹的红褐色土，下部坐落在基岩之上（图3-1-97）。

在发掘蓄水井填土时，出土了大量手制和轮制陶器残片。这些陶器的残片出土于填土不同的层位，这一现象反映了这种堆积形成的原因：包括厨房用具在内的各种器物，使用过程中不小心掉入井中，日积月累形成了这种地层。

在上层填土中，出土了65块手制陶器残片，均为陶器壁，8件鞣鞨陶器的口沿残片，其中包括带有纹饰的残片（图3-1-98，1、2；图3-1-99，1、2），5件手制陶器底部残片，其中包括1件体积较大的陶器底残片（图3-1-98，4；图3-1-99，3）。出土的轮制陶器中有20件陶器壁残片，2件口沿残片和1件球腹罐壁的残片。值得注意的是，上层填土中出土的这些陶片中有5件残片肩部有带有椭圆形凹窝的弦纹带（图3-1-98，6；图3-1-99，4），与在滨海边疆区发现的古金属时代文化的陶器残片类似（表9）。

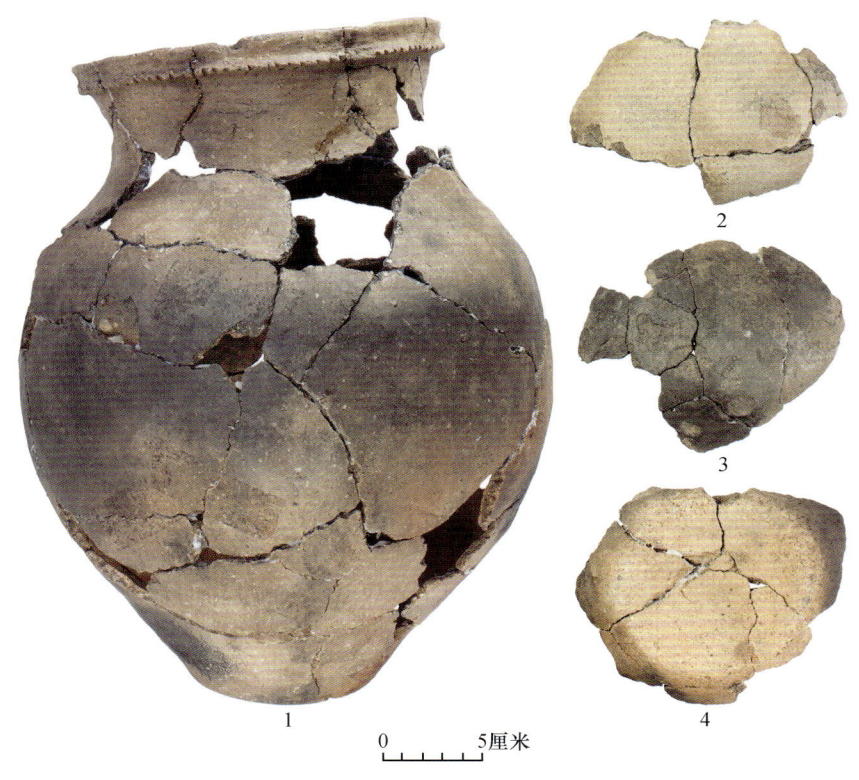

图3-1-89　8号房址出土陶器照片（一）
1. И-К/22-23探方出土陶器　2~4. И/23探方出土陶片

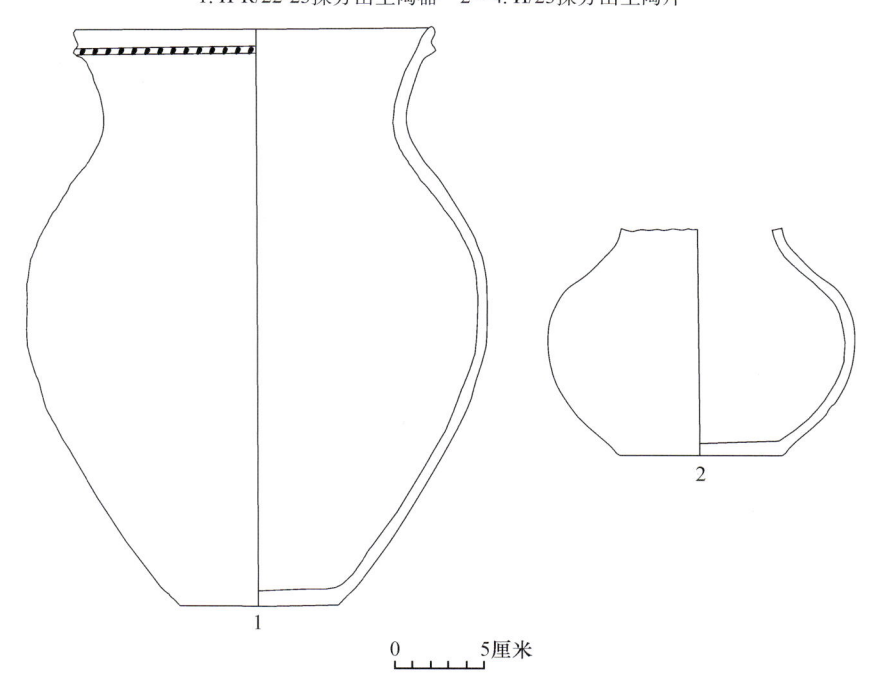

图3-1-90　8号房址出土陶器线图（一）
1. И-К/22-23探方出土陶器　2. И/23探方出土陶片复原陶器

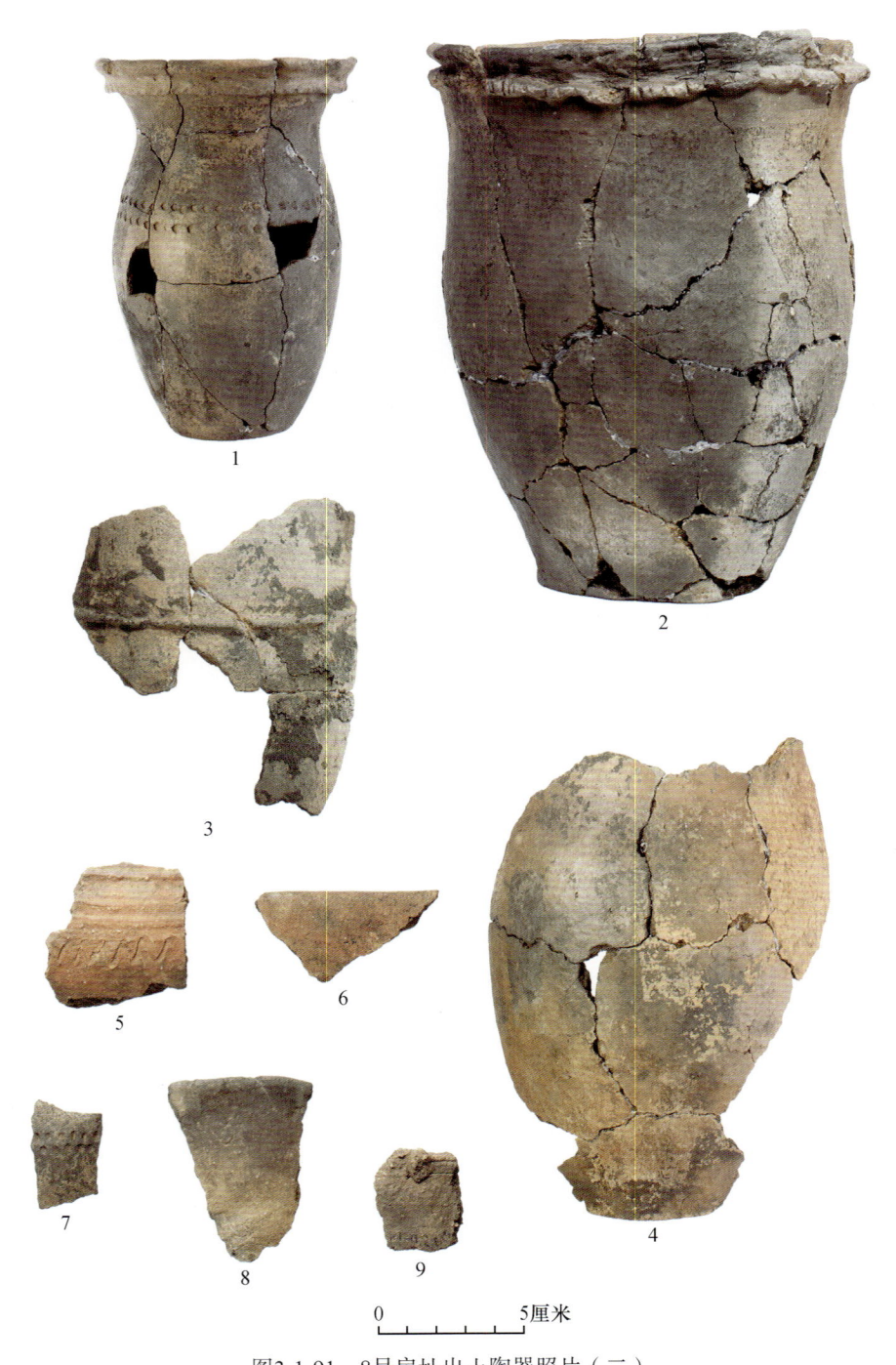

图3-1-91　8号房址出土陶器照片（二）

1. K/22探方出土陶器　2. K/23-24探方灶坑出土陶器　3. И/23探方出土陶片　4. K/22探方出土陶器　5~9. 下层堆积出土陶片

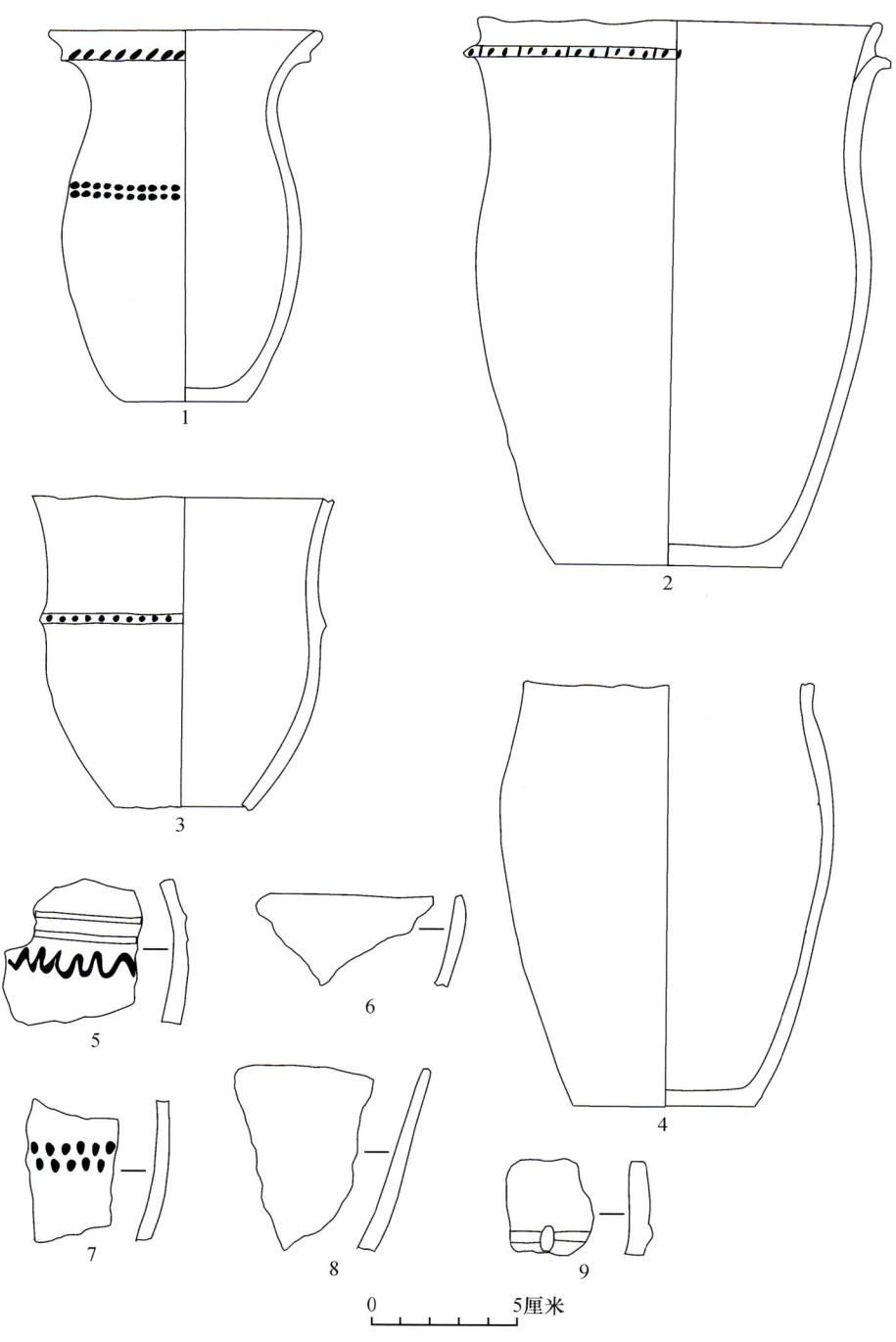

第三章　2015~2016年俄韩联合考古队的发掘　089

图3-1-92　8号房址出土陶器线图（二）
1. K/22探方出土陶器　2. K/23-24探方灶坑出土陶器　3. И/23探方出土陶片　4. K/22探方出土陶器
5~9. 下层堆积出土陶片

图3-1-93　8号房址出土陶器照片（三）
1.И/25探方出土陶器　2、4、5.下层堆积出土陶器　3.И/24探方出土陶器

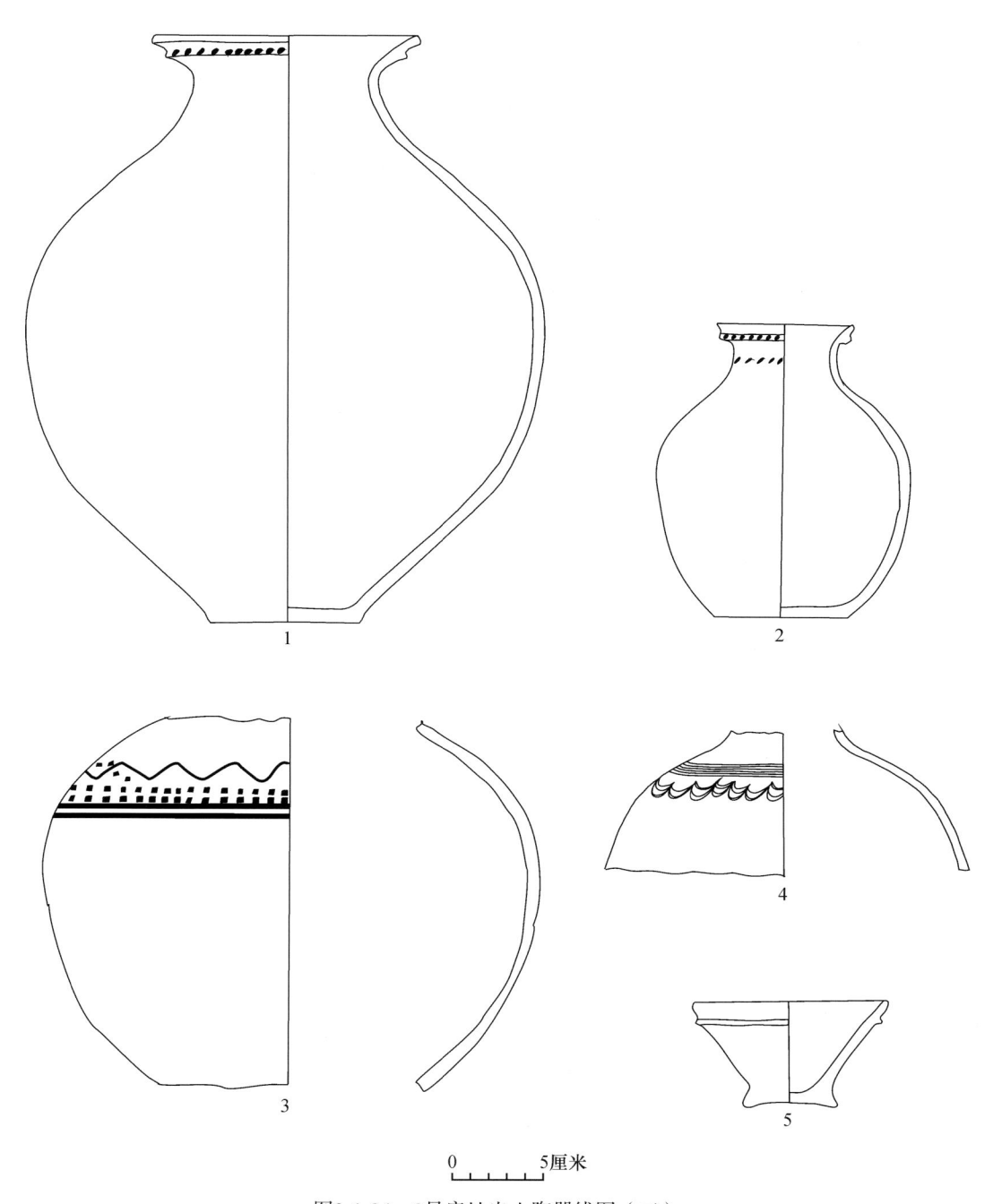

图3-1-94　8号房址出土陶器线图（三）
1. И/25探方出土陶器　2、4、5. 下层堆积出土陶器　3. И/24探方出土陶器

图3-1-95　8号房址上部填土出土石磨棒

图3-1-96　蓄水井填土剖面（南—北）

图3-1-97 发掘后蓄水井全景照(北—南)

在下层填土中,出土了8件轮制陶器壁,1件轮制陶器底部,23件陶器壁残片和2件手制陶器口沿残片。

可修复的陶器既有轮制陶器,也有手制陶器。

(1) 手制陶器

出土2件大型深腹罐,出土于P/23探方内的2号陶器堆,口沿下的附加纹饰带上没有纹饰。这2件陶器器形规整,腹部较深,颈部较粗较短,器表抹光,胎体中夹杂大量粗砂颗粒,分别编号No.1097(图3-1-98,7;图3-1-99,6)和No.1098(图3-1-98,8;图3-1-99,7)。还出土1件陶壶,出土于П/22探方的4号陶器堆,编号No.1047,细短颈,器身肩部圆鼓,但口沿下方没有附加纹饰带,陶器主体部分被磨光,推测该陶器是在慢轮上制作而成的(图3-1-98,5;图3-1-99,5)。

(2) 轮制陶器

在蓄水井中,出土了1件形体巨大且厚重的轮制筒形陶器的残片,编号No.1096,该陶器残存直口口沿,其残片从填土的上层直至下层均有分布。器壁厚约为1厘米,直径为45.2厘米,残存高度26厘米。在陶器的上部边缘有一个孔,为烧制之前形成,孔径为4厘米(图3-1-100,1;图3-1-101,1),推测这件陶器用于从井中取水。另1件为陶罐,编号No.1078,口沿部分为重唇,侈口,鼓腹,大平底,颈部下方有一圈凸棱,肩部有一圈起装饰作用的平行线。此外,该陶器有两个横向桥形耳,附着在器壁外(图3-1-100,2;图3-1-101,2)。此外,还有一个特别的发现,在编号No.1047的轮制陶器的底部,印有一个箭头形状的符号(图3-1-98,5)。

图3-1-98 蓄水井出土陶器照片（一）
1、2、4、7、8.手制陶罐（O/22探方；Π/22探方；B/11探方；编号No.1097，P/23探方；编号No.1098，P/23探方）
3、5.轮制陶器（P/22探方；编号No.1047，Π/22探方） 6.古金属时代手制陶器（H/25探方）

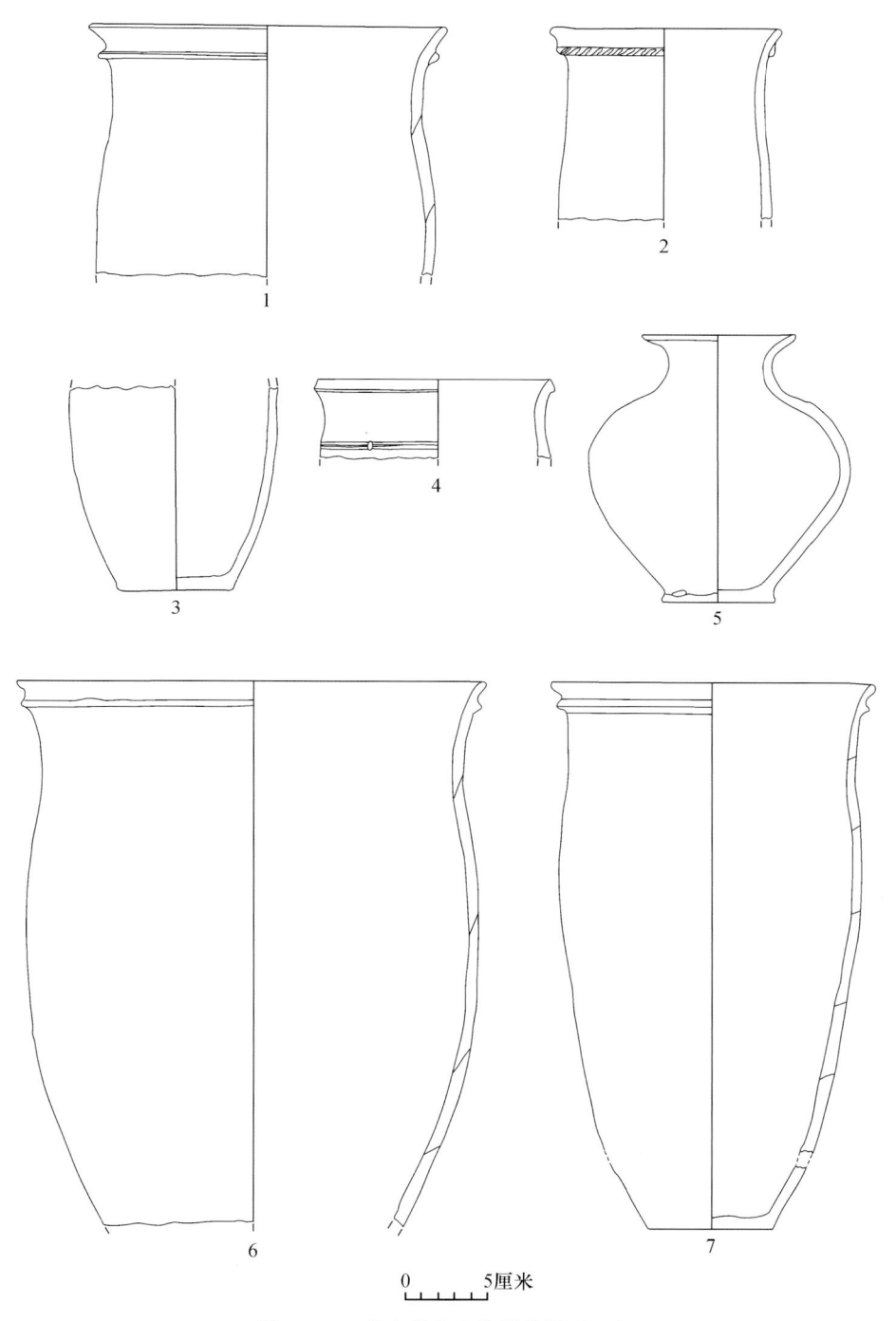

第三章　2015～2016年俄韩联合考古队的发掘　095

图3-1-99　蓄水井出土陶器线图（一）
1~3、6、7.手制陶罐（O/22探方；П/22探方；B/11探方；编号No.1097，P/23探方；编号No.1098，P/23探方）
4.古金属时代手制陶器（H/25探方）　5.轮制陶器（编号No.1047；П/22探方）

图3-1-100 蓄水井出土陶器照片（二）
1、2. 轮制陶器（编号No.1096，P/22探方；编号No.1078，П/23探方）

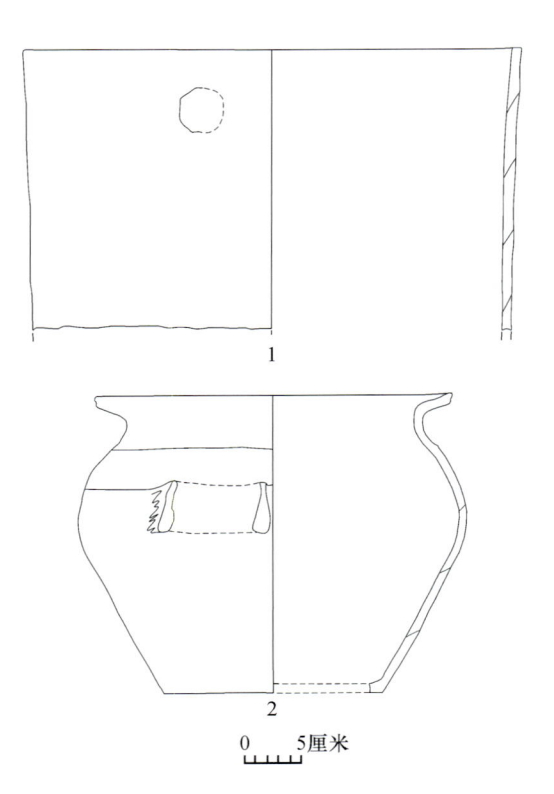

图3-1-101 蓄水井出土陶器线图（二）
1、2. 轮制陶器（编号No.1096，P/22探方；编号No.1078，П/23探方）

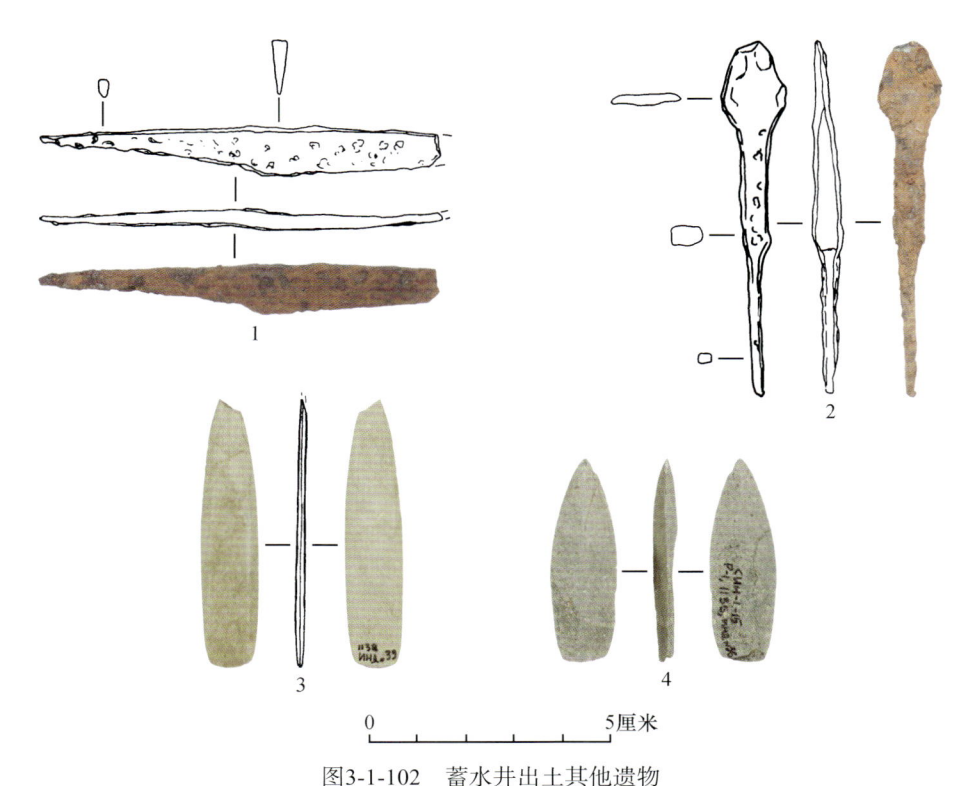

图3-1-102 蓄水井出土其他遗物

1. 刀（编号No.38，O/23探方） 2. 镞（编号No.33，P/24探方） 3、4. 磨制石镞（编号No.39，O/23探方；编号No.37，H/24探方）

表9 城址中部蓄水井出土陶器规格

编号	口径（厘米）	高（厘米）	底径（厘米）	壁厚（厘米）
P/23探方，2号陶器堆，No.1098	20.4	≈34	8	0.5～0.7
P/23探方，2号陶器堆，No.1097	29.2	不小于35	—	0.5～0.7
П/23探方，下层填土，No.1078～1079	32.2	27.4	19.6	0.7
P/22探方，上层填土，No.1096	45.2	不小于26	—	0.9～1
П/22探方，上层填土，No.1047	9.6	17.4	7	0.5～0.7

9. 1号灰坑

1号灰坑位于发掘区的西北部，处于A-B/1-3探方范围内（图3-1-7）。坑内的上层填土为褐色砂质黏土和砾石，在其中发现了零散分布的陶器残片，并夹杂有动物骨骼。该层为城址使用过程中形成的堆积层，厚度27～48厘米。在该层土中出土了1件古金属时代的磨制石镞残件，编号No.4（图3-1-113，2）。

下层填土是一层火烤形成的红烧土，厚度为5～10厘米，含有大量烧焦的有机物，包括烧焦的桦树皮和原木残片，均得以保存。在灰坑的东部，发现有木柱支架的痕迹，木柱从中心向边缘呈放射状分布（图3-1-106）。这表明该坑存在木构架支撑结构，形同一座窝棚，后被火烧毁（图3-1-103）。

在Б/1-2探方中发现了5处较为集中的陶器残片堆积，其中出土一些残碎成小块的陶片（图3-1-104）。在灰坑的北壁处出土了1件斜口陶器。在A/2探方中，发现有大量大型偶蹄动物的遗骸。

将烧土层清理掉后，在Б/1探方和Б/2探方的交界处，发现了1件带有纹饰的骨制品，形似带扣，编号No.13（图3-1-105；图3-1-113，1）。

灰坑平面呈椭圆形，长径2.75、短径2.5米，斜直壁，平底，底部自南向北有3厘米的高差，南部较低，北部较高（图3-1-107）。

在1号灰坑上部和中部的填土中，散落分布着较多中世纪早期的各种手制陶器和轮制陶器残片。共出土124件手制陶器壁，3件轮制陶器壁，3件轮制陶器口沿，1件手制陶器底，11件带有附加堆纹带的口沿残片，其中一块口沿形制较大，可复原（图3-1-111，3；图3-1-112，3）。

在1号灰坑的坑底发现了9处较为集中的陶片堆积：在Б/1探方坑的底部和侧壁处出土斜口器残片（图3-1-108；图3-1-110，5），距离它不远处出土了2件深腹陶罐（图3-1-111，1、4；图3-1-112，1、4），在Б/2探方内出土了3件小型手制陶罐（图3-1-111，2、6、8；图3-1-112，2、6、8）和2件形体较大的陶器（图3-1-109，1；图3-1-110，1；图3-1-111，5；图3-1-112，5）；在Б/2（图3-1-109，4；图3-1-110，3）和Б/3探方（图3-1-109，3、2；图3-1-110，2、4）还出土了多件轮制陶器。

（1）手制陶器

手制陶器有三种器类：筒形罐，球腹陶壶和斜口器。

1）筒形罐。该灰坑中出土了4件形体较小的筒形罐，其中有2件（图3-1-111，2、6；图3-1-112，2、6）口沿下的附加堆纹带上无纹饰，另1件编号No.371的口沿处残，具体情况不明（图3-1-111，8；图3-1-112，8），还有1件编号No.351，口沿下附加堆纹带上有椭圆形凹窝装饰，肩部有两排圆形凹窝纹（图3-1-111，4；图3-1-112，4）。这4件筒形罐胎体中均添加有云母，因此器身表面略有闪光。另1件稍大的筒形罐（图3-1-111，1；图3-1-112，1）口沿下附加堆纹带上也有椭圆形凹窝装饰，肩部有两排圆形凹窝纹。出土的最大的1件筒形罐，编号No.372，器形略微不规整，口沿下方有素面的附加纹饰带，器表光滑，器身轮廓起伏较小（图3-1-111，5；图3-1-112，5）。此外，在Б/2探方的堆积中还出土了1件胎厚达0.8~0.9厘米的筒形罐底（图3-1-111，7；图3-1-112，7）。

2）球腹陶壶。出土1件，编号No.380，形体较大，高度为31.9厘米。在陶器的口沿下方有带有椭圆形凹窝的附加纹饰带，肩部装饰有4排椭圆形凹窝纹饰（图3-1-109，1；图3-1-110，1）。

3）斜口器。编号No.356，是1件形体较大的陶器，底部为椭圆形，较厚，约1厘米，器壁一侧有一个弧形的切口。器身有因修补而在裂缝两侧留下的锔孔痕迹，器表光滑，但胎体中仍夹杂大量粗砂颗粒（图3-1-108；图3-1-110，5）。

第三章 2015～2016年俄韩联合考古队的发掘 099

图3-1-103 1号灰坑下层填土（东—西）

图3-1-104 1号灰坑填土出土陶器堆（南—北）

图3-1-105 1号灰坑Б/1-2探方底部出土饰纹骨制品（编号No.13）（南—北）

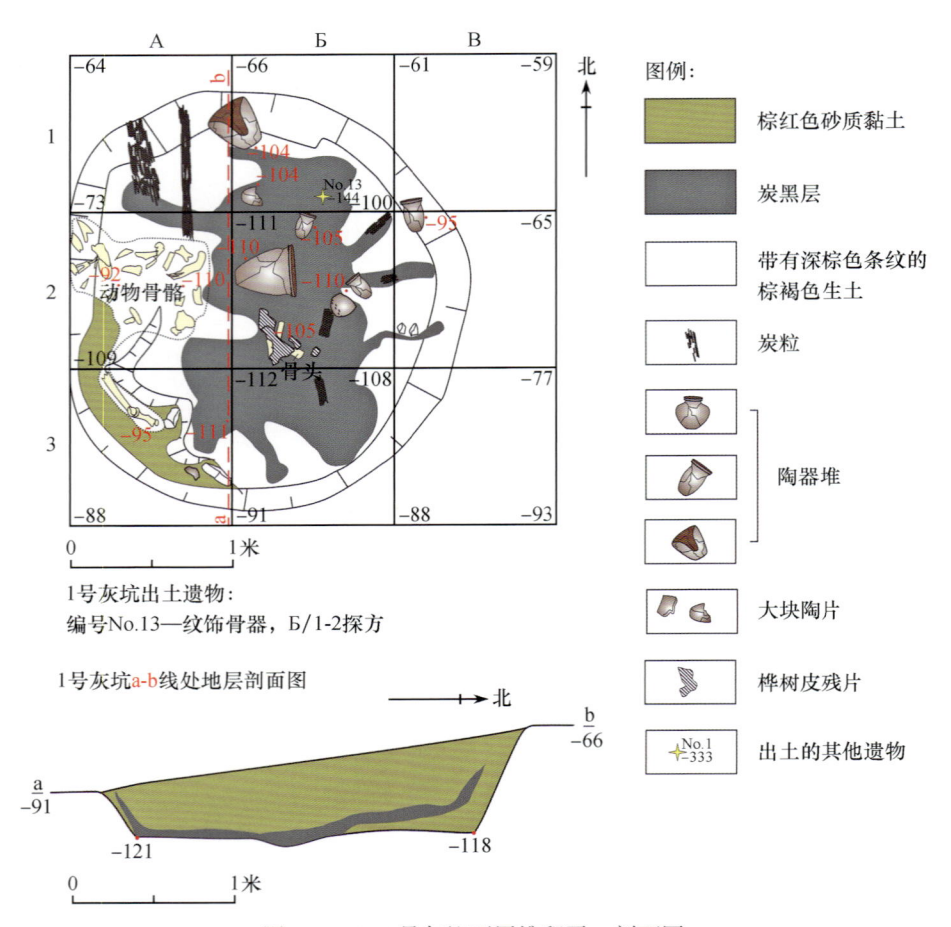

图例：
- 棕红色砂质黏土
- 炭黑层
- 带有深棕色条纹的棕褐色生土
- 炭粒
- 陶器堆
- 大块陶片
- 桦树皮残片
- 出土的其他遗物

1号灰坑出土遗物：
编号No.13—纹饰骨器，Б/1-2探方

1号灰坑a-b线处地层剖面图

图3-1-106　1号灰坑下层堆积平、剖面图

图3-1-107　发掘后的1号灰坑全景照（南—北）

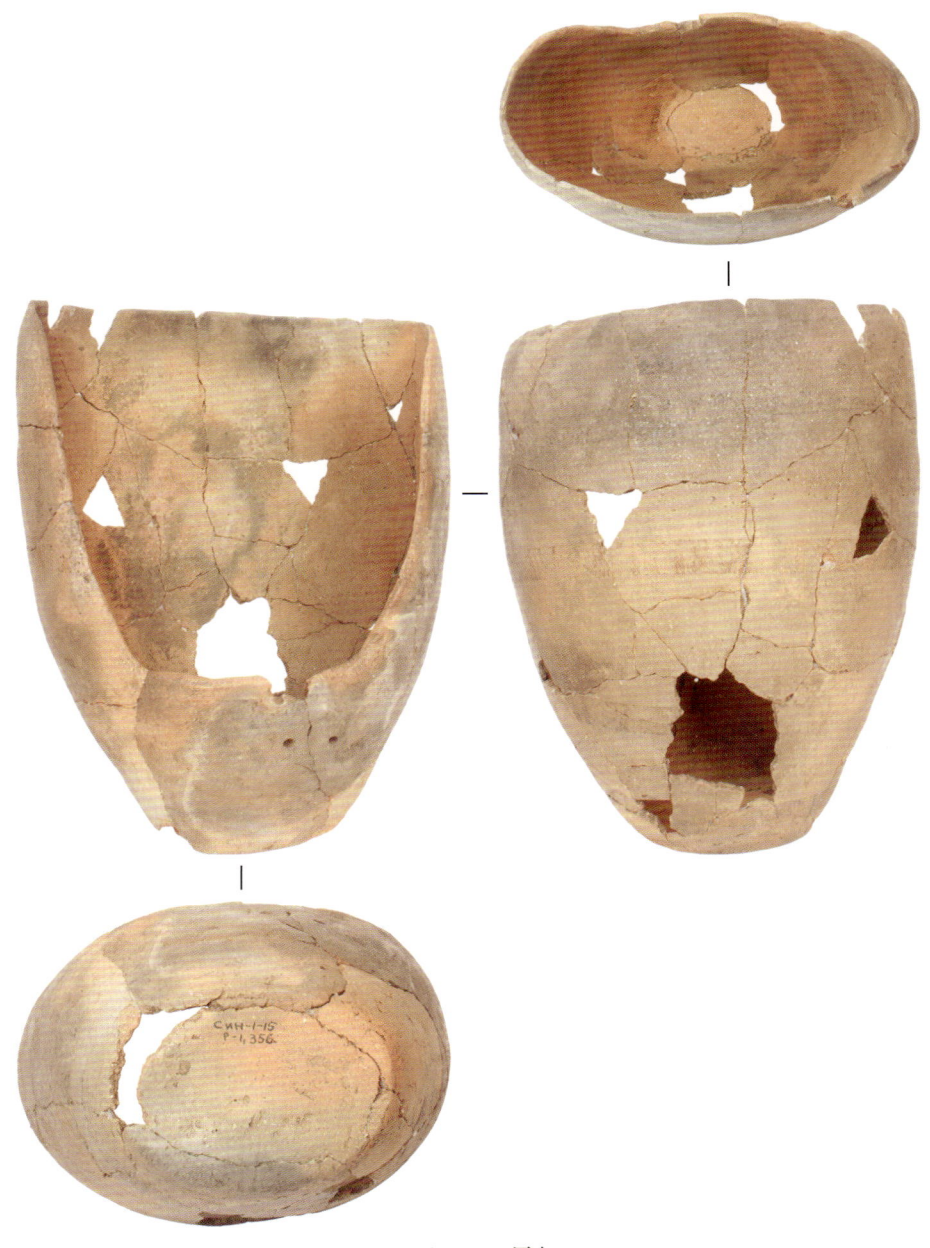

第三章　2015～2016年俄韩联合考古队的发掘　101

0　　5厘米

图3-1-108　Б/1探方出土斜口器

图3-1-109　1号灰坑出土陶器照片（一）
1. 编号No.380，Б/2探方　2. Б/3探方出土轮制陶器颈部　3、4. 轮制陶器（编号No.370，Б/3探方；Б/2探方）

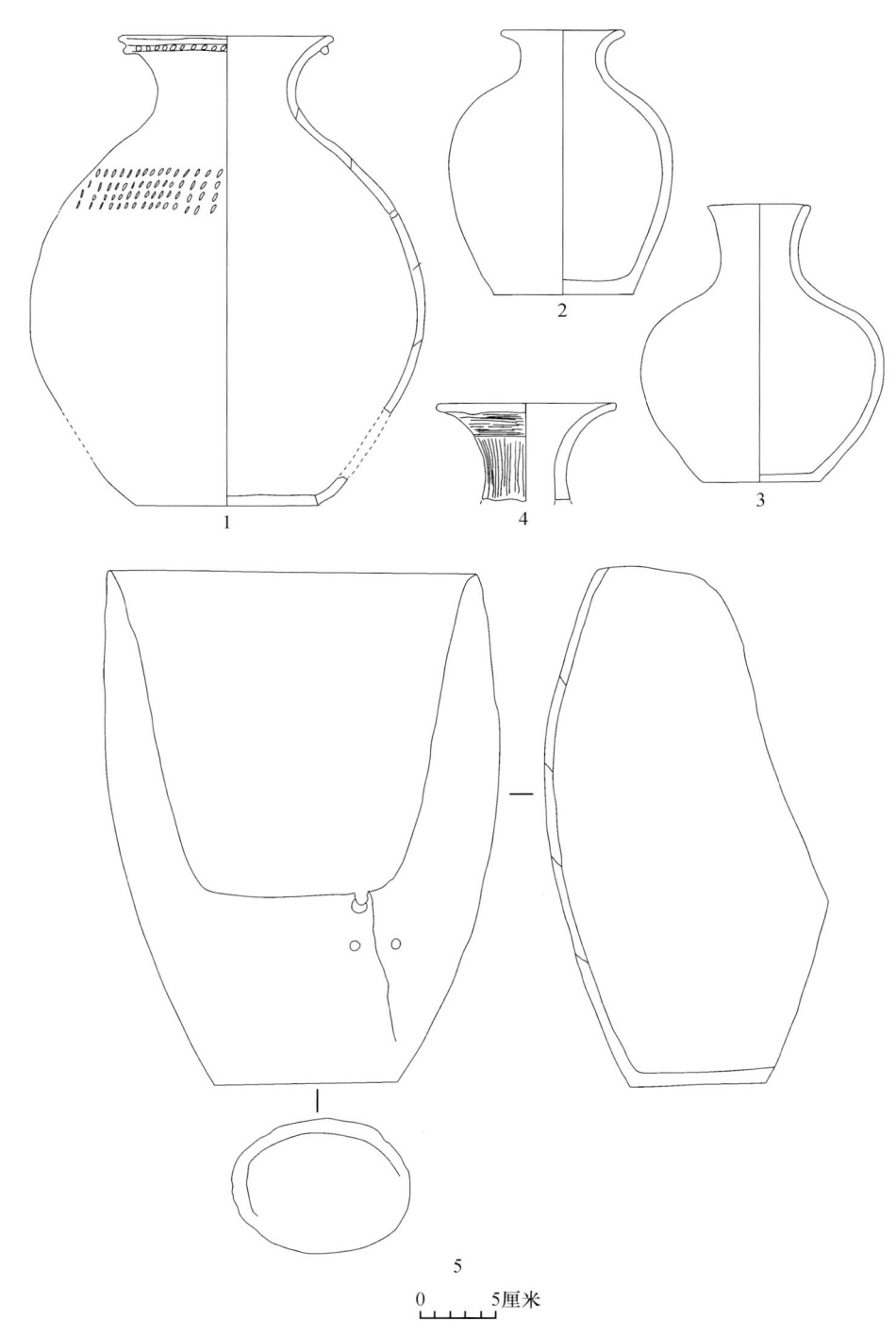

图3-1-110　1号灰坑出土陶器线图（一）
1. 编号No.380，Б/2探方　2、3. 轮制陶器（编号No.370，Б/3探方；Б/2探方）　4. Б/3探方出土轮制陶器颈部
5. 斜口器（编号No.356，Б/1探方）

图3-1-111　1号灰坑出土陶器照片（二）
1.Б/3探方　2、7.Б/2探方　3.А/2探方　4.编号No.351，Б/1探方　5.编号No.372，Б/2探方　6.编号No.382，Б/2探方　8.编号No.371，Б/2探方

第三章　2015～2016年俄韩联合考古队的发掘　105

图3-1-112　1号灰坑出土陶器线图（二）
1. Б/3探方　2、7. Б/2探方　3. А/2探方　4. 编号No.351，Б/1探方　5. 编号No.372，Б/2探方　6. 编号No.382，Б/2探方　8. 编号No.371，Б/2探方

（2）轮制陶器

复原了2件球腹细颈的陶壶（图3-1-109，3、4；图3-1-110，2、3）。这2件陶壶均为轮制，口沿外撇，没有附加纹饰带，均为弧颈，侈口，但底部比例有所不同：出土于Б/2探方的陶壶，底径（7.6厘米）比最大径（16.2厘米）小2倍以上；出土于Б/3探方的陶壶编号No.370，底径（9.2厘米）与最大径（14.7厘米）的比值为0.6。另外，还出土了相似类型陶器的口沿部分和颈部，其外壁上部饰有水平磨光痕，下部饰垂直磨光痕（图3-1-109，2；图3-1-110，4；表10）。

该灰坑内没有灶坑、柱坑等其他功能的坑，表明该遗迹与前述房址类遗迹性质不同。

表10　城址中部1号灰坑出土陶器规格

编号	口径（厘米）	高（厘米）	底径（厘米）	壁厚（厘米）
Б/3探方，No.370	8	18	9.2	0.8
Б/2探方	7	19	7.6	0.6
Б/2探方，No.372	18.4	28.1	7.8	0.5
Б/2探方，No.371	—	≈10	5	0.5
Б/1探方，No.351	10.6	15.3	6	0.5
Б/2探方，No.382	8	12.8	4	0.5
Б/2探方	8.2	≈12.4	6.8	0.5
Б/2探方，No.380	14.2	31.9	12	0.5
Б/1探方，No.356	24.3	34.6	12	0.6

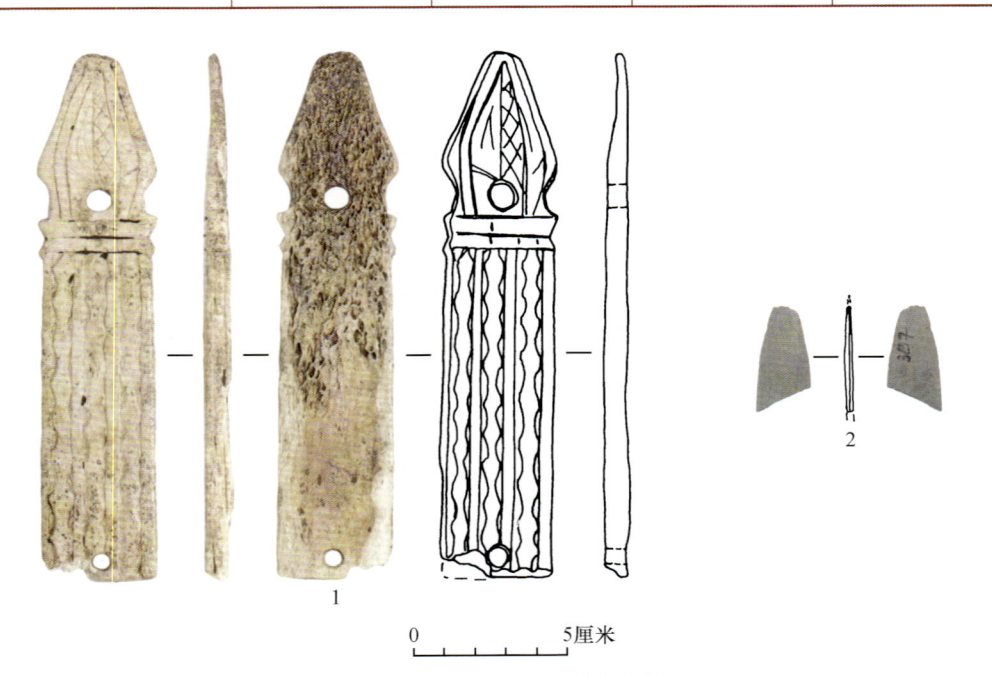

图3-1-113　1号灰坑出土其他遗物

1. 骨质带扣（编号No.13，Б/1-2探方下层堆积）　2. 磨制石镞残片（编号No.4，Γ/8探方下层堆积）

10. 2号灰坑

2号灰坑位于一号发掘区В-Г/8探方内（图3-1-7），处于3号房址和5号房址之间，是在清理完地层第2层后发现的。坑内填土为夹杂有棕褐色黏土和碎石的砂质壤土。在Г/8探方出土了1件磨制石镞，编号No.4。

该坑平面形状不规则，更接近三角形。规格为1米×1.75米，深度为20～23厘米，斜直壁，底部平坦（图3-1-114）。

在该坑的填土中，未发现与房屋结构相关的遗迹，出土的唯一1件石镞也疑似是在后形成的填土中夹杂的遗物，所以很难确定该灰坑的用途。它的规格很小，表明它不是房址的基坑，也许是出于生活需求而形成的遗迹，但没有被使用太长时间，在一场摧毁了所有建筑物的火灾之后被覆盖了。

11. 3号灰坑

3号灰坑位于И-К/7-9探方内（图3-1-7），处于1号房址和4号房址之间，是在清理完地层第2层后发现的。坑内填土为夹杂有棕褐色黏土和碎石的砂质壤土，填土下部有一层火烤形成的红烧土。

灰坑平面为椭圆形，长径1.75、短径1.5米，深约40厘米，斜直壁，底部平坦（图3-1-115）。坑的规格很小，且未发现遗物，表明这个坑具有不同于房址的特定的功能，但可能没有被使用太长时间。

12. 4号灰坑

4号灰坑位于В-Д/15-17探方范围内（图3-1-7），处于5号房址和7号房址之间，是在清理完地层第2层后被发现和发掘的，坑内填土为带碎石的褐色黏质砂土。

4号灰坑平面呈椭圆形，长径2、短径1.6米，深38～44厘米，斜直壁，坑底平坦（图3-1-116）。坑的面积不大，约2.6平方米，填土中几乎没有遗物出土，也没有发现和房屋结构相关的痕迹，因此判断该灰坑也具有不同于房址的其他的功能。

13. 5号灰坑

5号灰坑位于4号灰坑附近，处于Е-Ж/17-18探方范围内（图3-1-7）。该坑是在清理完地层第2层后被发现和发掘的。其填土主要为黑褐色黏质砂土。在填土中发现了烧焦的木板残片，出土了一些陶质容器的残片和1件陶器盖，还有许多动物骨骼和燧石片。

5号灰坑平面呈圆形，直径2.2米，斜直壁，坑底不平（图3-1-117）。坑的南部应当是被另一遗迹打破。坑的面积不大，说明它不是房址基坑，容器残片和动物骨骼的出土表明它可能具有不同于房址的特定的功能。

图3-1-114 发掘后的2号灰坑全景照（南—北）

图3-1-115 发掘后的3号灰坑全景照（南—北）

图3-1-116 发掘后的4号灰坑全景照（南—北）

图3-1-117　发掘后的5号灰坑全貌（西—东）

14. 6号灰坑（蓄水池）

　　6号灰坑位于蓄水井的西北部，处于K-M/18-20探方范围内（图3-1-7；图3-1-118）。该坑是在清理完地层第2层后被发现的，其填土为黑褐色黏质砂土。坑中部有一处呈低洼台阶状，为红褐色烧土。在6号灰坑的填土中出土了陶器残片、动物骨骼以及木炭的残片。在坑的北面还发现了形似于匣子的木结构器物，长20、宽5厘米。未出土完整的容器。

　　6号灰坑坑口形状不规则，向西北和东南方向拉伸。坑口长2.8、宽2米，深度约25厘米，坑壁倾斜，坑底不平，有落差（图3-1-118）。

　　从填土的特点以及缺乏陶器、灶坑和柱坑，具有烧焦的木质结构等特征说明，6号灰坑不是房基坑址。根据延展的外形可以看出，其南端连接着蓄水井，它可能和井在功能上有一定关联。该坑很有可能是一个小蓄水池，用于将城内的积水汇聚，之后再汇入蓄水井之中。

15. 7号灰坑

　　7号灰坑位于蓄水井的东北部，处于C-T/19-20探方范围内（图3-1-7；图3-1-119），是在清理完地层第2层后被发现的，其主要填土为黑褐色黏质砂土（图3-1-120）。在底部填土中发现了一些烧焦木板的小残片，出土2件陶质容器残片，还有2块牛颌骨（图3-1-121）。

　　7号灰坑平面为椭圆形，长径1.8、短径1.36米，深度约40厘米，坑壁平滑有斜度，坑底平坦（图3-1-122）。

图3-1-118　发掘后的6号灰坑全貌（西—东）

图3-1-119　发掘后的7号灰坑全貌（南—北）

图3-1-120　7号灰坑堆积剖面（北—南）

图3-1-121　7号灰坑出土动物颌骨残块（西—东）

1. 7号灰坑填土中部

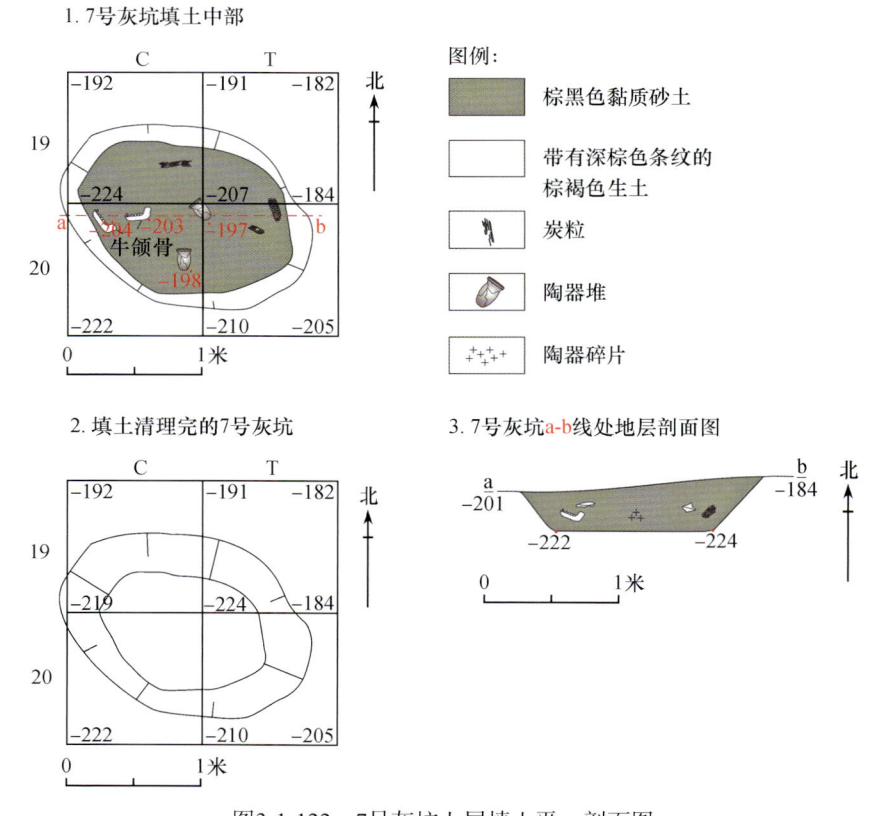

图例：
- 棕黑色黏质砂土
- 带有深棕色条纹的棕褐色生土
- 炭粒
- 陶器堆
- 陶器碎片

2. 填土清理完的7号灰坑

3. 7号灰坑a-b线处地层剖面图

图3-1-122　7号灰坑上层填土平、剖面图

在7号灰坑的填土中出土的陶器并不多。其中最具代表性的是1件斜口器,其残片出土于坑内各处的不同层位,这是1件手制陶器,已被局部修复,胎体中夹杂粗砂颗粒,表面已被磨光,未发现食物焦渣(图3-1-123,1;图3-1-124,1)。余下的陶器残片为3件靺鞨罐口沿残片(图3-1-123,2~4;图3-1-124,2~4)、20件手制陶器壁和1件器底残片(图3-1-123,5;图3-1-124,5)。

坑的面积不大说明它不是房址基坑,厨用陶容器残片和动物骨骼的出土,说明它可能具有不同于房址的特定功能。值得注意的是,这个坑没有像其他坑一样被填平。

16. 8~10号灰坑

这几个灰坑的用途不明确。8号灰坑在5号灰坑的西南方向,距5号灰坑1.5米(图3-1-7;图3-1-125),处于Е/19-20探方内,平面为圆形,直径60、深8厘米,填土为带有木炭残片的深色炭灰层。9号灰坑处于Д-E/21探方内,平面形状为圆形,直径75、深20厘米,填土为带有木炭残片的深色炭灰层。这两个坑均位于7号房址附近,可能与它有关联。10号灰坑位于8号房址的西北方向,距离8号房址1米,处于З-И/21探方内,平面为椭圆形,长径70、短径50、深14厘米,填土为深色炭灰层。

(二)三号发掘区(2016年)

和一号发掘区相同,三号发掘区也是具有两层地层堆积,包括草皮层和褐色黏质砂土层,清理完这两层堆积后,才显现出房址和灰坑的轮廓(图3-1-126;图3-1-127)。

在清理第1层地层时出土了下列遗物:青铜手镯残片1件,编号No.1,出土于Б/5探方(图3-1-134,2);砺石1件,编号No.2,出土于Г/8探方(图3-1-134,3);靺鞨时期典型的插入式铁镞1件,编号No.16,出土于И/5探方(图3-1-134,1)。第2层出土了下列遗物:青铜铃铛1件,编号No.3,出土于Б/8探方(图3-1-128;图3-1-132);铁镞铤1件,编号No.4,出土于E/2探方(图3-1-131,1);石棋子2件,分别编号No.5(图3-1-133,2)和No.6(图3-1-133,3),均出土于Б/2探方;銎柄铁器残块1件,编号No.7,出土于Д/2探方(图3-1-131,2);有使用痕迹的砺石残块1件,编号No.8,出土于Г/5探方(图3-1-133,1);青铜带扣1件,编号No.19,出土于A'/4探方(图3-1-131,3);钠长石环残块1件,编号No.22,出土于О/7探方(图3-1-133,4);带纹饰的骨制品残块1件,编号No.20,出土于И/3探方(图3-1-131,5);骨镞残块1件,编号No.23,出土于И/6探方(图3-1-131,4)。

在这两层地层中共出土了2125块陶片,其中第1层1058块,第2层1067块。这些陶片多半都是零散分布的,难以修复,但是可以从中选出一些特殊的标本,例如,在K/9探方出土的轮制的甑残片(图3-1-129,1;图3-1-130,1),在O/5探方出土的球腹陶器的大块残片(图3-1-129,2;图3-1-130,2)、靺鞨罐的口沿(图3-1-129,3、4;图3-1-130,3、4)等。经统计,轮制陶器的数量不超过出土陶片总数的10%。

第三章 2015～2016年俄韩联合考古队的发掘

图3-1-123 7号灰坑出土陶器照片
1. 斜口器（C/20探方） 2～5. 手制陶片（C/20探方）

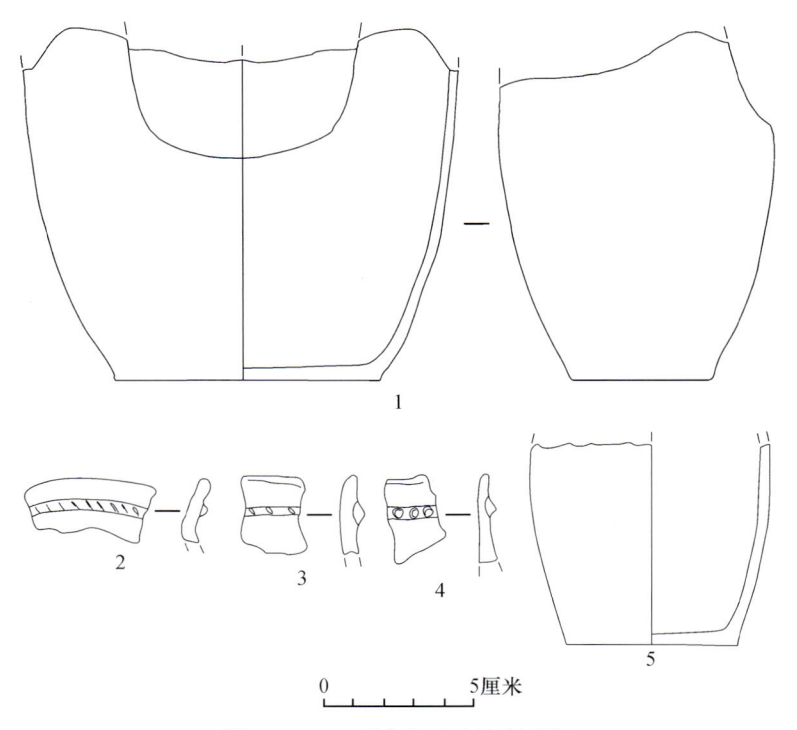

图3-1-124 7号灰坑出土陶器线图
1. 斜口器（C/20探方） 2～5. 手制陶片（C/20探方）

图3-1-125　发掘后的8~10号灰坑全貌（南—北）

图3-1-126　发掘后的三号发掘区房址（南—北）

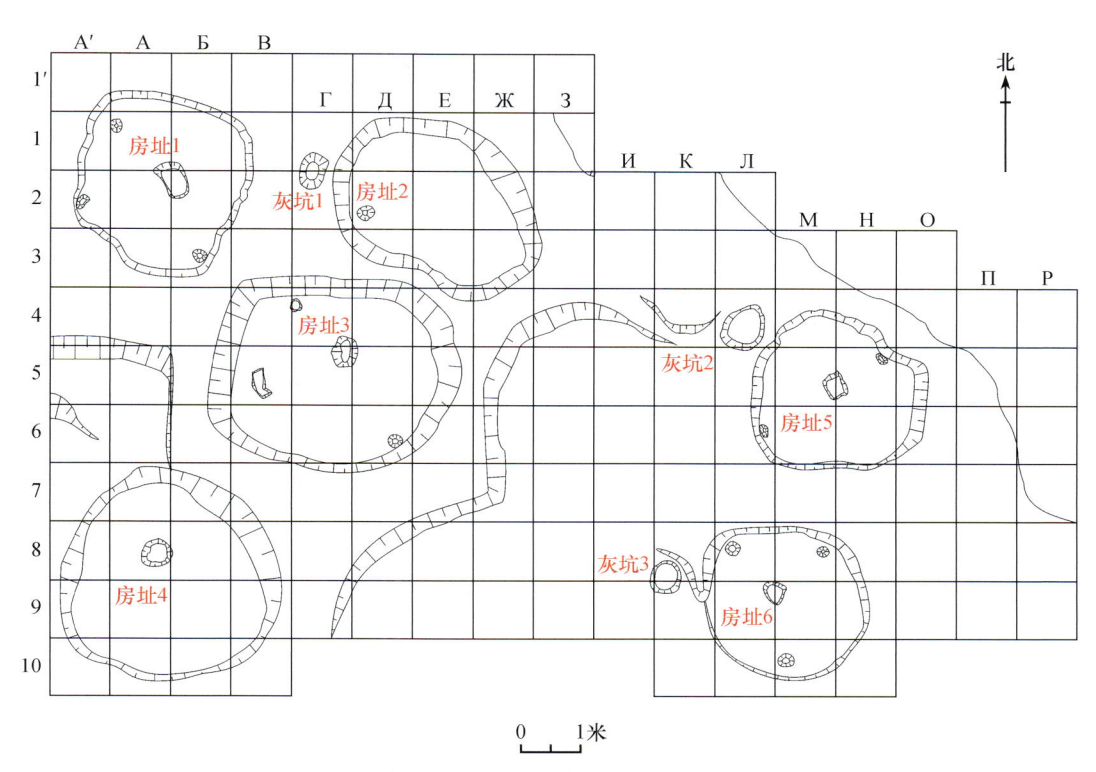

图3-1-127　三号发掘区遗迹平面图

图3-1-128　Б/8探方第2层出土铜铃（编号No.3）（南—北）

图3-1-129　三号发掘区第2层出土陶器残片照片
1. 甑底（К/9和И/4探方）　2. 球腹陶器（О/5探方）　3、4. 鞑靼罐口沿（Л/7探方；О/5探方）

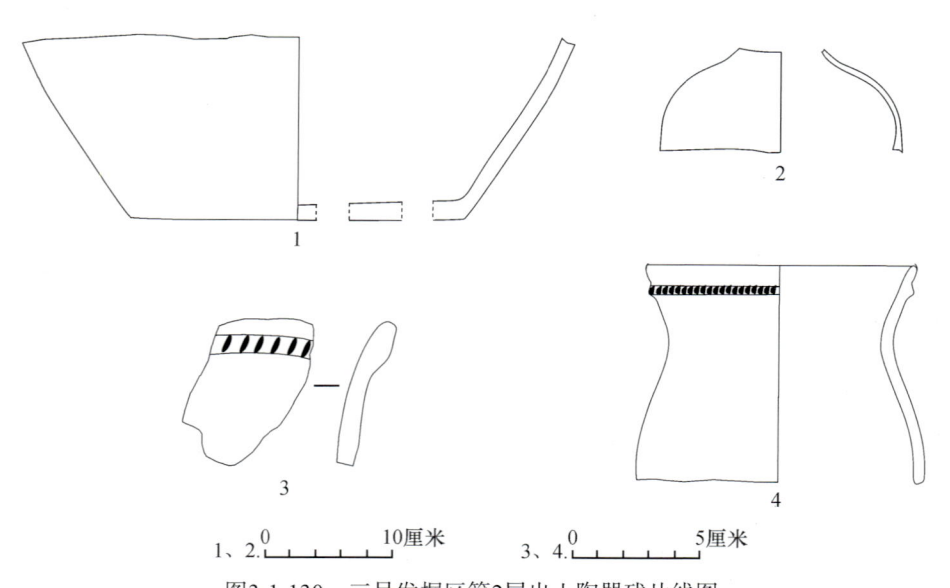

图3-1-130　三号发掘区第2层出土陶器残片线图
1. 甑底（К/9和И/4探方）　2. 球腹陶器（О/5探方）　3、4. 鞑靼罐口沿（Л/7探方；О/5探方）

图3-1-131 三号发掘区第2层出土其他遗物

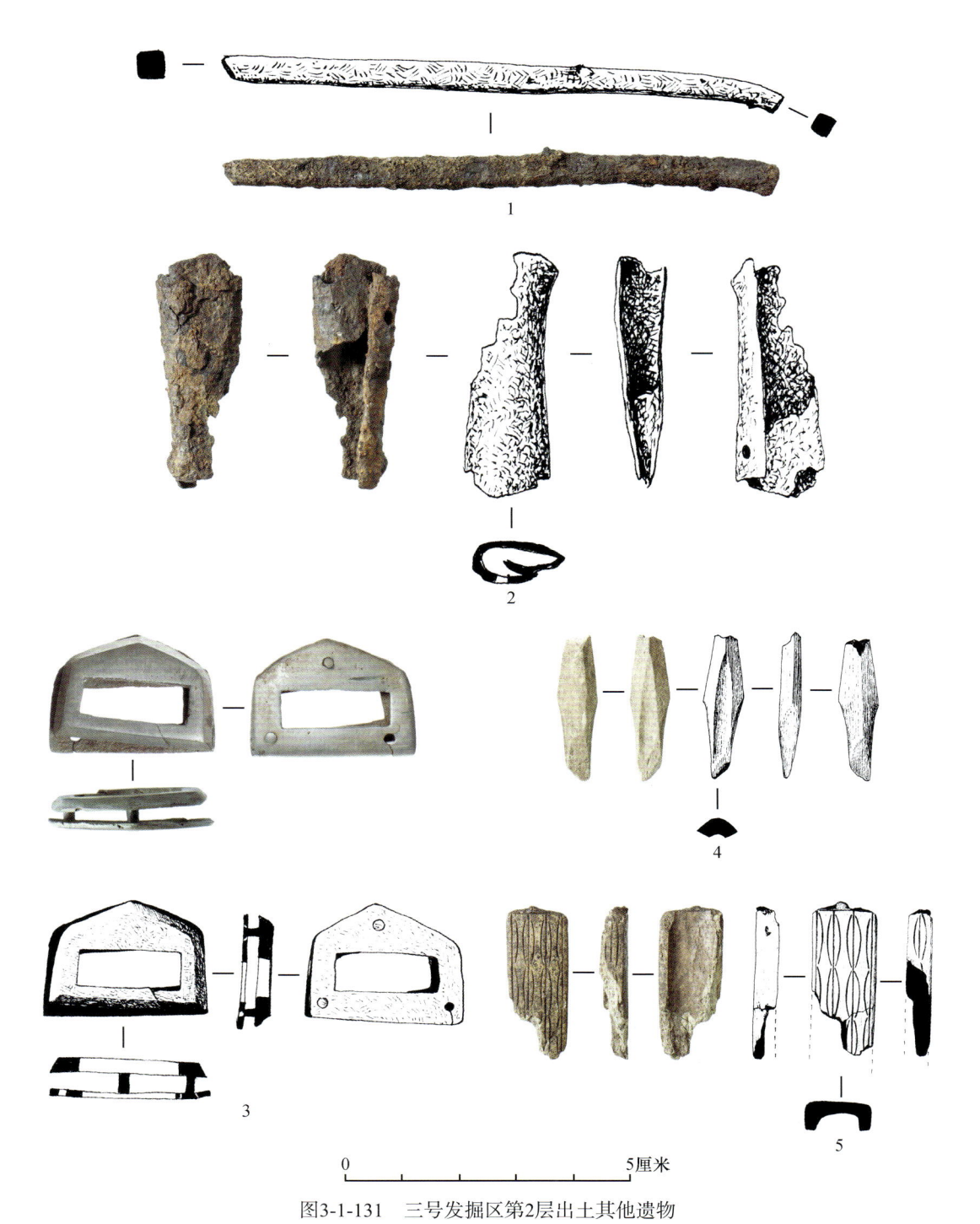

1. 铁镞铤（编号No.4，E/2探方） 2. 銎柄铁器残片（编号No.7，Д/2探方） 3. 带扣（编号No.19，А′/4探方）
4. 骨镞残块（编号No.23，И/6探方） 5. 骨制品残块（编号No.20，И/3探方）

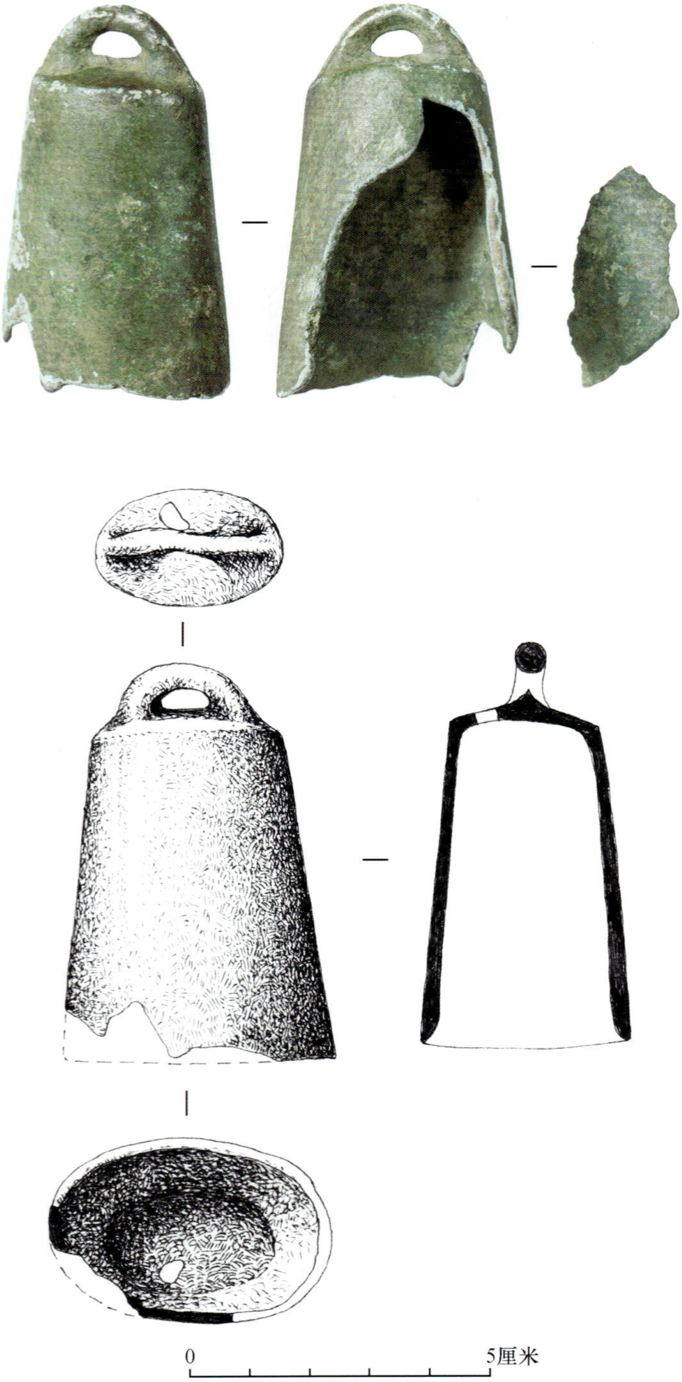

图3-1-132 三号发掘区Б/8探方第2层出土铜铃

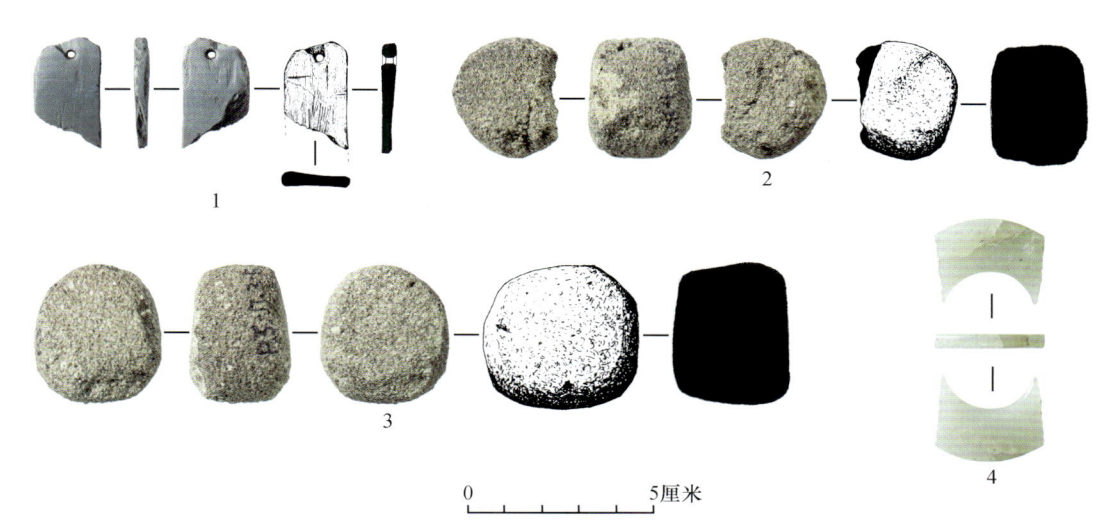

第三章　2015～2016年俄韩联合考古队的发掘

图3-1-133　三号发掘区第2层出土石器
1. 砺石残块（编号No.8，Г/5探方）　2. 石棋子（编号No.5，Б/2探方）　3. 石棋子（编号No.6，Б/2探方）
4. 钠长石环残块（编号No.22，О/7探方）

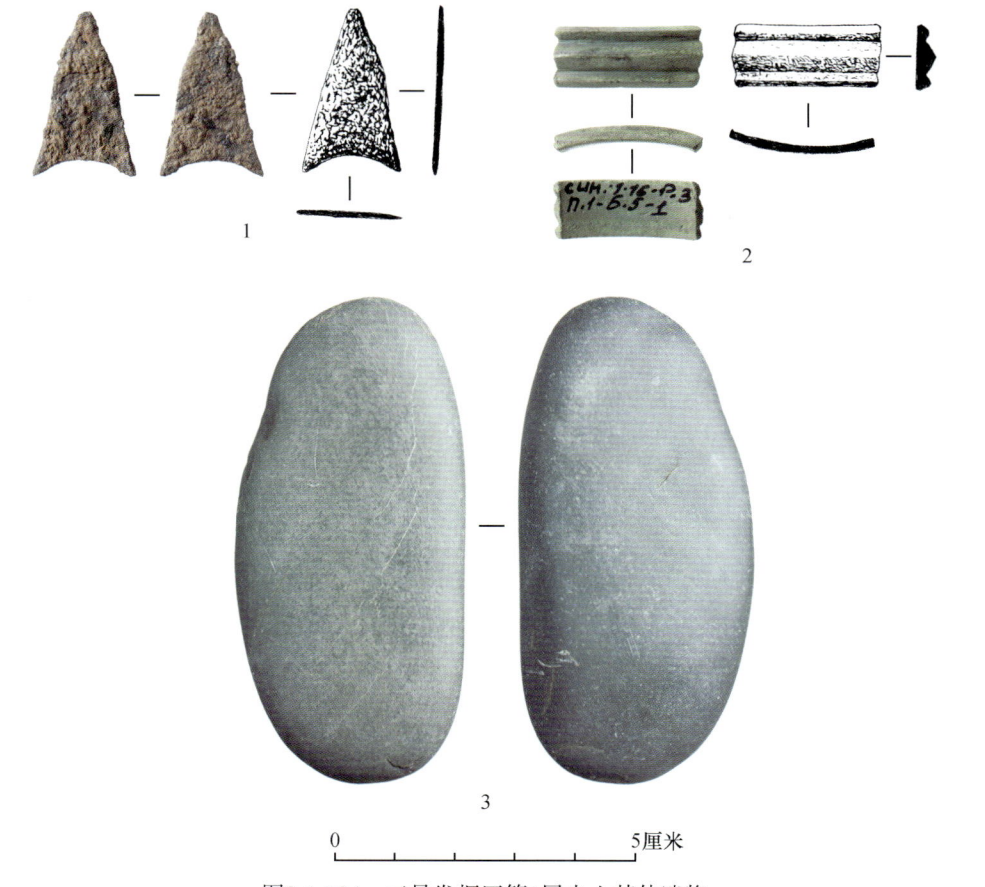

图3-1-134　三号发掘区第1层出土其他遗物
1. 铁镞（编号No.16，И/5探方）　2. 手镯残块（编号No.1，Б/5探方）　3. 砺石（编号No.2，Г/8探方）

在清理第3层即房址上层堆积的过程中，共出土了472块残陶片，主要为手制陶器。这些陶片大多出土于3-K/2-9探方范围内，分布较为零散，没有集中出土。轮制陶器残片不多，仅出土23片，有陶器口沿、器底和器壁。所有的手制陶器都属于靺鞨文化遗存。在2016年对三号发掘区的发掘过程中共清理了9处遗迹单位，其中6处是房址，3处是灰坑。

1. 1号房址

在清理完地层第二层后发现了该房址，位于发掘区西北部的A′-B/1′-3探方（图3-1-127）。房内填土为含有大量木炭残块的褐色黏质砂土。房址中可明显辨识出用火遗迹的区域，该区处于Б/2探方，有大量红褐色烧土块。同时还发现大量陶器残片堆积，包含10件陶容器和1件陶器盖（图3-1-135；图3-1-136），它们都聚集在红烧土附近，大部分位于Б/2及А-Б/2-3探方范围内。

1号房址平面大致呈圆角方形，长3.12、宽2.9、深0.26米，斜直壁，底部南低北高，落差0.13米（图3-1-136；图3-1-137）。

清理过程中于房址底部发现了几个小坑，全都打破岩石生土层，因此深度都不大，平面形制不甚规整（图3-1-137）。

灶坑位于房址的中心，处于А-Б/1-2探方，平面形状为南北向椭圆形，直径约62、深14厘米，填土为红褐色烧土。

此外，还发现三个小坑，直径21～23、深10～15厘米，很可能是柱坑。这三个坑全都打破岩石生土层，因此平面形制不规整，近似于椭圆形，主要填土为褐色黏质砂土。

图3-1-135　1号房址A/3探方出土陶器（南—北）

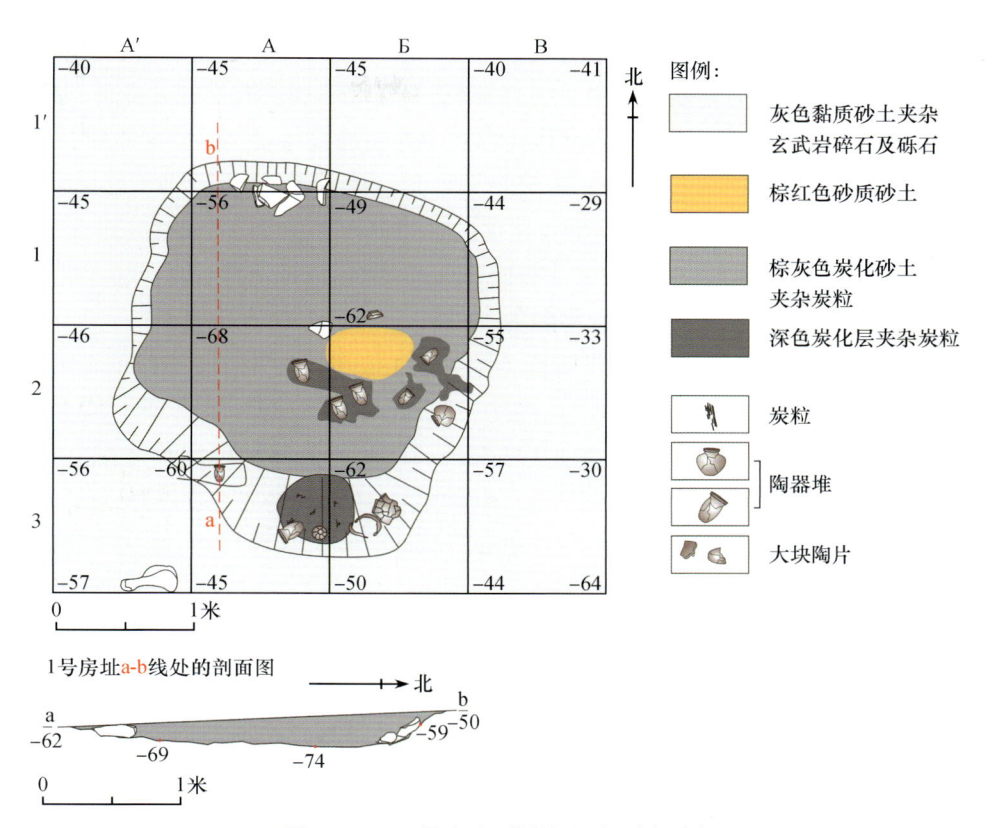

图3-1-136　1号房址下层填土平、剖面图

图3-1-137　发掘后的1号房址全貌（南—北）

在1号房址的填土中出土了9件可修复的手制陶器碎片堆积，其中1件陶器的腹部和底部完整地保存了下来，但是缺少口沿，另1件陶器只保存了腹部和底部。此外，还在房址内发现一些零散分布的陶片，包括7件口沿残片、7件底部残片和74件器壁残片。

陶器器类有以下三种：

（1）陶碗。出土于A/3探方（图3-1-138，3；图3-1-139，3）。1号房址出土的碗形体不大，口径12、底径4.8、高5.4厘米。台底，底部不高。陶器壁较薄，仅0.5厘米，表面抹光，胎体夹杂粗砂颗粒。未发现食物残渣。

（2）筒形罐。共修复了8件该类陶器（图3-1-138，1、2、4~6；图3-1-139，1、2、4~6；图3-1-140，1、2；图3-1-141，1、2）。皆为深腹，有明显的颈部，溜肩，器形不规整。所有陶器口沿以下都有一圈附加纹饰带，其中4件陶器的附加纹饰带上有椭圆形或圆形凹窝纹饰。3件陶器的器身有纹饰，其中2件是用圆头的工具戳压上去的一至两排纹饰带，第3件装饰有四周平行线。大部分陶器都是平底，只有2件陶器的底部内凹。根据规格将陶器分为两组：第一组是高25.5~31.5厘米的陶器，第二组是高14~16.6厘米的陶器。

（3）球腹陶壶。出土于Б/3探方（图3-1-140，3；图3-1-141，3）。该陶器口沿缺失，肩部突出，球腹，平底，最大腹径19.2、底径8、残高15.5厘米，肩部有三圈圆形戳点纹饰带，器表经磨光，因此，有的纹饰已经模糊甚至消失。

房址填土中有大量炭灰，以及所有陶器都在，证明1号房址因突发的火灾而被损毁。火灾后1号房址被填埋是人为还是自然因素则难以确定，但能够确定在3号房址建造后，1号房址就已被部分掩埋。

2. 2号房址

2号房址是在清理完地层第2层后被发现的，位于1号房址东1.5米处，处于Г-Ж/1-3探方（图3-1-127）。房址的填土为带有大量木炭的褐色黏质砂土。房址底部Д-Е/2探方处发现了红褐色烧土，从所处位置和分布形态来看，应是灶坑的填土（图3-1-143）。但这种灶并未发现石砌的灶台。在E/1探方附近出土了1件陶器（图3-1-142）。

2号房址平面呈椭圆形，长径3.62、短径2.57、深0.27米（图3-1-143；图3-1-144），房址基坑坑壁较直，略倾斜，地面北低南高，形成5厘米的落差。该房址基坑因是在基岩层上挖出的，因此深度不大，轮廓也不规整。

在2号房址内地面还清理出一个坑，平面为圆形，直径25、深11厘米，是在基岩层上挖出的，坑壁较直，略有倾斜，填土为褐色黏质砂土（图3-1-144）。

清理2号房址时在E/1探方内出土了1件骨制品残块，编号No.12（图3-1-147，2）。另有1件完整的骨制品，应是弓弭，编号No.13（图3-1-147，1）。

在2号房址共出土了206件陶器残片，大多为手制，其中包括25件口沿残片和13件底部残片。在2号房址的填土中还有4件完整或可修复的手制陶器，分别为1件陶壶、2件筒形罐和1件圈足底碗。

（1）陶壶。1件。出土于Ж/2探方。颈部细长，肩部圆鼓，底径较大，整体器形偏于粗矮，口径11.2、底径9.6、最大径15、高19厘米，器表粗糙不平，可见竖向磨痕，口沿外侧下有一圈附加凸棱，平底（图3-1-145，2；图3-1-146，2）。

（2）筒形罐。2件。出土于2号房址西部的边缘处，处于Д/2探方内。第1件器体硕大，口径15、高28、壁厚0.5~0.6厘米，器表光滑，内表面附着大量烧焦的食物残渣，口沿下为带有椭圆戳点的附加纹饰带（图3-1-145，1；图3-1-146，1）。第2件陶器附加凸棱无纹饰，颈部下方刻划有两排横向的椭圆形纹饰带，口径10.6、底径4.6、高19厘米（图3-1-145，5；图3-1-146，5）。在Д/1探方内还出土了另1件筒形罐的残片，但无法修复，值得注意的是，这件陶器的口沿处有破损修补的痕迹，侧面的裂痕处有铆孔（图3-1-145，3；图3-1-146，3）。

（3）碗。1件。出土于Д/3探方处。器体较小，口径9、底径3.4、高4.5厘米。器底部有0.5厘米高的圈足底座，器表粗糙，凹凸不平，胎体中夹有较大的粗砂颗粒（图3-1-145，4；图3-1-146，4）。

该遗迹中部存在的用火遗迹以及大量的陶器残片证明它是房址。这个建筑物被废弃的原因可能是火灾，房址填土中夹杂的大量炭灰证明了这一点。这座房址与其他房址唯一的不同之处是没有做饭的灶坑，直接在基岩上用火。

3. 3号房址

3号房址也是在清理完地层第2层后被发现的，位于发掘区的中部，处于Б-Е/4-6探方范围内（图3-1-127）。房址的填土为带有大量炭屑的褐色黏质砂土层。在房址的中心还发现了用石头围起来的灶。特别的是，灶坑中的填土和房址的主要堆积一样，都是带有炭屑的褐色黏质砂土。而通常只分布于灶坑处的红烧土，还被发现于房址的西北角，可能在房址废弃之前，房主人清理了灶坑内的炉灰和烧土，并堆于房内西北角。3号房址和1号房址有一个共同特点，即房内的用火区域处于房址东部，在此处同样出土了陶质容器，共有7件完整或可复原的陶器（图3-1-148~151），其中比较特别的是1件小型鞿鞴式陶器。

在对房址最后的清理阶段还出土了1件带有两个孔的盘状陶器，可能是器盖，编号No.11，出土于Е/5探方。还出土1件砺石，编号No.17，出土于Д/6探方（图3-1-159，2）。

3号房址平面呈圆角长方形，长4.14、宽3.31、深0.47米，房址基坑坑壁较直，略有倾斜，底部较平，西南略低，东北略高，形成5厘米的落差（图3-1-151；图3-1-152）。

在3号房址中还清理出了几个小坑（图3-1-152）。其中一个为灶坑，发现于房址中心的积岩上，平面呈圆形，直径51、深14厘米，填土为带有木炭残块的褐色黏质砂土层。另外三个坑位于房址边缘，直径在21~51厘米之间，深8~10厘米，直径产生如此大的差别的原因可能是这些坑有的是在岩石上凿成的。坑中的主要填土为褐色黏质砂土。

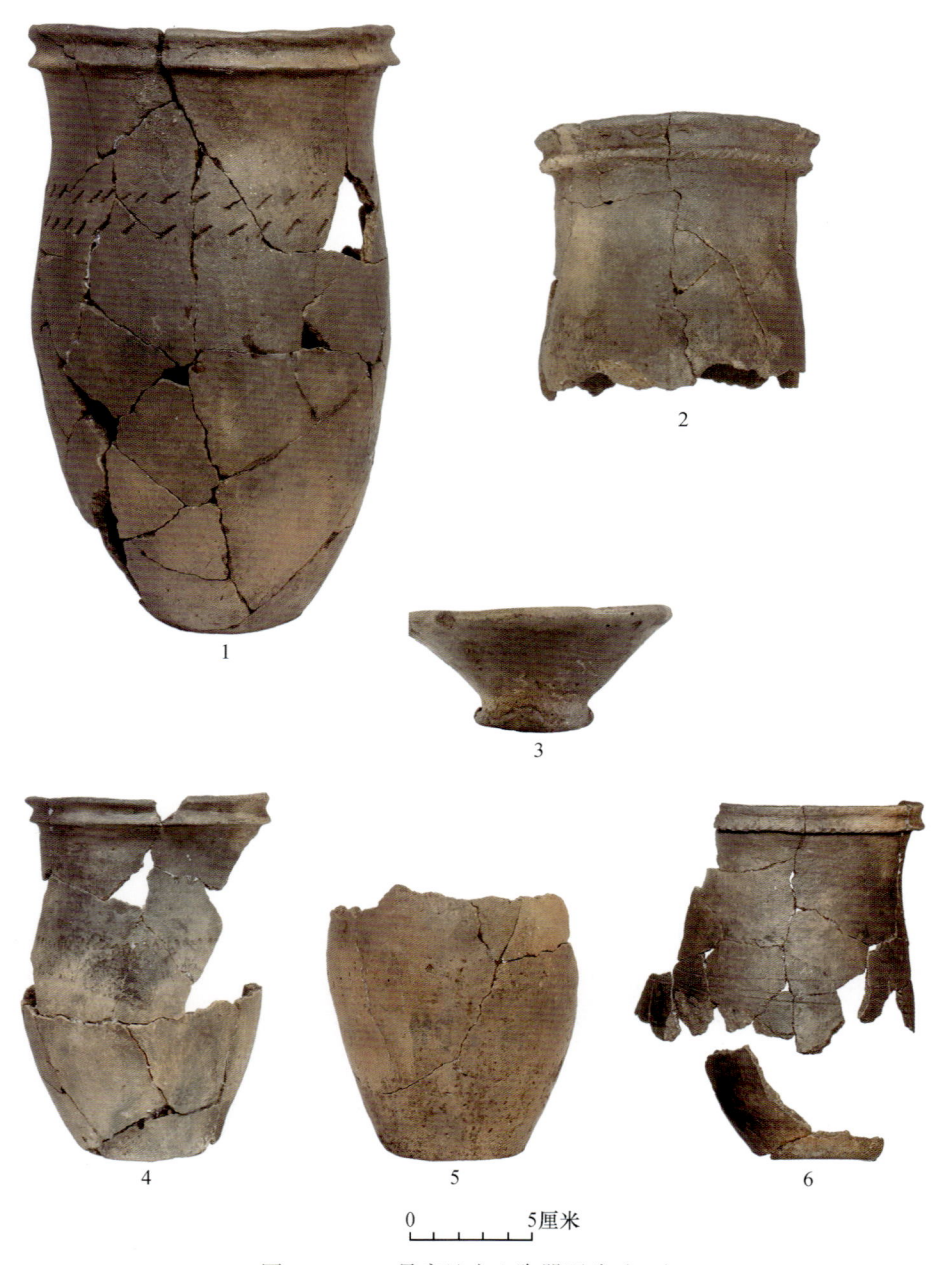

图3-1-138　1号房址出土陶器照片（一）

1、2、4~6.筒形罐（Б/2探方第3层；A/3探方第2层；Б/2探方第3层；B/2探方第3层；Б/2探方第3层）

3.陶碗（A/3探方第3层）

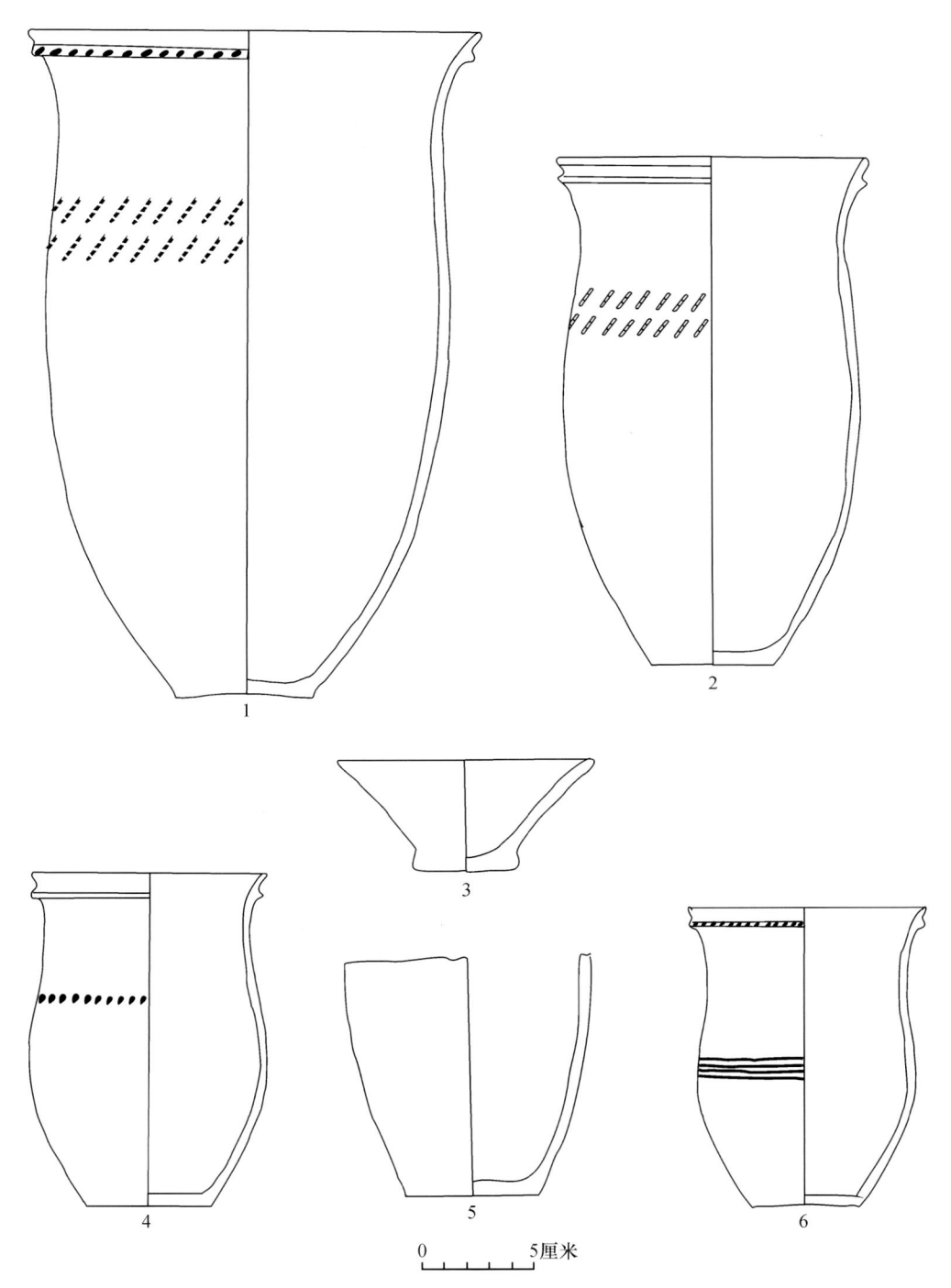

图3-1-139　1号房址出土陶器线图（一）

1、2、4~6. 筒形罐（Б/2探方第3层；A/3探方第2层；Б/2探方第3层；B/2探方第3层；Б/2探方第3层）
3. 陶碗（A/3探方第3层）

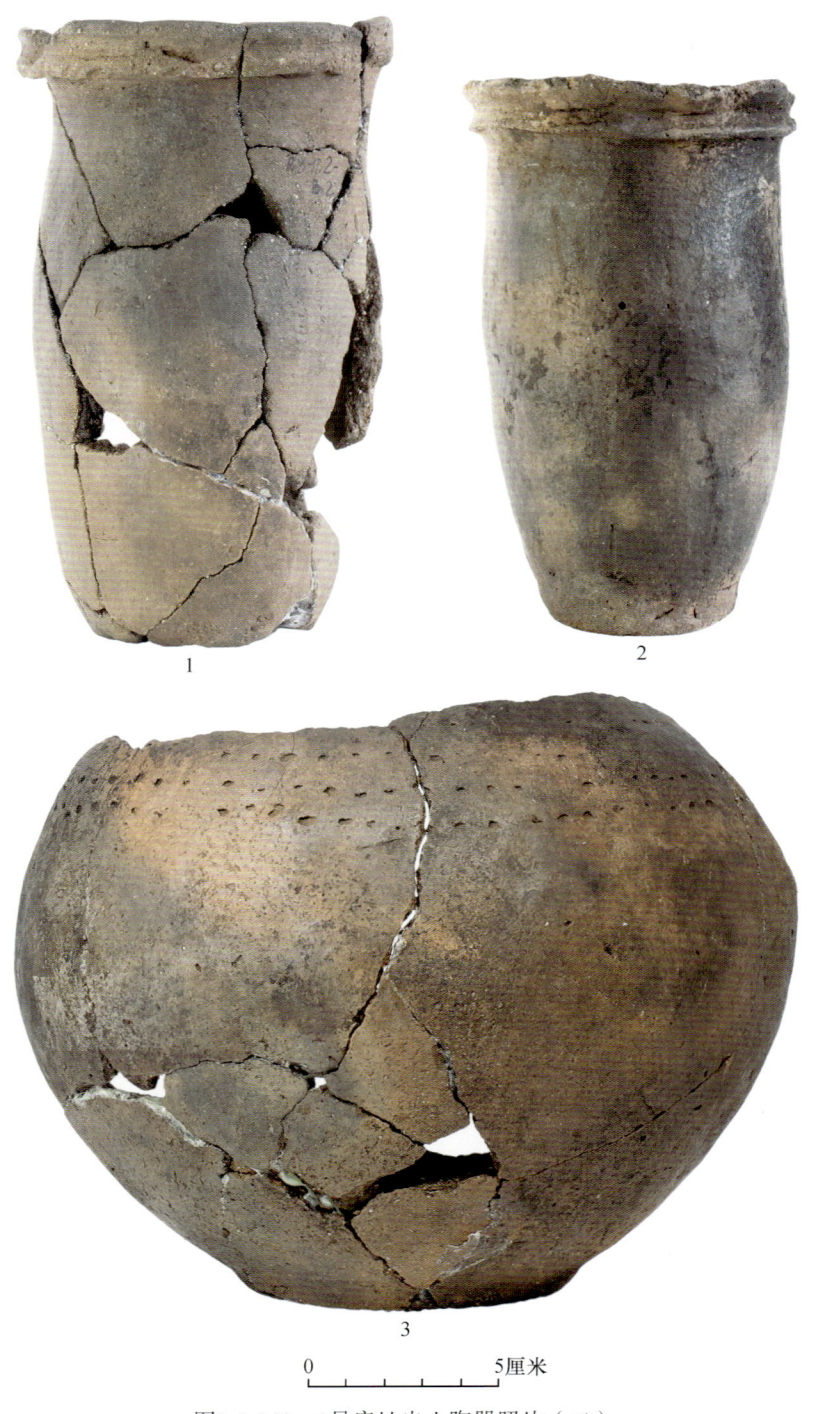

图3-1-140　1号房址出土陶器照片（二）
1、2.筒形罐（Б/2探方第2层；A/3探方第2层）　3.球腹陶壶（Б/3探方第3层）

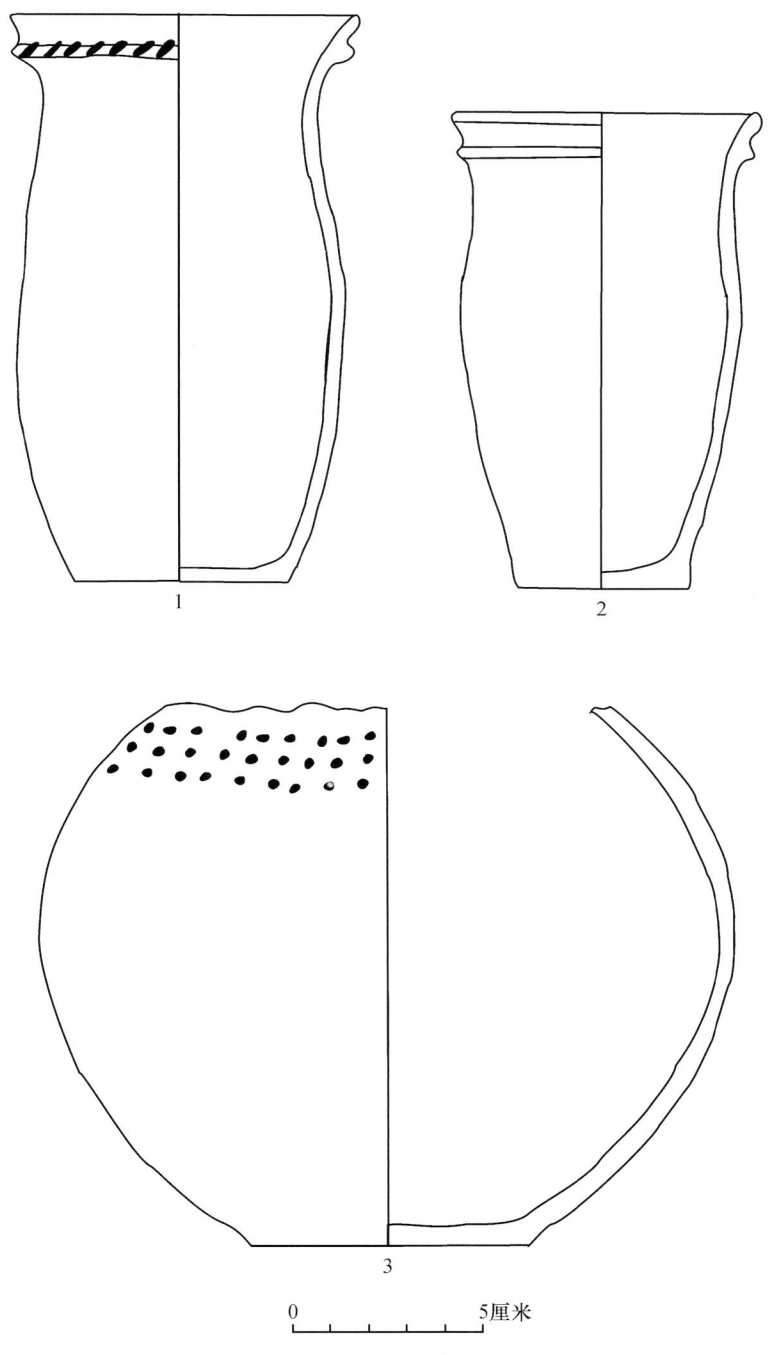

图3-1-141　1号房址出土陶器线图（二）

1、2. 筒形罐（В/2探方第2层；А/3探方第2层）　3. 球腹陶壶（Б/3探方第3层）

图3-1-142　2号房址E/1探方出土陶器（西南—东北）

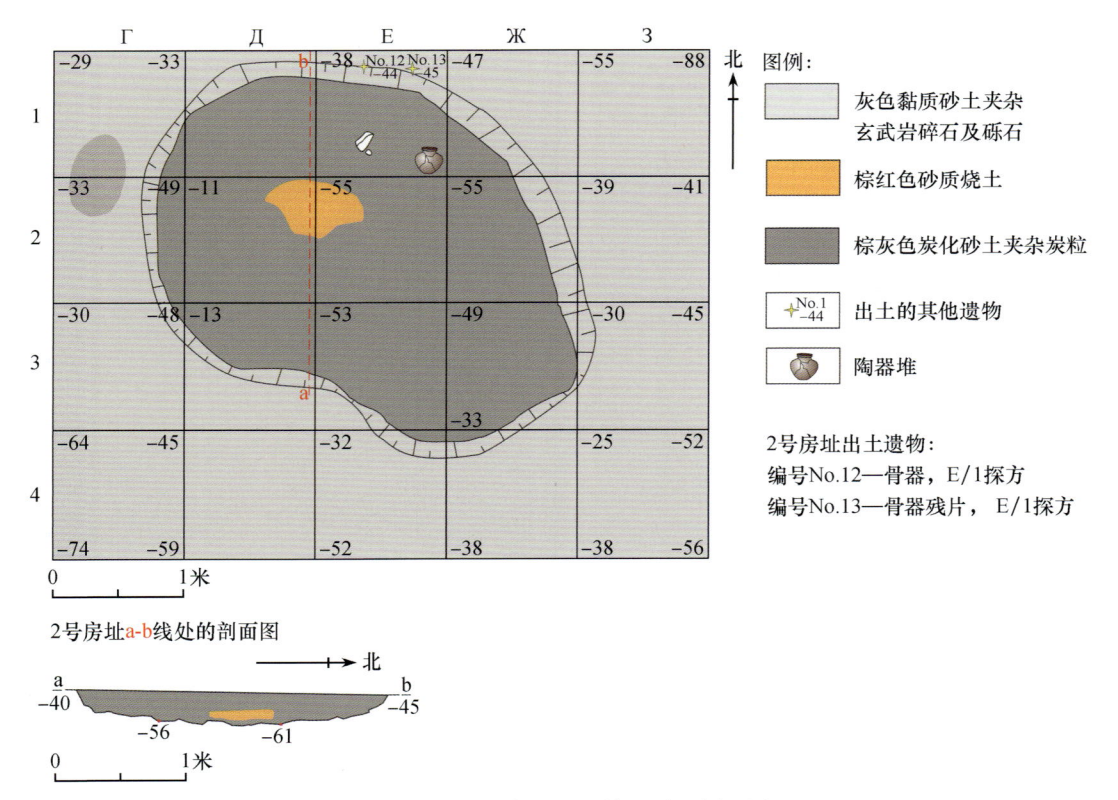

图3-1-143　2号房址下层填土平、剖面图

图3-1-144　发掘后的2号房址全貌（南—北）

　　3号房址是该发掘区中面积最大的房址。在其填土内既出土了手制陶器，又出土了轮制陶器。共出土523块陶器残片，其中65块为口沿，22块为底部。轮制陶器的残片有30多块，其埋藏特点在于，同1件陶器的残片有的在房址内出土，有的在房址周边方圆1~2米的范围内分布。

　　1）轮制陶器

　　3号房址出土的轮制陶器共有3件陶罐，但没有1件能够完整复原。它们形体厚重，器壁厚度为0.7~1厘米。其中1件陶器的残片分别出土于Д/5探方、Б/7探方和З/7探方内，口沿部分完整，为侈口，重唇（图3-1-153，2；图3-1-154，2），束颈，溜肩，器身最大径部位刻划有横向波状线纹。第2件陶器出土于Б-Д/4探方和В/5探方内，残存大块的器壁残片，可见器壁表面有多条刻划平行线纹（图3-1-153，1；图3-1-154，1）。第3件陶器出土于Б-Д/4-5探方内，共9块残片，最大腹径38.4、残高23厘米，腹部可见三条横向平行线刻划纹饰（图3-1-153，3；图3-1-154，3）。

　　2）手制陶器

　　手制陶器主要为筒形陶器（图3-1-155；图3-1-156；图3-1-157；图3-1-158）。这些陶器形状皆很接近，但器形不甚工整，粗颈，平底，在外侈的口沿下有一圈附加纹饰带。其中有2件形制略有不同：1件的器形接近圆筒状（图3-1-155，1；图3-1-156，1）；另1件因其颈部较长，可归为陶壶一类（图3-1-157，1；图3-1-158，1）。根据陶器的规格，可将其分为三组：第一组为高17.4~23.4厘米的陶器，第二组为高12.2厘米的陶器（图3-1-157，4；图3-1-158，4），第三组为高7.4厘米的小型陶器

图3-1-145　2号房址出土陶器照片
1、5. 筒形罐（Д/2探方边缘处；Д/2探方第3层）　2. 陶壶（Ж/2探方第3层）　3. 筒形罐口沿（Д/1探方第3层）
4. 碗（Д/3探方第3层）

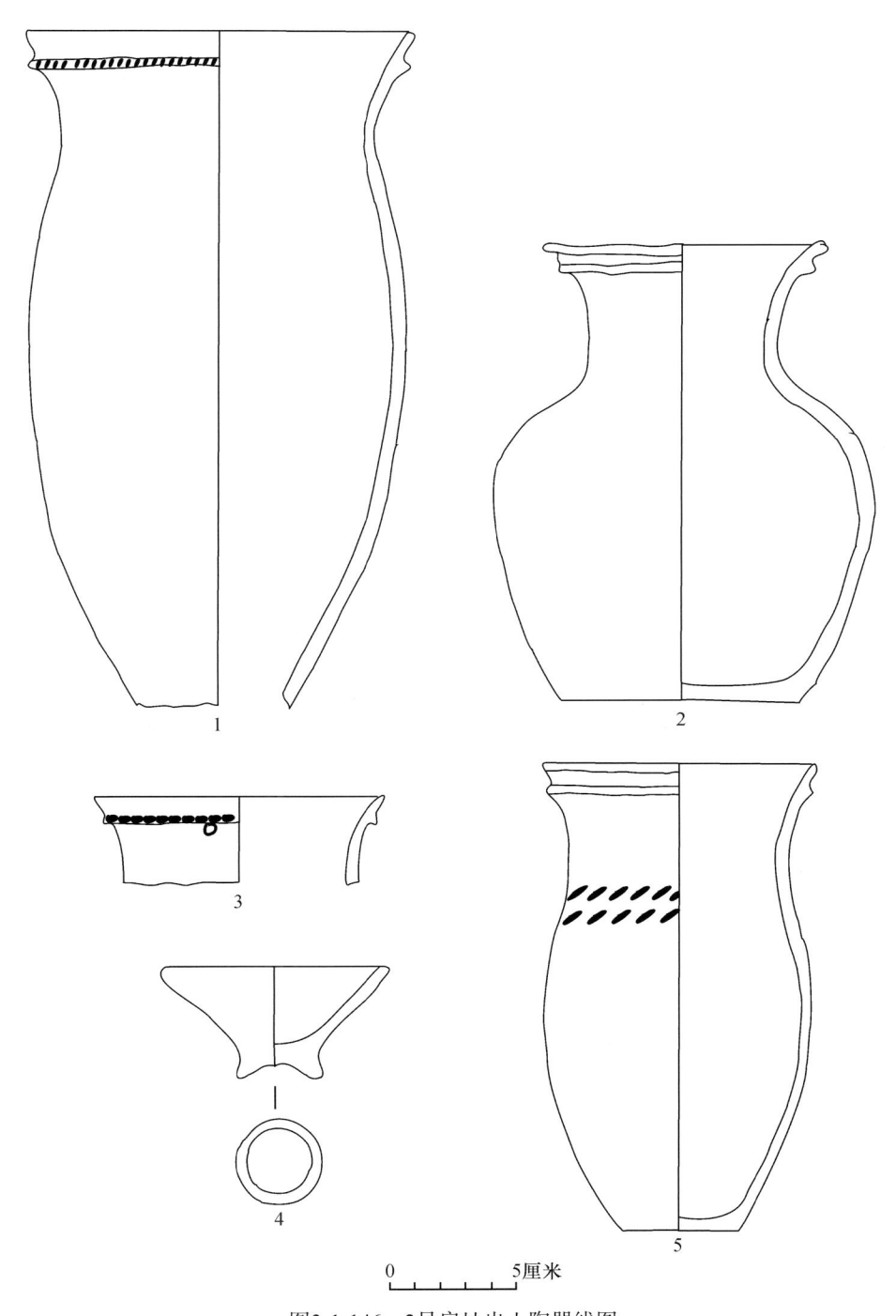

图3-1-146　2号房址出土陶器线图
1、5. 筒形罐（Д/2探方边缘处；Д/2探方第3层）　2. 陶壶（Ж/2探方第3层）　3. 筒形罐口沿（Д/1探方第3层）
4. 碗（Д/3探方第3层）

图3-1-147 2号房址出土其他遗物
1. 弓弭（编号No.13，E/1探方） 2. 骨制品残块（编号No.12，E/1探方）

图3-1-148　3号房址Д/6探方出土陶器残片（南—北）

图3-1-149　3号房址E/4-5探方出土陶器残片（南—北）

图3-1-150　3号房址Г/4探方出土陶器残片（南—北）

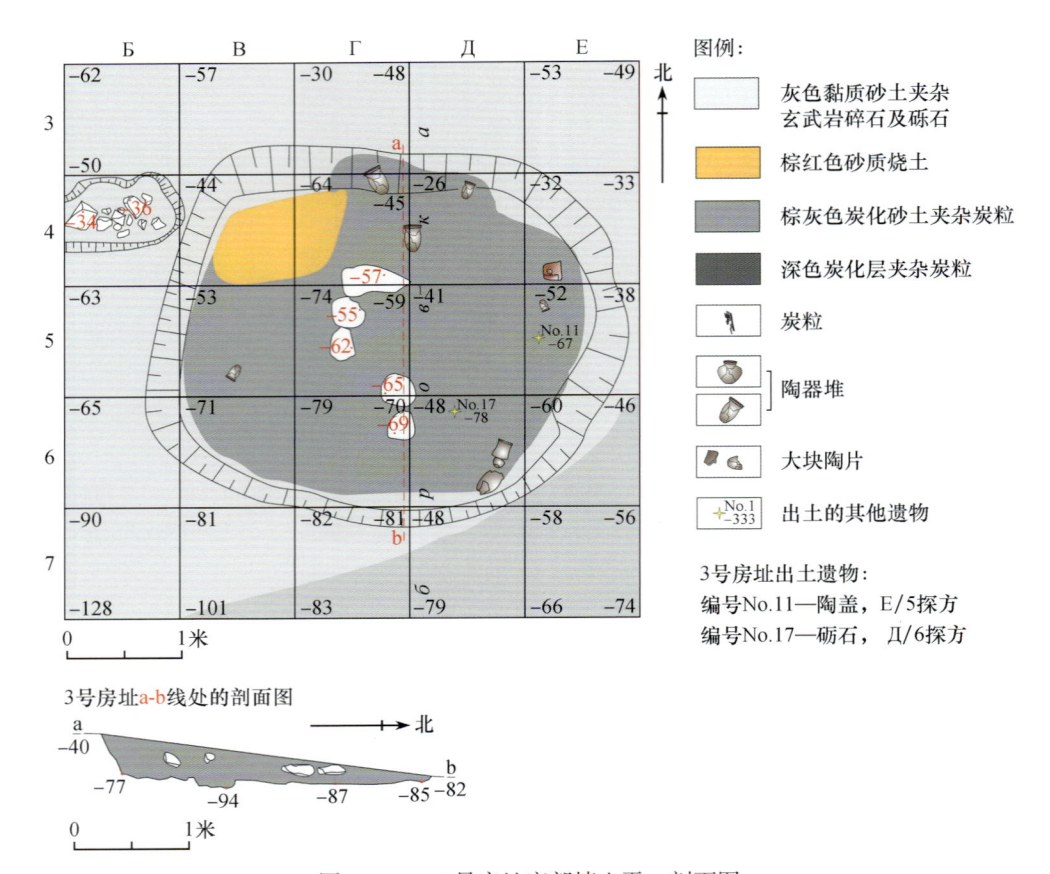

图3-1-151　3号房址底部填土平、剖面图

图3-1-152　发掘后的3号房址全貌（南—北）

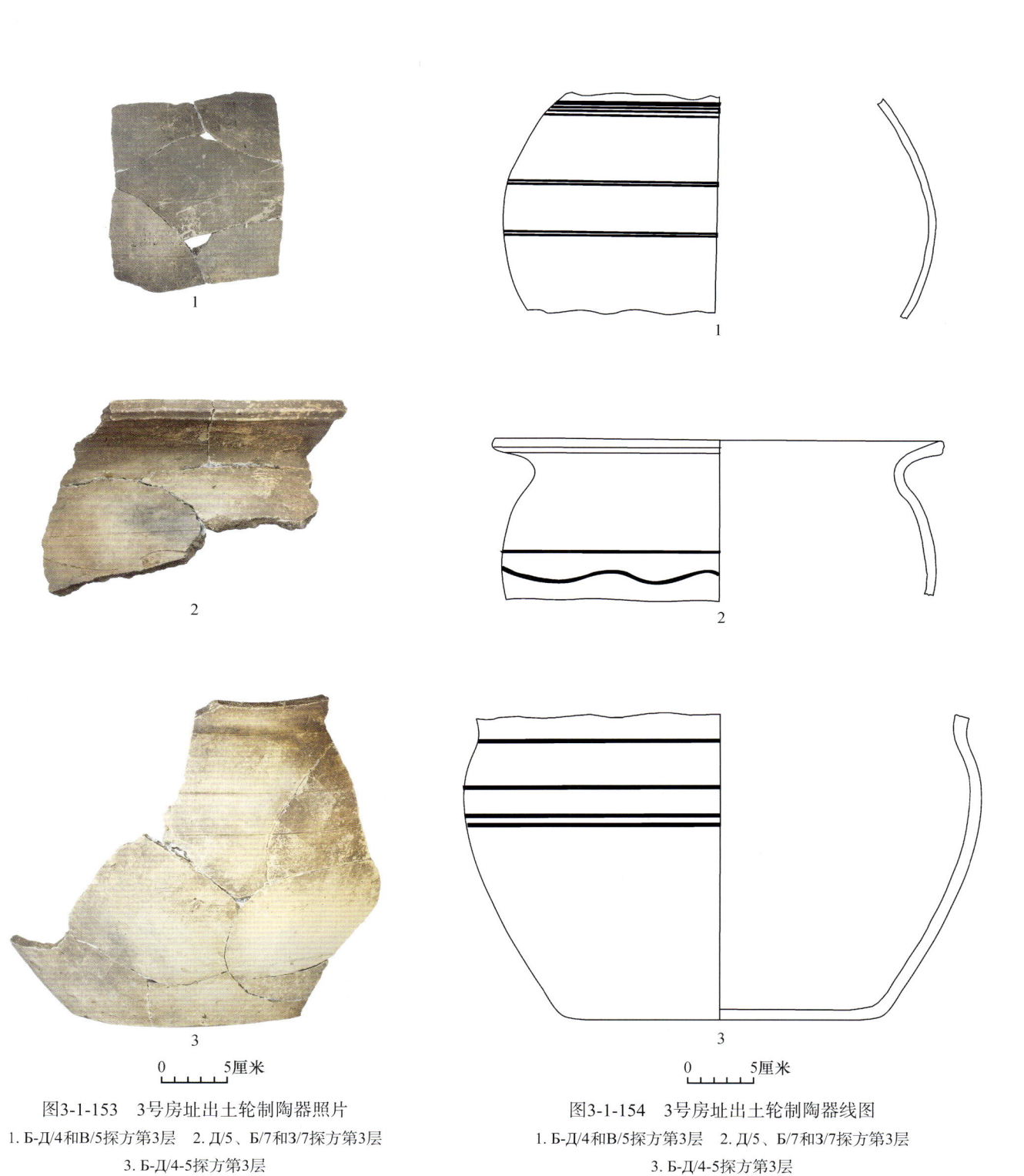

第三章 2015~2016年俄韩联合考古队的发掘 135

图3-1-153 3号房址出土轮制陶器照片
1. Б-Д/4和В/5探方第3层 2. Д/5、Б/7和З/7探方第3层
3. Б-Д/4-5探方第3层

图3-1-154 3号房址出土轮制陶器线图
1. Б-Д/4和В/5探方第3层 2. Д/5、Б/7和З/7探方第3层
3. Б-Д/4-5探方第3层

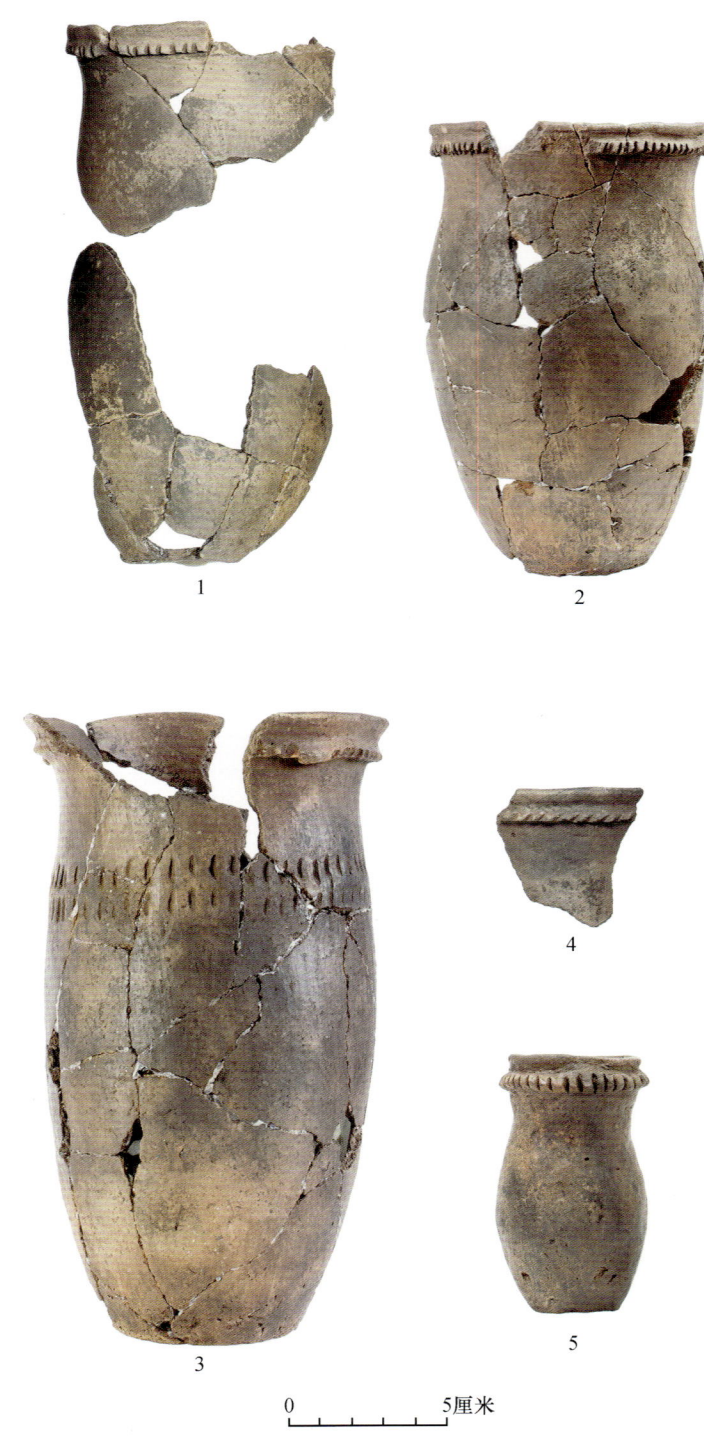

图3-1-155 3号房址出土手制陶器照片（一）
1. Д/5探方第3层 2. Г/4探方第3层 3. Г/4探方第3层 4. В/5探方第3层 5. Д/5探方第3层

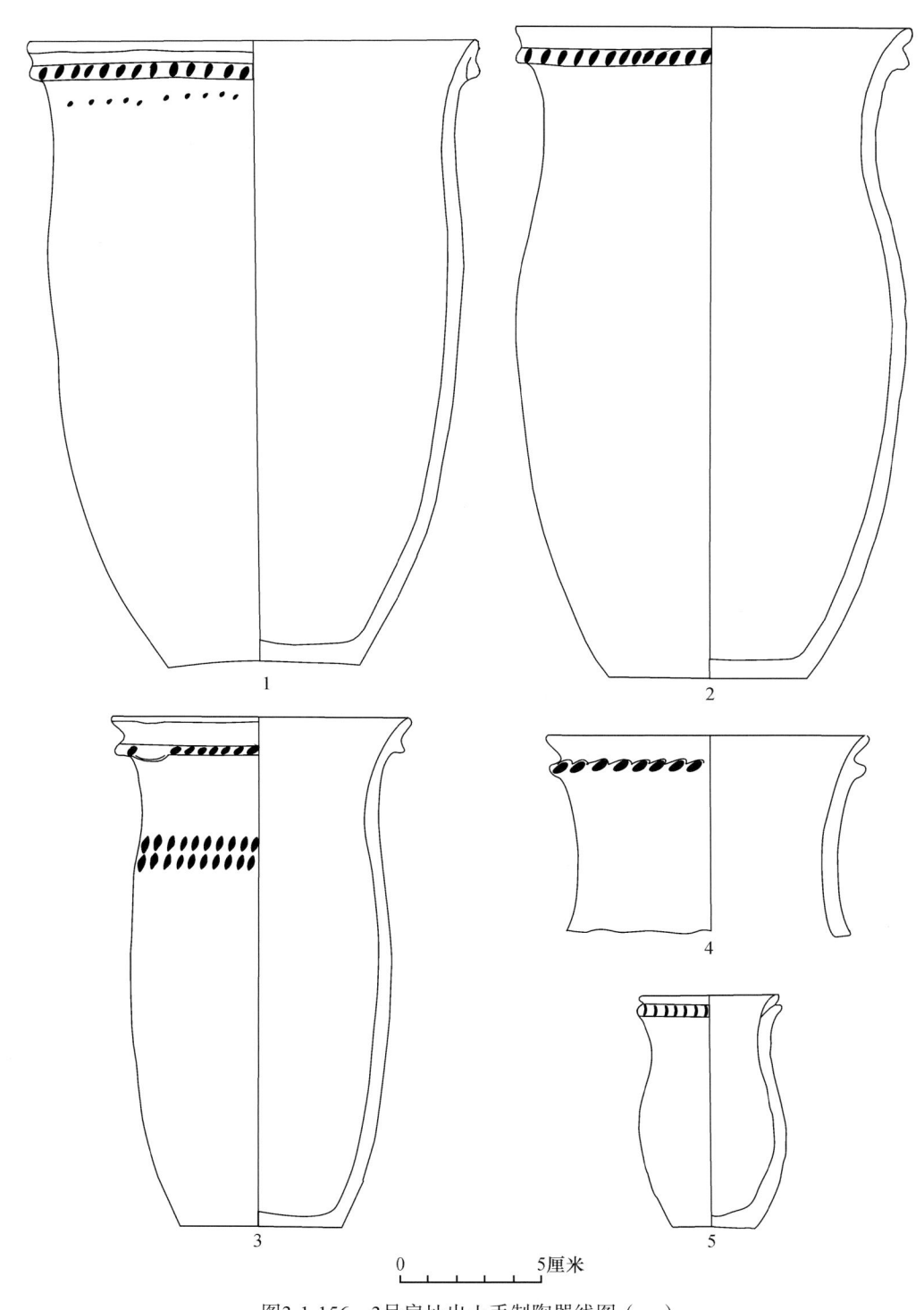

图3-1-156 3号房址出土手制陶器线图（一）
1. Д/5探方第3层   2. Г/4探方第3层   3. Г/4探方第3层   4. В/5探方第3层   5. Д/5探方第3层

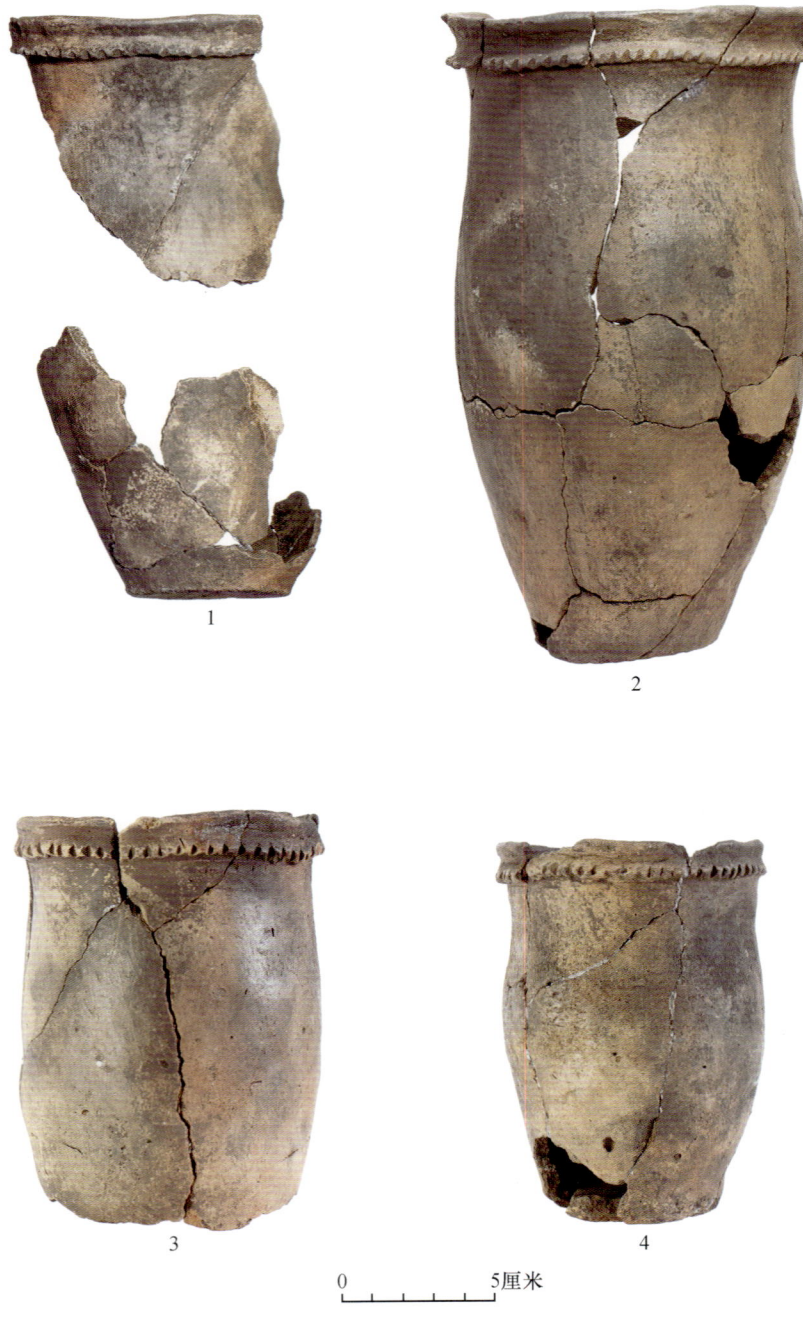

图3-1-157 3号房址出土手制陶器照片（二）
1. В/5探方第3层 2. Е/4探方第3层 3. Д/6探方第3层 4. Г/4探方第3层

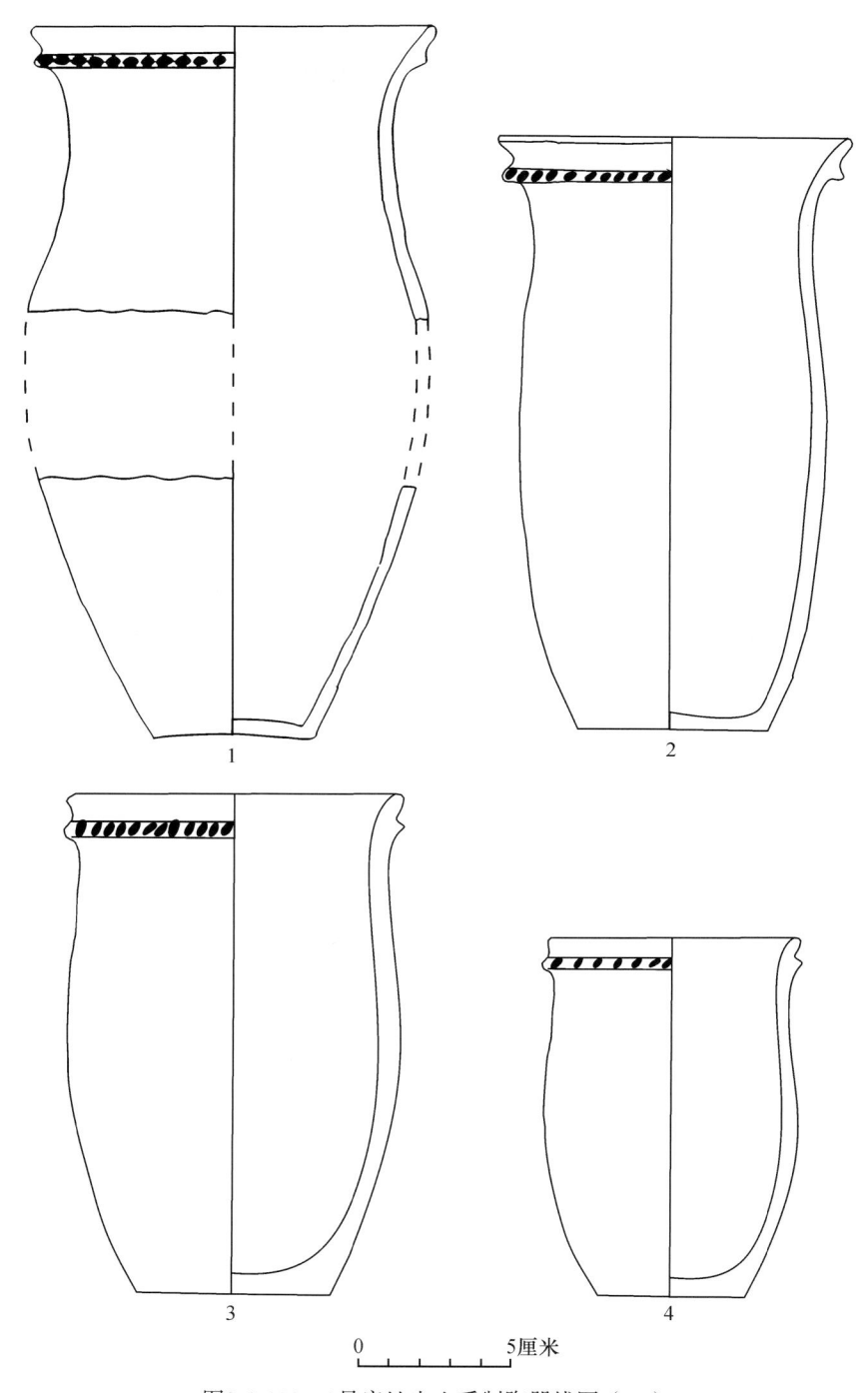

图3-1-158　3号房址出土手制陶器线图（二）
1. В/5探方第3层　2. Е/4探方第3层　3. Д/6探方第3层　4. Г/4探方第3层

（图3-1-155，5；图3-1-156，5）。陶器口沿下方皆有一圈附加纹饰带，上面有圆形或椭圆形的凹窝纹饰，其中1件陶器的凸棱部位有捏塑装饰（图3-1-155，3；图3-1-156，3），该陶器在躯干部位沿着颈部下方还有两排椭圆形的戳点装饰。陶器的表面都很光滑，陶胎内掺杂有砂粒。这些陶器均为平底。

根据填土中残留的木炭残块和陶器都留在原位等特征，可以判断3号房址是因火灾而毁坏的。被损毁后没有再维修，也没有在原位建造新的建筑。

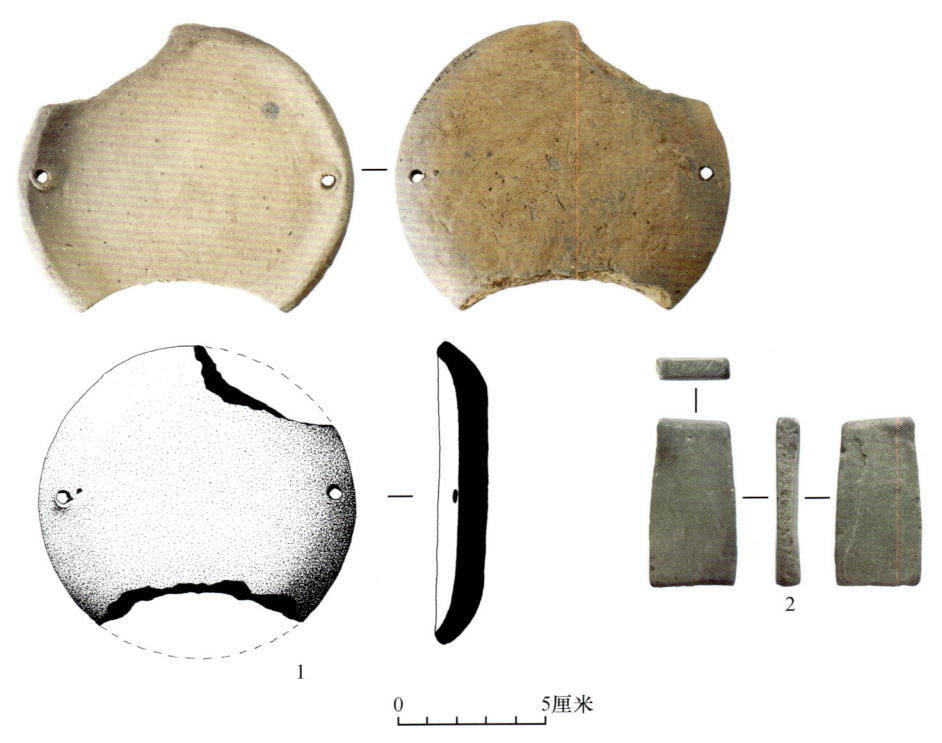

图3-1-159 3号房址出土其他遗物
1. 带孔的陶盏（E/5探方） 2. 砺石（Д/6探方）

4. 4号房址

4号房址的轮廓是在清理完地层第2层之后显现出来的。房址位于发掘区的西南部，A′-B/7-10探方内（图3-1-127）。

4号房址的填土为褐色黏质砂土层，底部含有大量的炭屑，上部含有大量碎石。在褐色黏质砂土层下面明显可见经火烧形成的红烧土块（A/8探方内）。在附近还出土了一些陶器的残片（图3-1-160、3-1-161）和动物骨骼的残块。

4号房址平面为圆形，直径3.62~3.64米（图3-1-163），深度不超过0.22米。房址基坑侧壁平直，略微倾斜。房址打破基岩层，地面相对较平，北低南高，形成3厘米的落差。

图3-1-160　4号房址A/9探方出土陶器残片（南—北）

图例：
- 灰色黏质砂土夹杂玄武岩碎石及砾石
- 棕红色砂质烧土
- 棕灰色砂土夹杂炭粒
- 深色炭化层夹杂炭粒
- 炭粒
- 陶器堆
- 大块陶片
- 出土的其他遗物

4号房址a-b线处的剖面图

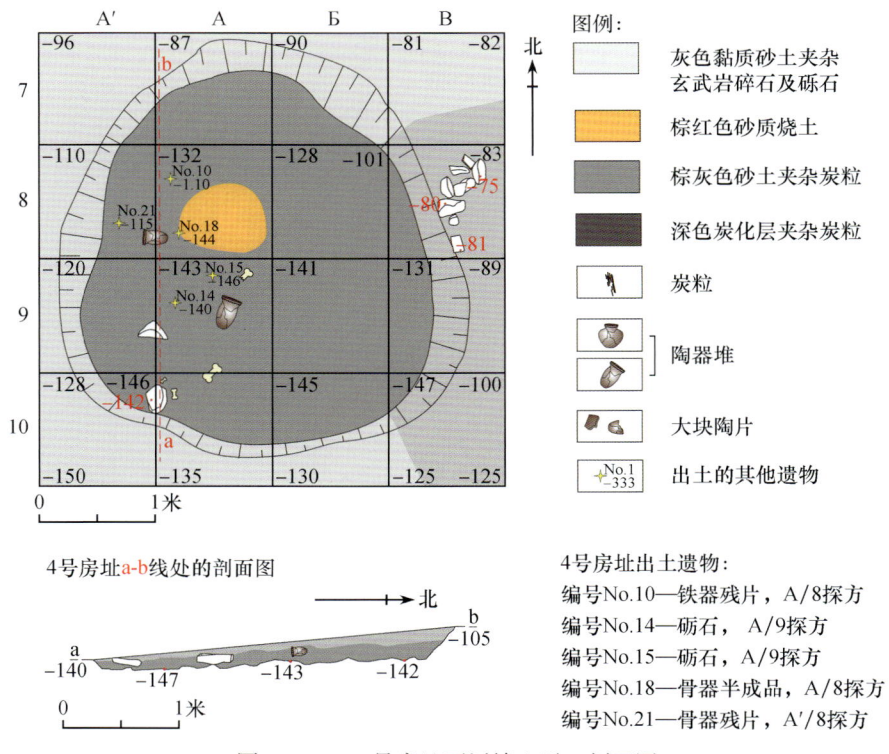

4号房址出土遗物：
编号No.10—铁器残片，A/8探方
编号No.14—砾石，A/9探方
编号No.15—砾石，A/9探方
编号No.18—骨器半成品，A/8探方
编号No.21—骨器残片，A'/8探方

图3-1-161　4号房址下层填土平、剖面图

图3-1-162　4号房址灶坑（南—北）

图3-1-163　发掘后的4号房址全貌（南—北）

清理到房址地面时，于基岩上发现一个坑，位于房址的中心。坑为圆形，直径47、深11厘米，填土为红褐色烧土（图3-1-162），应当为灶坑。

在4号房址的填土中出土了以下遗物：疑为铃铛的生铁制品残片1件，编号No.10，出土于A/8探方（图3-1-168，1）；骨制品残块1件，编号No.21，出土于A′/8探方（图3-1-168，2）；砺石2件，其中1件表面可见刻划形成的槽，编号No.14，出土于A/9探方（图3-1-169，1），另1件表面严重磨损，编号No.15，出土于A/9探方（图3-1-169，2）；骨质半成品1件，编号No.18，出土于A/8探方（图3-1-169，3）。

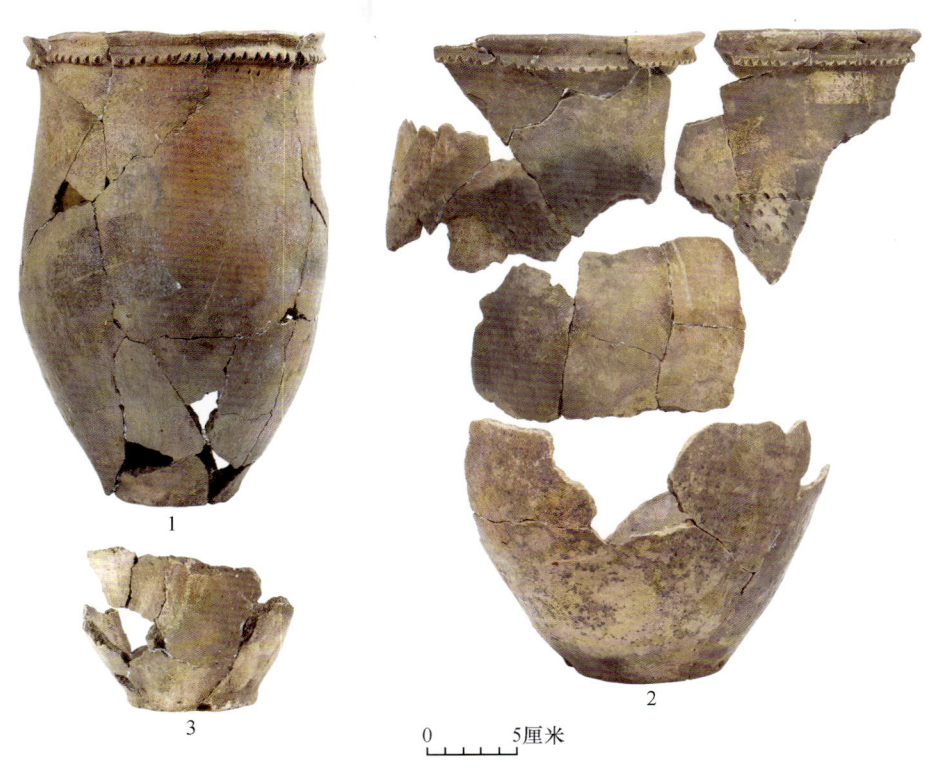

图3-1-164　4号房址出土陶器照片（一）

1、2. 手制陶器（A′/7探方第3层；A/8探方第3层）　3. 手制陶器底残片（A/10探方第3层）

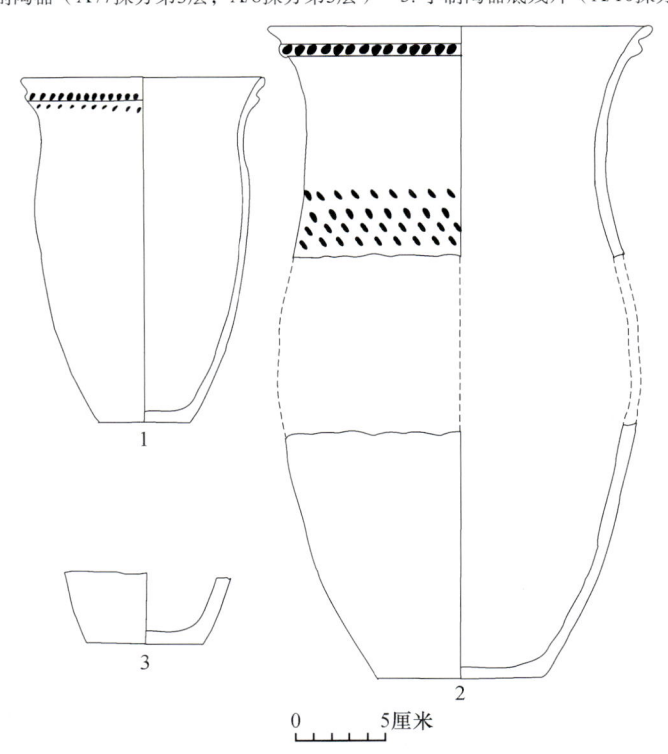

图3-1-165　4号房址出土陶器线图（一）

1、2. 手制陶器（A′/7探方第3层；A/8探方第3层）　3. 手制陶器底残片（A/10探方第3层）

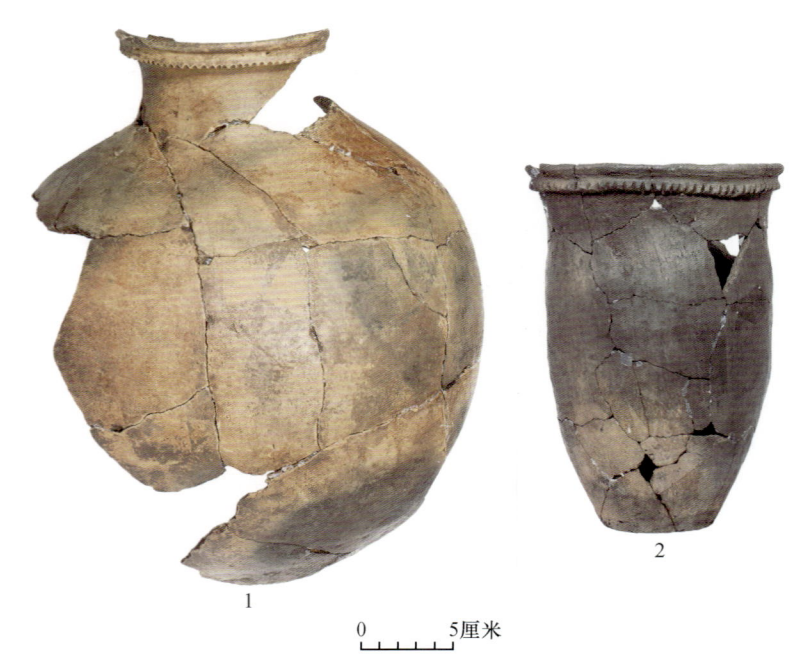

图3-1-166　4号房址出土陶器照片（二）
1. A/10探方第1层　2. A/8探方第3层

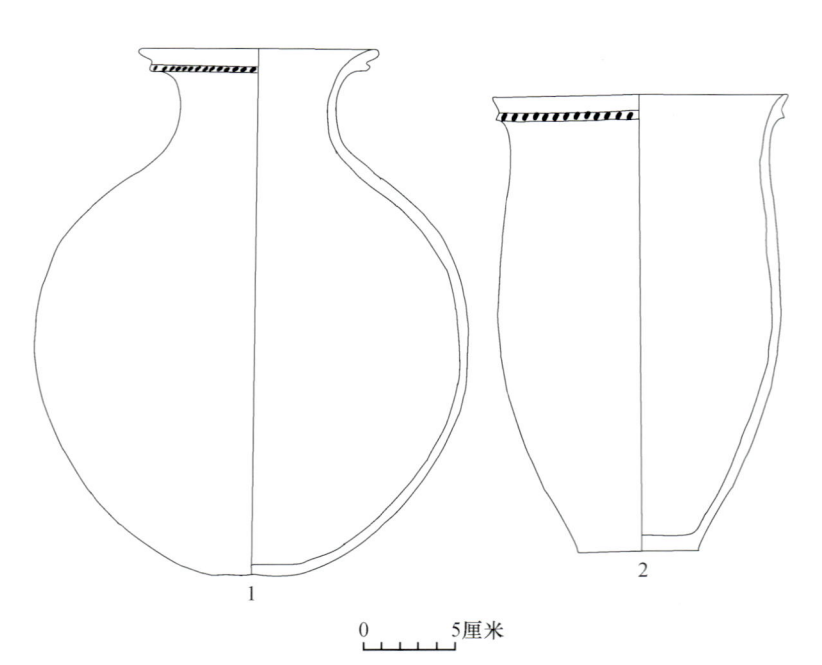

图3-1-167　4号房址出土陶器线图（二）
1. A/10探方第1层　2. A/8探方第3层

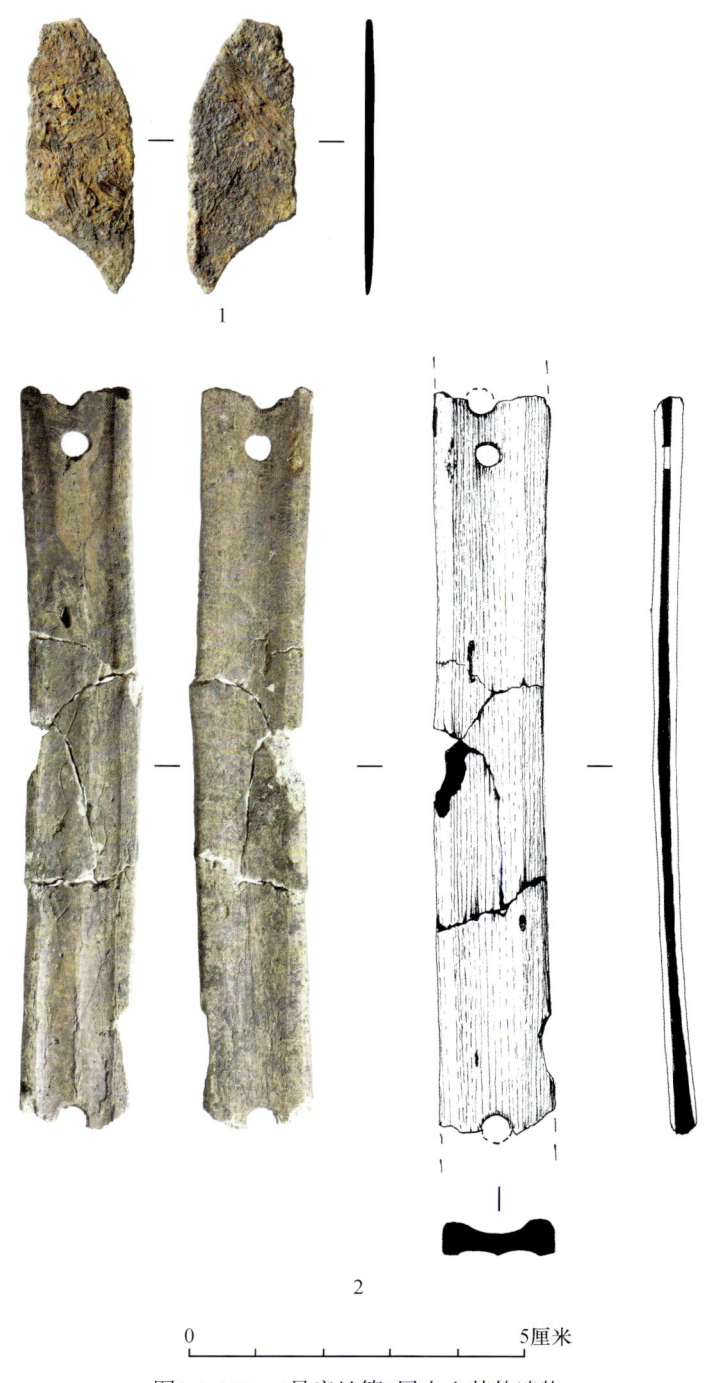

图3-1-168　4号房址第3层出土其他遗物

1. 铁制品残片（编号No.10，A/8探方）　2. 骨制品残片（编号No.21，A′/8探方）

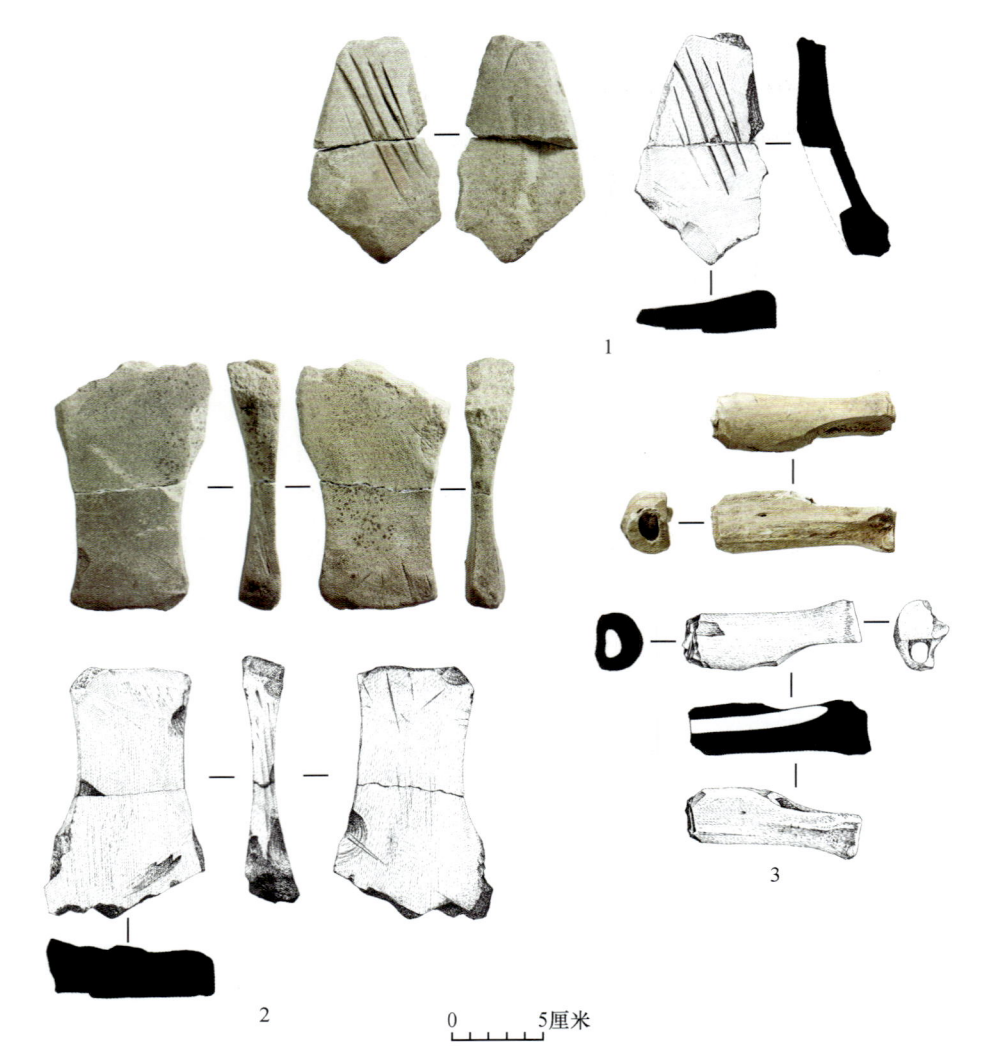

图3-1-169 4号房址出土其他遗物
1、2. 砺石（编号No.14、No.15，A/9探方） 3. 骨质半成品（编号No.18，A/8探方）

在4号房址的填土中出土了576块手制陶器残片，其中76块为口沿，30块为器底（图3-1-155；图3-1-165~167），此外还出土了7块轮制陶器残片。尽管出土了大量的陶片，但最终只复原了4件陶器。其中有2件筒形罐：第1件出土于A′/7探方处，口径13.2、底径5、高19.6厘米。这件陶器口沿微外侈，颈部和肩部均不明显，小平底，口沿下方带有附加纹饰带，上面装饰有椭圆形凹窝纹饰，外表面有不甚明显的打磨痕迹（图3-1-164，1；图3-1-165，1）；第2件出土于A/8探方处，口径16.8、底径6.4、高27厘米，形制与第一件很相似，表面亦经打磨（图3-1-166，2；图3-1-167，2）。还复原1件球腹陶壶，出土于A/10探方，该陶壶的颈部短而细，腹部圆鼓，小平底，口径13、底径5、高24厘米，从腹部到底部几乎没有发现抹痕，陶器表面被打磨过，颈部可见横向磨痕，躯干部位可见倾斜的竖向磨痕（图3-1-166，1；图3-1-167，1）。在A/8探方处出土的1件腹部较深的陶器，器体较大，颈部较粗，中腹部连接部分缺失，高约40厘米，口径21、底径9厘米，口沿处的附加纹饰带上以及颈部都饰有椭圆形戳印纹饰（图3-1-164，2；图3-1-165，2）。此外，还出土了3件碗的残片和1件斜口器残片。

上层填土为带碎石的褐色黏质砂土层，下层也是这种砂土，但没有碎石，且含有大量炭屑，这表明4号房址是因火灾而毁坏的，后来被填平了。2015年在一号发掘区也发现了类似的情况，为了再建其他建筑，那里被烧毁的房址也都被填平了。

5. 5号房址

5号房址是在清理地层第2层时被发现的，它位于发掘区的东部，Л-O/4-6探方内（图3-1-127）。房址的填土为含有大量炭屑的褐色黏质砂土。在上层堆积中的北部、西部和东部都发现了长约2厘米的烧焦的木板残片，这些残片应是房址侧壁的支撑物，房址东部未发现烧焦木板的痕迹。

5号房址平面为长方形，长2.98、宽2.66米（图3-1-170；图3-1-172；图3-1-179），深度不超过10厘米，房址基坑侧壁平直，略微倾斜，底部平坦，西低东高，形成8厘米的高差（图3-1-173）。

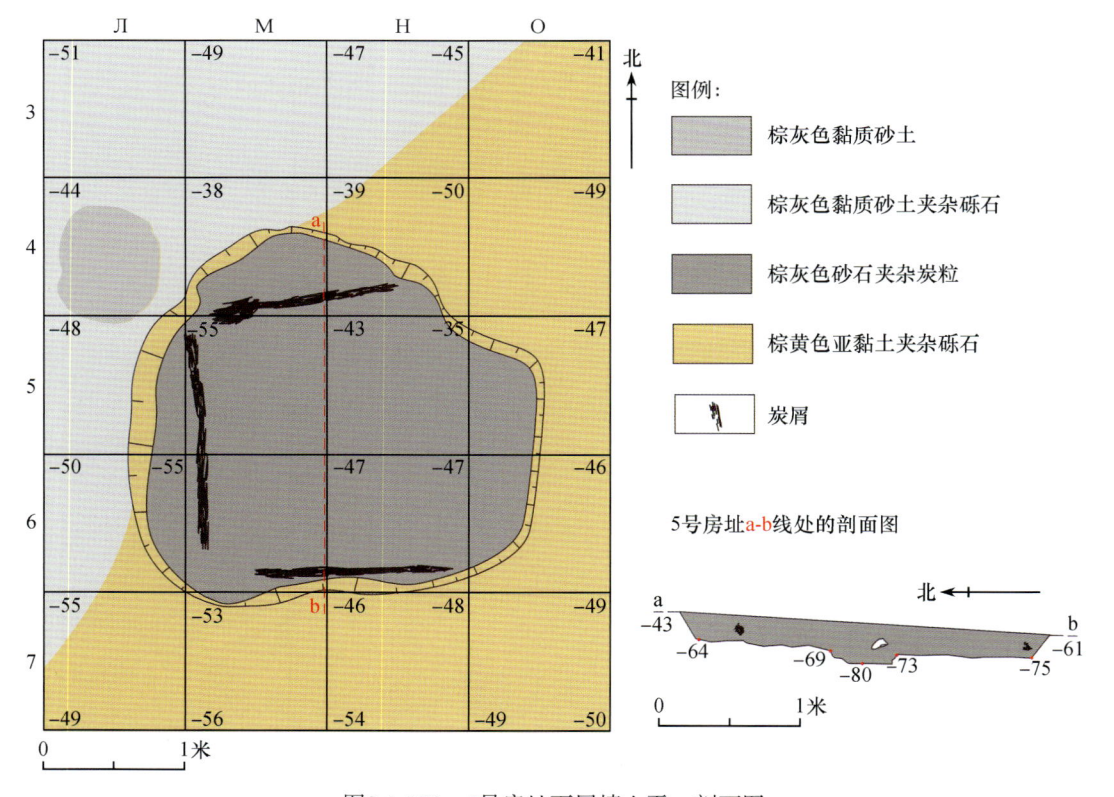

图3-1-170　5号房址下层填土平、剖面图

图3-1-171　5号房址灶坑（西—东）

图3-1-172　发掘后的5号房址全貌（南—北）

图3-1-173　发掘后的5号房址全貌（西南—东北）

在清理房址地面时还发现了几个小坑。其中一个小坑位于房址中心，形状呈簸箕形，在东南端形成一个直角向西北延伸，规格为39厘米×46厘米，深10厘米，坑内填土为含有炭屑的褐色黏质砂土，应为灶坑（图3-1-171）。另外两个坑位于5号房址边缘的基岩上，直径分别为11厘米和23厘米，深度分别为9厘米和6厘米，填土均为褐色黏质砂土，都是柱坑。

在5号房址出土的遗物要比在三号发掘区其他房址出土的遗物少很多。在这里共出土了119件手制和轮制陶器的残片，其中7件为口沿，5件为器底。手制陶器口沿均为靺鞨文化遗物，其特点是口沿下方有带有凹窝纹饰的附加堆纹带。

根据坑的填土中含有炭屑以及烧焦的木质结构残片，可以判断出5号房址毁于火灾。根据木架结构的位置可推测出5号房址的实际面积约4平方米。

6. 6号房址

6号房址是在清理地层第2层时被发现的，在K-H/8-10探方范围内（图3-1-127）。填土为含有炭屑的褐色黏质砂土。

该房址平面形状接近正方形，长2.7、宽2.62米。房址基坑侧壁平直，略微倾斜，底部平坦，南低北高，形成7厘米的落差（图3-1-174～176）。

在对房址的清理过程中发现了几个小坑（图3-1-176），它们都是在基岩上被挖出的，因此平面形制不规整。其中一个坑位于房址中心，平面呈椭圆形，直径约28，深10厘米，填土为含有炭屑的褐色黏质砂土。还有三个坑位于房址的边缘，坑的大小不等，直径18～22、深8～15厘米，填土为褐色黏质砂土。这些坑都应为柱坑。

6号房址中出土的遗物较少，共出土了115件手制陶器残片，其中14件为口沿，1件为器底。从中复原1件陶器，为口径16厘米的碗，做工较为精细，表面磨光（图3-1-177）。

根据房址填土中木炭残块的存在，可以判断6号房址毁于火灾。

7. 1号灰坑

1号灰坑位于2号房址附近，处于Γ/1-2探方范围内（图3-1-127）。在清理完地层第2层后被发现。坑内填土主要是褐色黏质砂土层，厚度为11厘米。

1号灰坑平面为椭圆形，长径0.62、短径0.42米，斜直壁，平底。坑的面积不大，说明它并非房址基坑，应是一处具有特定功能的遗迹。

8. 2号灰坑

2号灰坑位于5号房址附近，处于Л/4探方范围内（图3-1-127），是在清理完地层第3层之后被发掘的，其填土是厚度为9厘米的褐色黏质砂土层。

2号灰坑平面为椭圆形，长径0.75、短径0.60米（图3-1-178）。斜直壁，平底。面积较小，坑内堆积一层，说明它并非房址基坑，应是一处具有特定功能的遗迹。

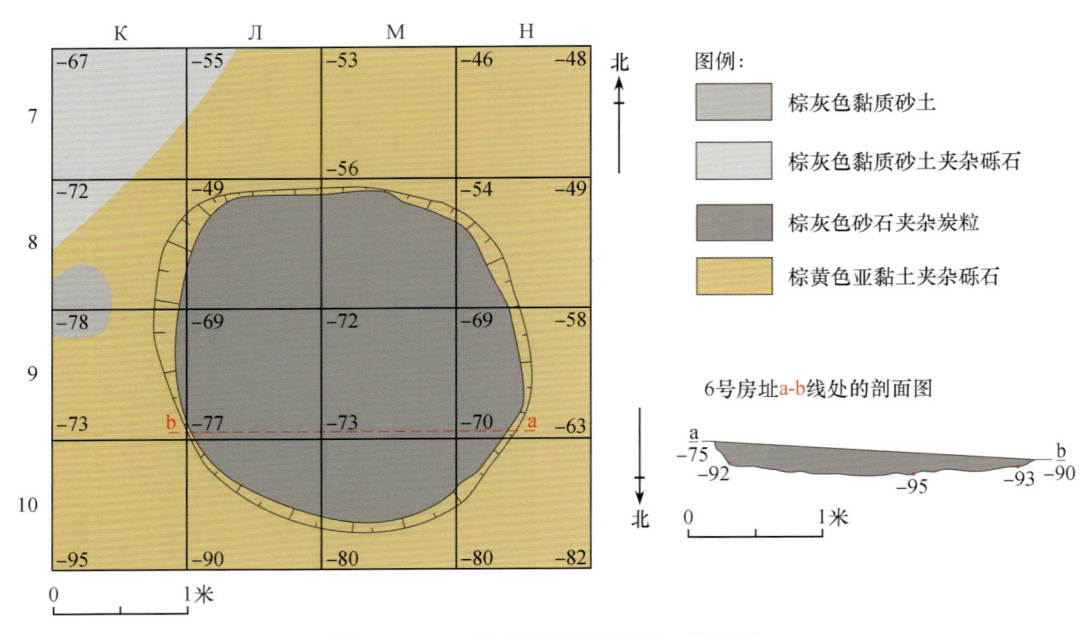

图3-1-174　6号房址下层填土平、剖面图

图3-1-175　发掘后的6号房址全貌（南—北）

图3-1-176　发掘后的5-6号房址全貌（南—北）

9. 3号灰坑

3号灰坑位于6号房址附近，处于И-К/8-9探方范围内（图3-1-127）。是在清理完地层第2层之后被发现的，其填土是厚度为10厘米的褐色黏质砂土。

3号灰坑平面呈椭圆形，长径0.56，短径0.52米，斜直壁，平底。坑的面积不大，说明它并非房址基坑，应是一处具有特定功能的遗迹。

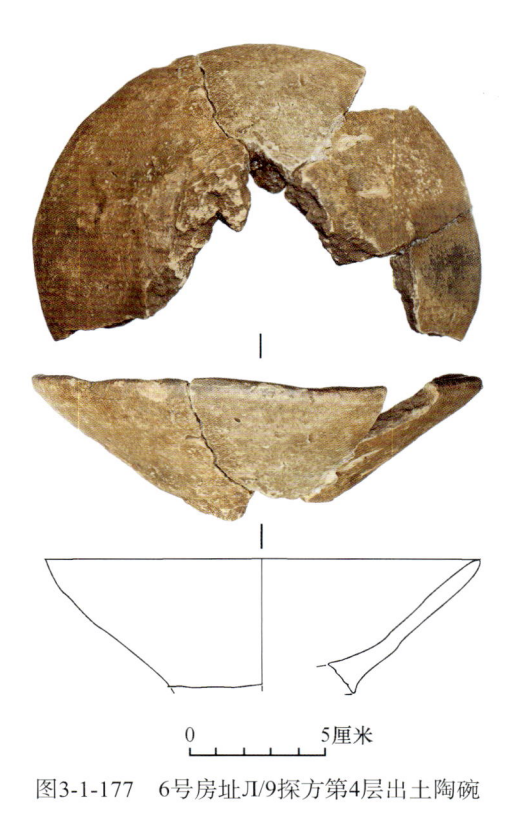

图3-1-177　6号房址Л/9探方第4层出土陶碗

图3-1-178　发掘后的2号灰坑
（南—北）

图3-1-179　3号灰坑К/8-9探方中的烧土
（南—北）

第二节　城址东部遗存的发掘

一、发掘工作进展综述

　　城址东部考古工作于2015至2016年开展。该发掘区编号为二号发掘区，发掘区平面呈直角多边形，总发掘面积171平方米。几乎占据了整个山顶上的隆起岩石带，该岩石带为东西向并向东延伸，在此形成一个面积不大的平台，最大长度为21米，宽度为13米，发掘区就位于山顶东部的这一平台上（图3-2-1）。发掘区西侧有一条高0.4~0.5米的土墙把它与城址的主要区域隔开，北部、东部和南部的边缘是垂直陡峭的山体断崖，崖下是拉兹多利纳亚河。

　　由于地表没有明显的遗迹，2015年的发掘力求最大面积覆盖整个平台的中部区域，布方面积70平方米（7米×10米），发掘区呈东西向长方形，并在其内布设规格为1米×1米的探方网格。探方使用字母和数字编号，南北向用字母表示，东西向以数字表示。同年，扩方三处，分别编号为1号、2号、3号，发掘总面积增加到105平方米。

　　为了把握发掘中的地层，每个扩方区域边缘均留有0.5米宽的隔梁。隔梁南北向沿着a—b线（横坐标为5的探方）长8米，东西向沿着c—d线（纵坐标为Г的探方）长15米。

　　为了进一步揭示遗迹现象，2016年，在二号发掘区周边又扩出了4号、5号和6号扩方。

图3-2-1　城址东部发掘区全景（西南—东北）

新扩方的区域都统一到了二号发掘区的坐标网中。2016年的总发掘面积为66平方米。

2015至2016年，在二号发掘区揭示出了不同时间段和文化的不同结构的遗迹，包括打破基岩层的新石器时代房址、古金属时代的灰坑，以及中世纪早期的房址，并揭示了其与城址内其他区域完全不同的遗迹现象。该发掘区的地层和遗迹分布都要复杂得多，在这一小块区域厚度仅为40～45厘米的文化层中，集中了新石器时代、古金属时代和中世纪早期这几个阶段的文化遗迹。因此，下文将根据确定的遗存形成阶段对二号发掘区的发掘结果进行进一步描述，包括各阶段的遗迹和出土遗物特征。

二、城址东部遗存分期描述

（一）中世纪早期居址

根据在二号发掘区的地层和平面观察，确定了属于中世纪早期的两个层位，共发现4处中世纪早期的居住遗迹（图3-2-2）。下层的遗迹包括毁于火灾的3处较小的房址（2～4号房址），上层的遗迹为1号房址。1号房址面积较大，建造之前，首先填平了2号房址的基坑，还有2个坑也同样填埋了一层褐色碎石黏质砂土。需要注意的是，3号和4号房址未用碎石砂土填埋，显然，这是因为这些房屋遗迹未妨碍建造新的房址。

1号房址北侧叠压了3号房址的南侧，在3号房址上方发现的两个陶器残片堆积以及1件较大的陶器上部残片可以证明这一点。依据2～4号房址出土人工遗物的位置判断，这些遗物在房址填埋前没有被移动过。比较2～4号房址和1号房址可知，这些房址中的陶器并无实质性区别，由此判断他们之间的时间跨度并不大。两个层位的陶器与契尔良基诺5号墓地及附近的契尔良基诺2号居址有相似之处（尼基京等，2007）。2号房址中出土的类似轮制的陶器，在克拉斯基诺城址中也有发现，如8号房址下层堆积中出土的陶器（格尔曼等，2009）。

中世纪早期建筑开口于地层第1层和第2层下。大部分遗物埋藏于房址内，但在表土腐殖层及房址外围也发现少量人工遗物。

表土层中出土的中世纪早期陶器有手制和轮制的较小残片（图3-2-3）。多数为手制陶器，轮制陶器占比较小，约占总数的8%，多为陶器壁，口沿较少。陶片分布零散，没有分布较为集中的陶器堆。

房址的外围出土较多石器、陶器、铁器等遗物。

出土铁镞2件。其中1件为四棱形镞，编号No.82，出土于Б/-2探方第2层的东南部。此镞无翼，残存部分的规格长12.2、宽0.4、厚0.4厘米（图3-2-4，4）。另1件镞编号No.215，出土于А′-3探方第3层的东南角，为双翼形镞，此镞平面呈三角形，下端内凹，尺寸为长3、宽1.4、厚0.2厘米（图3-2-4，5）。

在发掘区的北部出土若干铁甲片残片。其中1件编号No.51，出土于Ж/4探方第3层，

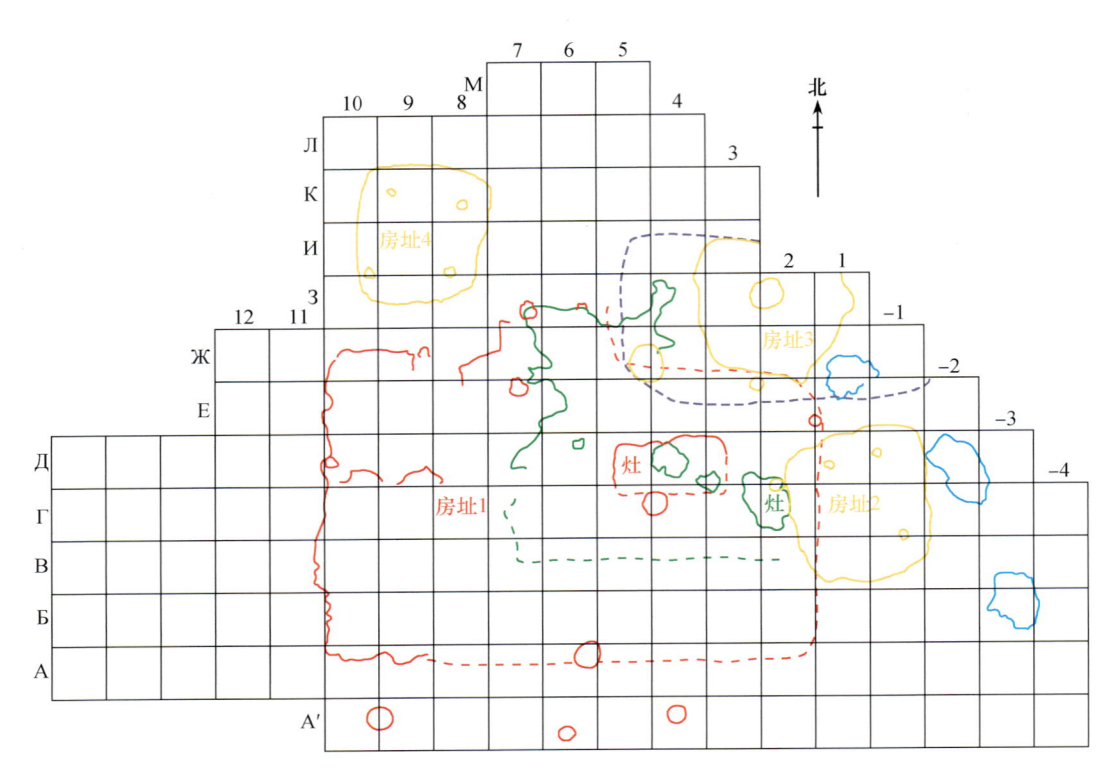

不同时期房址和灰坑的分布范围

━━━ 1号房址（中世纪早期上层居住遗迹）
━━━ 2~4号房址（中世纪早期下层居住遗迹）
╌╌╌ 古金属时代建筑遗迹
━━━ 新石器时代中期房址
━━━ 所属时期不详

图3-2-2　二号发掘区各时期遗迹分布图

残存尺寸为1.8厘米×1.3厘米×0.1厘米，上有一个直径0.1厘米的小孔（图3-2-4，8）。另1件甲片编号No.186，出土于M/6探方第1层，保存较好，尺寸为4厘米×2.3厘米×0.2厘米，上有7个直径0.2~0.3厘米的穿孔（图3-2-4，9）。

出土麻花状铁环残片1件，编号No.190，出土于И/6探方第2层，残长4.7厘米（图3-2-4，6）。

出土金属残片1件，编号No.202，出土于A/10探方西南部的第1层，残存尺寸为3厘米×2.6厘米×0.3厘米（图3-2-4，7）。

出土陶质多孔器残块1件，编号No.172，出土于Д/14探方西部的第1层，残存部分长1.8、宽1.8、厚1.5厘米，穿孔直径0.5厘米（图3-2-4，3）。

出土石制品2件。细砂岩石饼1件，编号No.187，出土于Л/7探方第1层，直径5.6、厚3.5厘米（图3-2-4，1）。中粒砂岩砾石1件，编号No.213，出土于A/-4探方第3层，平面形状近似直角长方形，尺寸为6.6厘米×3.7厘米×1.2厘米（图3-2-4，2）。

第三章 2015～2016年俄韩联合考古队的发掘 155

图3-2-3 中世纪早期房址出土陶器残片

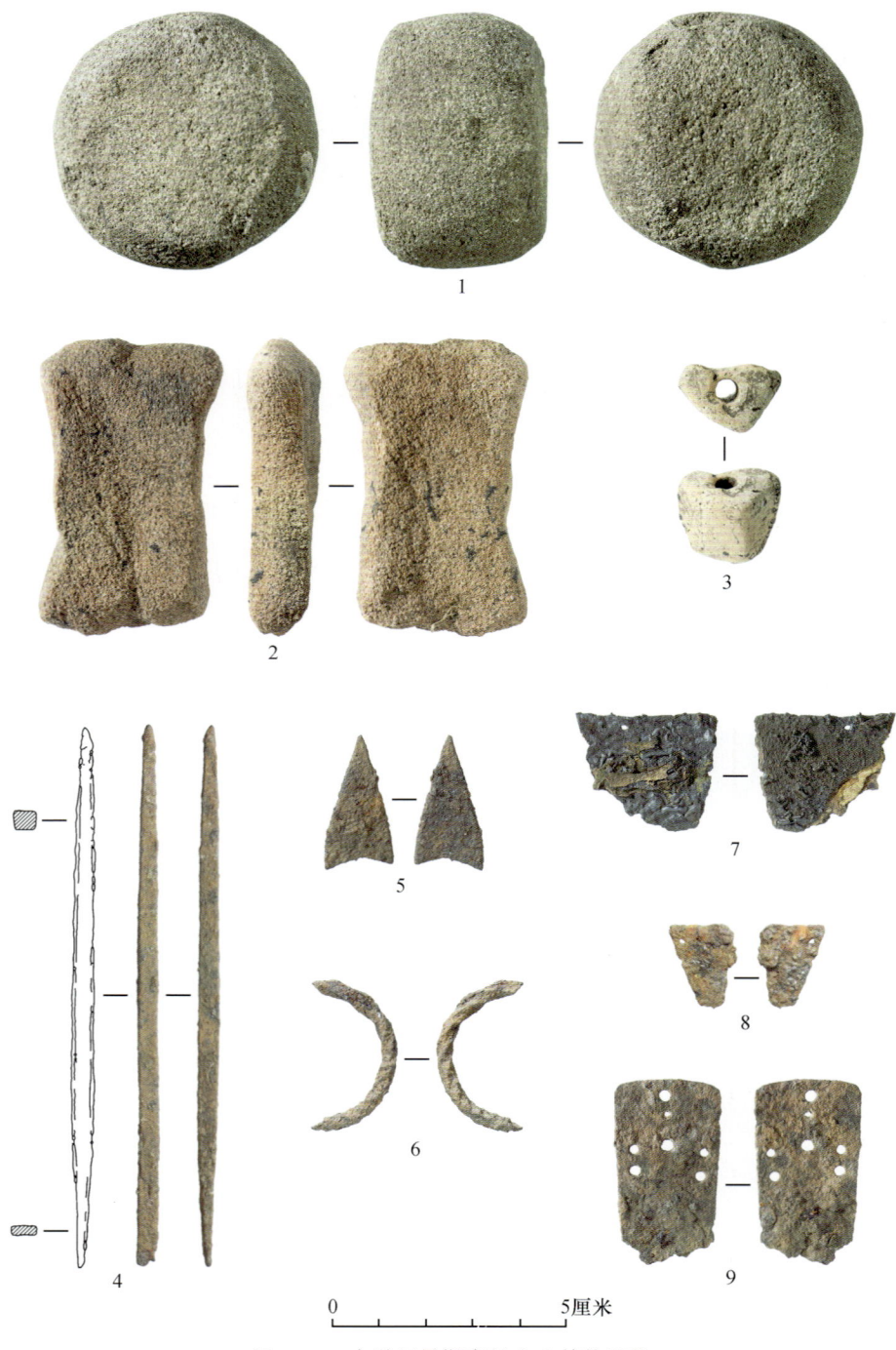

图3-2-4 中世纪早期房址出土其他遗物
1. 石饼（编号No.187，Л/7探方） 2. 砺石（编号No.213，A/-4探方） 3. 多孔器残块（编号No.172，Д/14探方）
4、5. 铁镞（编号No.82，Б/-2探方；编号No.215，A'/-3探方） 6. 麻花状铁环残片（编号No.190，И/6探方）
7. 金属残片（编号No.202，A/10探方） 8、9. 铁甲片残片（编号No.51，Ж/4探方；编号No.186，M/6探方）

1. 1号房址（上层活动面）

1号房址是一座规模较大的矩形房址，东西长9、南北宽5.5米。房址总面积约49.5平方米，西侧保存完好，北侧仅部分遗迹保存较好，其他部位均保存较差（图3-2-5）。

图3-2-5　1号房址全景照（西—东）

房址所在区域地势东南偏低，营建该房址时，为了找平地面，在西部加深了房址基坑的深度10～12厘米，挖到了基岩层。

清理完地层第1层和第2层后，发掘区出现了大范围夹有黑色炭灰斑点的土层，即为1号房址的开口范围。发掘完第4层后房址内的填土才完全清理干净。房址毁于火灾，地面上和房址侧壁木结构的炭灰残渣可以证实这一点。房址西侧发现了一根直立着的烧焦木柱残迹。房址填土内含有火烧形成的红烧土及黑色炭灰层，厚度在3～10厘米之间，不同发掘区域厚度有所不同。

房址内部西侧和北侧发现了11处陶器残片堆积，和几件大块的陶器残片。无论是以这些堆积的陶器残片的位置、烧毁的大块木板残片迹象，还是柱坑和木柱形成的结构，都能明确房址的边界。

房址东半部发现了一处打破生土层的矩形灶坑，规格为2米×1米，周边用一圈并不大的石块砌成，角落处使用了较大的石块。该灶坑的横截面呈碗状，填满了混杂有炭屑的黑色炭灰层，还夹杂有红烧土颗粒。灶坑开口在夹杂有深褐色杂质的红褐色黏土层上。

灶坑周边有某种板状木制结构，其上放置着陶器，形成厨房操作区。灶坑内及其附近有大块木柴，还有6件陶器残片，可能是房址遭受火灾损毁时散落的。

关于该房址的建筑结构，推测是一种具有承重柱和梁架结构的两面坡屋顶的地面式房址。很遗憾，由于房内堆积层较薄，因此对于房址结构特征和内部布局更详细的情况并不清楚（图3-2-16）。

灶坑南侧附近有一个坑，应当是主要的承重柱坑。另一个主要的承重柱坑大约处于房址南墙中部。此外，在房址内东、西两侧与灶坑所处探方纵坐标相同或相邻的探方内，有2个在基岩层上凿出的深洞，很可能是用来支撑柱子的。房址西南角和中轴线处也见有这种在基岩上凿出的深坑。

房址的门道可能位于北壁中部，此处发现的坑状柱洞遗迹和木料燃烧的灰烬可以证明这一点。在房址的北壁外侧，距北壁约0.6米处有两个小型柱坑，两坑间距0.5米，房址内距墙0.6米处还有一个坑，与墙外的两个柱坑中的一个对应。此处出土2件陶器和1件碗，推测此处应当为墙。基于上述遗迹现象，判断该处为门道所在。

除此之外，1号房址南侧0.8～1米处发现了3个坑，可能是柱坑，他们应当也是与该房址的木架结构有关。

（1）陶器

房址地面上出土了手制及轮制陶器堆及散落的残片。

出土的中世纪早期的手制陶器依据器形和规格可以划分为以下几种类型。

1）陶罐。完整修复了12件，另有2件修复了三分之二。器形不甚规整，颈部粗短，深腹（图3-2-17～3-2-20；图3-2-21，5、6；图3-2-22，5、6）。房址内出土的该类型陶器有统一的规格和比例，说明是由同一工匠制造，这些陶罐相同的纹饰和工艺也能证明这一点。例如，Д/10探方出土的陶罐几乎一模一样，Д/5探方出土的陶罐也与之相似，仅器身最大腹径这一参数有一些差异。个别陶罐最大腹径偏下，例如Ж/7探方及E/3探方内较小的陶罐。

所有陶罐均采用泥圈套接技术制成。部分陶罐底部略微内凹，这说明这些陶器是被放在一个凸起的模具上加工成型的。

陶罐的胎体中夹有各类粗砂颗粒，甚至包括砾石。在其中3件陶罐的胎体中发现夹有云母，陶罐表面也因此而具有特殊的光泽。大部分陶罐表面有垂直抹光痕迹。只有1件形体不大的陶罐器表经磨光处理，该陶罐出土于Ж/7探方（图3-2-19，6；图3-2-20，6）。

陶罐高度18～33厘米不等，大部分在22～26厘米之间。器壁厚度在0.5～0.8厘米之间。形体较大的陶罐上部和下部的残片主要出土于Ж/-1探方、E-Ж/8探方及E/9探方内。

多件陶罐的口沿下方附加纹带上及器身上都有纹饰。其中1件陶罐上有4组圆形或椭圆形的珠状凸起与刻划纹的组合纹饰，等距分布（图3-2-19，6；图3-2-20，6）。有4件陶罐的附加纹饰带上没有饰纹。陶罐罐体较少见到纹饰，通常是各种工具包括锯齿状工具压印出的数排戳点，只有1.1%的器壁残片有刻划纹饰。

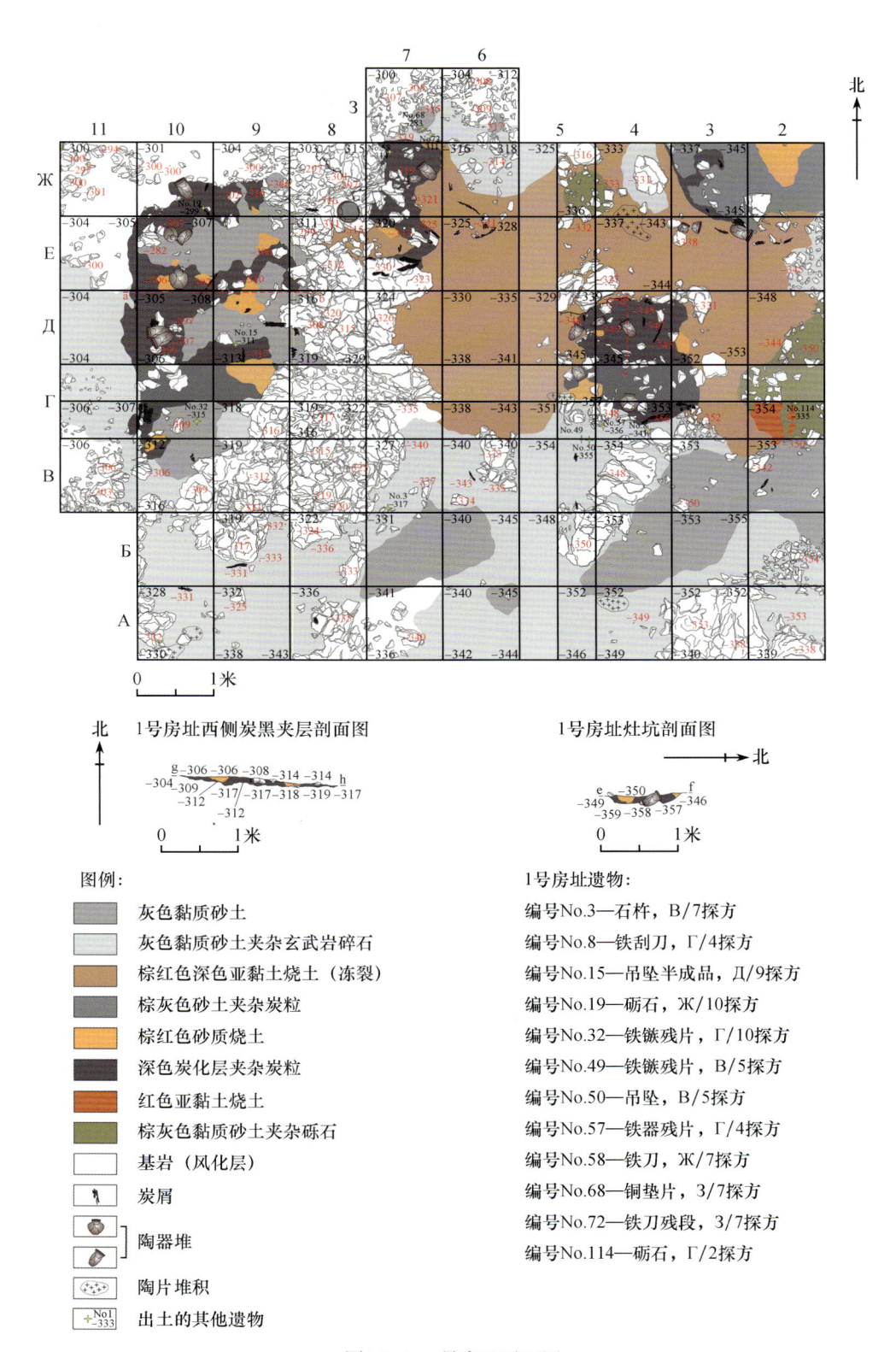

第三章 2015～2016年俄韩联合考古队的发掘

北 1号房址西侧炭黑夹层剖面图   1号房址灶坑剖面图

图例：
- 灰色黏质砂土
- 灰色黏质砂土夹杂玄武岩碎石
- 棕红色深色亚黏土烧土（冻裂）
- 棕灰色砂质砂土夹杂炭粒
- 棕红色砂质烧土
- 深色炭化层夹杂炭粒
- 红色亚黏土烧土
- 棕灰色黏质砂土夹杂砾石
- 基岩（风化层）
- 炭屑
- 陶器堆
- 陶片堆积
- 出土的其他遗物

1号房址遗物：
编号No.3—石杵，B/7探方
编号No.8—铁刮刀，Γ/4探方
编号No.15—吊坠半成品，Д/9探方
编号No.19—砺石，Ж/10探方
编号No.32—铁镞残片，Γ/10探方
编号No.49—铁镞残片，B/5探方
编号No.50—吊坠，B/5探方
编号No.57—铁器残片，Γ/4探方
编号No.58—铁刀，Ж/7探方
编号No.68—铜垫片，3/7探方
编号No.72—铁刀残段，3/7探方
编号No.114—砺石，Γ/2探方

图3-2-6 1号房址平面图

图3-2-7 1号房址西侧Д/10探方出土陶器(西北—东南)

图3-2-8 1号房址西侧E/10探方出土陶器(西南—东北)

图3-2-9 1号房址西北角E/10探方出土陶器(北—南)

图3-2-10　1号房址西北角Ж/10探方出土陶器（北—南）

图3-2-11　1号房址门道处Ж/7探方出土陶器（东南—西北）

图3-2-12　1号房址北侧E/2-3探方出土陶器（南—北）

图3-2-13　灶坑填土Д/4-5探方出土陶器（东—西）

图3-2-14　灶坑旁Г/5探方出土陶器（南—北）

图3-2-15　灶坑旁Г/4探方出土陶器（西—东）

图3-2-16 发掘完1号房址后的二号发掘区全貌（西—东）

所有陶罐均在氧化气氛下烧造，器表附着有烟灰和食物焦渣痕迹。

2）陶壶。出土于房址填土内。在Γ/4探方内出土了1件完整的此类型陶器（图3-2-21，1；图3-2-22，1），在B/4探方内还出土了类似器形的残片（图3-2-21，2；图3-2-22，2）。这些陶壶颈部较细，肩部圆鼓，下腹急收，完整陶器的底部内凹。陶器只有口沿下方有附加堆纹装饰，器身均素面，表面有横向磨光痕迹。

3）陶碗。出土了3件此种类型的陶器，其中2件分别出土于Д/10探方（图3-2-21，4；图3-2-22，4）和Ж/7探方（图3-2-21，3；图3-2-22，3）。这2件陶器规格不大，高度在5~5.5厘米之间，矮足。其中1件制作更为精细，表面抹光，内壁有烟灰和食物焦渣。另1件稍显粗糙，表面凹凸不平，碗底横截面形状不规则。第3件应为一个形体较小的盆，腹部较深，高8厘米，器壁表面抹光。

出土轮制陶器较少，仅发现了27件器壁残片和2件口沿残片。发掘中出土的唯一完整的轮制陶器位于E/10探方（图3-2-21，8；图3-2-22，8）。可能在高温作用下（如房内发生火灾）陶器分解严重，导致残片细小，易碎。该陶器为泥质夹细砂陶器，表面有横向磨光痕。

该陶器表面陶色不均，有浅黄褐色、黑色等多种陶色。陶器在氧化气氛下烧制而成。该陶器为敛口，高23.7厘米，器身最大径约22厘米，因此，器体显得较宽。陶器口径（12.8厘米）略大于底径（10.8厘米）（表11）。

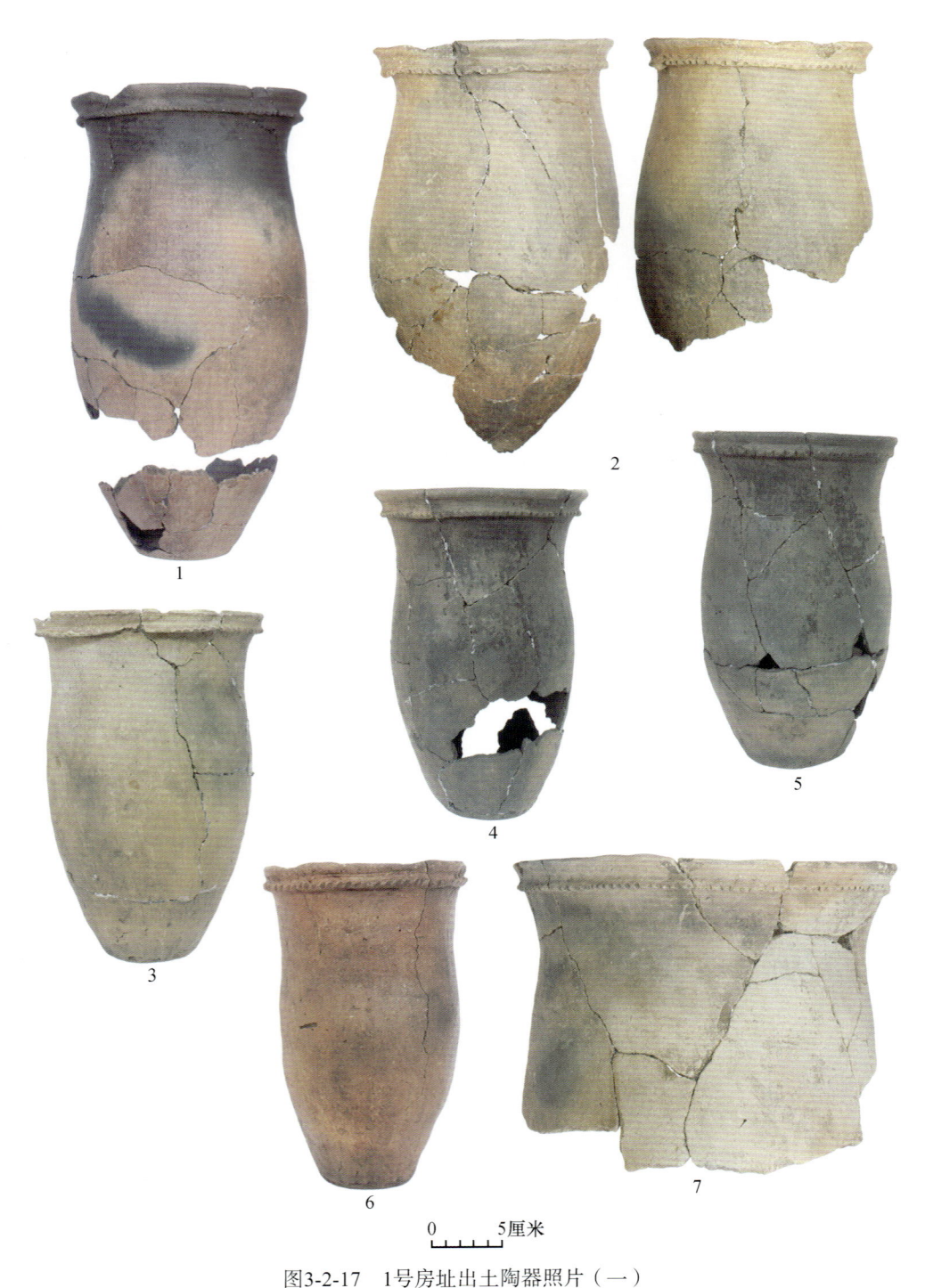

图3-2-17　1号房址出土陶器照片（一）
1、2.陶罐（Е/10探方）　3、6.陶器（Д/5探方）　4、5.陶器（Д/10探方）　7.陶器上部（Е-Ж/8探方）

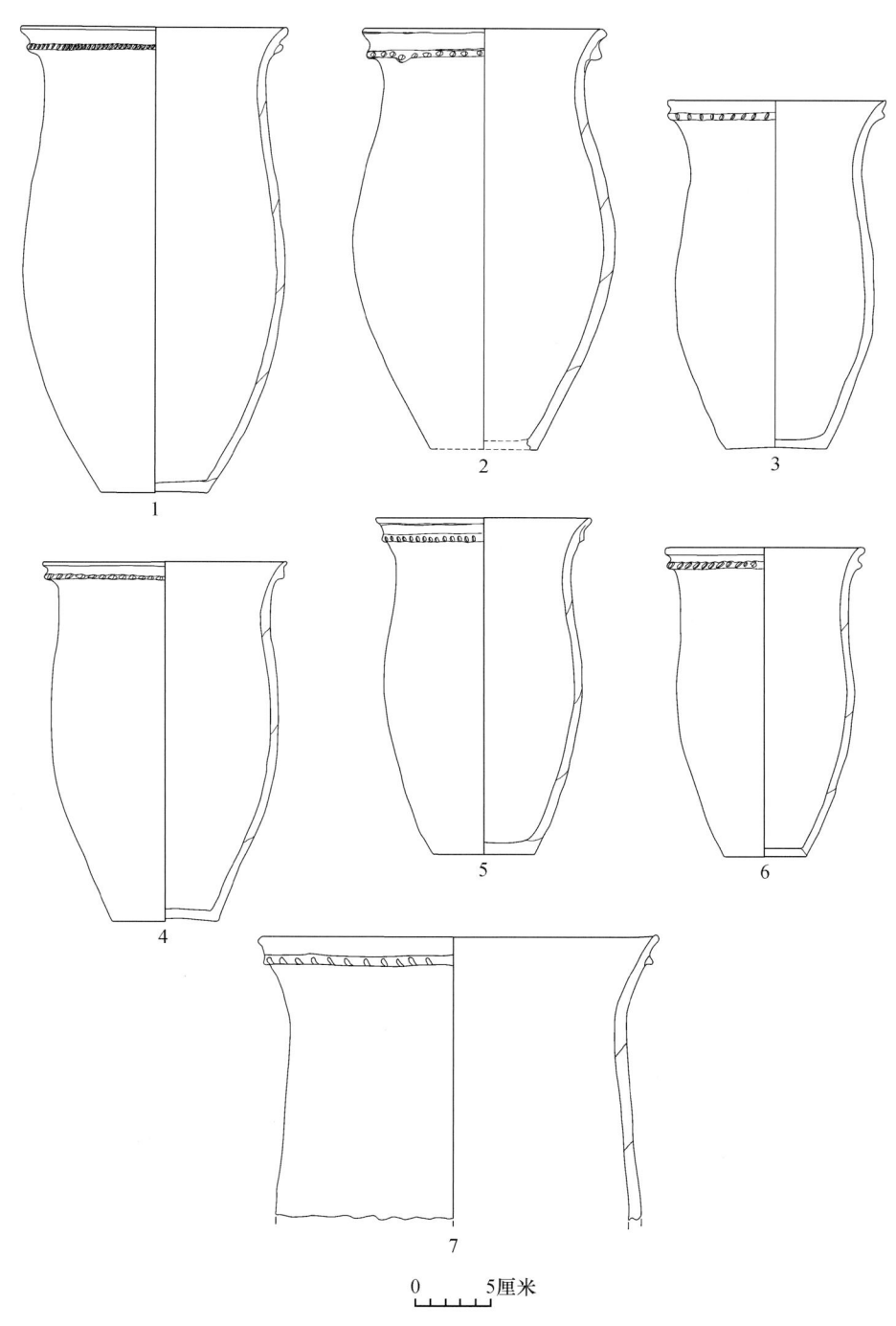

图3-2-18　1号房址出土陶器线图（一）

1、2. 陶罐（Е/10探方）　3、6. 陶器（Д/5探方）　4、5. 陶器（Д/10探方）　7. 陶器上部（Е-Ж/8探方）

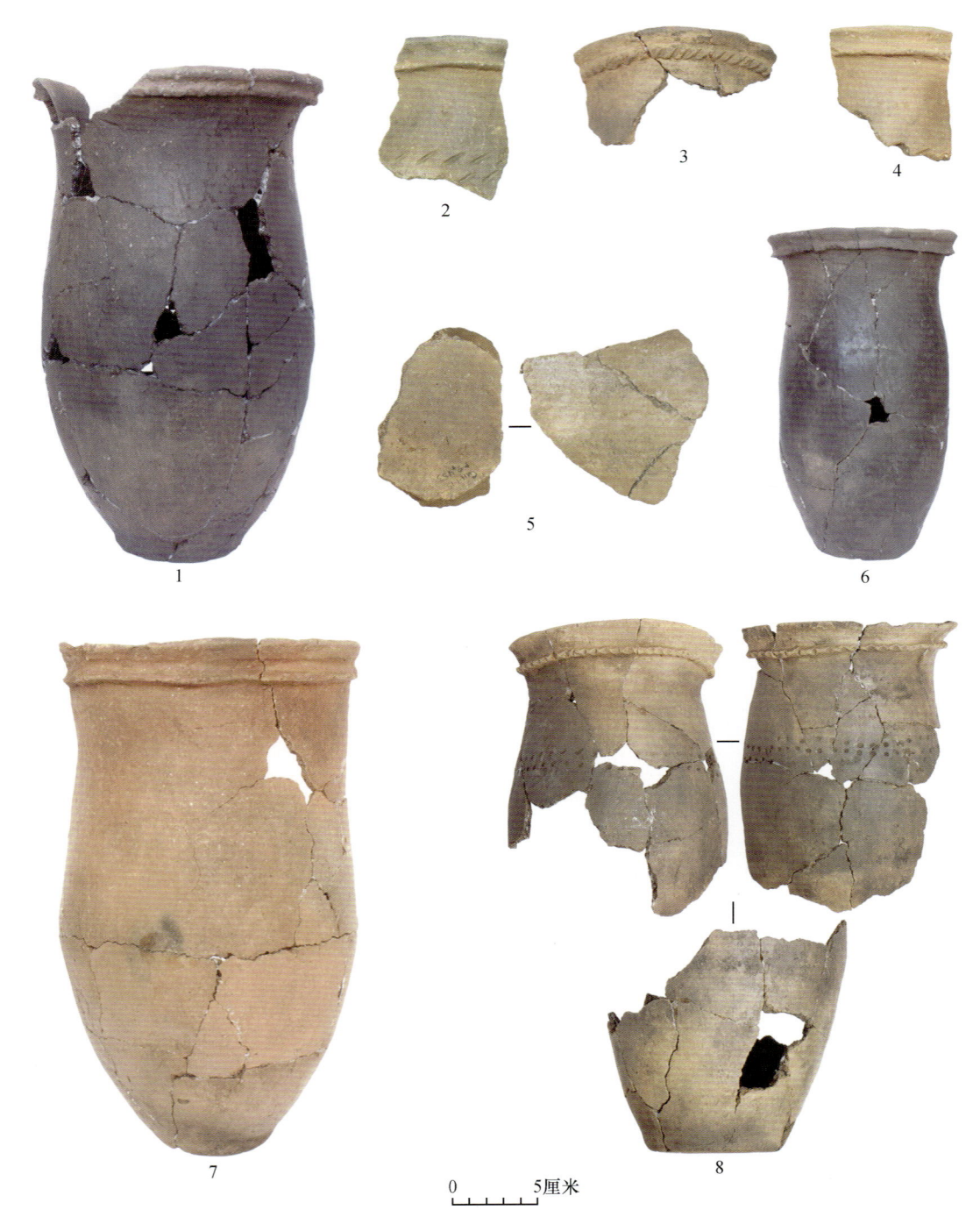

图3-2-19 1号房址出土陶器照片（二）
1、6. 陶器（Ж/7探方） 2. 陶器上部残片（А/8探方） 3. 陶器上部残片（Д/6探方） 4. 陶器上部残片（Г/6探方） 5. 陶器下部（Е/9探方） 7. 陶器（Е/3探方） 8. 陶器（Д/4探方）

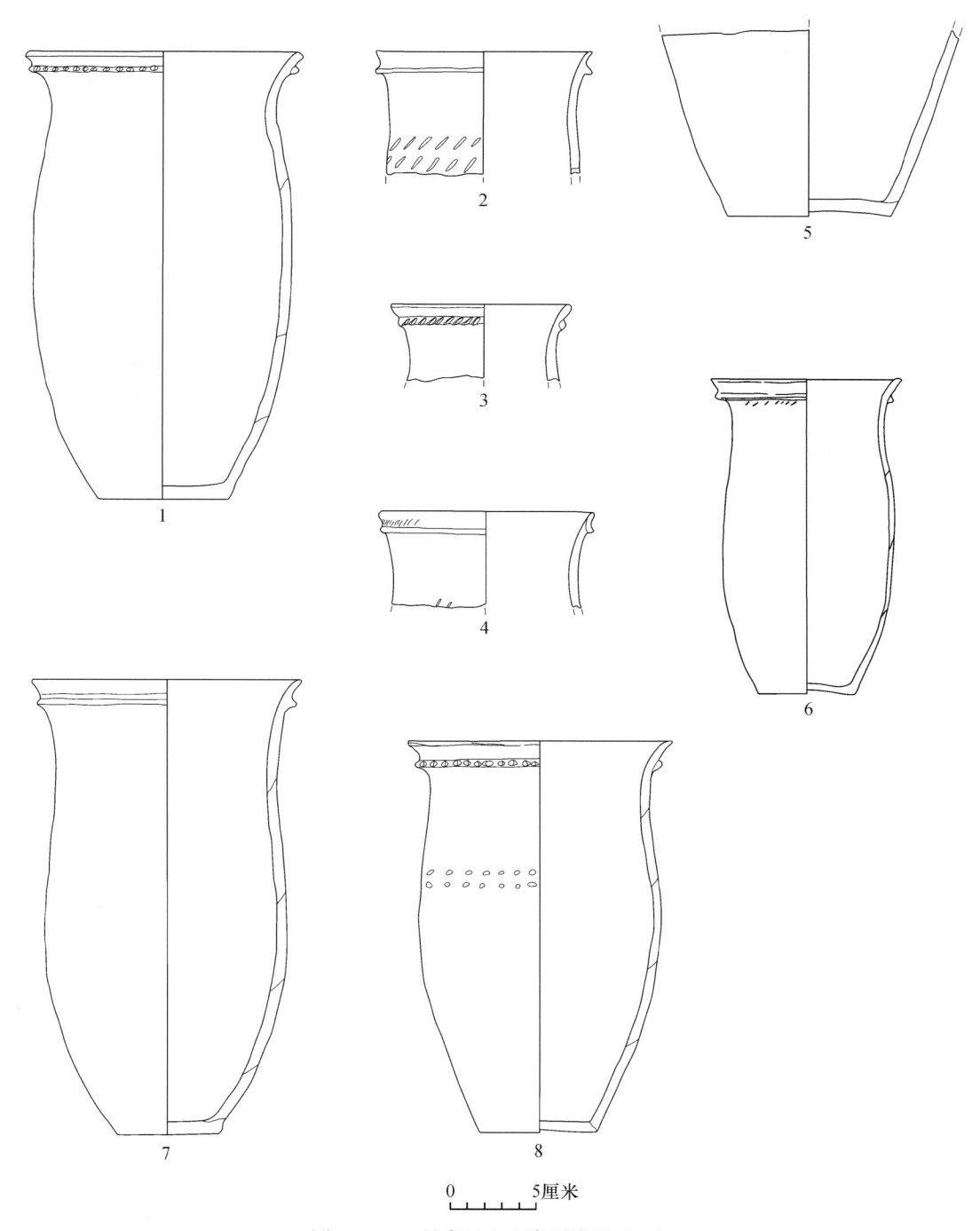

图3-2-20　1号房址出土陶器线图（二）

1、6. 陶器（Ж/7探方）　2. 陶器上部残片（A/8探方）　3. 陶器上部残片（Д/6探方）　4. 陶器上部残片（Г/6探方）
5. 陶器下部（E/9探方）　7. 陶器（E/3探方）　8. 陶器（Д/4探方）

图3-2-21　1号房址出土陶器照片（三）
1、2.陶壶（Г/4探方；В/4探方）　3、4.陶碗（Ж/7探方；Д/10探方）　5、6.陶罐（Ж/10探方；Г/9探方）
7.陶器下部（Е-Ж/2探方）　8.轮制陶器（Е/10探方）

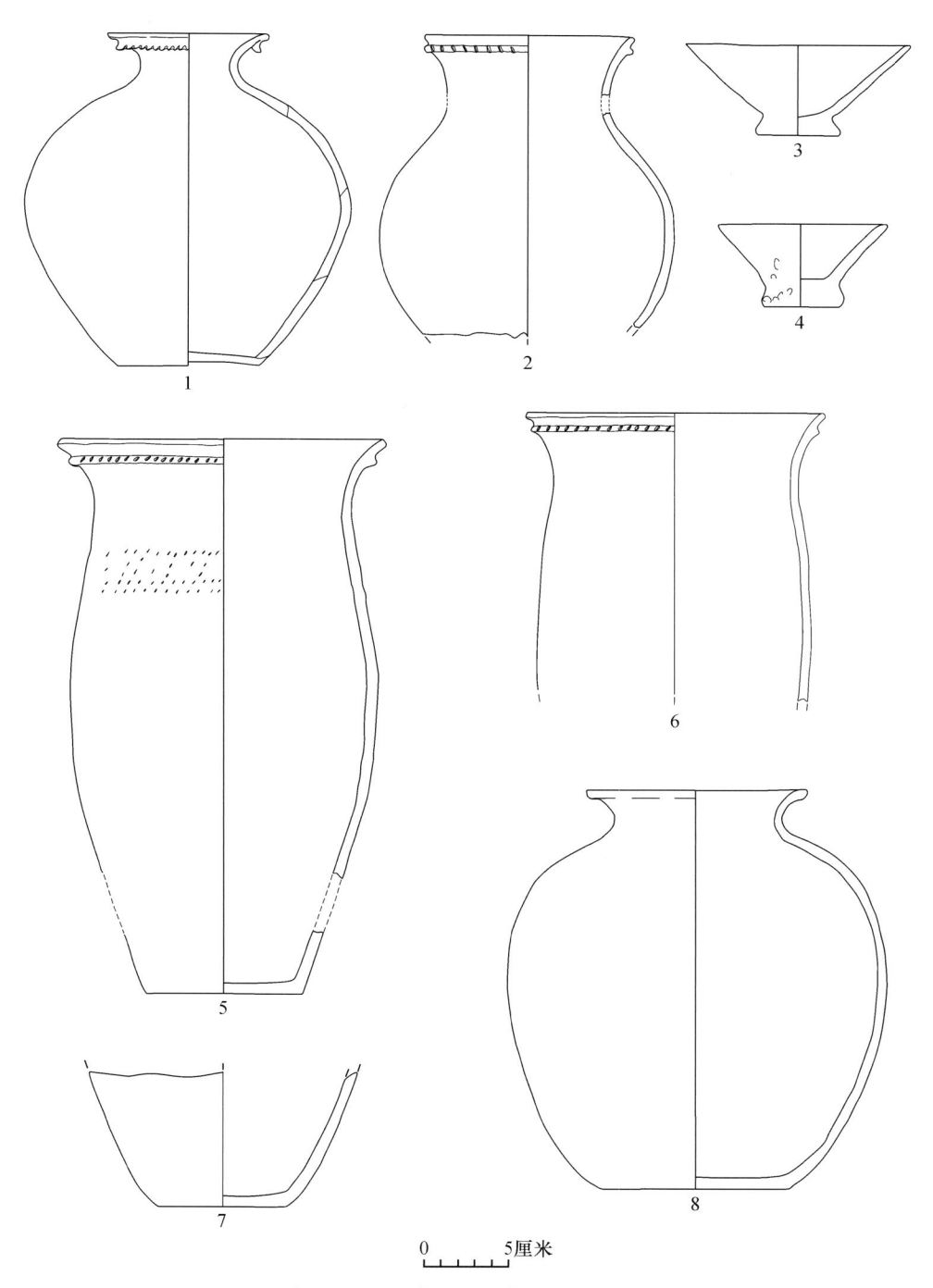

图3-2-22 1号房址出土陶器线图（三）

1、2. 陶壶（Г/4探方；В/4探方） 3、4. 陶碗（Ж/7探方；Д/10探方） 5、6. 陶罐（Ж/10探方；Г/9探方） 7. 陶器下部（Е-Ж/2探方） 8. 轮制陶器（Е/10探方）

表11　城址东部1号房址出土陶器规格

编号	口径（厘米）	高度（厘米）	底径（厘米）	壁厚（厘米）
2015年二号发掘区第1层，Г/9	7.3	—	—	0.5～0.6
2015年二号发掘区第2层，В/4	20	—	—	0.5～0.6
2015年二号发掘区第4层，Е/9	—	—	9.2	0.7～0.8
2015年二号发掘区第2层，Е/3	15.6	8	7.4	0.5～0.7
2015年二号发掘区第4层，Ж/7	13	5.4	4.8	0.5～0.6
2015年二号发掘区第3层，А/10	14.4	—	—	0.5～0.6
2015年二号发掘区第4层，Г/4	9.4	19.7	8.2	0.5～0.7
2015年二号发掘区第4层，Д/10	9.8	5	4.6	0.5～0.6
2015年二号发掘区第4层，Ж/7	8.8	18.5	5.6	0.5～0.6
2015年二号发掘区第1～2层，Е/3	15.4	26.6	5.8	0.6～0.7
2015年二号发掘区第4层，Е/10	15.6	28	6.8	0.6～0.7
2015年二号发掘区第4层，Д/5	12.8	20.6	5.2	0.5～0.6
2015年二号发掘区第4层，Д/5	15.6	24	6.6	0.5～0.6
2015年二号发掘区第2层，Ж/10	19	33	9	0.6～0.7
2015年二号发掘区第4层，Д/4	15	23	6.6	0.5～0.6
2015年二号发掘区第4层，Д/10	14	23	6.4	0.5～0.6
2015年二号发掘区第4层，Г/5	10.8	18	5.6	0.5～0.6
2015年二号发掘区第4层，Ж/7	15.6	26.5	7.4	0.5～0.6
2015年二号发掘区第4层，Е/10	17	31	6.8	0.5～0.6
2015年二号发掘区第4层，Д/10	13.8	22.5	6.6	0.5～0.6
2015年二号发掘区第4层，Е/10	12.8	23.8	10.8	0.5～0.6
2015年二号发掘区第4层，Е、Ж/8	26.4	—	—	0.7～0.8

（2）石器和金属器

房址内除了出土陶器之外，还出土了其他质地的日常生活用具。

出土的金属制品有2件铁刀，2件铁残片，1件刮刀，1件铜泡，以及其他性质不明的器物残片。

铁刀2件，均出土于房址的门道处，Ж-3/7探方内，1件完整，1件残。完整的铁刀编号No.58，出土于Ж/7探方第3层，通长12.9、刀刃长9.2、宽1.1、刀柄长3.7、宽0.7厘米（图3-2-23，2）。另1件铁刀编号No.72，残存刃部，出土于3/7探方第3层，残长2、宽1、刀背厚0.15厘米（图3-2-23，3）。

在处于Г/4探方第1层的灶坑旁出土了1件铁刮刀，编号No.8，长6.8、刀片宽1.7、刀背厚0.15厘米，刀刃处有细小的锯齿（图3-2-23，6）。

铁铤2件，均残存铤部。其中1件编号No.32，出土于Г/10探方第3层，横截面为正方

图3-2-23　1号房址出土金属器

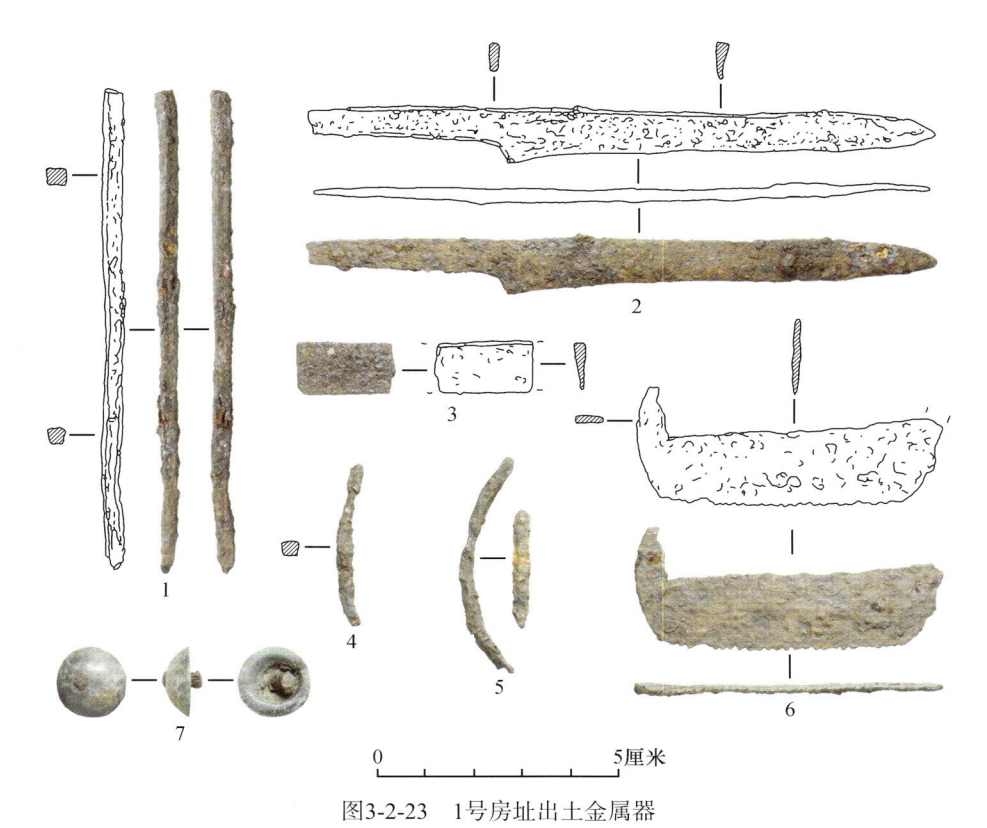

1、4.铁镞（编号No.32，Г/10探方；编号No.49，B/5探方）　2、3.铁刀（编号No.58，Ж-3/7探方；编号No.72，3/7探方）
5.不明铁制品残片（Г/4探方）　6.刮刀（编号No.8，Г/4探方）　7.铜泡（编号No.68，3/7探方）

形，出土于房址基坑西部，残长10、截面宽0.3、厚0.3厘米（图3-2-23，1）。另1件出土于处于B/5探方内灶坑旁的第3层，编号No.49，横截面也呈正方形，残长3.4、截面宽0.3、厚0.3厘米（图3-2-23，4）。

除此之外，在处于Г/4探方内的灶坑旁，清理出2件铁制品残片，用途不明（图3-2-23，5）。

房址入口处，铁刀残片旁还出土了1件直径1.5厘米的半球形铜泡，编号No.68，出土于3/7探方第1层（图3-2-23，7）。

清理1号房址的填土时，还出土了一些石制品，主要有玉髓吊坠、砺石及石杵。

出土砺石2件。其中1件编号No.19，出土于Ж/10探方第2层，位于房址西北角，砺石截面呈椭圆形，由砂岩板磨制而成，长9、宽4、厚1.5厘米，一面已磨损，一侧边较长（图3-2-24，2）。另1件为砺石残片，编号No.114，长3.8、宽2、厚0.35~0.7厘米，由黑色页岩磨制而成，色泽光亮，用来打磨金属工具，出土于房址东部，Г/2探方第1层内。该砺石呈矩形，残存部分末端横截面呈正方形，中部因频繁使用形成了一个斜向凹槽（图3-2-24，3）。

图3-2-24　1号房址出土石器

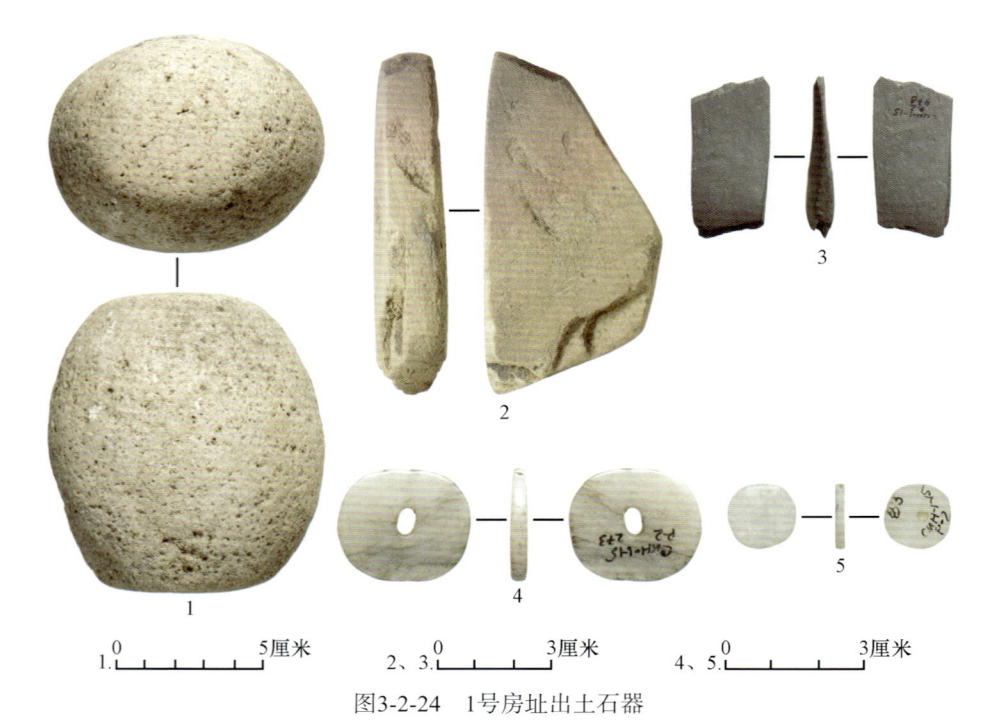

1. 石杵（编号No.3，B/7探方）　　2、3. 砺石（编号No.19，Ж/10探方；编号No.114，Г/2探方）　　4. 吊坠（编号No.50，B/5探方）　　5. 吊坠半成品（编号No.15，Д/9探方）

房址南部出土了1件中粒砂岩石制品，圆柱状，应当为捣杵，编号No. 3，B/7探方第1层出土。该石制品边缘经过打磨，较为平滑，长10.7、宽9.3、高7.6厘米（图3-2-24，1）。

出土吊坠制品2件。其中1件磨光的吊坠编号No.50，出土于B/5探方第3层，由半透明的灰白色玉髓制成，吊坠平面大致呈椭圆形，长径2.8、短径2.5、厚0.4厘米，中心钻一长径0.7、短径0.4厘米的椭圆形穿孔，穿孔的长径垂直于吊坠的长径（图3-2-24，4）。另1件为由半透明白色石英制成的吊坠半成品，编号No.15，出土于房址西部，处于Д/9探方第2层，吊坠为圆形，直径1.5、厚0.2厘米，中心略靠边缘处有钻痕，钻痕很浅，直径2毫米，没有钻透，该半成品的平面和侧面都经过打磨（图3-2-24，5）。

2. 2号房址（下层活动面）

2号房址位于发掘区东部，是一个打破基岩层的圆角矩形房址，规格为2.5米×3米（图3-2-30）。房址长轴方向为西南—东北向。房址基坑深度为10~15厘米，基坑有三个角落的底部发现了小柱坑，显然，房址结构是一个由四根柱子支撑起屋顶的结构。房址北部发现了6个陶器堆和几个大块的陶器残片（图3-2-25~27、29），东南部出土了一块桦树皮制品残片。在房址外西北角附近，出土了1件形体不大的陶器（图3-2-28）。房址毁于火灾，之后又被填埋。

基坑上层填土是夹杂碎石的红褐色黏质砂土，厚度达17厘米。

第三章 2015～2016年俄韩联合考古队的发掘 173

图3-2-25 2号房址带有陶器堆的下层填土（西北—东南）

图3-2-26 2号房址东北角 Д/1探方出土陶器（南—北）

图3-2-27 2号房址西部 Г/1-2探方出土陶器（北—南）

图3-2-28　2号房址Γ/2探方出土陶器（南—北）

基坑下层填土是一层夹杂炭灰的深色黑灰土，厚度达10厘米，其中发现了烧焦的骨渣和陶器残片。房址基坑的中心部分处于Γ/1探方，在这里的炭灰层中发现了厚度为3厘米的火烧形成的红褐色烧土。由于房址中没有发现灶坑痕迹，仅有烧焦的土层，说明当时是直接在基岩上用火的（图3-2-29）。

（1）陶器

陶器出土于房址北部的地面上，大多位于墙边。共复原了6件陶器（表12），另有2件仅存上半部分的大块残片。

手制陶器主要有三种器类。

1）陶罐。此类型陶器出土于Д/1探方、Д/2探方、Γ/1探方、Д/-1探方和Γ/-1探方（图3-2-31，3~5、7、8；图3-2-32，3~5、7、8）。器形工整，粗颈，深腹，平底。

陶罐口沿外侧有附加纹饰带，上有圆形压印凹窝纹饰，其中1件出土于Д/2探方内的陶罐纹饰带上有捏制而成的珍珠状纹饰，并且只有这件陶罐罐身有纹饰（图3-2-31，8；图3-2-32，8），特别的是，其肩部纹饰并未施压一周。制作陶罐的胎料中添加了不同颗粒的砂粒作为掺合料。有的陶罐，如Д/1探方内的陶罐，在胎体中发现了云母掺合料，器表光滑，有竖向抹痕（图3-2-31，5；图3-2-32，5）。

2）球腹陶壶。房址内出土了2件该类型陶器，Д/-1探方内的1件保存完整，另1件出土于Д/1探方内的陶壶没有口沿部分。陶器规格差别较大：第1件陶壶残高11厘米；第2件陶壶高30厘米。表面加工也有一定差异：形体较小的陶器横向磨光，形体较大的陶器器表抹光。需要指出的是，Д/1探方内的陶壶器形极不均匀，不对称，其底径较大且厚，器壁较厚，0.7~0.8厘米，特别的是，该陶器口部缺失后仍在继续使用，因为断裂部位的茬口磨损严重且有一层食物焦渣（图3-2-31，6；图3-2-32，6）。第2件陶器底部边缘突出，

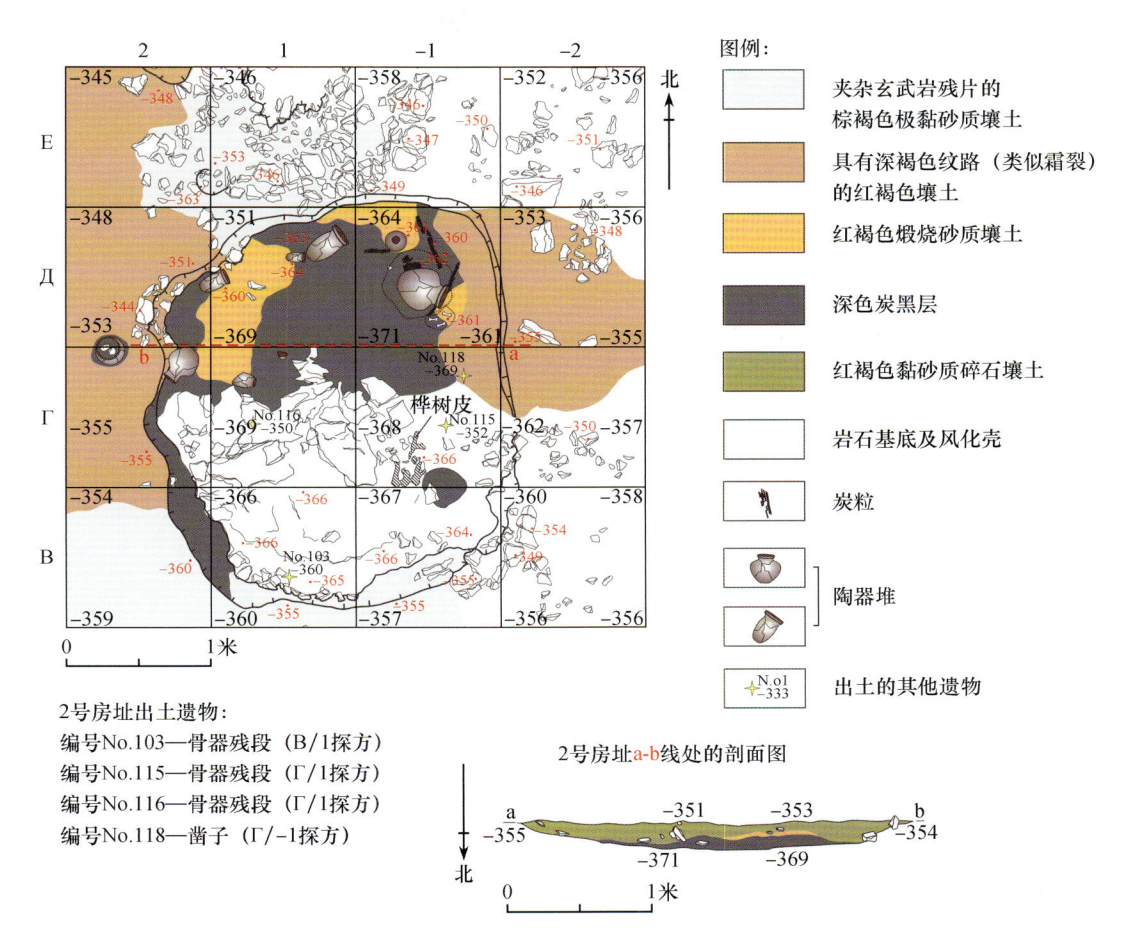

图例:
- 夹杂玄武岩残片的棕褐色极黏砂质壤土
- 具有深褐色纹路（类似霜裂）的红褐色壤土
- 红褐色煅烧砂质壤土
- 深色炭黑层
- 红褐色黏砂质碎石壤土
- 岩石基底及风化壳
- 炭粒
- 陶器堆
- 出土的其他遗物

2号房址出土遗物：
编号No.103—骨器残段（B/1探方）
编号No.115—骨器残段（Γ/1探方）
编号No.116—骨器残段（Γ/1探方）
编号No.118—凿子（Γ/-1探方）

2号房址a-b线处的剖面图

图3-2-29　2号房址下层填土平面图

图3-2-30　发掘后的2号房址全貌（西—东）

图3-2-31　2号房址出土陶器照片

1、2.饰纹陶片（Г/1探方；Д/1探方）　3～5、7、8.陶罐及其大残片（Г/-1探方；Г/1探方；Д/1探方；Д/-1探方；Д/2探方）
6、10、11.陶壶（Д/1探方；Д/-1探方；Г/2探方）　9.筒形陶器（Д/1探方）

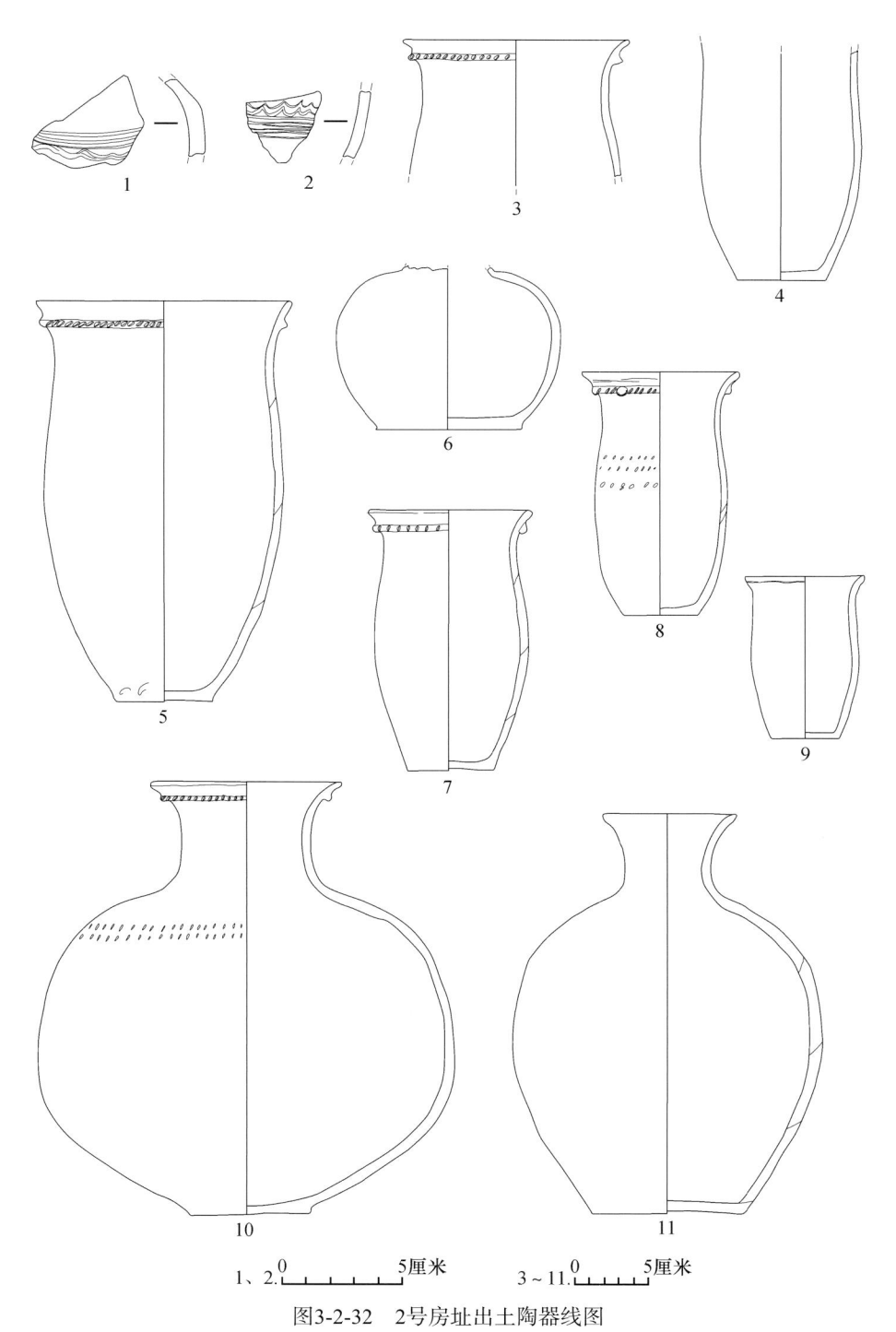

图3-2-32 2号房址出土陶器线图

1、2.饰纹陶片（Γ/1探方；Д/1探方） 3~5、7、8.陶罐及其大残片（Γ/-1探方；Γ/1探方；Д/1探方；Д/-1探方；Д/2探方）
6、10、11.陶壶（Д/1探方；Д/-1探方；Γ/2探方） 9.筒形陶器（Д/1探方）

器身有两排较窄的椭圆形凹窝纹饰（图3-2-31，10；图3-2-32，10）。2件陶器胎体均含有云母。类似的陶器残片，在Г/1探方和Д/1探方内也有出土，为2件带有波浪形纹饰的陶片（图3-2-31，1、2；图3-2-32，1、2）。

3）筒形陶器。出土于Д/1探方。该陶器形体不大，口部外侈，口沿下方没有附加堆纹带。陶器完整，没有损坏，表面有竖向抹光痕（图3-2-31，9；图3-2-32，9）。该类陶器也见于渤海文化早期的契尔良基诺5号墓地，如105号墓葬中，就出土了类似的手制和轮制陶器。

所有手制陶器均在氧化气氛中烧制而成。

轮制陶器只出土1件陶壶。它出土于Г/2探方内房址的侧壁，高27.5厘米，颈部细长，侈口，没有捏塑的附加纹饰带。陶壶底径较大，略微内凹，器壁厚度达1厘米，器身呈卵形，没有食物焦渣痕迹（图3-2-31，11；图3-2-32，11）。

表12　城址东部2号房址陶器规格

出土位置	口径（厘米）	高（厘米）	底径（厘米）	壁厚（厘米）
2015年二号发掘区第4层，Д/1	17	28	6.4	0.5～0.7
2015年二号发掘区第4层，Д/2	10.6	17	5	0.4～0.5
2015年二号发掘区第4层，Г/1	—	—	6	0.5～0.6
2015年二号发掘区第4层，Д/1	—	—	9.8	0.6～0.7
2015年二号发掘区第4层，Д/1	8	11.5	4.4	0.5～0.6
2015年二号发掘区第4层，Г/2	9	27.5	10	0.7～0.9
2015年二号发掘区第4层，Д/-1	12.8	30	7.4	0.6～0.7

（2）金属器和骨器

除了陶器，2号房址填土内还出土了2件骨制品残片和1件铁凿。

铁凿编号No.118，出土于房址东侧附近，处于Г/-1探方第4层，长8.4、宽2.7、厚1.5厘米（图3-2-33，1）。

骨制品出土2件。其中1件为有图案装饰的残片，已残为两段，其中一段编号No.103，出土于В/1探方第4层，另一段编号No.116，出土于Г/1探方第3层，均位于房址的房内堆积中，彼此间距不远。该骨制品平面推测为矩形，横截面为矩形，宽1.9、厚0.4厘米，长度不明，这件骨制品各面都经过打磨，并有雕刻图案装饰，制品末端有2个直径0.4厘米的钻孔（图3-2-33，2）。另1件骨制品编号No.115，出土于房址东南角，Г/-1探方第3层中，是一个骨质工具，各面都经打磨，刃端锋利长4.5、宽1、厚0.7厘米（图3-2-33，3）。

3. 3号房址（下层活动面）

该房址位于2号房址西北1.2米处，处于发掘区的东北角（图3-2-41）。房址残存半地穴基坑，底部打破基岩层约10厘米，长3、宽2.5米。房址长轴方向为西北—东南向。房址

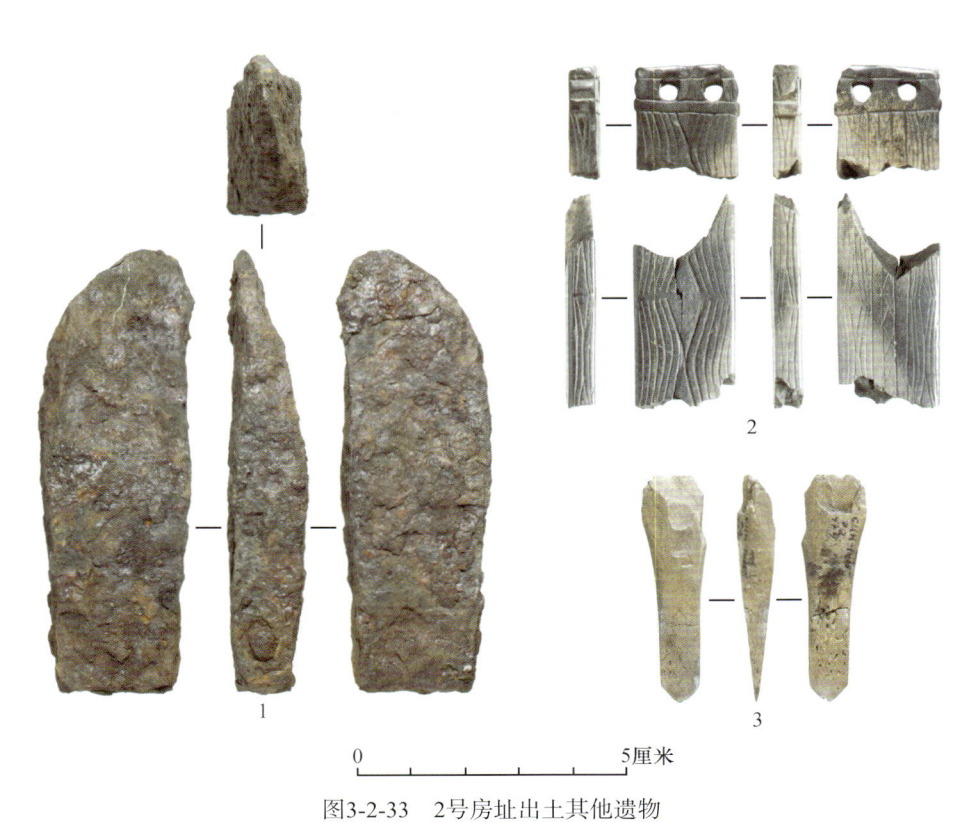

第三章　2015～2016年俄韩联合考古队的发掘　179

图3-2-33　2号房址出土其他遗物
1. 铁凿（编号No.118，Γ/-1探方）　2、3. 骨制品残片（编号No.103、116，B、Γ/1探方；编号No.115，Γ/-1探方）

图3-2-34　带有陶器堆的3号房址下层填土（南—北）

内的柱坑没有被保留下来。在房址外西南侧有一个小坑，根据其坡度推测它应属于这个房址的一个组成部分（图3-2-40）。房内中心有一个圆形浅坑，很可能是灶坑。在房址基坑东部和北部的填土中，出土了7处陶器堆，以及大量的碎陶片。房址西半部发现了烧焦的桦树皮制品（图3-2-35～39）。

与2号房址不同的是，3号房址没有被填埋。其填土主要是一层含有钙质晶体的灰褐色炭灰砂质壤土，厚度为9厘米。

（1）陶器

房内出土了7件完整陶器及手制和轮制陶器残片若干（表13）。

表13 城址东部3号房址出土陶器规格

编号	口径（厘米）	高（厘米）	底径（厘米）	壁厚（厘米）
2015年二号发掘区第4层，3/2	11.8	20	6.6	0.6～0.7
2015年二号发掘区第4层，3/2	25.6	28	13	0.5～0.6
2015年二号发掘区第4层，3/2	13.8	24	6.4	0.5～0.6
2015年二号发掘区第4层，3/1	14.5	23.5	6.4	0.6～0.7
2015年二号发掘区第3层，И/3	17	24.5	7.8	0.6～0.7
2015年二号发掘区第3层，И/2-3	16.4	22.2	7	0.6～0.7
2015年二号发掘区第3层，И/3	10	16	5.6	0.4～0.6

出土的7件完整陶器可以分为以下三类：

1）陶罐。出土的陶器中有5件为该类陶器，均为粗颈，深腹，小平底。最大的1件陶壶出土于И/3探方，高24.5、口径17、底径7.8厘米，颈部刻划有两条水平方向弦纹，其间填充折线图案，口沿下方的附加堆纹带上有细小的压印凹窝纹饰（图3-2-42，1；图3-2-43，1）。И/2探方内出土的陶壶高22.2、口径16.4、底径7厘米，附加堆纹带上没有纹饰，器表抹平（图3-2-42，5；图3-2-43，5）。另外2件出土于3/2及3/1探方的同类型的陶器尺寸几乎相同：高23.5～24、口径13.8～14.5、底径6.4厘米，颈部较粗，深腹，器底略微内凹，器表有密集的竖向磨痕，口沿下方的附加堆纹带上有圆形凹窝图案，胎体中夹杂大量碎石颗粒成分（约占40%），但没有夹砂（图3-2-42，3、4；图3-2-43，3、4）。最小的1件陶罐高16厘米，表面经过磨光，口沿下方的附加凸棱上有椭圆形凹窝纹饰（图3-2-42，2；图3-2-43，2）。

2）斜口器。出土了2件此类型的不同个体的残片（图3-2-44，1、2；图3-2-45，1、2）。其中1件部分复原的出土于3/2-3探方。陶器做工较为规整，表面有竖向磨光痕。器身有个别烟熏斑点，但没有焦渣。胎体中的掺合料主要是中等颗粒的混合物。

3）陶壶。出土了1件此类型陶器。该陶壶出土于3/2探方内陶罐旁，颈部长而略细，侈口，口沿下方没有附加纹饰带，器腹圆鼓，器底平，边缘突出，近台底（图3-2-44，3；图3-2-45，3）。该陶壶的整体形制及底部特征具有青铜时代陶器的特

图3-2-35　3号房址北部И/3探方出土陶器（南—北）

图3-2-36　3号房址中部Ж-3/2探方出土陶器（西北—东南）

图3-2-37　3号房址东部3/1探方出土陶器（西—东）

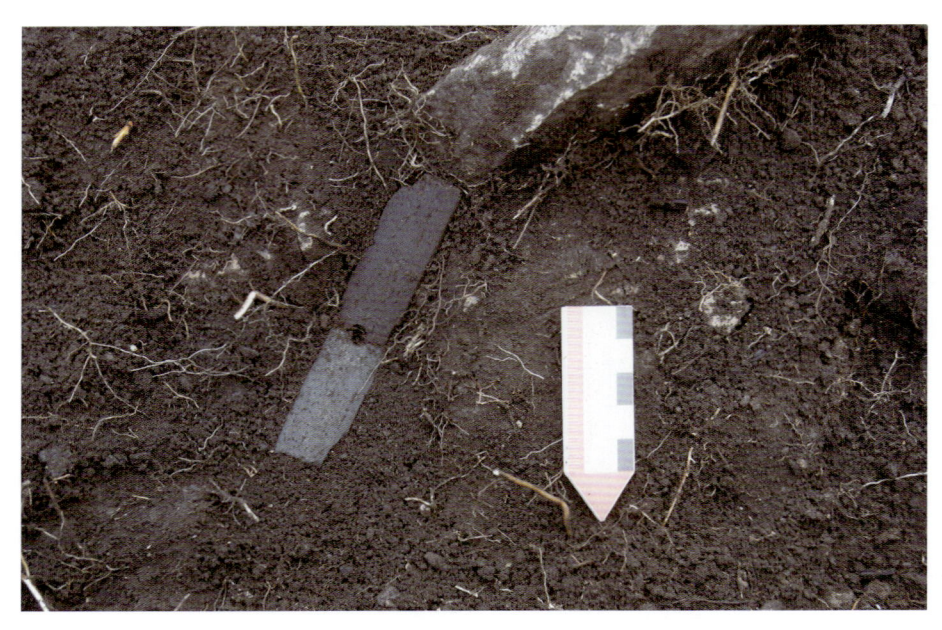

图3-2-38　3号房址附近Ж/1探方出土骨片（北—南）

图例：
- 灰色黏质砂土
- 夹杂玄武岩残片的棕褐色极黏砂质壤土
- 具有深褐色纹路（类似霜裂）的红褐色壤土
- 灰棕色砂土夹杂炭粒
- 红褐色砂质烧土
- 深色炭黑层
- 岩石基底及风化壳
- 炭屑
- 陶器堆
- 陶片堆积
- 出土的其他遗物

3号房址出土遗物：
编号No.27—骨制品残片（Ж/1探方）
编号No.28—铁斧（Ж/1探方）
编号No.30—骨制品残片（Ж/1探方）
编号No.31—骨制品残片（Ж/1探方）
编号No.55—铁镞（Ж/1探方）
编号No.56—骨制品残片（Ж/1探方）
编号No.102—吊坠半成品（3/1探方）

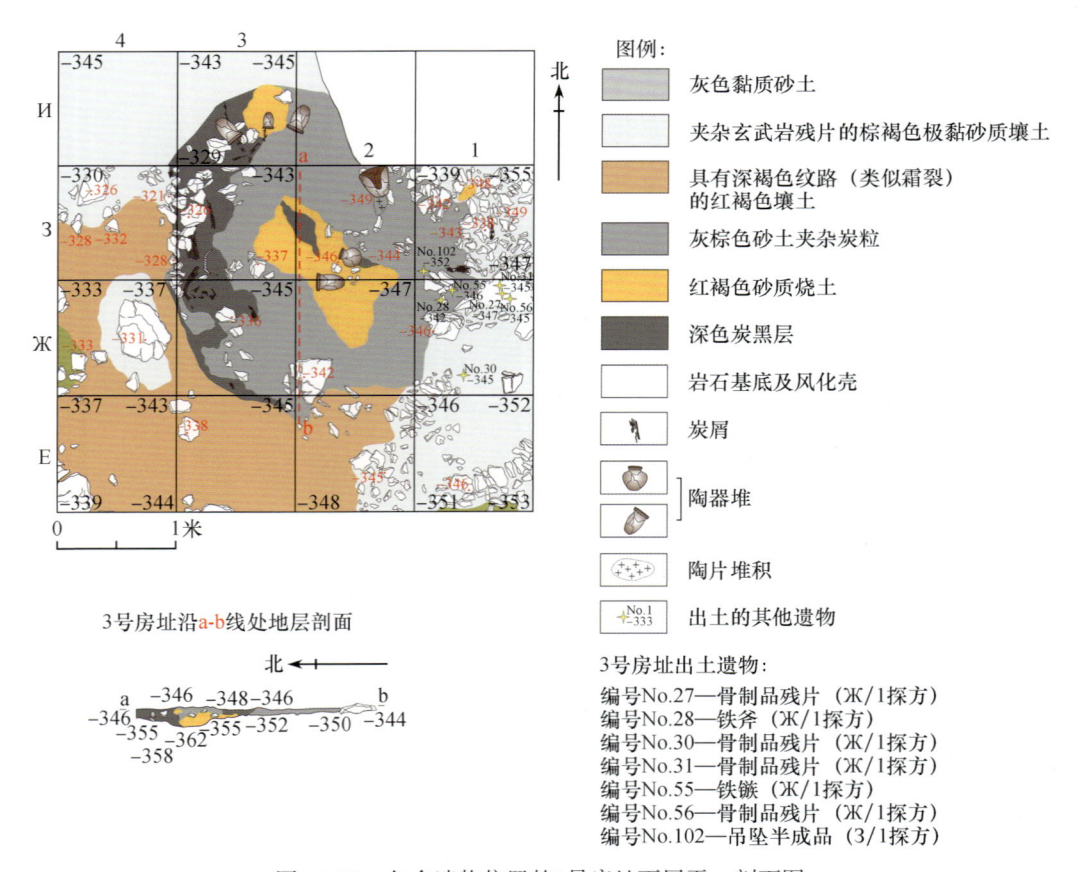

3号房址沿a-b线处地层剖面

图3-2-39　包含遗物位置的3号房址下层平、剖面图

图3-2-40　发掘后的3号房址全貌（西—东）

图3-2-41　2-3号房址全貌（东南—西北）

点，但同时，表面处理的工艺和没有夹粗砂的特点更接近中世纪早期的陶器特征，参考其出土层位情况，推测是1件中世纪早期的陶器。在靺鞨-渤海时期的契尔良基诺5号墓地内也出土过类似形制的陶器（考古研究，2007：297，136）。

（2）金属器、石器及骨器

房址西南角及附近出土了骨制品残片，以及铁镞、铁斧、石坠半成品等各类不同质地的器物。

图3-2-42　3号房址出土陶罐照片
1、2. И/3探方出土陶器　3. 3/2探方出土陶器　4. 3/1探方出土陶器　5. И/2-3探方出土陶器

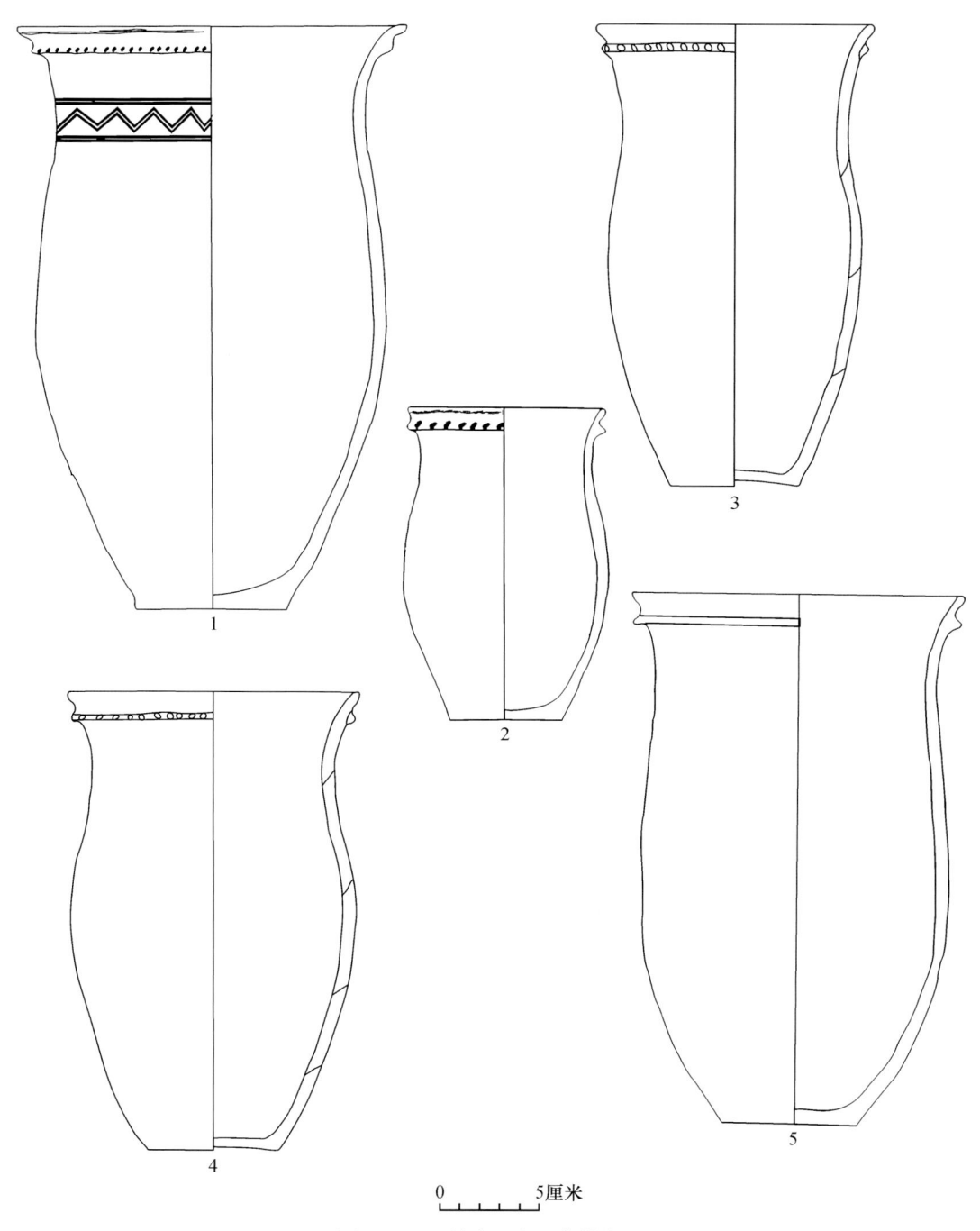

图3-2-43　3号房址出土陶罐线图

1、2. И/3探方出土陶器　3. 3/2探方出土陶器　4. 3/1探方出土陶器　5. И/2-3探方出土陶器

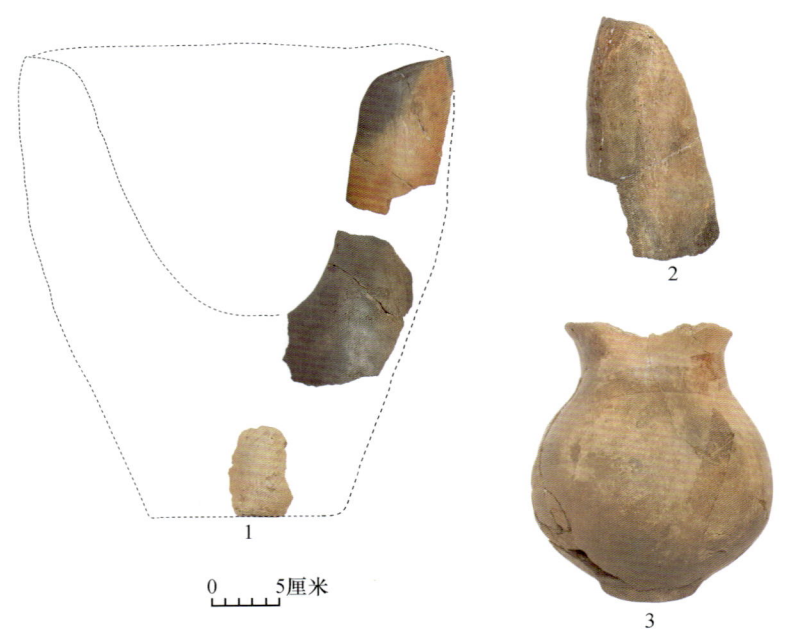

图3-2-44　3号房址出土陶器照片
1、2. 斜口陶器残片（3/2-3探方；3/2-3探方）　3. 陶壶（3/2探方）

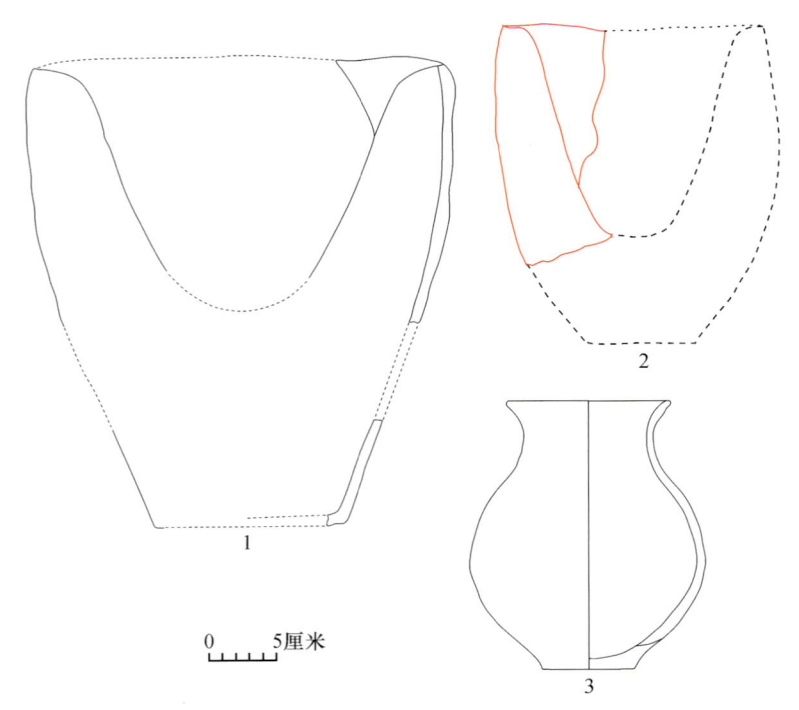

图3-2-45　3号房址出土陶器线图
1、2. 斜口陶器残片（3/2-3探方；3/2-3探方）　3. 陶壶（3/2探方）

铁斧1件。编号No.28，出土于Ж/1探方第2层，是一种金属铸造制品，銎部和刃部保存完好。平面呈矩形，纵截面呈楔形，长9.5、宽4.4厘米。銎部横截面呈矩形，长4.4、宽2.2厘米（图3-2-46，1）。

铁镞1件。编号No.55，出土于Ж/1探方第3层，位于房址西南角。镞身呈四棱形，镞尖倾斜，通长14.7、宽0.8、厚0.4厘米（图3-2-46，2）。

圆盘状吊坠1件。编号No.102，出土于3/1探方第4层，由浅色钠长石磨制而成，直径2.1、厚0.4厘米，吊坠中心有一个直径为0.2厘米的穿孔（图3-2-46，7）。

骨制品残片4件。均出土于房址东南外侧。其中1件残断为两节，分别编号No.27和No.30，出土于Ж/1探方第2层，可能是1件弓弭残片，器身细长，横截面呈矩形，边

图3-2-46　3号房址出土其他遗物

1. 铁斧（编号No.28，Ж/1探方） 2. 铁镞（编号No.55，Ж/1探方） 3. 弓弭残片（编号No.27、30，Ж/1探方）
4~6. 骨制品残片（编号No.31，Ж/1探方；编号No.94，Ж/-1探方；编号No.56，Ж/1探方） 7. 吊坠半成品（编号No.102，3/1探方）

缘经过打磨，中部有一个直径0.4厘米的钻孔，残长16.5、宽2、厚0.8厘米（图3-2-46，3）。第2件骨制品残片编号No.31，出土于Ж/1探方第2层，器身同样细长，横截面呈矩形，一侧末端有一个直径0.4厘米的穿孔，残长6、宽1.5、厚0.5厘米（图3-2-46，4）。第3件骨制品残片编号No.56，出土于Ж/1探方第3层，是1件经切割并且边缘经过打磨的器物，长2.8、宽1.1、厚0.5厘米（图3-2-46，6）。第4件骨制品残片编号No.94，出土于Ж/-1探方第3层，形体不大，器表有横向刻划平行线纹，长2.2、宽1.6、厚0.7厘米（图3-2-46，5）。

4. 4号房址（下层活动面）

4号房址位于发掘区西北部，南距1号房址0.75米，东距3号房址4米。该房址平面呈圆角矩形，面积不大，长2.5、宽2.2、深0.3米。房址长轴方向为南北向。房址基坑不深，平均为10～12厘米，可能因为其底部为基岩层。房址角落有4个不大的小坑，应为柱坑。房址内堆积中灰烬层很厚，含有炭灰和烧焦木板的残迹，这表明这处房址及其他房址都毁于火灾。房址中出土了5处陶器堆（图3-2-48～51）。需要说明的是，这座房址与之前发掘的房址不同，没有灶坑。但房址基坑中部有红烧土，可以推测房址内可能在此处的基岩地面上用过火。和3号房址一样，4号房址也没有被人为填埋，其房内堆积主要是一层含有加工石器被打下的片状碎石料，以及灰褐色杂质的砂质壤土，厚度达20厘米（图3-2-47；图3-2-52；图3-2-53）。

（1）陶器

清理房内堆积时，在房址侧壁处发现了5处手制陶器堆（表14）。出土的陶器可分为以下三类。

1）陶瓮。出土1件。该陶器的特点是形体较大，高38、口径22、最大径39、底径10厘米，器壁较厚，达0.8～1厘米，外表面未抹平，器底略微内凹，陶器颈部细而短，口沿外侈，口沿下方有一圈附加纹饰带，上饰较窄的椭圆形压印凹窝（图3-2-54，1；图3-2-55，1）。

2）球腹陶壶。出土2件。2件陶壶保存均不完整，口部缺失。第1件残高25、最大径26、底径10厘米，胎体含沙量大，因此残碎比较严重，表面有抹痕，特别是颈部，可见明显的横向抹痕，肩部有两排锯齿状工具压印的纹饰（图3-2-54，2；图3-2-55，2）。第2件陶壶规格较小，高18、最大径17、底径7.2厘米，肩部鼓凸，颈部较细，颈部外表面有垂直方向的抹痕，器身表面凹凸不平，局部器壁较平直，证明该陶器为手制（图3-2-54，3；图3-2-55，3）。

3）陶罐。出土2件。2件陶罐的规格和形状相似，器身均较长，颈部粗短，溜肩。2件陶罐分别高21、23厘米，口径均为12厘米，底径分别为6.4、6.6厘米（图3-2-54，4、5；图3-2-55，4、5）。2件陶器口沿下方的附加纹饰带上都有戳压形成的凹窝。其中，在3/9探方内出土的陶器肩部有3排戳点纹饰。

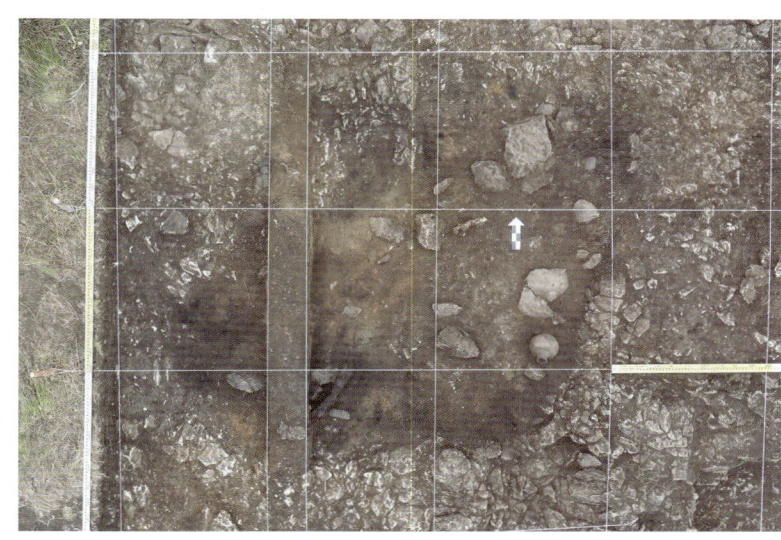

第三章 2015～2016年俄韩联合考古队的发掘 189

图3-2-47 4号房址下层填土
（南—北）

图3-2-48 4号房址北侧K-Л/9
探方交界处出土陶片
（东北—西南）

图3-2-49 4号房址西北角
K/9探方出土陶器（南—北）

图3-2-50　4号房址南侧3/9探方出土陶器（南—北）

图3-2-51　4号房址东南角И/8探方出土陶器（西—东）

表14　城址东部4号房址出土陶器规格

编号	口径（厘米）	高（厘米）	底径（厘米）	壁厚（厘米）
2016年二号发掘区第1层，К-Л/9	22	38	10	0.8~1
2016年二号发掘区第5层，К/8	—	25	10	0.5~0.7
2016年二号发掘区第3~5层，И/8	—	18	7.2	0.5~0.6
2016年二号发掘区第5~6层，К/9-10	12	21	6.4	0.4~0.6
2016年二号发掘区第2层，3/9	12	23	6.6	0.4~0.6

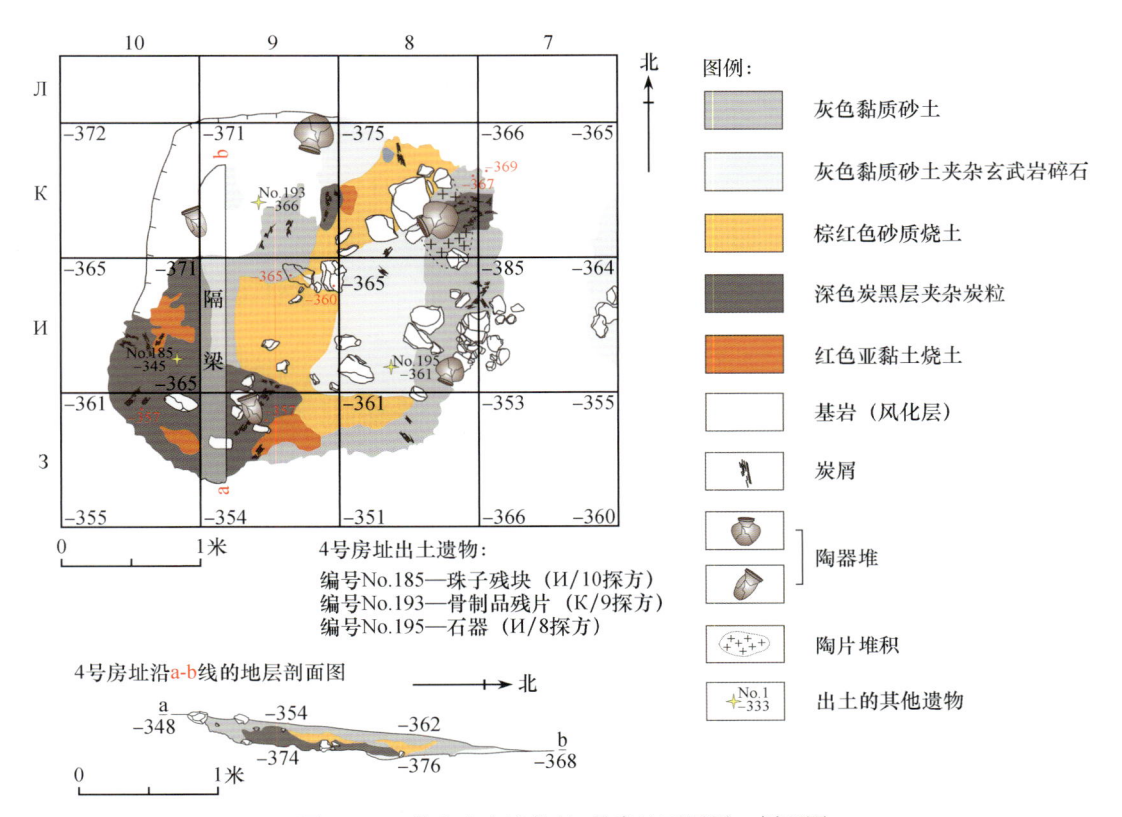

图3-2-52　带有出土遗物的4号房址下层平、剖面图

图3-2-53　发掘后的4号房址俯视图（北上）

图3-2-54 4号房址出土陶器照片

1. 陶瓮（K-Л/9探方） 2、3. 球腹陶壶（K/8探方；И/8探方） 4、5. 陶罐（K/9-10探方；3/9探方）

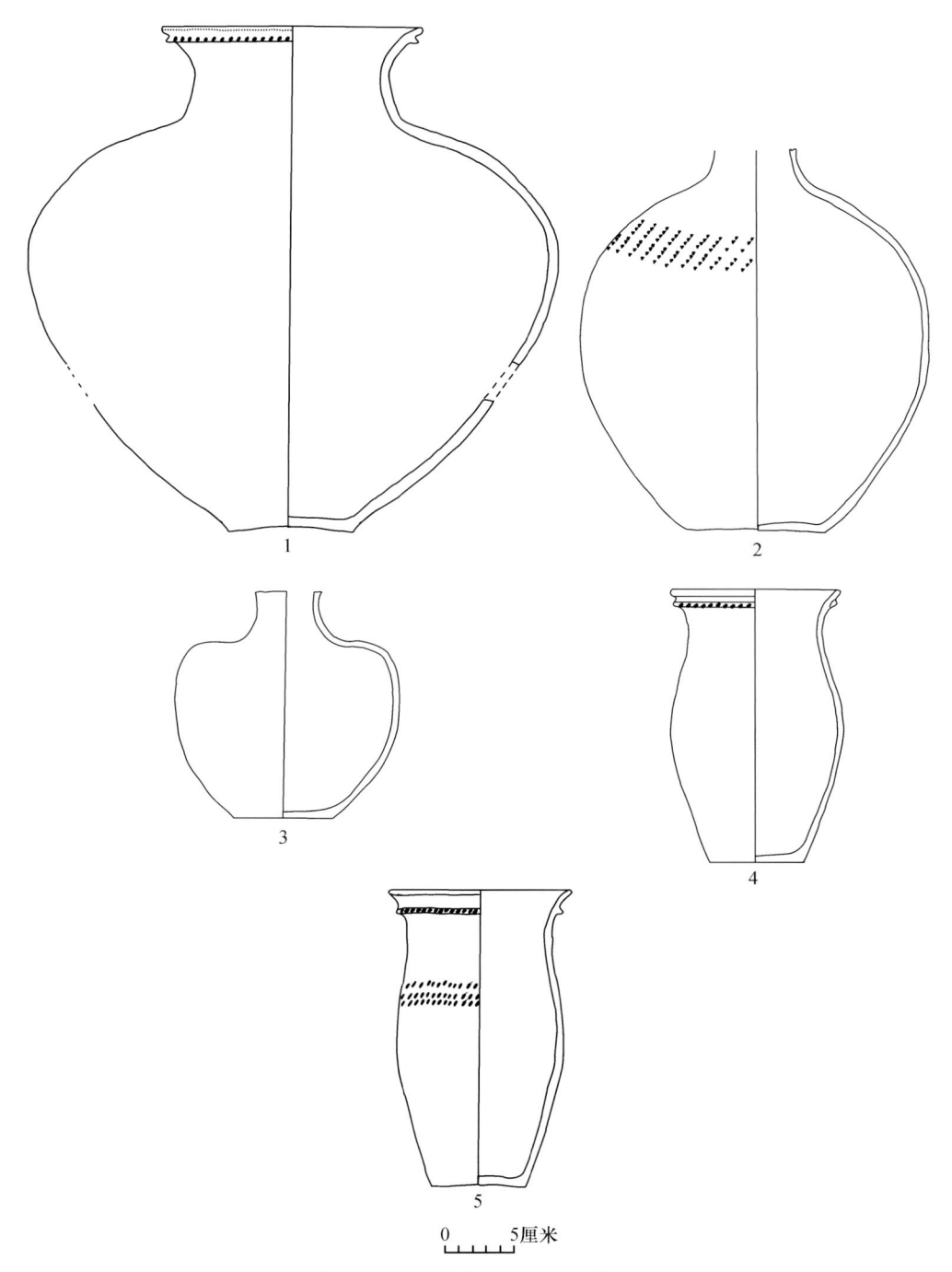

图3-2-55　4号房址出土陶器线图

1. 陶瓮（К-Л/9探方）　2、3. 球腹陶壶（К/8探方；И/8探方）　4、5. 陶罐（К/9-10探方；3/9探方）

（2）石器及骨器

在房址基坑的填土中，与陶器共出的还有骨制品残片、石珠残块以及石饼各1件。

骨制品编号No.193，К/9探方第2层出土，处于房址的西北角，为1件边缘经打磨的骨器残块，残成两段，其中一段长5.2、宽1.8、厚0.6厘米，另一段长5.4、宽3、厚0.7厘米（图3-2-56，1）。

石饼编号No.195，出土于И/8探方第4层，处于房址的东南部，为中等颗粒度的砂岩质地，直径2.1、厚1.5厘米，在一个平整的面上有磨痕（图3-2-56，2）。

石珠残块编号No.185，出土于И/10探方第1层，处于房址的西南部，为白色石英岩质地，直径不超过1.3厘米，器身有一处钻孔残迹（图3-2-56，3）。

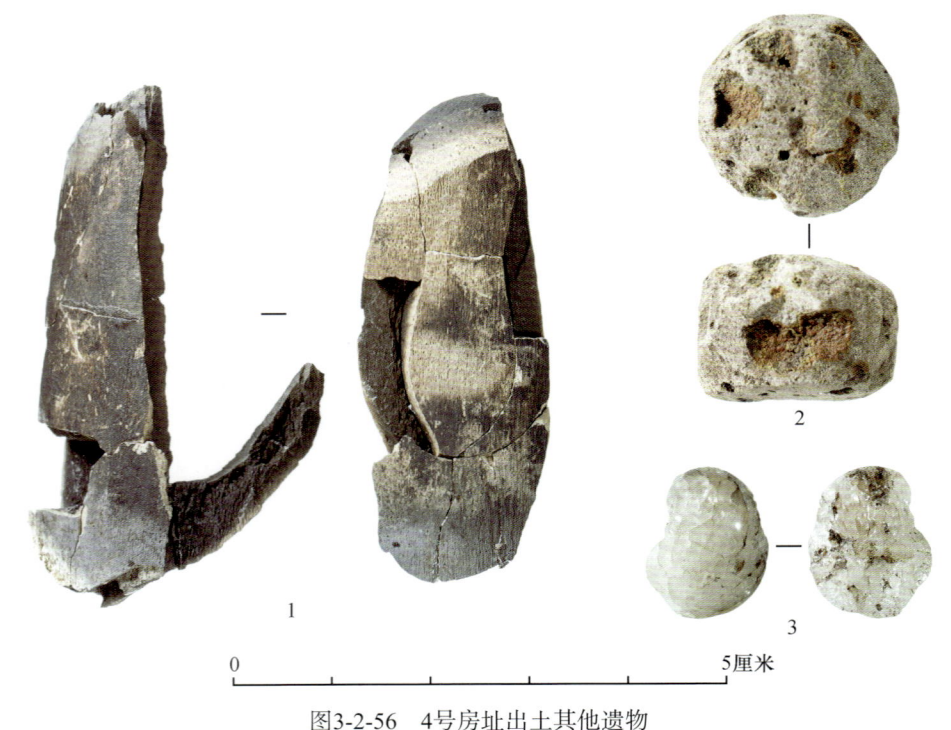

图3-2-56　4号房址出土其他遗物

1. 骨制品（编号No.193，К/9探方）　2. 石饼（编号No.195，И/8探方）　3. 石珠残块（编号No.185，И/10探方）

（二）中世纪以前的遗存

2015~2016年期间的发掘，除了出土中世纪早期的遗物之外，还出土了大量与居住相关的更早时期的遗物。一号发掘区和三号发掘区中出土的主要是零散的文化特征不明显的遗物，而处于城址东部悬崖边的二号发掘区内，具有早期特征的遗物则多得多。这些遗物主要出土于房址之间的地层中，少量出土于中世纪房址填土的上层，但大多数出土于比中世纪早期房址更早的层位。

除了考古类型学、层析法、考古地层学等传统考古学方法外，我们还运用了成分分析方法，搞清不同时代的文化在材料成分上的不同，以便作为厘清接下来要分析的早期遗存的属性的依据。

在对发掘出土的遗物的研究过程中，确定了不同时期不同考古学文化的石器和陶器的类型。

鉴于该遗址的多层属性，陶器残碎且分布零散，较为集中的陶器堆积较少，在整理总结古金属时代遗存特征时，只整理了陶器的口沿部残片。由于没有纹饰的器壁和器底残片文化特征不明显，难以归入某一具体考古学文化范畴中，为了方便搞清新石器时代的遗存特征，只整理了口沿残片及带有纹饰的器壁残片。

诚然，镞、钻孔器、刀等石器的文化特征也不明显，难以归入某一具体考古学文化中。但是，从这些石质工具的形制特点和加工工艺而言，它的文化特征则相对较突出。加之，陶质遗物无论胎质、制法，还是器表处理方式，都有较为明显的特征可将其与某一时期特定的考古学文化相联系。

部分遗物，如砺石、石杵、石片和经过加工修整的燧石片，以及用于制作这些器物的工具残块等，不能与某个考古学文化直接确定归属关系，因为这类遗物时代特征不明显，属于哪个考古学文化的可能性都有。

在厘清了不同时期不同文化层中的遗物关系后，我们又在各发掘区明确了它们的空间布局，旨在弄清这些人工制品的分布规律，以及它们与中世纪以前和中世纪时期遗迹的关系。

1. 旧石器时代

时代最早的出土遗物是蓝色黑曜石石核，出土于2015年发掘的二号发掘区的E/1探方。该遗物为1件端面楔形细石核，有窄的工作面，接近180°，部分保留侧面的棱脊，其上有4片石叶剥离痕。石核的大部分（工作面的相对面）被从台面方向打击的石片破坏（图3-2-57）。

从石器加工技术和类型学特征，以及用黑曜石作为原料等因素考量，我们可以将这一遗物与滨海边疆区南部的伊利斯塔亚1号遗址、戈尔巴特卡3号遗址（库兹涅佐夫，1992；季亚科夫，2000）等遗址中的同时期遗存进行对比，将其时代定于旧石器时代晚期的后期阶段。

图3-2-57 二号发掘区出土旧石器时代石核（编号No.107）

2. 新石器时代

出土数量最多的遗物属于新石器时代中期的谢尔盖耶夫类型和什克利亚耶夫卡类型（图3-2-58）。

这一时期的主要发现大多处于发掘区的最下层地层，该层地层中，有深棕色的烧土，有在发掘区北部Д-E/4-5探方、Ж-3/5-6探方中发现的灰棕色黏土，还有打破基岩层的一处早期房址在挖掘基坑过程中挖出的土层（图3-2-58；图3-2-59）。这座房址的基坑几乎完全被后来出现的古金属时代和中世纪早期的房址损毁，残存基坑西北角的小部分坑壁，以及处于二号发掘区中部的部分基坑。在Γ/2-3探方中发现一个灶坑（图3-2-60），该灶坑属于新石器时代，因为在其中出土了时代明确的石质及陶质用具。

灶坑平面为近椭圆的不规则形，长84、宽62、深10厘米，打破基岩层。灶坑内填土为包含炭灰的深色黏土，夹杂烧焦的骨渣，在填土的中部夹有一层炭灰。在灶坑附近，出土了新石器时代陶器的残片，纹饰有平行的凸棱纹饰、压印绳纹和小型菱格纹饰。这些纹饰往往填充于框定的区域中。

出土磨制石镞共13件，分别编号No.2、No.80、No.128、No.149、No.131、No.135、No.136、No.145、No.125、No.161、No.170、No.169、No.168、No.105（图3-2-61，1~6）。另出土4件压制石镞，其中3件完整，1件残（图3-2-61，7、8）。

磨制石镞使用灰色或灰绿色的板岩磨制而成。这些磨制石镞都为相同类型，即带脊的叶形，横截面为菱形，底部为六面体，通长3.2~3.7厘米不等，宽1.2~1.45厘米不等，厚0.25~0.35厘米不等。

根据镞底部形制可分为两种类型，即凹底和平底。凹底石镞5件（图3-2-61，1、2、6），平底石镞7件（图3-2-61，4、5）。无论底部形制如何，所有镞都是相同的加工方法——将底部打薄磨光。

该类型镞的形制和剖面特点、厚度，以及分岔的脊的形制和底部的加工方式，与鬼门洞遗址（阿列克谢耶夫，1991），什克利亚耶夫卡7号遗址早期遗存（科诺年科等，2003）、德沃良卡1号遗址（克柳耶夫、加尔科维克，2006）、谢尔盖耶夫卡1号遗址（多罗费耶娃、巴塔尔舍夫，2006）出土的磨制石镞类型一致。

能够区分属于这一时期的压制石镞的一个显著特征是它们的表面和剖面的形制，以及制作工艺。该遗址出土的这类石镞均为细长的三角形，剖面呈凸透镜状，厚0.4~0.5厘米，两面都经过修整，器身由于加工形成的多道凸棱较明显（图3-2-61，7、8）。此类型的镞与上述的磨制石镞共出，是新石器时代中期的典型遗物，在鬼门洞遗址（阿列克谢耶夫，1991）、什克利亚耶夫卡7号遗址早期遗存（科诺年科等，2003）中都有发现。

出土的其他人工制品还有1件直径2，高1.1厘米的形体较大的圆台体石灰岩质地石珠，编号No.97（图3-2-61，9），以及1件圆柱体的骨管，残存劈裂的一半，器表有三处鼓凸，编号No.156（图3-2-61，10）。在鬼门洞遗址（阿列克谢耶夫，1991）中出土了与

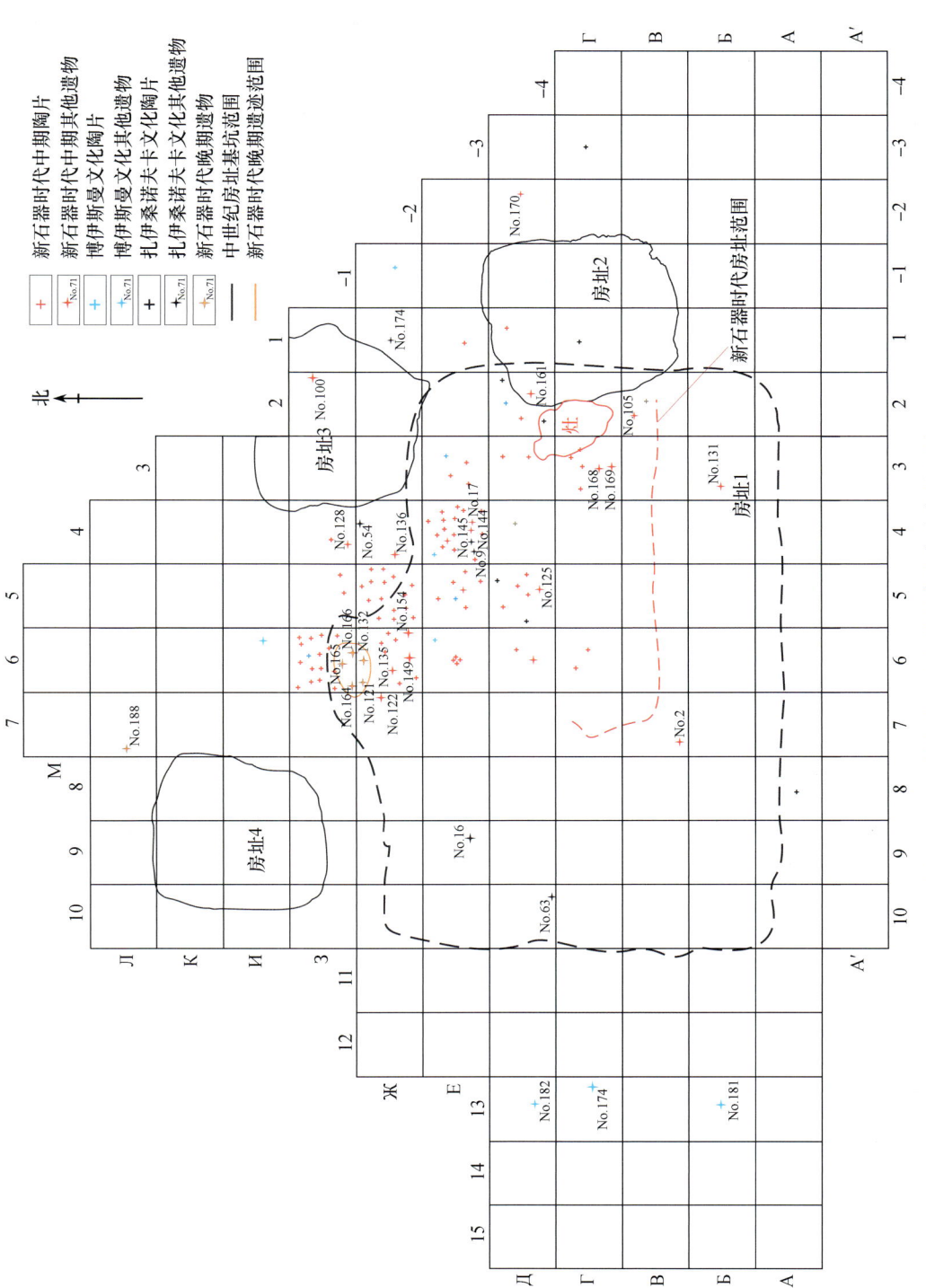

第三章 2015～2016年俄韩联合考古队的发掘

图3-2-58 二号发掘区新石器时代遗存分布平面图

图3-2-59　新石器时代中期房址西北角（东南—西北）

图3-2-60　新石器时代中期房址灶坑（西—东）

第三章　2015～2016年俄韩联合考古队的发掘　199

图3-2-61　新石器时代中期出土遗物
1～6. 磨制石镞（编号No.161；编号No.2；编号No.135；编号No.125；编号No.105；编号No.136）　7、8. 压制石镞（编号No.16；编号No.100）　9. 石珠（编号No.97）　10. 骨管（编号No.156）

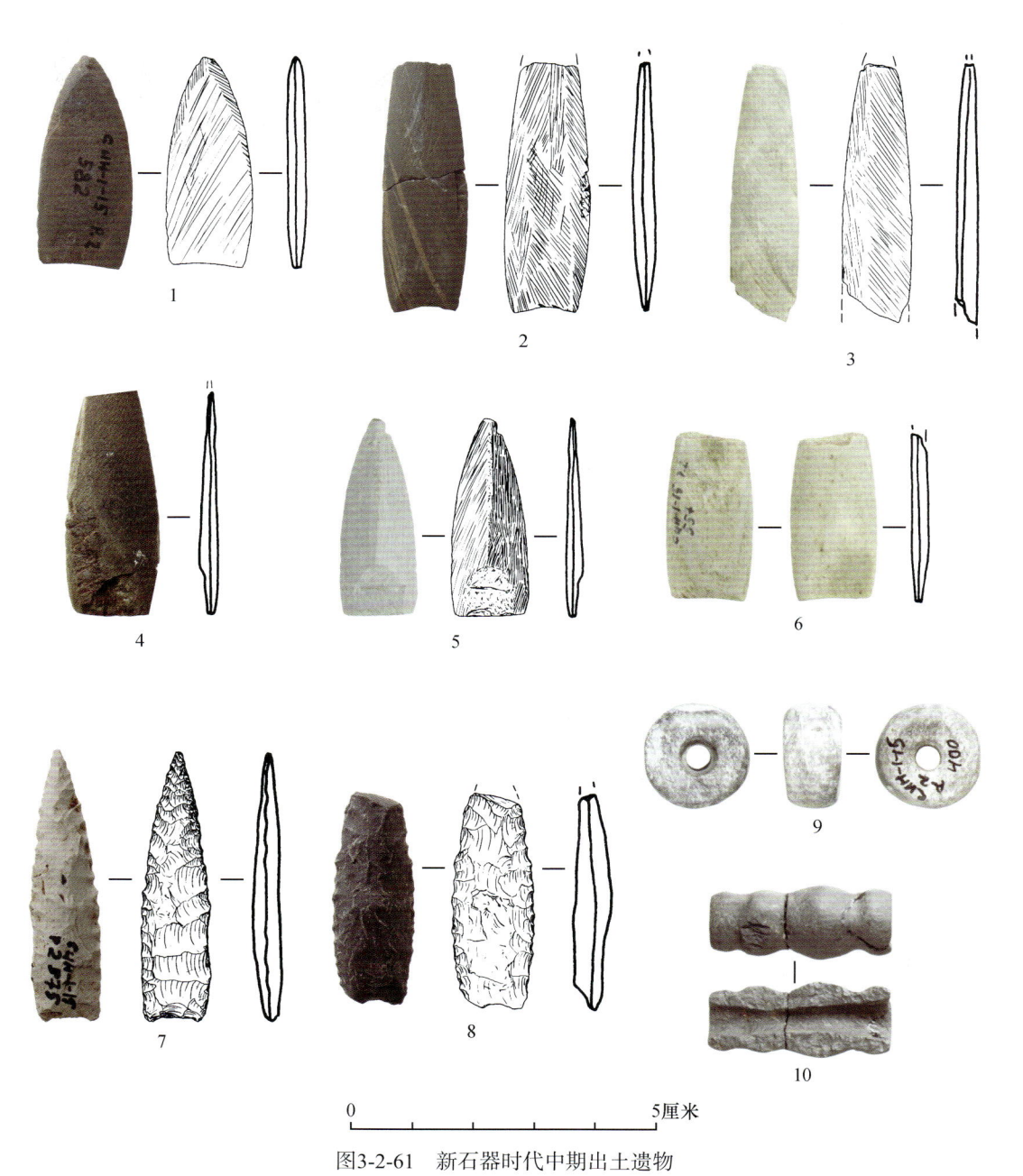

此类似的骨管。此外，在谢尔盖耶夫卡1号遗址（多罗费耶娃、巴塔尔舍夫，2006）的出土遗物中也有圆台体的石珠。

出土于新石器时代中期的陶器有至少出自10件陶器中的19块口沿残片和30块带有纹饰的器壁残片（图3-2-62；图3-2-63）。下文选取口沿残片及较大的器壁残片进行描述。

这些陶器胎体中夹有砂和耐火黏土，有的只夹砂。陶片的颜色有浅棕色、棕色、灰色和灰褐色。陶片带有弧度，表面没有抹光痕迹，器壁平均厚度为0.4~0.6厘米。

所有陶器都残碎严重，残片的保存状况很差，也很零散，无法复原陶器器形。

口沿为直口或侈口，圆唇。纹饰施于口沿下方，以戳印纹和附加堆纹为主要装饰手法。主要有4种纹饰：

（1）压印菱格纹（图3-2-62，4~7）。

（2）折角形压印纹搭配成排的篦齿纹（图3-2-62，1、3）。

（3）捏制的平行凸棱纹，有的上、下搭配篦齿纹或折角形压印纹。其中一片上还发现了几排指甲戳印的凹窝，位于凸棱之间（图3-2-63）。

（4）压印绳纹（图3-2-62，2）。

在以下遗址中也出土了类似的陶器：谢尔盖耶夫卡1号（巴塔尔舍夫，2008）、什克利亚耶夫卡7号遗址早期遗存（科诺年科等，2003）、德沃良卡1号遗址（克柳耶夫、加尔科维克，2006）、里索沃耶4号遗址（克柳耶夫、莫列娃，2014）等。上述出土陶片与这些遗址中出土的同类器物形制相符，可将其归于新石器时代中期，时代为距今7000~6500年。

（1）博伊斯曼文化遗物。

该文化遗物出土不多。出土的陶器残片均散乱分布，没有较为集中的陶器堆。出土遗物包括磨制石镞、陶器口沿和器壁残片，残片上装饰有成排的篦齿纹（图3-2-58）。

出土磨制石镞4件，分别编号No.1、No.174、No.181、No.182-183（图3-2-64）。2015年在二号发掘区出土1件镞残段（图3-2-64，4），其他3件均于2016年集中出土于4号扩方的Б-Д/13探方中（图3-2-64，1~3）。镞由灰绿色的厚石板制成，平面呈细长的三角形，尖端附近的脊十分突出，截面呈菱形，靠近底部的位置截面呈六边形。

结合该类镞平面呈细长三角形、边缘棱角分明等形制特征，我们将这些镞归为博伊斯曼文化。博伊斯曼2号遗址（波波夫、奇基舍娃，1997）、博伊斯曼1号遗址（别谢德诺夫等，1998）中也都出土了类似的镞。

博伊斯曼文化陶器在各个文化层中都有发现，主要出土于发掘区北部（图3-2-65）。共出土了属于该时期的3件陶器上的近70块陶片。

所有陶器胎体都夹杂颗粒大小不均的砂粒。陶片颜色呈浅棕色、棕色、灰褐色等。陶器壁厚为0.4~0.6厘米，个别陶片内壁发现有抹痕。

陶器残损严重，无法复原。出土的陶片中只有一种口沿残片，即形制较为简单的直口、圆唇。

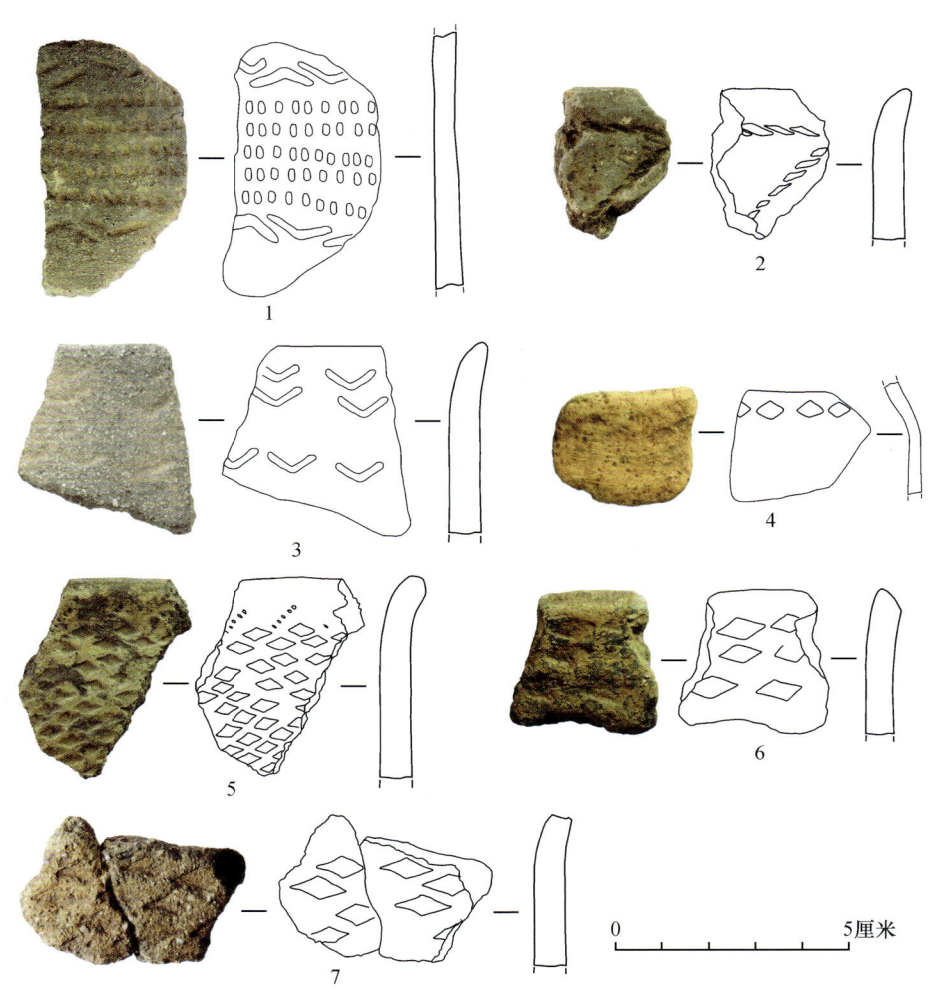

图3-2-62　新石器时代中期压印纹陶片
1、3.压印折角纹　2.压印绳纹　4~7.压印菱格纹

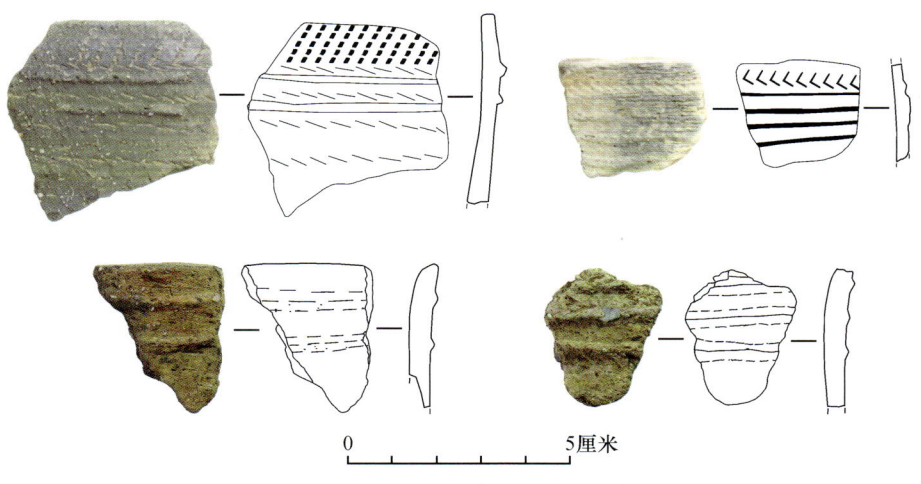

图3-2-63　新石器时代中期凸棱纹陶片

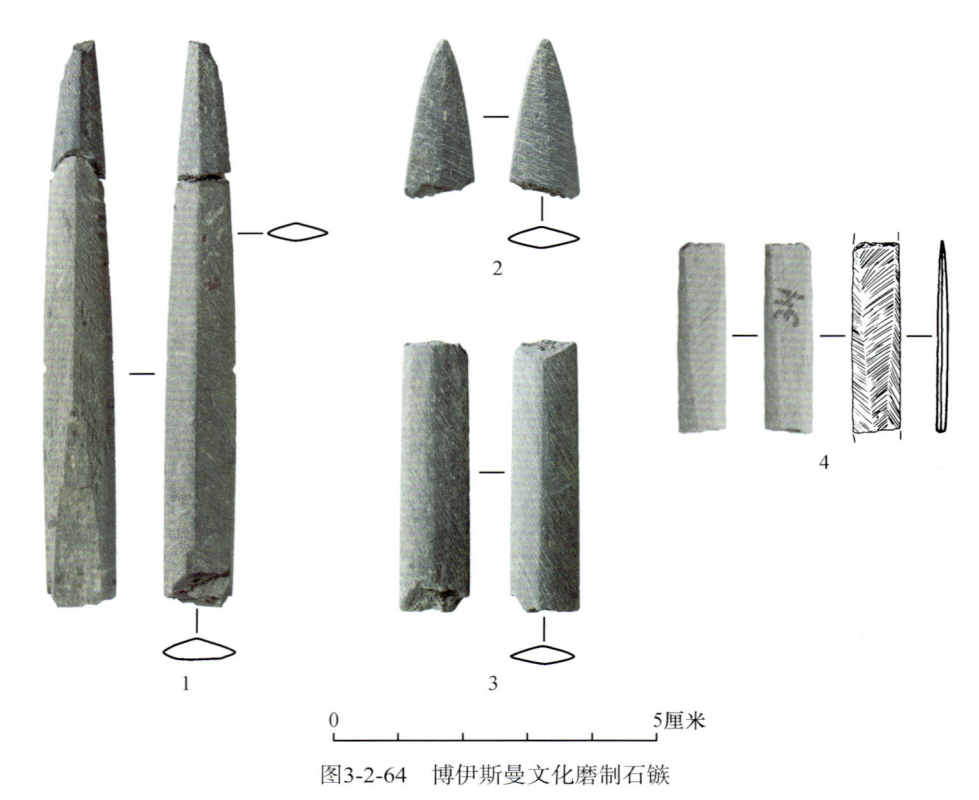

图3-2-64　博伊斯曼文化磨制石镞

1. 编号No.182-183，Д/13探方　2. 编号No.174，Г/13探方　3. 编号No.181，Б/13探方　4. 编号No.1

这些陶片装饰有刻划线纹和压印篦齿纹，由4~5个方形的篦齿状施纹工具制作而成（图3-2-65）。方格状的篦齿纹有横向也有竖向，从口沿的边缘开始一直向下均布满纹饰，个别陶片上有几排斜向线纹与篦齿纹结合使用。

根据制作工艺特征判断，这些陶器属于博伊斯曼文化晚期（莫列娃，2003），时代可追溯到距今5300~4800年。

（2）扎伊桑诺夫卡文化遗物。

该文化遗存是根据石器和陶器的形态特征来判断的，但确定其文化归属的一个重要标准是是否使用了黑曜石。锡涅利尼科沃1号城址出土的该文化遗物数量很少，主要出土于二号发掘区中部的Д-E/4-5探方的第2层和第3层中（图3-2-58）。

在一号发掘区中只出土1件该文化遗物，即1件特征明显的黑曜石核，编号No.110（图3-2-66，1），类似的石核在扎伊桑诺夫卡1号遗址的发掘中也出土过（安德烈耶夫，1957）。

除了石核以外，还出土了属于扎伊桑诺夫卡文化的4件小型刮削器，分别编号No.54、No.9、No.171、No.84（图3-2-66，2~5）。这些小型石器尺寸不大，由黑色或蓝色黑曜石制成，长度为1.5~2厘米，刃宽1.6~2厘米，均为半成品。其中有3件的背面保留有卵石外表面的石皮（图3-2-66，2、3、5）。这些刮削器的刃部均较窄（0.5~0.6

图3-2-65 博伊斯曼文化陶片

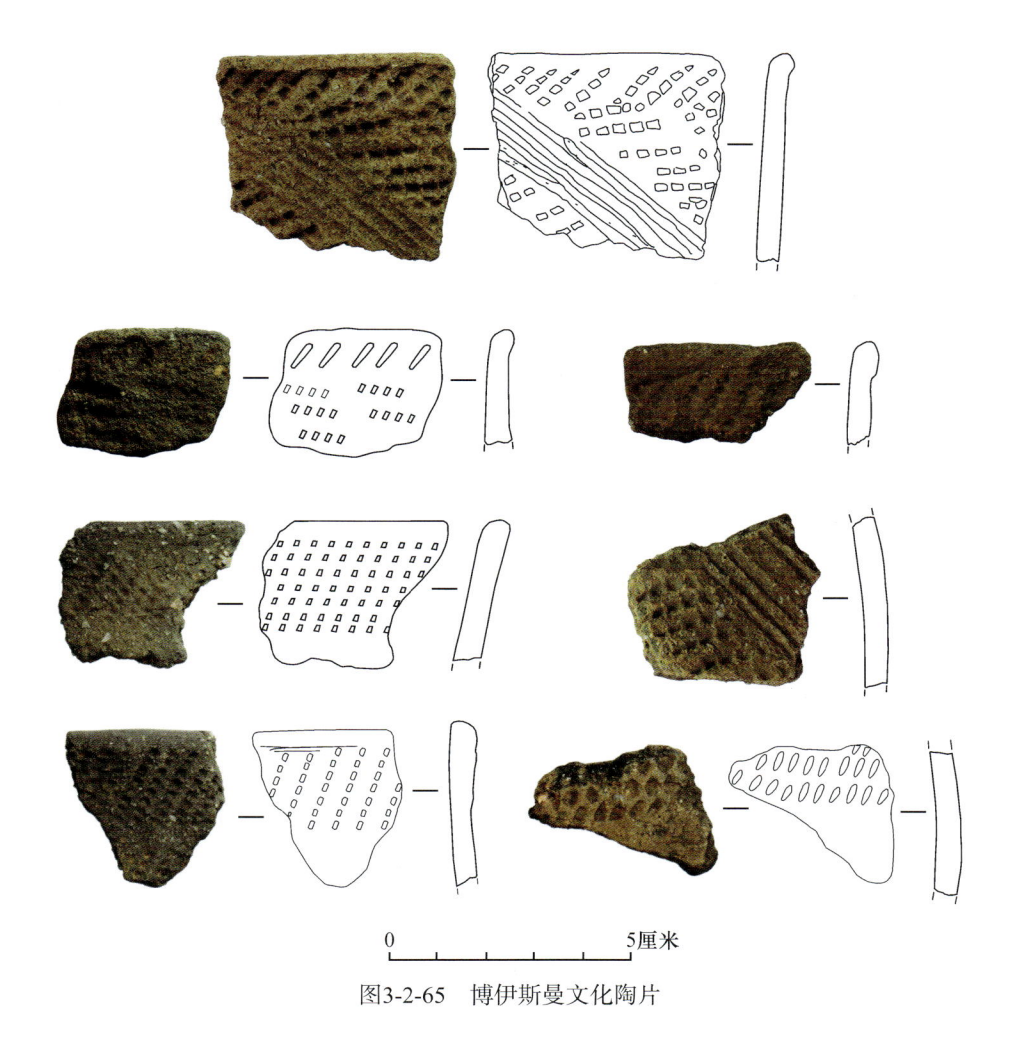

厘米），略弧，器体修整为中部厚、边缘薄的弧形，其中2件刮削器的刃部位于燧石的近端，另外2件刮削器的刃部位于远端。刮削器的侧面有的会形成多个剥离面。石器规格较小，可能与原料本身有一定关系。

在波格柳波夫卡1号村落址（加尔科维克，1989）、戈沃兹杰沃4号遗址（克鲁缇赫等，2010）、什克利亚耶夫卡7号遗址（科诺年科，2003）也出土了类似的刮削器。

根据原材料特点判断，编号No.63的1件黑曜石雕塑和编号No.175的1件石刀都属于该考古学文化。石雕塑是由质地较差的黑色黑曜石制成，一端残断，经过打制修整，器物呈现出凸凹有致的形态，平面、侧面、边缘存在较明显的磨痕，这种磨痕有的是用皮子之类用具打磨形成的人为加工痕迹，有的是使用期间与其他工具一起装在皮囊中相互摩擦产生的痕迹（图3-2-66，6）。

石刀由一大块灰色黑曜石制成，平面呈细长的三角形，两侧经打制形成刃部，形成多个不同大小的剥离面（图3-2-66，7）。

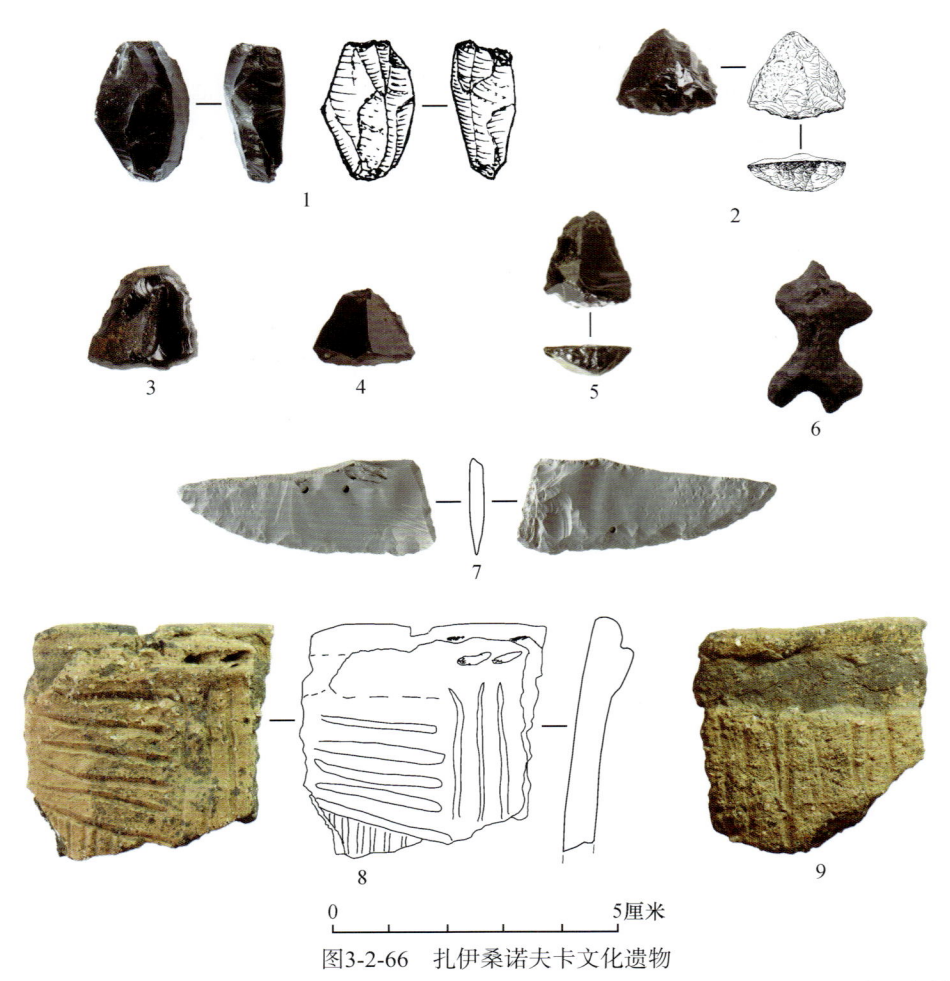

图3-2-66 扎伊桑诺夫卡文化遗物
1. 石核（编号No.110） 2~5. 刮削器（编号No.54；编号No.9；编号No.171；编号No.84） 6. 石雕塑（编号No.63）
7. 石刀（编号No.175） 8、9. 陶片

陶器。在发掘中，出土了5件扎伊桑诺夫卡文化陶器残片，为4件口沿和1件器壁残片（图3-2-66，8、9），出土于发掘区的不同地点。陶片保存较差，表面侵蚀十分严重。胎体中夹杂有中等粒度（0.5~1毫米）的杂质，陶色呈浅棕色、棕色、灰色。

该组陶器残片中共有4件口沿。其中1件口沿外侈，口沿外侧捏制出一条凸棱，使得口沿截面呈三角形，凸棱的上表面装饰倾斜凹窝纹饰，下部有刻划斜线纹（图3-2-66，9）。另外3件属于同一陶器的口沿，直口，外壁装饰有带有较深矩形凹窝的手捏形成的凸棱，凸棱下部纹饰呈方形区域分布，内中交错填充横向或竖向的平行刻划条纹（图3-2-66，8）。

在其他扎伊桑诺夫卡文化遗址中也出土了类似的陶器，如戈沃兹杰沃4号村落址出土的该类陶器（克鲁缇赫等，2010；莫列娃，2014）。

此外，该遗址的发掘中还发现了一些不太典型的新石器时代遗物，该类遗物于2015

年发掘时集中出土于二号发掘区Ж-3/6探方下部的棕褐色砂质黏土中（图3-2-67），包括3件压制石镞，分别编号No.121、No.164、No.166（图3-2-67，1、2、4），和2件石斧，分别编号No.132、No.165（图3-2-67，5、6）。

出土的3件石镞均为凹底，底部内凹呈三角形，两翼延伸出的剥离形成的面平行于石镞长轴，器表经过修整，经压制形成波状条纹，条纹覆盖面积达到镞身表面的一半以上，底端双翼修整精细而对称。3件石镞中最完整的1件镞身平面呈长三角形，由浅褐色的燧石制成，长6.8、宽0.9、厚0.25厘米（图3-2-67，2）。另1件尖端被折断的镞，底部略微内凹，底端翼角不太明显（图3-2-67，4），但从制作工艺上来说，它与另外2件相同。这些镞与该遗址出土的其他镞之间的主要区别是，它们修整的十分精细，底部凹陷突出，镞身细长，底部内凹的形状不太相同，并且截面厚度较小。

2016年，在二号发掘区的5号扩方Л/7探方出土了1件石镞，编号No.188（图3-2-67，3），镞身平面呈三角形，凹底，尖翼，修整较为精细，底部的制作工艺方式比较独特。根据该石镞的形制特点，我们将其与2015年在Ж-3/6探方的发掘中出土的遗物归为一类。

同样属于这一考古学文化的遗物还有2件石斧，出土于镞的附近。第1件石斧由浅绿色的厚实板岩磨制而成，长度为9.4厘米，平面近三角形，上部较窄，刃部较宽，刃端为弧形，两侧有较窄的磨光边缘（图3-2-67，6）。第2件石斧较薄，由青灰色致密的凝灰岩制成，长5.8厘米（图3-2-67，5），这件石斧起初平面呈三角形，后斧顶末端被折断，使整个器身平面呈梯形，弧刃，两侧有以击打方式修整形成的痕迹。

根据制作工艺特点来看，这些器物属于新石器时代的发达时期。它们的文化归属很难确定，有两种可能性：第一种可能，属于博伊斯曼文化的后期阶段，根据镞身较长以及质量较高的压制工艺来推断；第二种可能，属于扎伊桑诺夫卡文化，由石斧的形状和制作工艺来推断。

需要注意的是，这些遗物具有较高的质量，说明可能是用于特定仪式的器物，就像在博伊斯曼2号遗址中那样，城墙中出土的随葬品与村落址完全不同（波波夫、奇基舍娃，1997）。因此，这些遗物的出土地点和层位尤为重要。如前所述，它们出土于Ж-3/6探方，是在清理中世纪房址的柱坑时发现的。该房址的柱坑打破玄武岩，经过火烧，填土中残存木炭残块。在清理该房址柱坑的填土时，搞清了这些遗物所属的坑状遗迹的形制，为东南—西北向长方形，长1.5、宽1米，坑内填土主要是带有深色碎石的红褐色壤土，其中夹杂有腐朽的骨渣和赭石残片以及人工制品。坑的下部（底部）部分石头也涂有赭石颜料。从腐朽的骨渣、赭石填充以及存在一系列制作工艺精细的工具推断，该早期遗迹应是一座墓葬。

（3）不确定属于何种考古学文化的新石器时代石器。

如上所述，并非所有的石器都可以与特定的文化或时间段关联，但根据这些工具的形态特征，可将它们归入一个广泛的时期，即新石器时代。

在这些出土物中，包括由半透明玉髓制成的石核1件，编号No.192（图3-2-68，1），

图3-2-67 新时期时代晚期遗物

1~4. 压制石镞（编号No.121，Ж/6探方；编号No.164，3/6探方；编号No.188，Л/7探方；编号No.166，3/6探方）
5、6. 石斧（编号No.132，Ж/6探方；编号No.165，3/6探方）

由棕色燧石制成的刮削器1件，编号No.134（图3-2-68，2），由浅色流纹岩制成的形体较大的石器1件，编号No.46（图3-2-68，3），完整和残断的石镞及其半成品若干，这些石镞没有明显的特征，分别编号No.144、No.25、No.142、No.34、No.74（图3-2-68，4~8），箭杆整直器残段1件，编号No.96（图3-2-68，10），由燧石片制成的石刀1件，编号No.138（图3-2-68，9）。

3. 古金属时代遗物

该时期的主要遗迹为一处被破坏严重的房址基坑。通过平剖面相结合的观察，发现了房址的一侧边缘，从而得以确认该房址的大致范围。该房址位于发掘区的东北部，处于Д-3/-2-7探方区域（图3-2-69），被中世纪早期房址部分打破，在发掘区的个别区域（Ж/1-4探方）处于一座中世纪房址基坑范围内的地方，出土有古金属时代的遗物（图3-2-70）。

大部分遗物出土于房址基坑的第2层和第3层。这些鞑靼时期房址内、外均出土有陶器残片、石器，以及古金属时代的石器。

石器。出土的属于古金属时代的石器有磨制石镞、磨制石刀、切割工具残片、吊坠、钠长石环残块、锥状石器和刮削器（图3-2-71；图3-2-72）。

出土数量最多的是磨制石镞及其残片，共出土24件，分别编号No.7、No.13、No.21、No.22、No.23、No.24、No.29、No.37、No.62、No.64、No.66、No.70、No.71、No.79、No.83、No.84、No.89、No.104、No.106、No.110、No.117、No.179、No.189、No.203、No.205。这些镞的原材料是深灰色和灰绿色的页岩，形制上都属于同一类型，平面呈宽叶形或杏仁形，扁平磨光，截面呈凸透镜形，长度为2.4~5.2厘米，最宽处为1.3~1.6厘米，厚度为0.07~0.15厘米（图3-2-71，7~17）。底部有三种类型，分别是外弧底、平底和凹底。

出土带柄的磨制石刀1件，编号No.48（图3-2-71，18），由深灰色板岩制成，刀尖端被折断，刀背较直，刀尖呈不对称三角形，柄部外凸，刀柄和刀背有打击痕，使得工具边缘变钝，刀刃两侧经过对称磨光。与之形制和制作工艺最接近的刀出土于锡尼盖A遗址（布罗江斯基，1982；布罗江斯基、季亚科夫，1984），其石刀柄部加工更加精细，但在利多夫卡1号遗址（季亚科夫，1983：表13）和莫纳斯特尔卡2号遗址（季亚科夫，1983：表32）出土的同类器物的形制则与锡涅利尼科沃1号城址出土的相同。

此外，还出土了由深灰色板岩制成的形体较大的磨光工具的残片1件（可能是刀，也可能是匕首），编号No.77（图3-2-71，6），残存部分为不对称的刀刃，刀刃的一面起脊，形成两个窄面，另一个平面经过磨光，两端断裂，通过断茬可观察到原材料的自然分层现象。

还出土了一组磨光石饰品，主要是磨光吊坠和钠长石环残片。

出土吊坠7件。其中有6件较集中地出土于Ж/2探方和3/3探方的第3层和第4层中，分

图3-2-68 新石器时代石器

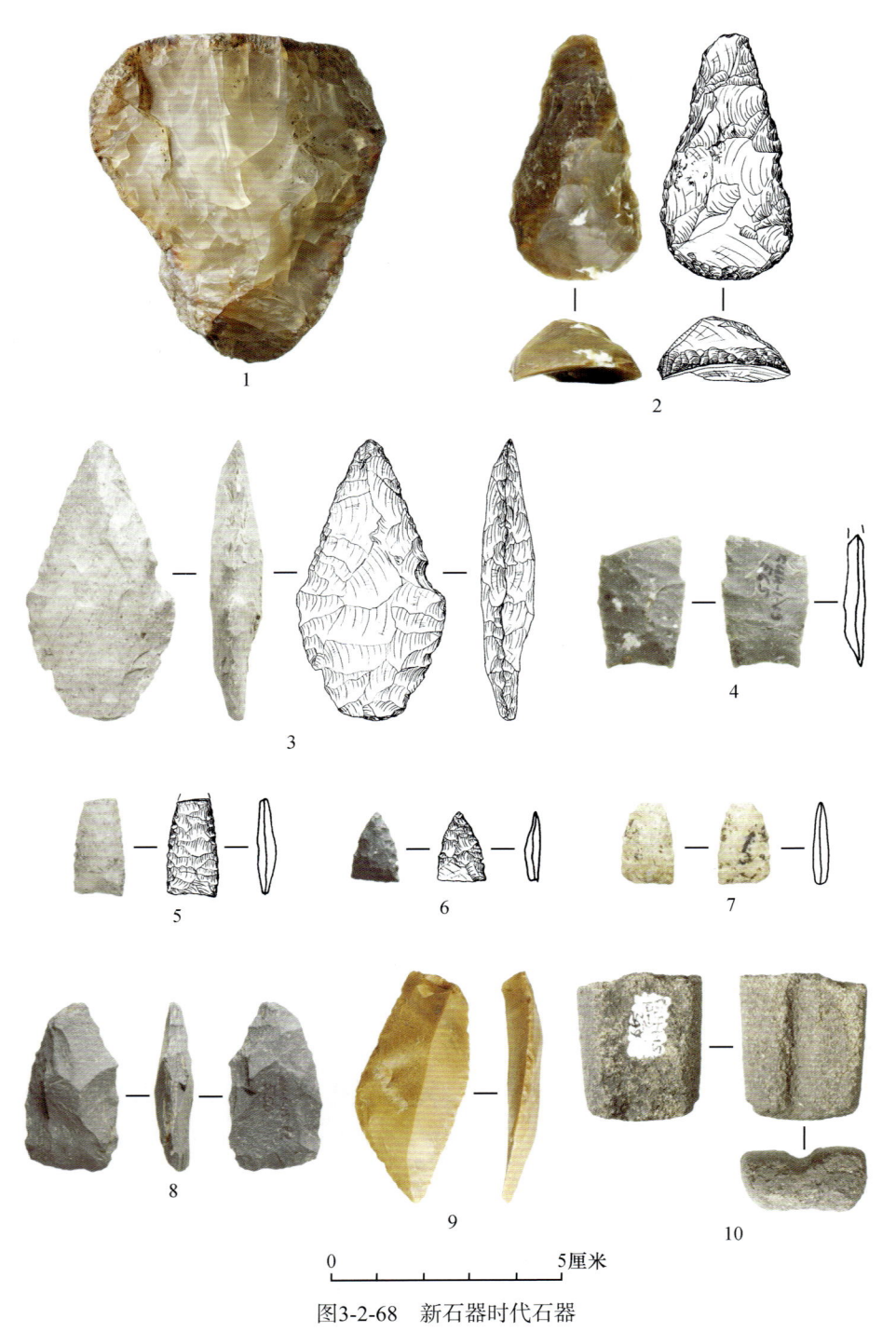

1. 石核（编号No.192） 2. 刮削器（编号No.134） 3. 双面刮削器（编号No.46） 4~7. 压制石镞（编号No.144；编号No.25；编号No.142；编号No.34） 8. 石镞半成品（编号No.74） 9. 石刀（编号No.138） 10. 箭杆整直器（编号No.96）

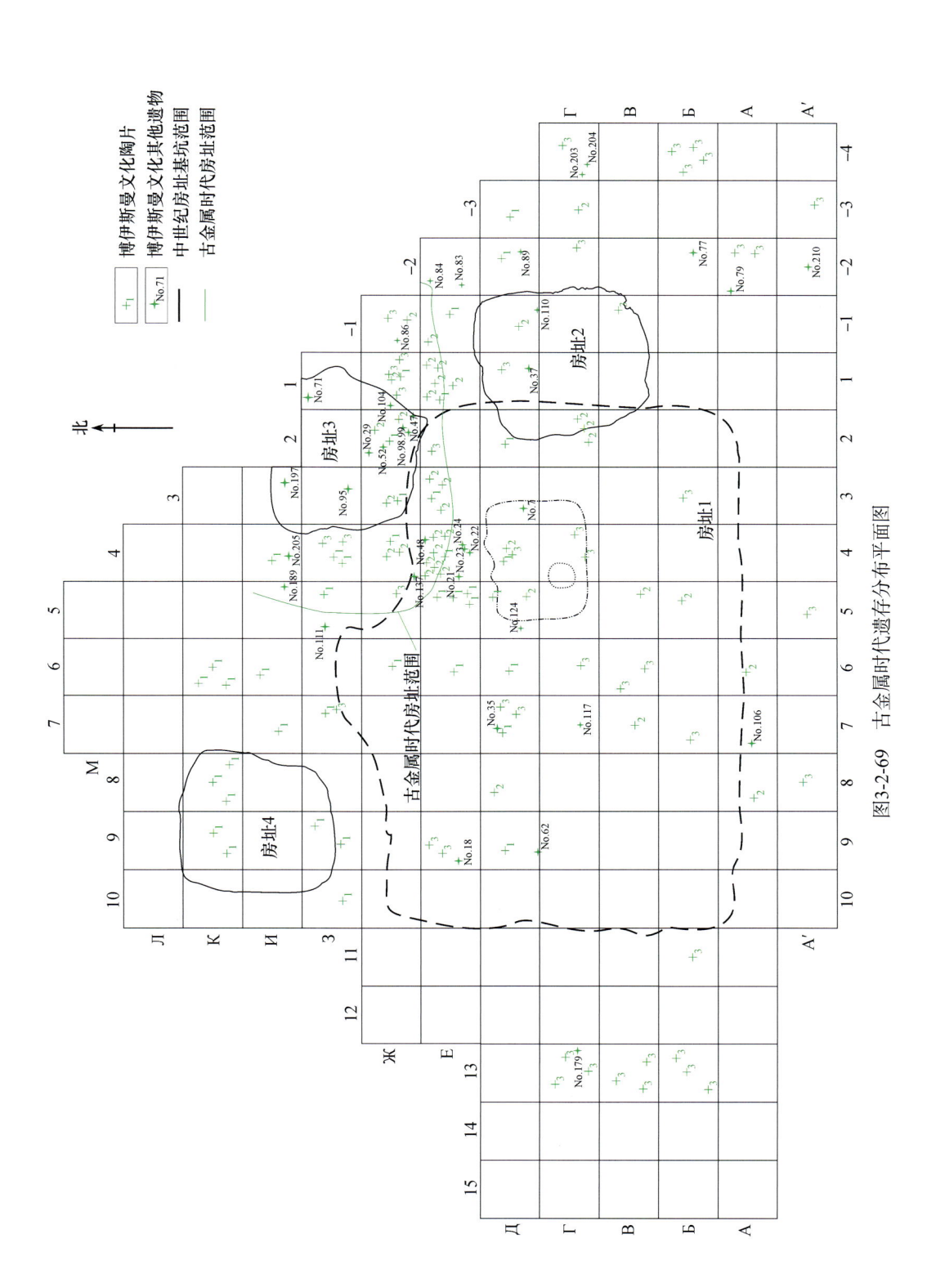

图3-2-69 古金属时代遗存分布平面图

图3-2-70　Ж/1探方出土古金属时代陶器堆和磨盘残片（北—南）

别编号No.47（1、2号）、No.52、No.95、No.98、No.99（图3-2-72，1~3、5），这些吊坠由内部含有矿物成分并具有柔和光泽的深灰色的典型的板岩制成，可能是同一件装饰品上的部件。其中，3件吊坠呈椭圆形，2件呈三角形，1件弯曲呈"勾玉"形。还有1件编号No.197的吊坠出土于5号扩方И/3探方的第4层（图3-2-72，4）。这些吊坠的钻孔位置较为统一，均处于器体的边缘处而非中心部位。

出土石环残段1件，编号No.18（图3-2-72，6），为呈绿色的钠长石磨制而成，宽度为1.2厘米，厚度为0.45厘米，环外缘较薄，外侧抛光并形成圆形边缘，由于穿孔为单方向，致使内侧形成了倾斜的凹面。在一号发掘区也出土了1件钠长石残段。

出土的该时期的压制石器有：石刀片3件，分别编号No.204、No.210、No.85（图3-2-71，1~3）；由黑色粉砂岩制成的锥状石器1件，编号No.137（图3-2-71，5）；由红玉髓制成的刮削器1件，编号No.12（图3-2-71，4）。

石刀片由不透明的玉髓制成，呈长方形，经过精心压制，器身中部最厚，向两侧渐薄。刀片端部的设计较为特别——倾斜的面形成锋利的夹角，使得刀片可以稳定固定在刀背上。

锥状石器平面呈细长三角形，尖端狭窄，且由于频繁使用被磨成了圆锥体，锥体边缘棱角分明，用于穿透被加工的材料。这种磨损发生在弓形钻钻孔过程中（谢苗诺夫，1957）。但滨海边疆区新石器时代遗址目前尚未发现使用弓形钻钻孔工艺的器物。

刮削器由块状的红色玉髓制成，刀刃处于远端，使用边缘打磨得很锋利，直刃，刃宽2厘米（图3-2-71，4）。

图 3-2-71　古金属时代石器

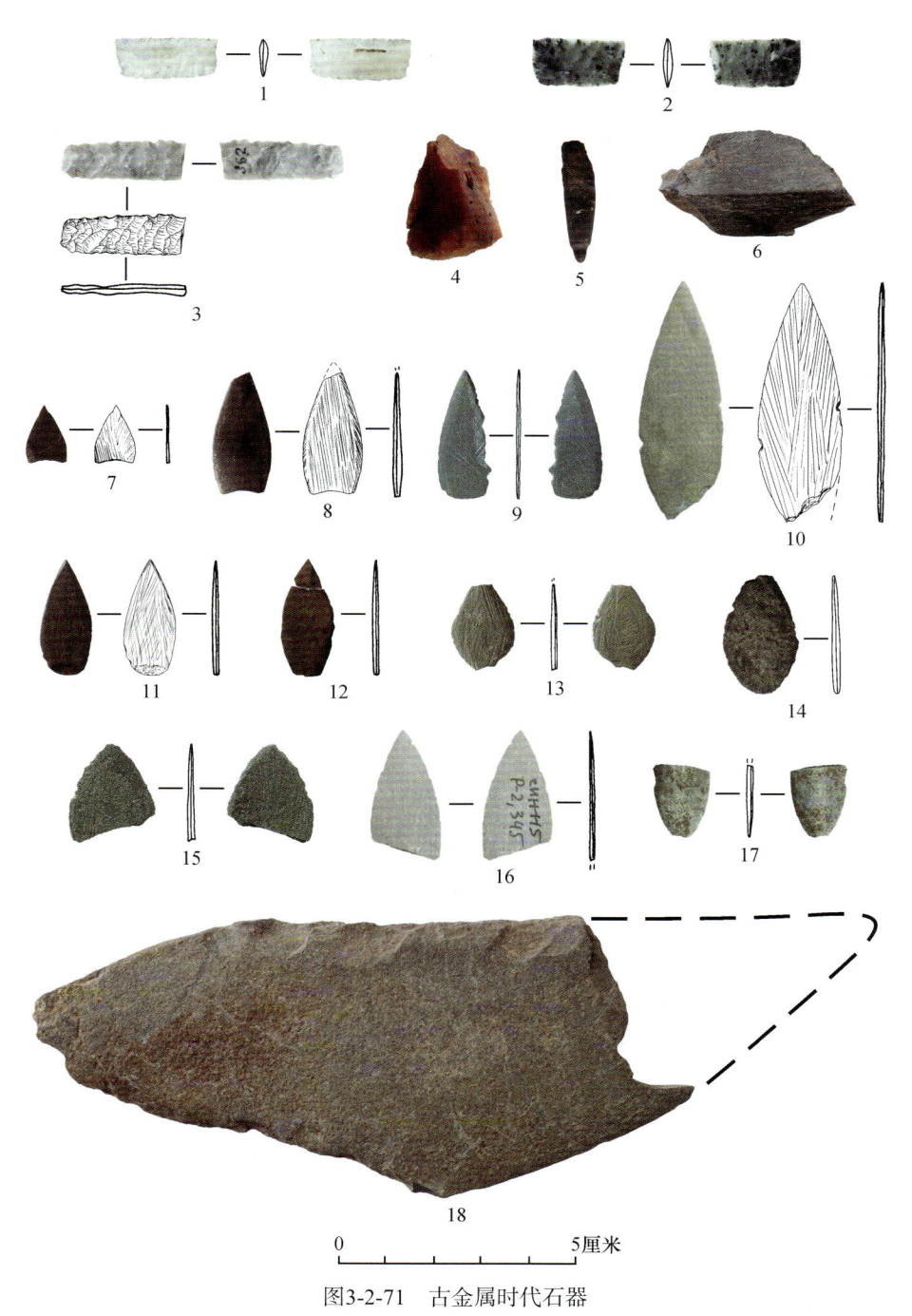

1~3. 压制石刀片（编号No.204；编号No.210；编号No.85）　4. 刮削器（编号No.12）　5. 锥状石器（编号No.137）　6. 磨光工具残片（编号No.77）　7~17. 磨制石镞（编号No.24；编号No.23；编号No.189；编号No.110；编号No.70；编号No.89；编号No.203；编号No.71；编号No.179；编号No.79；编号No.205）　18. 磨制石刀（编号No.48）

图3-2-72 古金属时代遗物

1~5. 吊坠（编号No.52；编号No.95；编号No.99；编号No.197；编号No.98） 6. 钠长石环残段（编号No.18）
7. 纺轮残块（编号No.194） 8. 磨制石镞（编号No.37） 9、10. 柱状陶串饰（编号No.108；编号No.140）
11、12. 石锛（编号No.143；编号No.120）

这些出土的石制工具主要是磨制工具，压制的较少，整体上具有古金属时代的典型特征。根据磨制石镞的类型、页岩吊坠的形制和制作工艺，以及带柄磨制石刀来判断，这些出土遗物与滨海边疆区中南部青铜时代的遗物类似，属于典型的阿努钦-锡尼盖类型遗物，该文化类型的遗物见于锡尼盖A遗址（布罗江斯基，1984）、阿努钦诺4号遗址（克柳耶夫等，2000）、阿努钦诺14号遗址（扬希娜、克柳耶夫，2005）等。但是个别类型的遗物和锥状石器、钠长石环等工具刃部的制作工艺以及器表有不对称磨痕的特征，又体现出利多夫卡文化的特征；并且，滨海边疆区东部出土遗物中，钠长石环只出现在阿霍别类型的遗址中，此类文物时代可追溯到公元前7～前2世纪，但内侧边缘近似直角的特征又表明锡涅利尼科沃1号城址中的古金属时代遗存时代相对较晚。

除了青铜时代的典型遗存外，还可以划分出一类工具，时代初步可追溯到早期铁器时代，它们是：一号发掘区出土的编号No.37的磨制石镞（图3-2-71，8）；二号发掘区出土的编号No.120的磨制石锛（图3-2-72，12）、磨制石器剥落的碎片以及2件用于砍伐的磨制石器残片（可能是斧，也可能是锛）。

磨制石锛由黑色粉砂岩制成，横截面为矩形，背面有一个弧形棱，将工具主体和刃部区别开来，器物顶部和底部均残损。该石锛有被改造成锄头继续使用的痕迹。

2件磨制石斧（或锛）残块由浅灰绿色片状凝灰岩制成，残存该器物的主体部分。这2件残块的各个面均打磨精细，侧面与正面呈直角。

镞由灰绿色片状凝灰岩制成，平面呈叶片状，截面呈不规则菱形。镞上部三分之一处最厚，镞尖端经过打磨使之较尖锐。根据该类器物的这些形制特征，判断其应当属于早期铁器时代的扬科夫文化，但制作工艺方面的某些细节特征在青铜时代的遗存中也有类似。镞中部的厚度发生变化，使得中脊两侧各形成了一个面。В. И. 季亚科夫指出利多夫卡1号遗址中出土的镞也具有相似的特征（季亚科夫，1989：152～153）。利多夫卡文化遗址中出土的锛和斧平面及截面也是矩形（季亚科夫，1989：157），所以将这些制品初步判定属于早期铁器时代。但由于这些出土遗物器类比较单一，加之保存状况较差，所以确定它们的文化属性还是比较困难。

陶器方面，出土的古金属时代陶片数量约占二号发掘区全部出土陶器的10%。这一统计数据只基于陶器口沿残片和饰纹陶片，这是因为没有纹饰的器壁和器底残片文化特征不明显，难以将它们归入三大文化时期（中世纪早期、古金属时代、新石器时代）中的任何一个。

所有陶器均为手制，带有附加纹饰带。胎体成分有两种：一种使用中度颗粒砂粒作为掺合料，一种使用蚌壳作为掺合料。多数为含有中度颗粒砂粒的胎体，只发现几件夹蚌陶器残片。所有陶器壁均很薄，平均厚度为3～5毫米。陶色有褐色，浅褐色，灰褐色等。陶器表面粗糙，凹凸不平，有的外表面可见粗糙的横向或竖向抹痕。有的陶片表面可见夹杂较大的颗粒，最大的颗粒直径达3毫米。没有发现陶器上有磨光痕迹。

陶器口沿主要有两种类型，即简单型和重唇的复杂型。所有口沿都外侈，圆唇或尖圆唇。

陶器器身没有纹饰。陶器虽主要是残片，但依据较大的上部残片形制可分辨出两类：敛口罐和大口罐。

1）敛口罐。器形规整，颈部较长，溜肩。此类型陶器残片出土特别多，共复原了7件该类陶器的上半部分。

形体最大的1件敛口罐口径为18厘米，器身最大径为21厘米，颈部高2.5厘米，陶色为灰褐色（图3-2-73，1）。还有3件的尺寸几乎相同，其中1件口径为12.8厘米，器身最大径为13.6厘米，颈部高3厘米（图3-2-73，3），第2件口径为12.4厘米，器身最大径14.8厘米，颈部高3厘米（图3-2-73，4），这2件陶器的陶色介于褐色和浅灰色之间。第3件陶器的口径11.2厘米，器身最大径为15厘米，颈部高2厘米，陶色为灰褐色（图3-2-73，5）。还有2件规格较小，其中1件口径为10厘米，器身最大径为10.5厘米，颈部高3厘米，陶色为灰色（图3-2-73，6），第2件口径为10.8厘米，器身最大径为12厘米，颈部高2.5厘米，陶色为浅褐色（图3-2-73，7）。最后1件敛口罐形体最小，口径8厘米，器身最大径9厘米，颈部高1.7厘米，陶色为灰褐色（图3-2-73，8）。

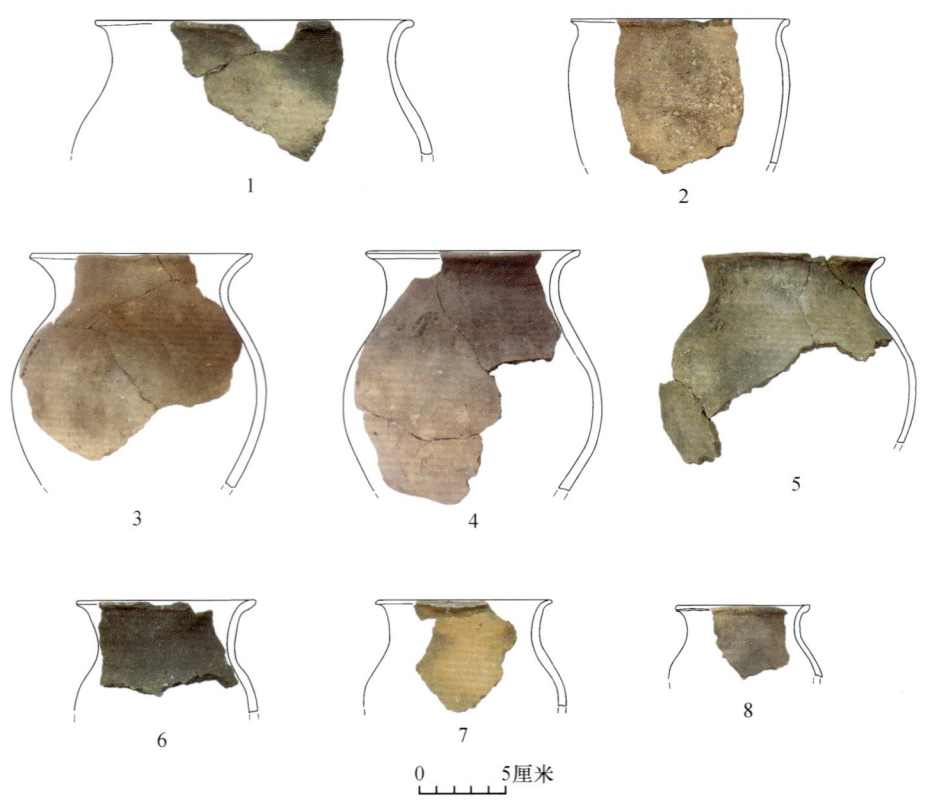

图3-2-73　古金属时代陶器残片
1、3~8. 敛口罐　2. 大口罐

此类陶器口沿均为简单型，口沿外侈，近似"Γ"形，但也出土了少量口沿处略微加厚的陶罐，器壁厚3~4.5毫米。

2）大口罐。器形不甚规整，颈部较短。此类型陶器残片只出土了几件，复原了其中1件的上半部分。器壁很薄，厚0.3~0.4厘米，侈口，口径约12.3厘米，器身最大径为13厘米，陶色为浅褐色（图3-2-73，2）。

除了陶片外，出土的编号No.108和No.140的柱状陶串饰（图3-2-72，9~10）以及编号No.194的残纺轮（图3-2-72，7），也都属于古金属时代的遗物。

通过分析锡涅利尼科沃1号城址中古金属时代的出土陶器，总结出了以下特征：两种工艺的胎体（矿物质和有机质掺入物）共存，夹蚌陶数量较少；陶器以敛口罐为主要的器类；陶器均为素面。对比阿努钦4号遗址和阿努钦14号遗址的材料，可将锡涅利尼科沃1号城址中的陶器和石制品归入由О.В.扬希娜划分出来的阿努钦-锡尼盖类型遗存（扬希娜，2004）。

参 考 书 目

[1] Г.И.安德烈耶夫：《滨海边疆区扎伊桑诺夫卡1号居址》，《苏联考古》1957年第2期，第121~145页。

[2] С.В.巴塔尔舍夫：《滨海边疆区卢德宁考古学文化》，符拉迪沃斯托克：雷亚有限责任公司，2009年，第200页。

[3] Д.Л.布罗江斯基：《滨海边疆区的青铜时代文化（锡尼盖文化）》，《太平洋东北岸古金属时代文化》，符拉迪沃斯托克，1982年，第4~17页。

[4] Д.Л.布罗江斯基、В.И.季亚科夫：《公元前后的滨海边疆区》，符拉迪沃斯托克：远东国立大学出版社，1984年，第76页。

[5] Д.Л.布罗江斯基：《远东考古导论》，符拉迪沃斯托克：远东国立大学出版社，1987年，第276页。

[6] А.В.加尔科维克：《新石器时代波格柳波夫卡1号遗址》，《苏联远东古代文化》，符拉迪沃斯托克：远东国立大学出版社，1989年，第8~10页。

[7] Е.И.格尔曼、金恩国、郑熺培、Е.В.阿斯塔申科娃、В.И.博尔金：《2008年俄罗斯滨海边疆区克拉斯基诺城址考古发掘报告》，首尔：东北亚历史财团，俄罗斯科学院远东分院远东民族历史·考古·民族研究所，2009年，第535页。

[8] Н.А.多罗费耶娃、С.В.巴塔尔舍夫：《滨海边疆区谢尔盖耶夫卡1号遗址新石器时代下层石器》，第五届格罗杰科夫讲座，哈巴罗夫斯克，2006年，第一部分，第54~60页。

[9] В.И.季亚科夫：《利多夫卡文化》，《苏联太平洋沿岸的古代文化》，符拉迪沃斯托克，1983年，第26~64页。

[10] В. И. 季亚科夫：《青铜时代的滨海边疆区》，符拉迪沃斯托克：远东国立大学出版社，1989年，第296页。

[11] В. И. 季亚科夫：《全新世早期的滨海边疆区（中石器时代乌斯季诺夫卡4号居址）》，符拉迪沃斯托克：远东科学出版社，2000年，第228页。

[12] Н. А. 克柳耶夫：《2000年滨海边疆区中部及北部的考古工作报告》，俄罗斯科学院远东分院远东民族历史·考古·民族研究所史前考古科档案。

[13] Н. А. 克柳耶夫：《2001年滨海边疆区中部及北部的考古工作报告》，俄罗斯科学院远东分院远东民族历史·考古·民族研究所史前考古科档案。

[14] Н. А. 克柳耶夫、А. В. 加尔科维克：《滨海边疆区德沃良卡1号遗址新石器时代遗存文化属性问题》，《俄罗斯与亚太地区》2006年第4期，第82~88页。

[15] Н. А. 克柳耶夫、А. В. 加尔科维克：《滨海地区新石器时代的新材料（据2000年发掘材料）》，《日本海沿岸的新石器时代与新石器变革：人与历史景观》，符拉迪沃斯托克：远东国立大学出版社，2008年，第85~97页。

[16] Н. А. 克柳耶夫、О. Л. 莫列娃：《滨海地区新石器时代的新材料（里索沃耶4号居址）》，《俄罗斯与亚太地区》2014年第3期，第214~218页。

[17] Н. А. 科诺年科、Н. А. 克柳耶夫、О. В. 扬希娜：《什克利亚耶夫卡7号——滨海边疆区新石器时代遗址》，《俄罗斯与亚太地区》2003年第4期，第5~15页。

[18] А. А. 克鲁皮扬科、О. В. 扬希娜：《苏沃罗沃6号遗址及其在滨海边疆区考古的地位》，《远东考古人类学及文化人类学》，符拉迪沃斯托克：远东国立大学出版社，2002年，第57~74页。

[19] Е. Б. 克鲁缇赫、О. Л. 莫列娃、С. В. 巴塔尔舍夫、Н. А. 多罗费耶娃、С. С. 马尔科夫、Е. А. 谢尔古舍娃：《滨海地区南部新石器时代格沃兹杰沃4号遗址问题研究》，《揭开千年的面纱——纪念让娜·瓦西里耶夫娜·安德烈耶娃诞辰80周年》，符拉迪沃斯托克：远东国立大学出版社，2010年，第176~190页。

[20] А. М. 库兹涅佐夫：《滨海地区旧石器时代后期》，符拉迪沃斯托克：远东国立大学出版社，1992年，第240页。

[21] О. Л. 莫列娃：《博伊斯曼2号遗址博伊斯曼文化陶器分期》，《亚洲中部、东部及北部古生态考古问题》，新西伯利亚，2003年，第172~175页。

[22] О. Л. 莫列娃：《滨海地区南部新石器时代晚期陶器》，《哈桑地区扎伊桑诺夫卡文化形成研究》，第四届全俄考古研讨会论文集，喀山，2014年，第1册，第307~311页。

[23] В. П. 阿列克谢耶夫等：《远东南部的新石器时代：鬼门洞古代洞穴遗址》，莫斯科：科学出版社，1991年，第224页。

[24] Ю. Г. 尼基京、郑熺培、Я. Е. 皮斯卡廖娃：《2006年滨海边疆区契尔良基诺5号墓地考古研究》，扶余郡：韩国国立文化遗产大学，2007年，第398页。

[25] Л. Н. 别谢德诺夫等：《彼得大帝湾最早的捕鱼者》，《博伊斯曼湾的自然条件与古代人类》，符拉迪沃斯托克，1998年，第390页。

[26]　А. Н. 波波夫、Т. А. 奇基舍娃：《滨海边疆区南部的新石器时代——博伊斯曼考古学文化》，新西伯利亚：俄罗斯科学院西伯利亚分院考古及民族学研究所，1997年，第96页。

[27]　С. А. 谢苗诺夫：《原始技术》，《苏联考古材料与研究》1957年第54期，第238页。

[28]　Е. В. 希多连科：《滨海地区东北部的古金属时代》，符拉迪沃斯托克：远东科学出版社，2007年，第271页。

[29]　И. Ю. 斯列普佐夫：《马尔加里托夫卡文化房址——普列奥布拉任尼耶1号居址田野调查材料》，《亚洲北部的社会发展》，伊尔库茨克，2005年，第154～158页。

[30]　О. В. 扬希娜、Н. А. 克柳耶夫：《滨海地区阿努钦考古学文化分期问题研究》，《亚洲中部、东部及北部古生态考古问题》，新西伯利亚，2003年，第296～299页。

[31]　О. В. 扬希娜：《滨海地区青铜时代分期问题研究》，圣彼得堡：俄罗斯科学院人类及民族学博物馆，2004年，第212页。

[32]　О. В. 扬希娜、Н. А. 克柳耶夫：《滨海地区新石器时代早期及古金属时代早期考古遗存属性及分期标准》，《俄罗斯远东的古代与中世纪：问题、研究与讨论》，符拉迪沃斯托克，2005年，第187～233页。

第三节　城址防御设施的研究

一、城址东部城墙和护城壕的发掘

（一）发掘工作总体情况

2016年开始对城址东部的城墙和护城壕进行发掘和研究。该发掘区被编为四号发掘区，规格为4米×7米，总发掘面积为28平方米，位于距2015～2016年二号发掘区西部8米处的一个狭长地带上，该狭长地带将城址所在区域与东部山崖边缘处的平台分隔开来（图3-3-1；图3-3-2）。选择此处布方发掘是为了将东部平台的西缘与城壕和城墙全部容纳在该发掘区内，以便地层相通。四号发掘区按北方向布方，纳入与二号发掘区相同的坐标系统，东西方向以数字编号（21～27），南北方向以字母编号（А′、А、Б、В）（图3-3-5）。

发掘区最初布方为2米×7米。在用于加固城壕一侧的砌石完全揭露出后，将整个发掘区向北拓宽了2米，以便更充分地了解这种独特的结构特征（图3-3-3～图3-3-5）。发掘结束后对城墙的剖面进行了测量，城墙墙体宽1.25米，垂直高度35～40厘米。从剖面了解了该处的地层堆积：第1层，为风化崩塌的玄武岩碎石层，厚达30厘米；第2层，为含有炭杂质的褐色砂质黏土，厚4～12厘米；第3层，生土层，为风化的基岩表层（图3-3-6）。

图3-3-1　城址东部城墙和城壕
　　　　（西南—东北）

图3-3-2　城址东部城墙和城壕
　　　　（西—东）

图3-3-3　发掘后的城壕和城墙
　　　　（东—西）

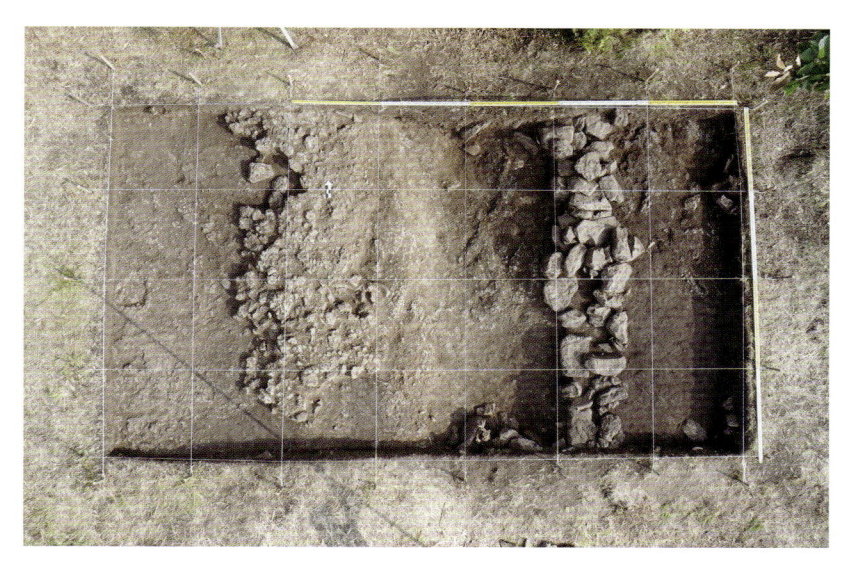

图3-3-4　发掘后的城壕和城墙（北上）

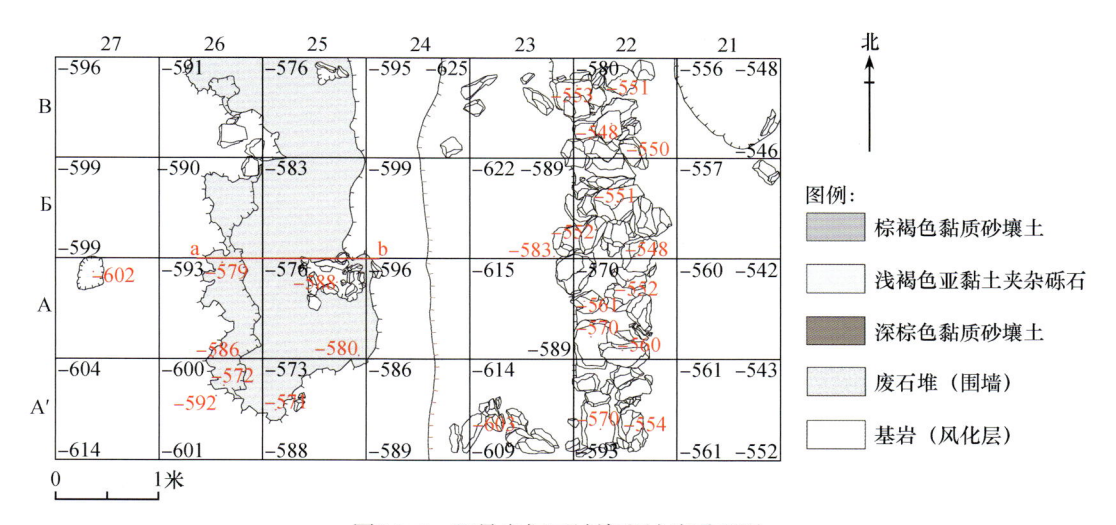

图3-3-5　四号发掘区城壕和城墙平面图

图例：
棕褐色黏质砂壤土
浅褐色亚黏土夹杂砾石
深棕色黏质砂壤土
废石堆（围墙）
基岩（风化层）

（二）发掘出土的遗迹

此次发掘的主要对象是护城壕和城墙，它们的作用是将城址主体部分与东部山崖平台分隔开来。城墙和城壕在鞍形山脊的最窄处南北向穿过，覆盖了这一狭长地带的两个斜坡面。此处城墙没有类似城门的豁口。城墙及城壕残存长度约为7.5米，发掘前城墙距地表高度不超过0.3米，城壕的最大深度为0.56～0.58米。

为了全面揭露发掘区的遗迹现象，发掘工作的方式是揭露两个遗迹的主体部分和其东西两侧关联区域。发掘工作完成后了解到了以下情况：城墙主体直接使用开挖城壕的

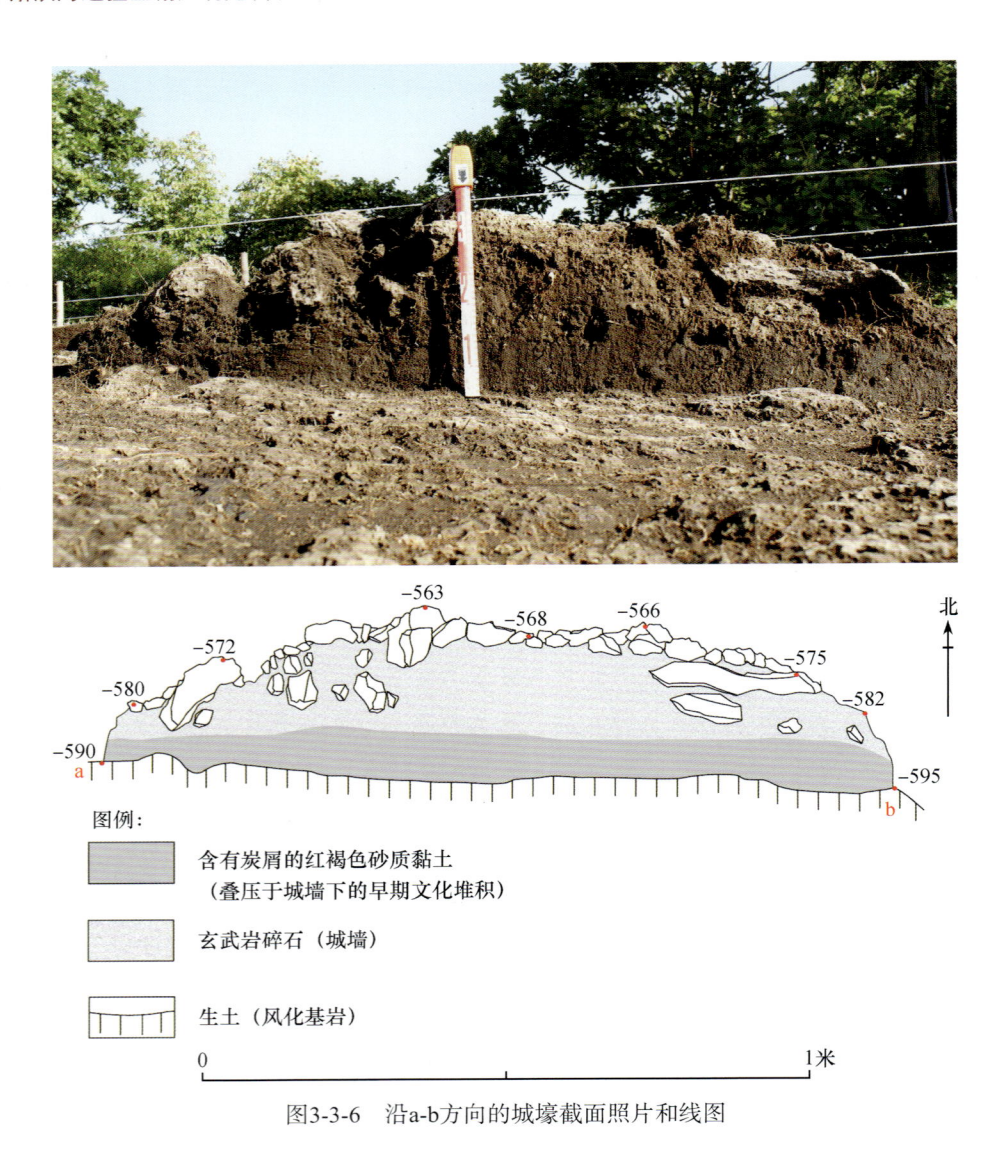

图例：
- 含有炭屑的红褐色砂质黏土（叠压于城墙下的早期文化堆积）
- 玄武岩碎石（城墙）
- 生土（风化基岩）

图3-3-6　沿a-b方向的城壕截面照片和线图

土建在古代地表上，城墙顶部用风化崩塌的玄武岩碎石覆盖加固（图3-3-3～图3-3-6）。

城墙顶部有被石块填埋的坑，可能其上曾有木栅栏墙体，但没有发现炭屑或木材腐烂的明显痕迹。城壕外（东）壁用玄武岩板和大块岩石残片堆砌的石墙加固，大大地加深了护城壕的深度。壕壁几乎已完全损毁，只剩下壁基部分，残存的砌石宽度最窄处70～75厘米，最宽处95～100厘米。壕壁原有高度无法准确地复原，但通过坍塌的石块数量可以推测出原有高度不超过1米。

（三）出土遗物

四号发掘区出土的遗物数量不多，共177件人工制品，其中数量最多的是陶片，共165件。这些陶器残片属于中世纪早期。还出土了制作石器过程中产生的废料——11件剥片和碎石片，和一块保存较差的骨骼残块。唯一1件较有特征的遗物是1件经修整的刮削器残片，它应当是比中世纪早期更早时代的遗物（图3-3-7）。

图3-3-7　A'/21探方出土燧石刮削器（编号No.1）

通过对四号发掘区的发掘，得到了以下认识：根据对地层及各层出土遗物分布情况和形制的观察，结合遗物的文化属性，以及建筑物的结构特征，可以推测遗址的早期阶段为村落址，村落址的西部处于现有城圈的范围内，城墙外侧建有不深的城壕且城墙是用开挖城壕清理出的土修筑而成。这个墙体有可能在顶部使用了木板或栅栏加高，这与以往发掘的滨海边疆区古金属时代村落遗址中所见的现象相同。后来，在城址形成的中世纪早期，更确切地说是在靺鞨-渤海时期，重建了这一防御设施，加深了城壕，并将挖出的岩石块用来拓宽和加固城墙。在城壕的外侧（东侧）出现了一堵石壁，增加了它的深度，这为防御者创造了另一个掩体，对袭击者形成了巨大的阻碍。在该城址已发掘过的西城门附近的墙体也有同样的现象——门址区域利用石板砌石和碎石块材料，不仅加固了城墙外部，而且大大增加了城墙的高度（图3-3-10；图3-3-11）。

二、城址西部城墙的研究

（一）发掘工作概述

本报告第二章第二节简要介绍了博尔金在20世纪90年代末期对城门遗址和城墙结构（图3-3-15）进行的发掘工作。发掘人员确定了两个文化层，并得出一个结论：靺鞨时期最早建造了该城墙，渤海时期被摧毁，并在此后的8世纪稍晚时期，在原有墙体基础上修建了与原有墙体结构不同的新的城墙。

图3-3-8　城墙（西—东）

图3-3-9　城墙石砌部分（南—北）

图3-3-10　西城门平面图

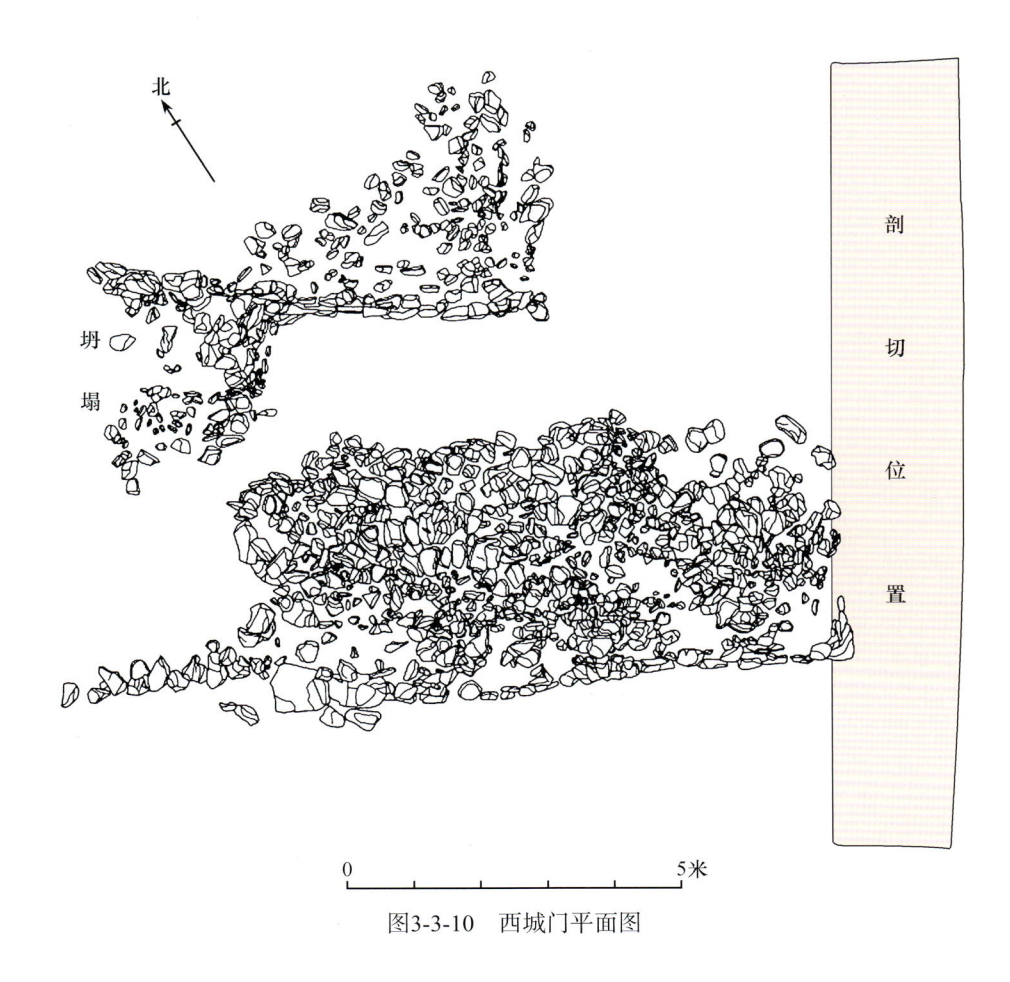

但是，从绘制的城门处墙体剖面图中发现了一些问题。根据В. И. 博尔金的判断，城墙底部发现了靺鞨时期城墙遗迹。但即便只考虑城墙上方的木质结构，相较于滨海边疆区和阿穆尔州地区其他已知的靺鞨时期城墙来说，也具有足够的特殊性。该城址处于滨海边疆区的战略要地。此次发掘的认识与先前В. И. 博尔金对城墙墙体土筑部分和石筑部分的营建情况的描述有分歧，详见城墙的剖面图（图3-3-13）。

为了明确墙体的形制结构，2015年，在开展城内发掘工作的同时，决定对这段城墙进行重新清理。主要目的是确认博尔金画的城墙剖面图的准确性，最终明确城墙和门址剖面上的结构及相互关系。为了绘制城墙的剖面图，清除掉了墙体西侧的草和灌木丛。

利用现代科技手段，通过3D扫描，得到墙剖面图的3D投影（图3-3-12），这有助于展现遗迹的剖面细节，并可以反复观察它的结构及建造的步骤。除此之外，在墙剖面清理的过程中，用墙不同部位的炭屑做了放射性碳元素分析。这可以得出构件的主要成分的绝对年代参考值。墙剖面图放射性碳元素分析的结果见附录一（No.7～11）。

图3-3-11 门址内侧和外侧结构（东南—西北）

图3-3-12　清理后的城墙正投影剖面

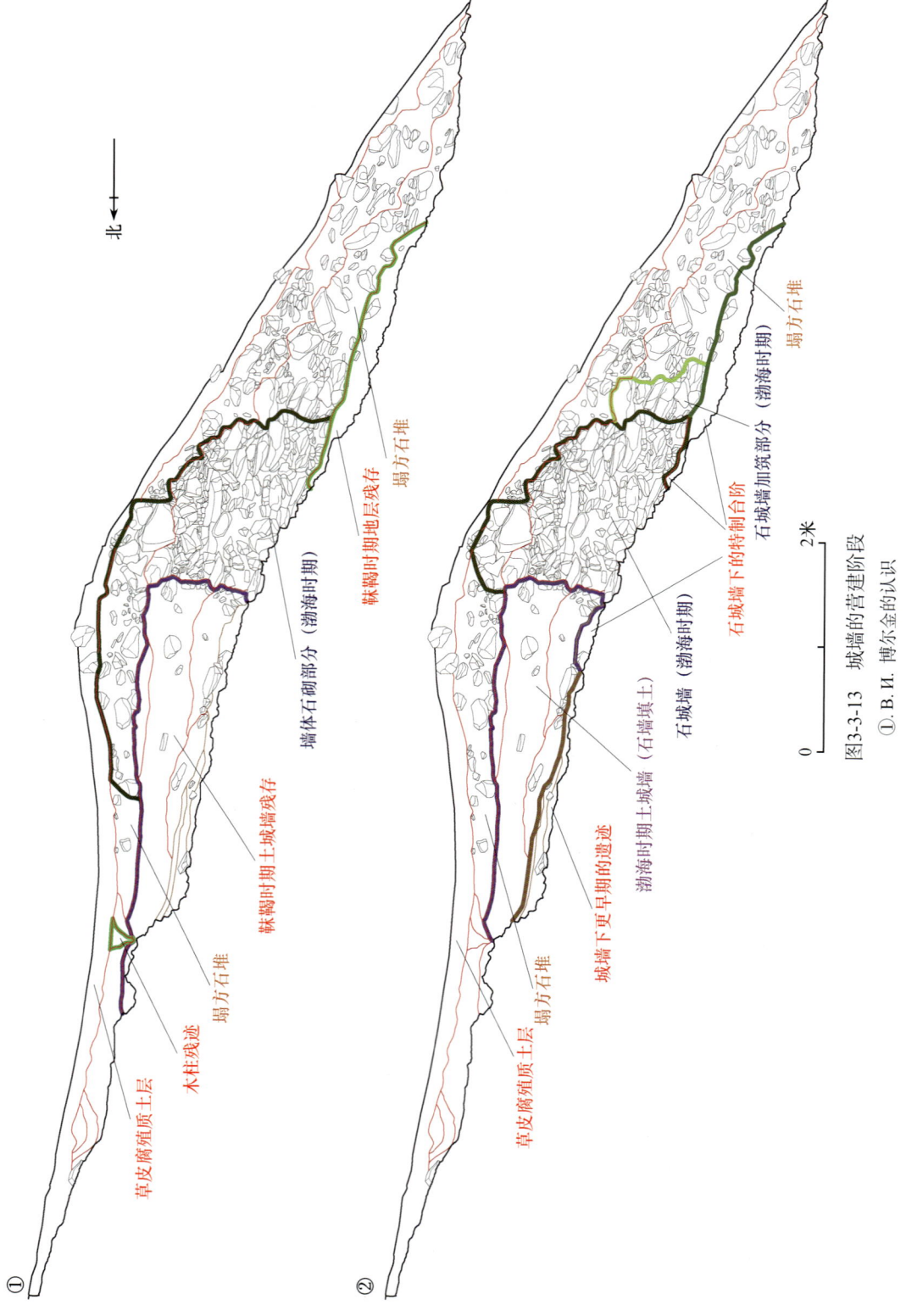

226　俄罗斯滨海边疆区锡涅利尼科沃1号城址考古报告

图3-3-13　城墙的营建阶段
①. В. И. 博尔金的认识
②. 2015年韩国学者的认识

（二）城墙结构特点及营建时序

在清理完城墙后，尝试了复原其结构，该结构与以往博尔金的认识有所不同。

城墙的基础是玄武岩层即基岩层。初建城墙时，人们把基岩切断，使用深棕色黏土夹杂些许玄武岩碎屑，铺垫出几个相对较平整的小台阶。这些台阶是用于修筑石头城墙的基础，也是整条城墙架构的重心。然而，博尔金却认为这不到10厘米的土层为靺鞨时期形成，包括山坡较高处的台阶上的那部分墙体也属于靺鞨时期。黏土中可见城址或早于城址的遗址在发生火灾后形成的文化层残存痕迹。

下一阶段修建了墙体的石砌部分。最初它为垂直架构，后来随时间推移而坍塌。石砌墙体由大石块堆砌，缝隙由小石块和深棕色松散的黏土填充，所使用的一部分小石块是松散的砂岩腐蚀后的碎块。石砌墙体外侧又加筑了一部分石质墙体。

城墙的内侧由土构筑。其构成成分为多层红棕色或棕色黏土夹杂玄武岩碎石屑，厚度近70厘米，比残存的石砌墙体略低。从层位学分析可知城墙的石砌部分和土砌部分是同时建成的。为了加固土墙外部防止其坍塌，又在其上堆筑上了一层不太厚的土层。

土墙的上层为一层泛灰色的砂土夹杂玄武岩碎屑和大石块的石堆。滨海地区渤海时期城址通常都会使用这样的城墙构筑方式，像一个"石头做的帽子"，即用石头包住土墙用以加固城墙结构。然而，本次发掘的情况不同，我们发现高高的石头墙体部分向内坡坍塌，还在城墙外侧发现一处更大的石砌塌方。这处更大的坍塌部分主要分为两层，均不到50厘米，成分为灰色和黄灰色砂土夹杂玄武岩碎屑和大石块。这种石砌墙体的塌方表明，城墙应该很高。墙体建在山坡上三处平坦的岩石表面，城墙通高2米，底宽6米，顶宽1米。城墙表面为一层薄薄的草皮腐殖层（图3-3-14）。

早前在土筑墙体中发现木柱的痕迹，博尔金推断在城墙上有木结构墙体。但是在这次剖面清理过程中没有发现任何的木柱痕迹。

在清理墙体下部时，发现了一个小型土坑。在坑内发现了烧焦的木材残片，极有可能是早期遗存的残迹（图3-3-16）。该坑由于打破了玄武岩基岩，其形状不太规整，且难以确定该遗迹的具体规格，因为一部分处于城墙墙基下方。但是，土坑不深，因此可以推测它的面积不是很大。从该遗迹的形制和所处层位判断，可以明确它与城墙的木质结构没有关系。

如前所述，城墙一部分由石砌成，其内侧为先前建造的土砌城墙。这与В.И.博尔金认为的矮小土筑墙体与石筑墙体存在大面积叠压关系的观点有所不同。我们认为，用层位学的方法不能确定城墙各部分的形成时间，但在墙体下部发现的早期遗存中的遗物可用于断代。

值得注意的是，类似这样外部用石砌，内部用土加固而成的技术在高句丽城址中发现过。例如，在5～6世纪时期，韩国境内的峨嵯山山顶堡垒上，曾经发现过一片低矮的

图3-3-14　城墙土筑和石筑部分结构（西—东）

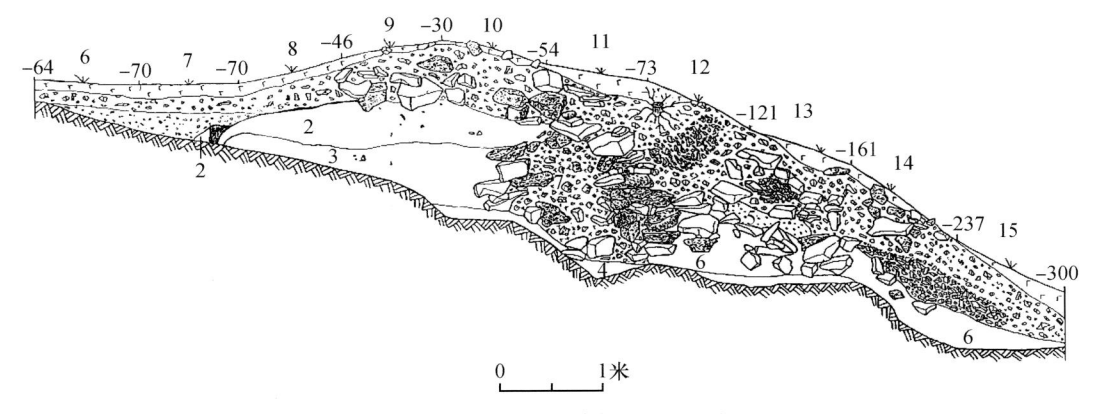

图3-3-15　城墙剖面（博尔金，1999年）

石砌墙体，其内部用土砌筑。

截至目前，在滨海地区和阿穆尔州地区，发现了大量的靺鞨时期城址。通过观察周围这些城址得知，靺鞨时期城址的城墙是用土砌筑的，无论哪个城址都没有石砌的城墙，这足够证明锡涅利尼科沃1号城址中的城墙建造时期应处于渤海时期的早期阶段。

在土墙和石墙间以及早期城墙下部等城墙不同地点的剖面上进行了土样的采集，并对这些土样进行了放射性碳元素分析。对早期遗物进行测年，可以帮助确定城墙的始建年代。经过对样本的测年校正（2 sigma），确定样本所属的绝对年代区间在公元600～660年之间。因此可知城墙是在该时间段开始营建的。至于在城墙的其他地点采集的样本，所处时期有较大波动，大体上处于6世纪中叶到7世纪中叶之间。绝对年代在7世纪初之前的数据可以排除。还应注意的是，从墙体中获取的炭残留物都是很小的残块，这些残块与城墙中木质残余物相关的可能性很小，它们极有可能是混杂在石砌墙体填土中的杂质。值得注意的是，在城址中发现的所有靺鞨时期房址都有火烧过的迹象，表明城址被占领后，可能把城内的土以及烧毁后的遗物灰烬用于修建城墙。可能部分炭屑也是在早于城墙的遗存中形成的。因此，对于目前所见的城墙，形成年代至少应在7世纪末到8世纪初之间的假设并非毫无根据。由此可以推断出目前所见的城墙不是在靺鞨时期形成的，而是在渤海时期的早期建造的。

如果想要确定城墙形成的时间，必须要参考出土陶器。清理城墙土筑部分剖面时，不仅发现了大量具有靺鞨时期特征的手制陶器残片，还发现了几件轮制陶器残片（图3-3-17）。这些陶片可以帮助确定城墙的形成时间，与石砌墙体同时期营建的城墙土筑部分内出土的手制及轮制陶器残片，表明该城址的防御设施是在渤海时期形成的。在发掘城址内部建筑的过程中，仅在废弃房址的上层堆积中发现了轮制陶器的残片，这一情况表明这些残片的时间晚于靺鞨时期，从城墙中出土的遗物也可证明这一点。

图3-3-16 城墙下的早期遗迹（清理前和清理后）

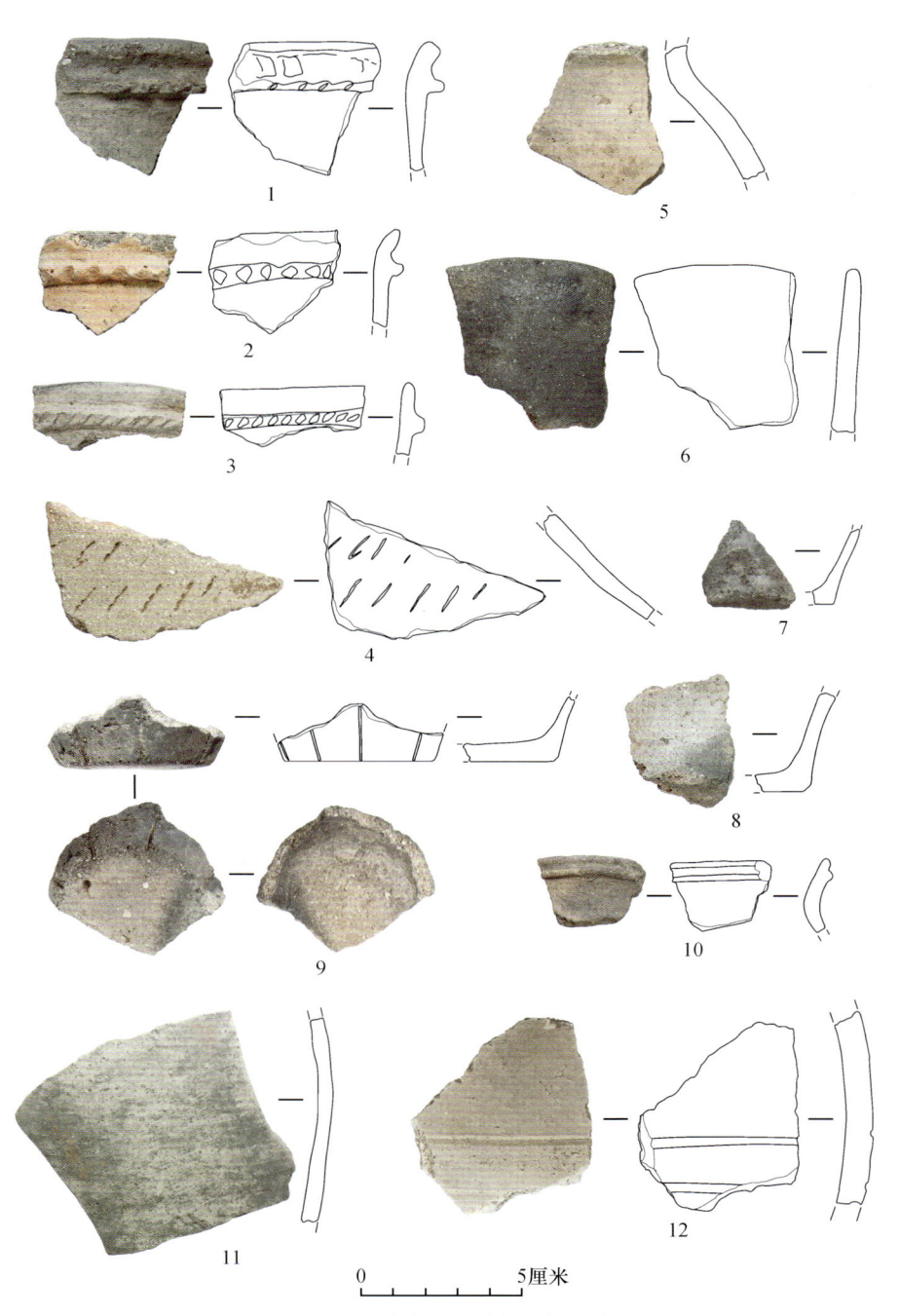

图3-3-17 城墙内出土手制及轮制陶片
1~10. 手制陶片 11、12. 轮制陶片

В. И. 博尔金认为，在锡涅利尼科沃1号城址的城墙的营建，可分为两个阶段：第一阶段是初始阶段，为靺鞨时期建的土筑城墙；之后在渤海时期被摧毁并重建，形成了第二个阶段。然而，通过对层位的新判断和放射性碳元素分析的断代方法，结合出土遗物的文化属性，对遗存的结构和营建时序及年代有了新的认识。

第四章

锡涅利尼科沃1号城址的植物考古研究*

在俄罗斯远东南部及其周边地区——中国东北及朝鲜半岛北部的中世纪考古学中,靺鞨考古所占的地位很特殊,靺鞨文化成为该地区随后建立的中世纪国家的先驱文化。[①]

现有的考古资料没有直接的证据表明在俄罗斯远东南部生活的靺鞨人曾从事过农业生产。研究人员关于其农业经济的特征所得出的结论,是参考中国史书,以及该地区的其他考古学文化(杰列维扬科,1981:32~33,35~44),对间接证据分析过后得出的结果。因此,对遗址进行带有学术目的性的发掘,以便从中获得更多的植物考古材料就变得尤为迫切。分析这些材料会帮助我们重新认识靺鞨时期的农业状况。因此,近些年来,学者们开始对靺鞨文化遗址进行植物考古研究(谢尔古舍娃,2016)。2015~2016年,开展了这方面课题的研究,在锡涅利尼科沃1号城址内大规模收集了植物考古的材料。对这些材料的初步分析结果如下。

第一节 材料与方法

2015~2016年,在对锡涅利尼科沃1号城址发掘的同时,对植物遗存进行了系统的取样,采用了浮选技术从城址的文化层中提取可观测的炭化植物标本。目前这种技术已被业界普遍接受(列别捷娃,2008;谢尔古舍娃,2013),远东地区对史前时期和中世纪遗址的考古发掘工作中,成功使用该方法的时间已超过25年(谢尔古舍娃,2011)。

对城址三个发掘区中出土的有靺鞨时期遗物的房址和灰坑填土都进行了采样。为了数据的准确性,以及保证浮选出的植物遗存的数量充足,我们确立了浮选样品的标准土样体积。大多数的浮选样品取样体积在10升左右,个别浮选样品(采集于陶器填土以及它们附近的堆积物中)的量较少,为1~7升不等。

在城址中总共采集了大约600升浮选土样,取得了82份浮选样品。就浮选土样的体量而言,该次浮选工作的规模并不是最大的。但就可观测的植物残留物的含量而言,它是我们迄今为止在所有靺鞨文化遗址中获得最丰富的材料。

一号发掘区进行了两次田野发掘。2015年,在一号发掘区内发掘出7座房址(分别命名为1~7号房址)和7个灰坑(分别命名为1~7号灰坑),还对蓄水井进行了发掘。2016

---

* 俄罗斯科学基金经费支持项目:"远东中世纪帝国城市",编号No14-18-01165。

年，考古工作进一步开展，再次对发掘区内的7号房址进行发掘，进一步发现并发掘了8号房址和8~10号灰坑。在此次考古发掘工作中，考古工作者采集浮选样品65份，是获取样品数量最多的一次。这些样品主要是从房址的下层堆积中采集的。从1~7号房址中共采集了54份浮选样品，从1~3号、9号灰坑的填土中采集了11份浮选样品。在此次的发掘现场共收集450多升的土样。

从二号发掘区中收集近90升的土样，采集10份浮选样品，其中的9份样品是在2015年采集的，另外一份为2016年采集。

从三号发掘区的1~4号房址中，共收集46升土样，采集的浮选样品相对较少，大约为7份。

借助俄罗斯科学院远东分院民族历史·考古·民族研究所史前考古实验室，对浮选样品进行了观察和分析。

在第一阶段，借助Zeiss Stemy 2000-C立体显微镜的帮助，从所得样品中辨识出了炭化的植物种子和果实。在第二阶段，选出一组形态相似的物种，进行了鉴定和包括长度、宽度、厚度在内的测量，对个别出土遗物进行了拍照，并对其数量进行了统计，在这个基础上进行观察。对一号发掘区中采集的14份浮选样品的分析工作是2015年开展的，得到了植物遗存的数量和比例的初步结果。结果表明，在鞨鞨时期，该城址的居民种植了四种作物，分别是粟、黍、青稞和人工栽培大豆。通过对其数量进行的统计，得知滨海地区的鞨鞨居民在渤海时期之前，粟和黍是他们的主要农作物（谢尔古舍娃，2016a）。

采集的样品中的植物残留物含量出乎意料的庞大，以至于不能快速分析所有植物遗存。因此，整个植物考古研究的工作期限延长了。截至目前，已分析了47份浮选样本，超过了总数的一半，并且获得了16个遗迹单位的植物考古数据。从一号发掘区的地层中采集了39份样品，其中的32份样品是出土于1~7号房址，另外7份样品出土于1~3号和9号灰坑。32份样品的土样总体积超过280升。

从二号发掘区的文化堆积中采集了1份体积为10升的样品，该样品采自4号房址的下层填土中。未对2015年采集的9份浮选样品进行分析。对地层以及植物遗存资料进行了层位和平面分布分析，结果表明，二号发掘区长期以来（新石器时代至中世纪早期）经过多次扰动，目前所见文化层形成的时间都比较晚。对该区进行发掘的过程中发现，这一区域没有未被扰动的地层，所获得的浮选样品无法确定其所属的时代，所以考古工作者决定，不分析没有明确文化归属的样本。为了获得可以与其他遗址数据相比较的可靠信息，仅对采集于4号房址中的这一份样本进行了分析，样品编号为No.4（И/10探方，第3层）。

三号发掘区的文化堆积是单纯的鞨鞨文化遗存，包含几座房址，房址的基坑均打破基岩层，没有发现重建的迹象。从1~4号房址中采集了7份浮选样品，并进行了分析。

借助现有的分析结果，对所获得的数据进行了解读（列别捷娃，2008；谢尔古舍娃，2013）。

第二节 数据统计

一、一号发掘区的植物遗存

（一）1号房址

1号房址基坑处于一号发掘区的3-K/4-6探方范围内。从其填土中采集了7份浮选样品，分别编号为1/2015，2/2015，7/2015，9/2015，13/2015，16/2015，26/2015，采样土量总体积超过50升。其中的6份浮选样品分别从房址灶坑的底部、房址地面、1号和2号陶器堆中，以及桦树皮容器附近采集。在所有样品中都发现了植物种子，共计1969粒。这些浮选样品的种子含量很高，为每升土样中含有11至99.5粒种子。其中，在И/4探方的2号陶器堆中采集的16/2015号样品，种子的密度最高。

人工栽培的植物种子在其中占多数，共发现了1909粒。按比例看，人工培育种子占房内堆积中种子总数的97%以上。其中黍类种子占据多数：粟（*Setaria italica* subsp. *italica*）发现721粒，普通黍（*Panicum miliaceum*）发现758粒。所有已发现的黍类种子都没有种皮，显然是遭到了破坏。由此可以推测，种子是从覆盖它们的种皮中分离出来的。也就是说，这些种子的作用是作为食物被人类食用的。只在一粒粟的种子中发现了一块很小的种皮残片。粟的种子只有几粒，它们的大小与野生黍（0.9毫米×0.7毫米×0.5毫米）的大小相符合，但其形态特征却表明它属于粟的一种。在黍的残留物中有大量普通黍和粟（350粒）的碎粒，这些碎粒无法被鉴定出来，与其他房址相比，该房址出土的大豆数量更多一些，共发现74粒，其中大多数是碎粒或极度变形的种子。对其中保存相对较好的9粒种子进行了测量，表15完整展示了这9粒保存相对较好的种子个体的测量数据。

表15　一号发掘区1号房址人工栽培大豆种子测量数据

种子编号	长（毫米）	宽（毫米）	厚（毫米）	样品编号	长/宽×100	宽/厚×100
1	7.1	4.1	2.7	2	1.73	1.52
2	8.5	5.9	3.8	7	1.44	1.55
3	6.3	4.4	4.4	7	1.43	1.00
4	>5.0	4.4	3.4	7	1.14	1.29
5	6.8	4.6	3.2	7	1.48	1.44
6	4.3	3.3	3.0	7	1.30	1.10
7	6.0	3.8	3.9	9	1.58	0.97
8	5.2	3.2	2.8	13	1.63	1.14
9	6.1	3.6	3.3	16	1.69	1.09
平均数	6.14	4.14	3.39		1.48	1.22

在其中的三个样品中发现了4粒青稞（*Hordeum vulgare* var. *nudum*）种子。其中2粒保存最完好的种子尺寸分别为3.7毫米×2.35毫米×1.9毫米（样品编号7/2015）和5.0毫米×3.2毫米×2.7毫米（样品编号16/2015）。

在编号7/2015和13/2015的2份浮选样品中发现了形似用于播种的豌豆（cf. *Pisum sativa*）种子，属于豆科植物。其中的一份样品中只有半粒种子，有子叶，尺寸为2.4毫米×2.2毫米×1.4毫米，另一份样品中是完整种子，没有形态特征，其尺寸为3.1毫米×2.8毫米×2.7毫米。

夹在农作物中的杂草和自生植物*种子共有51粒，占房内堆积中采集的样品总数的2.6%。在这些发现中，黍类植物的种子数量最多，有33粒，它们中的29粒属于狗尾草属（*Setaria* sp.）的一种。种子呈细长状，尺寸为1.2毫米×0.65毫米×0.6毫米，其长度几乎是宽度的两倍。这些种子都可以被鉴定出来，例如Ⅰ型狗尾草，虽然外形看起来像粟（cf. *Setaria viridis*）（图4-3-3，5~7）。此外，在样品中还发现了其他野生黍类植物的种子：Ⅱ型狗尾草属样本，该型尺寸较小（0.5毫米×0.7毫米×0.9毫米），与Ⅰ型狗尾草种子的尺寸和比例均有所不同；另一种植物为稗属（*Echinochloa* sp.），种不明确；一粒形体相对较大的黍属（*Paniceae*）椭圆形种子（1.15毫米×0.85毫米×0.75），以及一粒椭圆形的胚芽（1.35毫米×0.9毫米×0.7毫米），长度占据种子长度80%以上。

在杂草植物种子中，出现频率第二多的是藜属（*Chenopodium album*）。共发现了11粒藜属植物的种子，几乎在所有的采样样品中都存在。而其他植物的遗存只是在个别的样本中有，在这些样本中，鉴别出了尺寸为3.4毫米×2.7毫米×1.7毫米的野生大豆（*Glycine ussuriensis*），1.5毫米×1.1毫米的三棱形的蓼属（*Polygonum* sp.）植物种子和苔草属（*Carex* sp.）的种子，还有3粒植物种子分属于鱼子菜科（*Lamiaceae*）、百合科（*Liliaceae*）和锦葵科（*Malvaceae*），种属无法确定（图3、8、9）。

另有9粒种子无法鉴别。

（二）2号房址

2号房址基坑平面近方形，处于发掘区Д-Ж/4-6探方内。从房址下层填土中共采集7份浮选样品，对其中编号分别为4/2015、6/2015、11/2015、14/2015、15/2015、19/2015的6份样品进行了分析。这些样品都是从1号、3号、4号陶器堆，以及附近的桦树皮容器和房址灶坑底部采集的。采集的土样总量超过40升。所有样品中都发现了炭化植物种子。在E/6探方第3层采集的一份编号为4/2015的样品中仅发现了1粒普通黍种子，而在其余的样

---

* 本文中所谓的杂草和自生植物指非人工栽培的植物。它们生长在城内或是距城址不远处。原生草本植物常与人工栽培植物共同生长在农田中，它们的种子可跟农作物一起混入城址的文化层中，而自生植物则自己在城内外落种繁殖。有些种类的植物无法区分是原生杂草还是自生植物，因此，本文将这两类植物归为一类进行统计。

品中，种子的含量很高。它们的平均密度为每升土样含21~25粒种子。该指标最低值为4.28粒/升，为在E/5探方灶坑底部采集的编号为6/2015的样本；最高值为42.2粒/升，为在E/5探方1号陶器堆中采集的编号为11/2015的样本。在灶坑底部的土层中，种子的含量较低，这一结果比较合乎规律。

房址中总共采集了6份样本，其中发现了1031粒种子。所有样本都以人工栽培植物种子为主，总共为983粒，占所有浮选样品份额的86.5%~99.5%。数量占据前两位的分别是粟（592粒）和普通黍（273粒）。数量极少但分布均匀的是青稞（9粒）和人工栽培大豆（8粒）。在两个样品中，还发现了6粒应当是紫穗稗［*Echinochloa utilis*（？）］的种子。

在灶坑底部采集的编号为6/2015的样品中，发现了2粒种子，类似芸薹属/白芥属（cf. *Brassica* sp. / *Sinapis* sp.）种子。种子的形状呈球体，表面上有细小的蜂窝状纹路。其中一粒直径为1.1毫米，另一粒的尺寸为1.0毫米×0.95毫米×0.85毫米。

在29种杂草和自生植物的种子中，有野生狗尾草属和野生稗、藜属、灰菜以及无法鉴定种属的锦葵科（*Malvaceae*）植物。在样品中还发现了少量的无法辨识种类的拉拉藤属（*Galium* sp.）种子，以及鱼子菜科（*Lamiaceae*）、豆科（*Fabaceae*）、茄科（*Solanaceae*）和十字花科（*Cruciferae*）植物遗存。总体来说，在样品中，杂草和自生植物的种子占该房址总数的3%以下。

在从3号陶器堆所在的Ж/4探方采集的样品中，发现了4粒接骨木属（*Sambucus* sp.）的种子，这些种子出现在房址中绝非偶然。

有15粒种子无法鉴定，因为它们的大部分本体已残损或严重变形。

（三）3号房址

3号房址基坑的平面大致呈方形，处于В-Д/5-7探方范围内。从其下层填土的1号、3号和4号陶器堆中，共采集了3份浮选样品，分别编号32/2015、26/2015和20/2015，并对其进行了分析。3份样品采集的浮选土样总体积超过了10升。

在3份样品中都发现了植物的种子，样品的密度为每升土样含有9.4~41.3粒种子。共收集了456粒，其中，419粒是人工栽培植物的种子，占总数的91.9%。只有37粒种子，即不到总量的9%属于自生植物种类的种子。

在人工栽培的植物遗存中，黍的种子很多，其中两种已确认，分别是粟和普通黍。在3份样品中均发现了粟的种子，共计304粒；在其中2份样本中发现了普通黍的遗存，共计82粒。可知粟与普通黍的比例为3∶1。在其中一份样品中发现了3粒类似紫穗稗（cf. *Echinochloa utilis*）的种子。所有的种子都没有种皮。显然，这些种子在炭化之前，表面已被破坏。在所有的样本中，都有人工栽培黍的种子碎粒，这些种子遗存与粟和普通黍中的任何一种相符合的概率都不大。在其中两个样本中的个别遗存中，发现了4粒青稞种子和6粒人工栽培大豆种子。

在自生植物和杂草种子之间，比较常见的是其他类型的野生黍种子。野生黍的代表是狗尾草属（Setaria sp.）和稗属（Echinochloa sp.）的种子，总共发现了17粒。藜属（Chenopodium sp.）的种子相对来说比较常见，在两种样品中含有6粒。另外还包括灰菜（Ch. album）的种子。在2号陶器堆采集的一份样品中，发现了9粒木槿属种子，有可能是三叉木槿属（cf. Hibiscus trionum），其中3粒保存最完整的种子尺寸分别为2.0毫米×1.55毫米×1.45毫米、2毫米×1.55毫米×1.3毫米和2.0毫米×1.5毫米×1.65毫米。这一发现在该城址的土样中是独一无二的：首先，木槿属的遗存仅存在单个样品中，而在其他浮选样品中均未发现它的遗存；其次，考古人员通过观察已发现的种子数量，排除了其偶然进入陶器堆的可能性。

在同一样本中发现了一个无法鉴定的蓼属/酸模属（Polygonum/Rumex sp.）种子。这是一粒三棱形的种子，尺寸为2.6毫米×1.6毫米×1.7毫米。

总体上来说，在3号房址基坑的文化层中，自生植物和杂草植物的种子含量比较稳定，并且种子的含量也不是很高，在5%~8%之间。

（四）4号房址

4号房址平面大致呈方形，处于Ж-И/9-12探方范围内。在其下部的填土中采集了5份共计30升的浮选土样。目前，已对其中一份编号34/2015的浮选样品进行了分析，该样品从3/11探方内的房址地面上采集。在这个样品中共发现了1802粒种子，可观测的种子的密度为每升土样含180.2粒，是在城址中发现植物遗存含量最多的样本。

该样品主要以人工栽培植物的种子为主，共1641粒，占总数的91%，其中以粟的种子为主，有1337粒，都没有种皮。其中17粒较为完整的种子平均尺寸为0.86毫米×0.83毫米×0.54毫米。

普通黍有282粒，除了少部分呈长条形之外，其余所有的种子在平面上都呈圆形。这些种子都没有种皮。

其他人工栽培植物包括1粒尺寸为4.3毫米×2.0毫米×1.5毫米的青稞种子残骸和21粒人工栽培大豆种子。所有大豆种子表面都膨胀或者变形，无法进行测量。

自生植物和杂草的种子共计161粒。按样品比例来算，它们占总数的8.9%。其中，Ⅰ型狗尾草在其中占主导地位，共发现141粒，都没有种皮。测量的10粒种子的平均尺寸为1.19毫米×0.83毫米×0.55毫米，长宽比比值为143.37。

在样本中，还发现了8粒灰菜种子。此外，相对较多的是豆科植物种子，包括6粒野生大豆种子和4粒豌豆（Vicia sp.）种子残骸。在这些种子中，还发现了未能鉴定的紫菀属（Asteraceae）种子和毛茛属（Ranunculaceae）种子各1粒。

（五）5号房址

5号房址基坑的平面近似正方形，处于Б-Д/10-13探方范围内。该房址是一号发掘区中面积最大的房址。在5号房址的发掘过程中共采集18份浮选样品，共计128升土样。对其中的10份样品进行了分析，这10份土样的总体积为79升。

这些浮选样品中共发现了1549粒种子，密度为每升土样中包含5.3~41.2粒。至于各种属的植物遗存在房址中各处地点的分布密度是否有规律，目前尚不明确。在房址西南角处，即Б/13探方和В/13探方区域内，编号31/2015的样本种子密度最高，为每升土样含41.2粒种子，密度最低的为编号21/2015的样本，每升土样含8.8粒种子。

人工栽培植物的种子数量占绝对优势，共发现1385粒，占比超过89%。杂草和自生植物的种子共发现146粒。此外，还有1粒种属不明的野生植物种子残骸，17粒种子无法确定种属。

人工栽培植物的种子有四种可识别的类型和1粒变形的种子。这四种可识别的类型是该城址中比较典型的人工栽培作物。唯一的那粒变形的种子体积较大。种子以粟为主，共904粒，占所有人工栽培植物种子的近65%，均没有种皮。在其中发现一些干瘪、弹性不好的种子，应当是不成熟的种子。普通黍种子的数量为252粒，也没有种皮。

青稞种子有2粒，其中一粒保存完好，尺寸为3.95毫米×3.0毫米×2.5毫米，第二粒膨胀变形。这粒变形的种子是唯一一粒从类型上可归属为人工栽培大麦属植物的，其种类尚不明确。该种子表面变形，呈椭圆形，尺寸为4.4毫米×2.1毫米×1.85毫米，主体部分窄小，上部有个胚芽，腹侧的腹沟走势为竖向向上，种子纵向略弓呈浅弧状，类似于栽培大麦（cf. *Hordeum vulgare*），但目前所得到的这粒种子形状有些变形，无法完全确定。

人工栽培大豆种子共81粒，其中大多数严重变形，并且以残骸为主。这些种子保存状况不好是因为油的含量过高，在高温条件下，油会导致种子从内部炸裂，使其严重变形，从最初的肾形变得形态扭曲，或内外都布满椭圆形空腔（谢尔古舍娃，2010），变形严重。5号房址的堆积中，大豆的含量超过人工栽培植物遗存总数的5%，这是在这座城址的所有遗迹单位中包含大豆比例相对较高的。

在5号房址文化层中采集的自生植物和杂草的遗存中，确定了11种种子类型。其中，Ⅰ型狗尾草的种子和野生大豆种子占主导地位。这些已确认种属种子的数量与土样中该种属种子的密度之间存在着直接联系。种子含量最高的样品中，发现最多的类型是野生大豆和狗尾草属种子。这个现象证实了这些种子是杂草的遗存，10份样品中有8份样品是以狗尾草属的种子为主，共发现了80粒。也就是说，超过一半的自生植物和杂草的种子在这个房址里出现过。这些种子的平均大小为1.12毫米×0.83毫米×0.6毫米，与城址的其他地方的同类植物遗存类似。在10份样品中的5份中，发现了41粒野生大豆种子，它们的平均尺寸为2.92毫米×1.07毫米×1.63毫米。

从这些自生植物和杂草的其他遗存中，辨识出了7粒Ⅱ型狗尾草属的种子，2粒无法鉴定的黍的种子，以及锦葵科、石竹科、百合科、伞形科等稀有植物种子。这座房址的自生植物遗存中没有藜黍种子，这一点是与该城址其他遗迹单位中植物遗存材料的不同之处。

此外，还有一些类似于坚果壳的残片，应当是蔷薇科（*Rosaceae*）植物的种子，可将其归类为野生食用植物的种子。由于残留部分过小，无法对其进行具体种属的辨识，应为类似于稠李属（cf. *Primus padus*）的果壳，但是与稠李属还有所不同。

另有17粒不同形态的种子无法鉴定。

（六）6号房址

6号房址的基坑平面近似长方形，处于3-Л/14-17探方区域内。从其下层填土中采集了6份浮选样品，共计53升土样，并对其中的3份浮选样品进行了分析。所有样品中都发现了大量的植物种子，与其他房址的植物遗存数据相比，这些样品的种子含量相对较高，每升土样中分别含有23.6、72.1和86.3粒种子。3个样品中共发现1532粒种子，其中以人工栽培植物的种子为主，共1467粒。

对于该房址来说，人工栽培植物的种子所占成分较具代表性。其中，粟占主导地位，共1031粒，占该房址采集人工栽培植物种子总数的70%以上，其中还有73粒仅能确认为小米，具体是哪一类不能确定。普通黍的种子遗存数量占据第二位，共248粒，其中，个别从腹沟处掉落的胚根也被确认，所有这些种子都没有种皮。在其中一个样本中，发现了89粒人工栽培作物的碎粒，无法明确具体种类。

3份样品中都发现了极少量的稗属植物种子，共4粒，其形态和紫穗稗（*Echinochloa utilis*）的种子相符。它们的形状呈椭圆形或水滴状，底部比顶部宽，胚芽槽宽而圆，长度相当于整个种子长度的50%或更长。种子的形状呈圆形，有大而明显的种脐，其中一个种子的背侧保留了种皮的残迹。4粒种子的平均尺寸为1.69毫米×1.45毫米×0.96毫米。这4粒小米种子均为残粒，因此测量出的实际高宽数据应增加一倍。

其余的人工栽培植物的种子分别是8粒青稞和84粒人工栽培大豆。8粒青稞基本上都是碎粒，只有从编号24/2015的样品中发现的2粒相对完整，尺寸分别为3.9毫米×2.3毫米×2.1毫米和5.1毫米×3.1毫米×2.1毫米。人工栽培大豆种子主要也是以碎粒为主，只有2粒保存相对较好，尺寸分别为4.6毫米×2.3毫米×2.0毫米和4.1毫米×2.6毫米×1.5毫米[①]。

57粒自生植物和杂草植物的种子中，Ⅰ型狗尾草的种子数量占主导地位，几乎在所有样品中都有发现。另外，在这些样品中，Ⅰ型狗尾草的数量与人工栽培植物种子数量

---

① 该粒大豆种子残存一半，所以测量出的高度数值需要增加一倍。

成正比。所有杂草及自生植物中，仅在1份样品中发现了10粒无法鉴定的种子。在其中一个样品中发现数量相对较多的灰菜种子，为12粒。杂草植物和自生植物群的代表是藜属（*Atriplex* sp.）、苋属（*Amaranthus* sp.）以及锦葵科（*Malvaceae*）植物种子，在这些样品中各发现了1粒。在所有已鉴定的样本中，没有发现野生大豆，这种情况不是很正常，特别是在人工栽培大豆的遗存发现量比较大（大豆占人工培育作物总量的5.7%）的情况下，显得更加不寻常。还有个别种属的种子也都在所有样本中发现，包括野豌豆属（*Vicia* sp.）和一种难以明确种属的豆科植物（*Fabaceae*）。

另有8粒种子无法鉴定。

（七）7号房址

7号房址的平面形状近似方形，处于Б-Г/18-21探方区域中。对其进行了两次发掘。从填土中共采集8份浮选样品，近50升土样。对2016年从陶器堆中得到的3份样品进行了分析，这3份样品的土样总体积为10升，种子的平均密度仅为2.0，这是在该城址中种子密度最低的样本。

7号房址中共发现了20粒种子，其中17粒是人工栽培植物的种子，2粒杂草类植物种子，还有1粒种子无法确定类别。对人工栽培的植物种子进行了鉴定，确定了9粒粟的种子，6粒普通黍的种子，以及2粒人工栽培大豆种子的碎粒。杂草植物种子为1粒疑似藜属［*Ch. Album*（？）］和1粒拉拉藤属（*Galium* sp.）。

尽管在分析样本的时候只发现了少量的种子，但它们的种属与城址的其他遗迹单位所见相同。

（八）1号灰坑

1号灰坑面积较大，处于А-Б/1-3探方区域中。该灰坑深度较大，规模与小型房址相当，深度还要更深一些。从该灰坑的填土中采集了7份浮选样本，共计约55升的土样。对其中3份浮选样本进行了分析，每个样品中都发现有植物种子，且种子的数量很多。样本的种子密度相对较高，例如在其中一个编号17/2015的样本中，发现每升土样中含有98.8粒种子。这个数值是该城址中的最高值之一。3份样品中共发现了1515粒种子，其中95%属于人工栽培植物，自生植物和杂草的种子有61粒，另有15粒种子无法鉴定。

和其他样品相同，人工栽培植物的种子主要是粟，占总数的近60%，共有810粒，其中51粒体积偏小。普通黍的种子遗存为264粒。此外，在样本中发现了321粒人工栽培小米的碎粒，由于形态不完整，难以进一步确认是哪一类小米。此外，还发现有青稞和人工栽培大豆种子。与城址的其他遗迹单位相比，在该灰坑填土采集的土样中青稞的数量相对较多，共发现了19粒，但大多数都是碎粒，只有两粒相对完整，尺寸分别为5.2毫米×2.9毫米×2.9毫米和4.4毫米×2.6毫米×2.0毫米。人工栽培大豆有25粒，由于炭化的原因，种子的完整形态没有被保存下来，其中的大多数种子都是高度变形（或膨胀）的残骸。对它们的确切分类，是根据人工栽培大豆特有的炭化残留物上的孔隙密度确定的。这些人工栽培大豆中，有3粒相对完整，其中2粒是带子叶（种子的一部分）的，子叶的大小分别为5.9毫米×4.0毫米×2.4毫米和4.2毫米×3.8毫米×1.8毫米，另1粒无子叶种子的尺寸为4.0毫米×2.5毫米×2.3毫米。

在该遗迹单位中发现的杂草和自生植物遗存，是该城址中具有代表性的品种——狗尾草、藜属、蓼属，以及无法明确种属的锦葵科植物种子。这些种子中，发现Ⅰ型和Ⅱ型狗尾草占大多数，分别为30粒和27粒，其他杂草和自生植物较少。蓼属种子发现1粒，为无法鉴定种类的三角形坚果碎粒（1.65毫米×1.35毫米）。发现1粒筋骨草种子，为该城址唯一的发现，保存完好，规格为1.2毫米×0.8毫米×0.6毫米，这种植物在该属植物中稀有，对于考古学研究来说意义重大。在滨海地区，以往发现的筋骨草属的植物只有多花筋骨草（*Ajuga multiflora*）（沃罗什洛夫，1982：486）。

（九）2号灰坑

2号灰坑平面形状不规则，处于B-Γ/8探方区域中，从该灰坑填土中采集了一份浮选样品，从中共发现4粒植物种子遗存，因过于破碎无法鉴定。

（十）3号灰坑

3号灰坑的平面形状呈圆形，处于K/7-8探方区域中。采集了1份浮选土样，样品体积为10升，从中发现5粒种子，其中2粒可辨识，分别是粟的碎粒和豆科植物的子叶，该豆科植物应当是野豌豆属（*Vicia* sp.），种子平面呈圆形，相较其他的种子颗粒要大，直径为4.6毫米，厚度为2.2毫米。种子缺少胚根，但通过观察种子的外部特征可知，胚根的长度相当为种子总长度的一半，这个特征可以说明这粒种子不是人工栽培的种子。其他的植物种子各属于不同的物种，无法进一步鉴定。

在浮选样品中，还发现桦树皮残片，大小为3厘米×1.5厘米，上有被切割的痕迹。此外，还发现了1粒禾本科植物种子（5.2毫米×1.2毫米）残骸。

（十一）9号灰坑

9号灰坑的规格很小，处于E/21-22探方区域中。从其填土中采集了2份浮选土样，共计15升。2份浮选样品中都含有植物种子。在其中一份取自带有灼烧痕迹土层中的土样里发现的种子数量很少，只有20粒，但是在第二个样品中发现了651粒种子。可见即使是从相邻地方获取的浮选样品，种子密度也会有明显的不同——平均每升土样中分别含有1.3粒和43.4粒种子。

在2份样品中共发现了671粒种子，其中人工栽培植物的种子占大多数，共616粒，占总数的近92%。人工栽培植物的种子以粟、普通黍、紫穗稗、青稞以及人工栽培大豆为代表。粟占大多数，共发现196粒，普通黍154粒，还有160个碎粒仅能确认为小米，具体是粟还是普通黍不明确。以上所有的种子都没有种皮。

紫穗稗种子有12粒，与粟和普通黍的作物相比有所不同，其形体偏大（表16）。紫穗稗的种子整体呈水滴状，下部宽，上部窄，种子腹部较平，背部凸起，尤其是胚胎部分更甚。其中的一粒种子上残留有种皮的碎粒。这12粒种子均是在同一份样品（编号2/2016）中发现。

表16　一号发掘区9号灰坑紫穗稗测量（样本2/2016，E/22探方第2层）

种子编号	长（毫米）	宽（毫米）	厚（毫米）	比例长/宽×100
1	1.5	1.5	0.8	100.0
2	1.3	1.15	0.8	113.0
3	1.4	1.2	0.7	116.7
4	1.5	1.5	1.1	100.0
5	1.75	1.4	1.1	125.0
6	1.5	1.35	0.95	111.1
7	2.1	1.7	1.3	123.5
8	1.8	1.25	1.1	144.0
9	1.55	1.2	0.75	129.2
10	1.3	0.9	0.6	144.4
平均值	1.57	1.31	0.92	119.8

从9号灰坑的填土中，还发现了大量的青稞种子，共43粒，其中17粒为碎粒。青稞种子的数量占人工栽培植物种子总数的7%。这在该城址的浮选样品中，是该作物所占的比例较高的，在城址的其他房址和灰坑填土的样品中，青稞遗存占比通常不超过人工栽培植物的1%。种子的形态和粒径尺寸很典型，保存最完好的3粒种子平均尺寸为4.96毫米×2.73毫米×2.1毫米。其中的1粒种子上，保存有一小块种皮残片。

人工栽培大豆的种子残骸有51粒，其中11粒保存相对完整，其余均为残片。

自生植物和杂草植物的种子共28粒。其中I型狗尾草占大多数，共发现了19粒。其他植物的种子发现的数量极少。在豆科植物的残骸中，鉴定出了2粒野豌豆属（*Vicia* sp.）子叶和1粒野生大豆种子。同时还发现了1粒藜属种子，1粒苔草属种子，以及无法明确种属的锦葵科和百合花科种子。在每一份样本中都发现有1粒蓼属坚果，其中的1粒属于拳蓼（*Polygonum bistoria*）。

无法识别的种子有27粒，其中多数为碎粒。

二、二号发掘区的植物遗存

在二号发掘区中,共采集了10份浮选样品,但是仅对2016年发掘的4号房址填土采集土样进行了分析,未对2015年在该发掘区中采集的9份样本进行分析。由于二号发掘区文化层堆积受扰动较大,难以将采集的样品与城内居住区的文化层以及年代序列建立起联系。所以决定不对这些样品进行分析,而是将重点放在一号发掘区和三号发掘区中具有明确文化属性的植物遗存材料上。

从4号房址的填土中采集了一份浮选样品,体积为10升,于其中发现了384粒种子,即密度为每升土样中含38.4粒种子,该密度值相对而言也比较高。

人工栽培植物的种子在所有可鉴定的种子中占据主导地位,共有370粒,占总数的96%以上,这与城址内的文化层中以四种人工栽培植物种子占主导地位的情况基本相同。在研究的样本中,还发现了许多人工栽培小米的碎粒,无法归入粟和普通黍中的任何一类。

在可鉴定的人工栽培植物种子中,以普通黍为主,共发现了104粒,占所有人工栽培植物种子总数的28%,粟共发现72粒,占比不到总数的20%,这是从该城址中采集的样本中唯一一份普通黍比粟占比大的。样品中还包括37粒人工栽培大豆的种子,占人工栽培种子总数的10%。大豆种子基本上都是碎粒,只有几粒相对完整,还有几粒略微变形(表17)。

表17 二号发掘区4号房址人工栽培大豆测量(样本编号6/2016)

种子编号	长(毫米)	宽(毫米)	厚(毫米)	备注
1	6.1	3.5	3.8	
2	5.15	3.5	>3.2	
3	5.8	4.5	>4.3	严重变形
4	6.3	约5.0	47	严重变形
5	5.9	4.2	4.0	
6	4.6	3.6	3.15	
7	6.8	4.9	—	子叶破碎
平均数	5.80	4.17	3.86	

青稞仅发现1粒,且为碎粒,其长度超过3.9毫米,宽度为2.8毫米,厚度为1.8毫米。

样本中发现的杂草植物的遗存很少,共有8粒种子。其中,鉴定出了Ⅰ型和Ⅱ型狗尾草种子,以及4粒野生大豆种子。野生大豆种子保存完好,其大小如表18所示。还有6粒不同植物种子的碎粒无法鉴定。

表18 二号发掘区4号房址野生大豆测量（样本编号6/2016）

种子编号	长（毫米）	宽（毫米）	厚（毫米）	备注
1	3.8	2.2	2.4	
2	3.0	1.8	1.35	
3	3.3	1.9	1.7	
4	3.1	2.1	1.55	变形
平均数	3.3	2	1.53	

三、三号发掘区的植物遗存

从三号发掘区的填土中采集了7份浮选样品，共计46升的土样，从1号房址、3号房址和4号房址的房内堆积层中各采集2份样本。从2号房址的房内堆积层中采集1份样品。

（一）1号房址

1号房址平面呈不甚规则的圆角方形，处于A′-B′/1′-3探方区域中。从其下层堆积中采集了2份浮选土样，共计7升。其中一份浮选样品从房址西壁下的地面处采集，体积为6升；另一份从出土于Б/3探方的陶器中采集，体积为1升。2份样品中共发现了69粒种子，从房址地面采集的样本种子密度为每升土样9.2粒，从陶器中采集的样本种子密度为每升土样14粒。在所发现的种子遗存中，人工栽培植物的种子占主导地位，共发现67粒。另外2粒种子属于杂草和自生植物。

在人工栽培植物的遗存中，可明确种属的是该城址中的典型植物品种：粟、普通黍、青稞以及人工栽培大豆。青稞的数量占大多数，共发现33粒，但种子都呈碎粒状；居第二位的是普通黍，数量为18粒；粟的数量为15粒；人工栽培大豆种子仅发现1粒。

杂草和自生植物种子中，1粒为藜属种子，另1粒为难以鉴定种属的菊科（*Asteraceae*）种子。

（二）2号房址

2号房址平面呈不规则椭圆形，处于Д-Ж/1-3探方区域中。从房址基坑中心部位的下层堆积中采集了1份土样，体量很小，仅有1升，从中发现了16粒种子，多数是人工栽培植物的种子，有14粒，另有1粒自生植物的种子，还有1粒种子无法确定种属。人工栽培的种子均为小米，其中11粒为粟，3粒为普通黍。一粒自生植物种子是三棱形的蓼属坚果或酸模属坚果（*Polygonum* sp./*Rumex* sp.）。

（三）3号房址

3号房址的平面呈不规则圆形，处于B-E/4-6探方区域中，从其下层堆积中采集了2份浮选样品，共计25升土样。这二份浮选样品采于房址地面上的同一文化层中，分别处于Д/4-6探方和Д/4-5探方，但是土样中的种子密度却呈现出惊人的差异：其中一份样品为每升土样中含有1.95粒种子，另一份样品为每升土样中含38.8粒种子。但是二份样品中各种属植物遗存所占份额比类似。两种样品中共发现有233粒种子，其中222粒为人工栽培植物的种子，3粒种子为自生植物或杂草植物种子，还有8粒种子无法鉴定。

人工栽培的种子超过所有可鉴定种子总数的95%。在人工栽培的222粒种子中，有86粒为粟，占比为38.7%，这些粟的种皮都被碾磨掉了，仅个别种子颗粒表面会保留有不大的种皮残片。普通黍的种子数量位居第二，共61粒，也没有种皮。排在第三位的是青稞种子，共发现了10粒。在3号房址文化层中所有可鉴定的植物种子中，青稞所占的数量并不是很多，但按照比例来算，青稞占人工栽培植物种子总数的4.5%，与该城址其他遗迹单位的浮选样品相比，这个比例相对来说是较高的。大多数青稞种子都为碎粒，唯一一粒相对完整的无胚胎，厚度很厚，长超过4.5毫米，宽度为2.8毫米，另外一粒碎粒的宽度为3.25毫米，厚度为2.2毫米。还发现5粒人工栽培大豆的种子，几乎都是碎粒，只有1粒带子叶的种子是完整的，长度为4.2毫米，宽度为2.6毫米。

有3粒种子为杂草植物种子。其中有1粒灰菜种子，半粒野生大豆子叶，野生大豆子叶尺寸为3.7毫米×2.7毫米×1.5毫米。第3粒种子从形态上看，为十字花科芸薹属（Brassicaceae）种子，几乎全部为球形，直径为0.1毫米。表面被轮廓清晰的小且圆凹坑不均匀覆盖。

另有8粒不同类型的植物种子无法鉴定。

（四）4号房址

4号房址的平面呈圆形，处于A′-B/7-10探方区域中，在其填土中采集了2份浮选样品。第一份从房址西墙下的地面采集，共10升土样，第二份从房址中部的地面采集，共3升土样。二份浮选样品的植物遗存密度相对不高，分别为每升土样中含10.7粒和5粒种子。4号房址中共发现了122粒种子，其中的119粒属于人工栽培植物，还有3粒无法鉴定，没有发现杂草和自生植物的种子。

共发现了四种类型的人工栽培的植物种子。其中，粟最多，共34粒，占所有人工栽培种子总数的29%。普通黍的数量次之，为31粒，占所有人工栽培种子总数的26%。另有47粒人工栽培小米的碎粒，占总量的39%。在房址基坑的填土中发现了6粒青稞种子，占所有人工栽培种子总量的5%，这个比例在该城址的植物考古样本中相对较高。人工栽培大豆种子只发现了1粒，残碎。

第三节 数据的分析

由于目前植物考古研究在考古学研究中发展尚不成熟，因此对于从远古时代至中世纪的这段时间，生活于俄罗斯远东地区的居民种植过农作物的直接证据不算太多。就中世纪的区域历史而言，研究较为充分的是渤海时期，在滨海地区该时期的遗址中，获得了相对较多的数据。分析这些遗址中的数据可以复原人工栽培植物的成分和比例（植物考古的谱系[①]），并将这些数据与之后类似的遗址进行比较（谢尔古舍娃，2014）。

远东地区出现国家的时期与靺鞨文化的出现相关。但是截至目前，获取过植物遗存资料的靺鞨文化遗址只有四处，其中三处位于滨海地区的西南部，分别为契尔良基诺5号墓地，鲍里索夫卡3号遗址和巴拉巴什5号遗址。第四份植物遗存资料采自阿穆尔州西部地区的奥西诺维耶湖边的村落中。尽管在系统收集遗址中的碳化植物种子方面做了很大的努力，但也只在上述几处遗址中获得了少量的种子遗存，其中包括人工栽培植物的种子。

由于获得的相关数据很少，没有足够的证据表明当地的居民种植过这些作物，甚至无法表明农业在那时发挥过重要作用（谢尔古舍娃等，2010，2017；谢尔古舍娃，2016б）。契尔良基诺5号墓地的靺鞨房址中，没有采集很多的浮选土样，仅采集了12份样品，这些样品对于分析植物考古遗存来说已经足够了。收集种子近250粒，其中164粒属于人工栽培植物，数量最多的是小米，另有一些可以保障当地居民生存的其他栽培植物（谢尔古舍娃、皮斯卡廖娃，2007）。直至不久前，无论对于俄罗斯滨海地区还是整个远东地区南部的靺鞨居民来说，这些数据都还是复原其农业以及采集经济的唯一直接来源。

对2015年至2016年发掘的锡涅利尼科沃1号城址开展的植物考古研究，获得了大量的浮选样品，其中含有大量的植物种子和果实。通过对它们的统计和分析，得到了大量令人信服的数据，数据表明，滨海地区西部的靺鞨居民在渤海时期之前曾种植过农作物。这项研究为中世纪早期植物考古增添了新的资料。

目前，已对城址采集的82份浮选样品中的47份进行了分析。采集的土样总体积超过350升。所有样品里都发现了植物的种子或果实，包括种子碎粒，因此，遗迹的浮选有效性为100%。所分析的47份样本中，共发现种子11378粒。有42份样品可以通过浮选土样的体积数据计算出种子的密度。其中，有12份浮选样品每升土样中种子含量不到10粒，有

[①] 植物考古的谱系：已鉴定的栽培植物的种子在植物遗存中的占比。这一谱系不能够直接体现作物结构，但能反映出在古代栽培植物的数量关系；这一谱系比较稳定，任何已有的遗存样本以及从该遗址中获取的样本都不会在大范围内改变个别栽培作物的基本占比，以及它在谱系中的体系层级（列别捷娃，2008）。

9份浮选样品每升土样中种子含量在10~20粒之间，7份浮选样品每升土样中种子含量在20~30粒之间，3份浮选样品每升土样中种子含量在30~40粒之间，6份浮选样品每升土样中种子含量在40~50粒之间，另有几份浮选样品的种子含量分别为每升土样中含72.1、86.3、99.5、98.8以及180.2粒种子。房址和灰坑的浮选样品中，种子密度与其取样地没有明显关系。种子密度特别大或特别小的样品都是从同类型的文化堆积中采集的，也就是房址堆积的下部，如房址地面、陶器堆内、灶坑等处。对于大多数样品来说，种子的密度一般为每升土样中含有0.5~30粒。与该地区的其他中世纪遗址相比，锡涅利尼科沃1号城址所获得的数据很高，表明该遗址种子含量较高（谢尔古舍娃、斯托亚金，2015）。

在这些植物遗存中，数量最多的是人工栽培植物的种子，共10669粒，占所有已发现种子数量的90%。个别的样品中这个比例更大，达到95%~97%（表19）。

表19 锡涅利尼科沃1号城址遗迹和地层中不同类型植物种子的数量和含量比（2015年和2016年的发掘）

出土单位	浮选样品总数（份）	分析数量（份）	采样土量（升）	种子总数（粒）	人工栽培种子数量 粒数	%	杂草及自生植物种子数量 粒数	%	野生植物种子数量（粒）	无法辨识种子数量 粒数	%
P-1, Ж-1	7	6	超过46	1969	1909	97.0	51	2.6	—	9	0.5
P-1, Ж-2	7	6	超过40	1031	983	95.3	29	2.8	4	15	1.5
P-1, Ж-3	3	3	超过8	456	419	91.9	37	8.1	—	0	0
P-1, Ж-4	5	1	10	1802	1641	91.1	161	8.9	—	0	0
P-1, Ж-5	18	10	79	1549	1385	89.4	146	9.4	1	17	1.1
P-1, Ж-6	6	3	26	1532	1467	95.8	57	3.7	—	8	0.5
P-1, Ж-7	8	3	10	20	17	85.0	2	10.0	—	1	0
P-1, Я-1	7	3	超过20	1515	1439	95.0	61	4.0	—	15	0.99
P-1, Я-2	1	1	无数据	4	—	0	—	0	—	4	0
P-1, Я-3	1	1	10	5	1	0	1	0	—	3	0
P-1, Я-9	2	2	30	671	616	91.8	28	4.2	—	27	4.0
P-2, Ж-4	1	1	10	384	370	96.4	8	2.1	—	6	1.56
P-3, Ж-1	2	2	7	69	67	97.1	2	2.9	—	0	0
P-3, Ж-2	2	1	16	14	0		0			0	
P-3, Ж-3	1	1	25	233	222	95.3	3	1.3	—	8	3.4
P-3, Ж-4	2	1	13	122	119	97.5	—	—	—	3	2.5
16个样本总计	73	47	超过335	11378	10669	93.8	587	5.16	5	117	1.0

缩写：P代表发掘区，Ж代表房址，Я代表灰坑

注：表格的最后一行显示了所有植物材料的总数；百分比值四舍五入到小数点后一到两位

第四章　锡涅利尼科沃1号城址的植物考古研究

在人工栽培植物的种子中，能明确种属的有四种：粟、普通黍、人工栽培大豆和青稞。在包含有20粒以上种子的所有的浮选样品中都发现有这些种子。还有两种种属不太确定的人工栽培作物，可能是紫穗稗和豌豆。疑似紫穗稗（cf. *Ecinochloa utilis*）的种子很少，只在四个样品中发现。在1号房址填土中采集的两份浮选样品中，发现有2粒用于播种的疑似豌豆种子（cf. *Pisum sativa*）（表20；图4-3-1）。

人工栽培植物的种子中，数量最多的是粟，共发现6134颗。所发掘的文化层中，人工栽培种子的含量占种子总数的31.8%~81.5%，所占比重很大。在一号发掘区1号房址的样品中，发现的普通黍比较少。在二号发掘区4号房址的样品中，发现的普通黍所占比例比粟大（表20；图4-3-2）。大量数据表明，粟对于城址的居民来说，意义非凡。

表20　锡涅利尼科沃1号城址遗迹和地层中不同种属植物种子的数量和含量比（2015年和2016年的发掘）

出土单位	分析数量（份）	种子/人工栽培种子（粒）	粟 粒数	%	普通黍 粒数	%	紫穗稗 粒数	%	小米 粒数	%	青稞 粒数	%	人工栽培大豆 粒数	%	豌豆 粒数	%
Р-1，Ж-1	6	1969/1909	721	**37.7**	758	**39.7**	0		350	**18.3**	4	0.2	74	**3.8**	2	0.1
Р-1，Ж-2	6	1031/983	592	**60.2**	273	**27.7**	6	0.6	95	**9.6**	9	0.9	8	0.8	0	
Р-1，Ж-3	3	456/419	304	**72.5**	82	**19.5**	3	0.7	20	4.7	4	0.9	6	1.4		
Р-1，Ж-4	1	1802/1641	1337	**81.4**	282	**17.1**	0		0		1	0.06	21	1.3		
Р-1，Ж-5	10	1549/1385	905	**65.3**	252	**18.1**	0		144	**10.3**	3	0.2	81	**5.8**		
Р-1，Ж-6	3	1532/1467	1031	**70.3**	248	**16.9**	4	0.3	92	**6.3**	8	0.5	84	**5.7**		
Р-1，Ж-7	3	20/17	9		6		0		0		0		2			
Р-1，Я-1	3	1515/1439	810	**56.2**	264	**18.3**	0		321	**22.3**	19	**1.3**	25	**1.7**		
Р-1，Я-2	1	4/0	0		0		0		0		0		0			
Р-1，Я-3	1	5/1	1		0		0		0		0		0			
Р-1，Я-9	2	671/616	196	**31.8**	154	**25.0**	12	1.9	160	**25.9**	43	**6.98**	51	**8.2**		
Р-2，Ж-4	1	384/370	72	**19.4**	104	**28.1**	0		156	**42.1**	1	0.3	37	**10.0**	0	
Р-3，Ж-1	2	69/67	15	22.3	18	26.8	0		0		33	49.2	1	4.5		
Р-3，Ж-2	2	16/14	11		3		0		0		0		0			
Р-3，Ж-3	1	233/222	86	**38.7**	61	**27.4**	0		60	**27.0**	10	**4.5**	5	1.0		
Р-3，Ж-4	2	122/119	34	**28.75**	31	**26.0**	0		47	**39.5**	6	**5.0**	1	0.8		
16个样本总计	47	11378/10669	6124	**57.39**	2536	**23.76**	25	0.2	1478	**13.9**	109	**1.02**	395	**3.7**	2	0.02

注：仅计算含量超过100粒种子的样品的百分比，四舍五入到小数点后一到两位，并在表格中以粗体表示

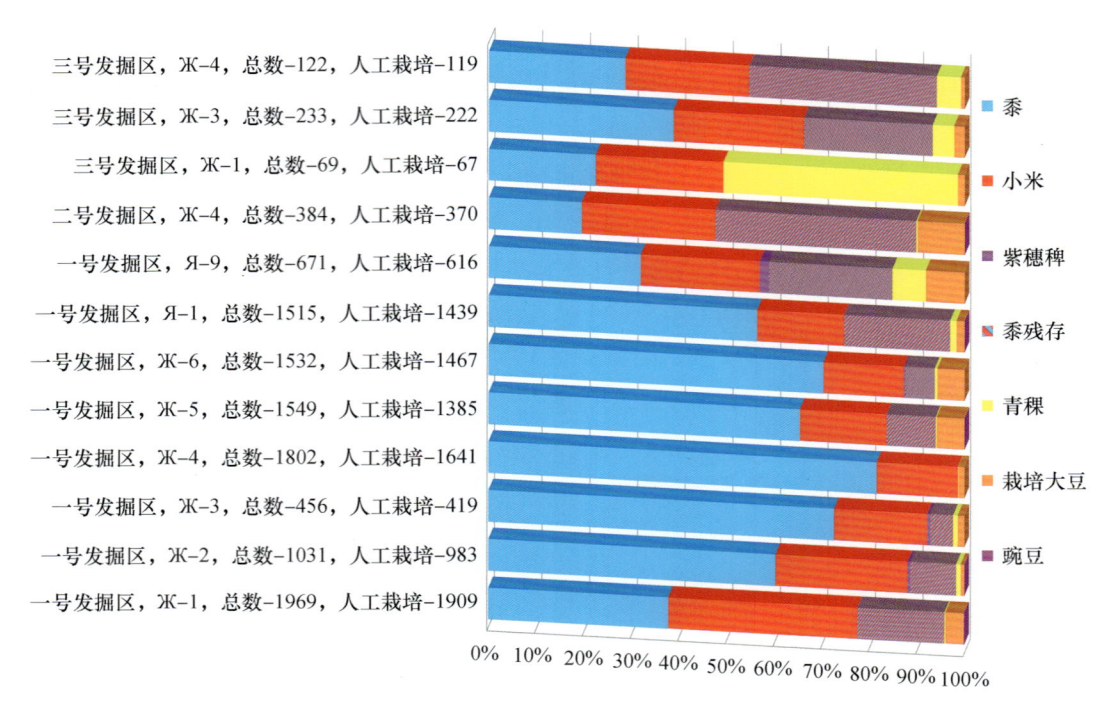

图4-3-1 锡涅利尼科沃1号城址不同文化层出土人工栽培种子占比

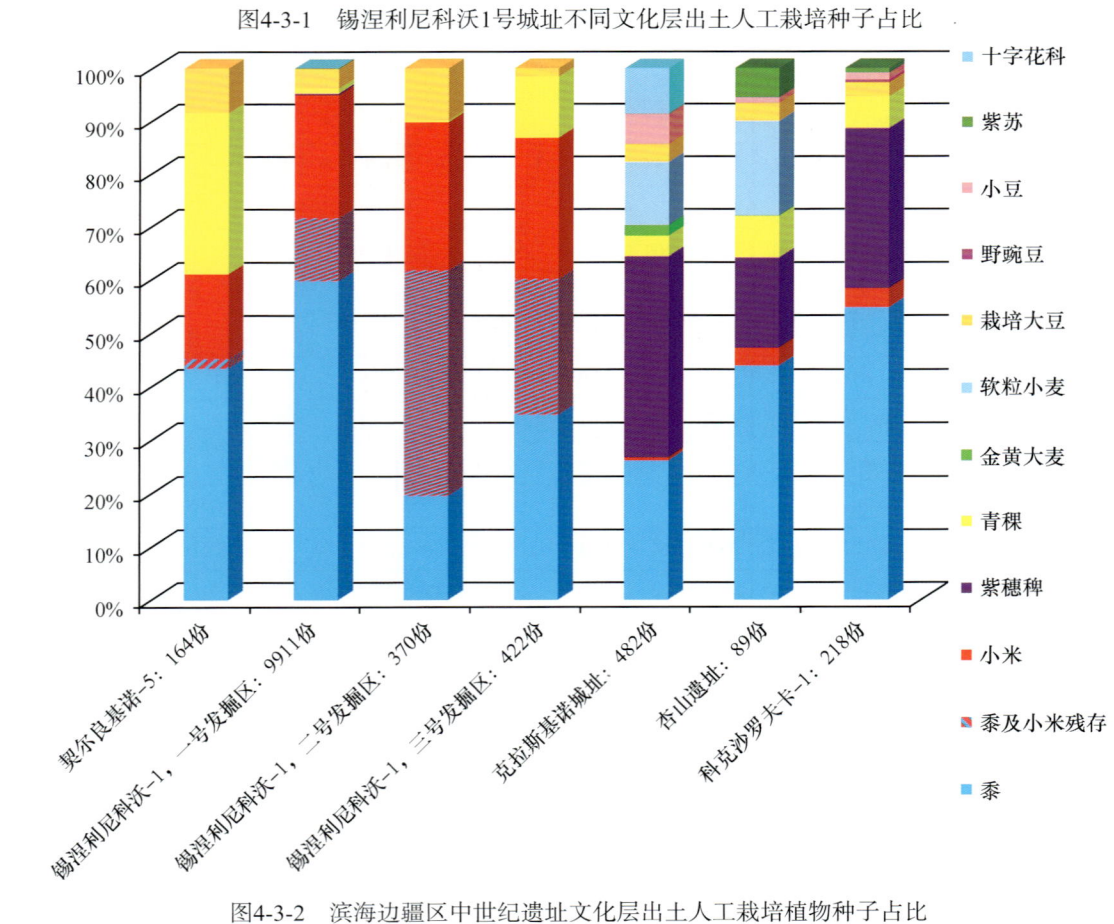

图4-3-2 滨海边疆区中世纪遗址文化层出土人工栽培植物种子占比

城址中采集的植物种子，形态都比较典型（图4-3-3）。这些种子平面呈圆形，腹部呈扁平状，背部隆起，背侧的胚沟呈倒"V"形，其长度约为作物长度的70%或更长。在所有样品的种子上，都没发现种皮，仅在个别的种子上发现了小的种皮残片，残片表面有该物种特有的纹路，这表明，所有发现的粟都已被脱粒，也就是说，在古代，这些种子被人类用作食物。

图4-3-3 锡涅利尼科沃1号城址中采集的炭化植物种子

1、2. 粟（*Setaria italica* subsp. *italica*） 3、4. 紫穗稗（？）（cf. *Echinochloa utilis*） 5~7. 狗尾草（？）（*Setaria viridis*） 8、9. 无法鉴定的锦葵科植物种子（*Malvaceae*） 10、11. Ⅰ型和Ⅱ型普通黍（*Panicum miliaceum*） 12、13. 十字花科植物种子（*Sinapis* sp. / *Brassica* sp.） 14. 豆类植物种子（豌豆？）（cf. *Pisum sativa*） 15. 野生大豆（*Soja max*） 16. 人工栽培大豆（*Glycine max*） 17~19. 青稞（*Hordeum vulgare* var. *Nudum*）

在粟中发现了两组大小不同的种子（表21；图4-3-3，1、2），其中以尺寸较大的为主，长度超过1.1毫米，尺寸较小的长度小于1毫米，占粟总数的4.5%~7%。两种作物在所有的样品中都有发现。现阶段对它们进行解释还很困难。在俄罗斯远东地区的中世纪时期遗址的植物考古材料中，之前没有发现对这种作物的记录。

根据数据可知，尺寸较大的粟与其他中世纪遗址出土的同类植物种子相比，体积相对较小。在契尔良基诺5号墓地的2号房址、克拉斯基诺城址第二十号发掘区以及科克沙罗夫卡1号城址中发现的粟也是类似的尺寸。这些尺寸较小的粟对比材料较少（表22）。

表21　锡涅利尼科沃1号城址靺鞨文化层出土粟（*Setaria italica* subsp. *italica*）平均尺寸

出土单位	长度（毫米）	宽度（毫米）	厚度（毫米）	长/宽×100	备注
P-1，2015年1号样本 И/5探方，3号房址地面、灶坑	1.14	1.06	0.88	107.5	测量8粒
P-1，2015年10号样本 А-Б/2-3探方，1号灰坑下层填土	1.22	1.2	0.94	101.7	测量25粒
P-1，2015年11号样本 Е/5探方，2号房址地面，1号陶器堆	0.97	1.0	0.82	97.0	小样品，测量5粒
P-1，2015年34号样本 3/11探方，4号房址地面	0.86	0.83	0.54	103.6	小样品，测量17粒
P-2，2016年6号样本 И/4探方，4号房址地面	1.13	1.14	0.87	99.1	测量10粒

表22　俄罗斯远东地区中世纪遗址文化层中出土粟（*Setaria italica* subsp. *italica*）平均尺寸

遗址，时代	长度（毫米）	宽度（毫米）	厚度（毫米）	长/宽×100	数据来源	备注
锡涅利尼科沃1号城址 P-1. 靺鞨文化	1.18	1.13	0.91	104.4	本报告	测量33粒
	0.91	0.91	0.68	100.0	本报告	测量22粒小型
契尔良基诺5号墓地2号房址 靺鞨文化	1.18	1.0	0.79	118.0	谢尔古舍娃、皮斯卡廖娃，2007	测量20粒
杨树湖遗址特罗伊茨基类型 靺鞨文化	1.35	1.17	0.98	115.3	谢尔古舍娃等，2017	
戈尔巴特卡1号城址 渤海时期	1.3	1.05	0.93	123.8	谢尔古舍娃，2002	
鲍里索夫卡村落址 渤海时期	1.23	1.23	0.85	100.0	谢尔古舍娃、格尔曼，2014a	2粒
克拉斯基诺城址 渤海时期	1.2	1.09	0.78	110.0	谢尔古舍娃、格尔曼，20146	二十号发掘区，测量20粒
科克沙罗夫卡1号城址 后渤海时期（10~11世纪）	1.34	1.25	0.8	107.2	谢尔古舍娃，2012	一号发掘区
	1.15	1.13	0.82	101.8	谢尔古舍娃、斯托亚金，2015	二号发掘区
	1.39	1.12	1.0	124.1		城址的土墙

所有样本中，除了一号发掘区的2号灰坑和3号灰坑的样本信息量很少以外，其他单位样本中都有普通黍（*Panicum miliaceuni*）的遗存。总共发现了2536粒普通黍的种子，平面呈圆形或椭圆形，背部和腹部略鼓，胚沟宽而圆，平均尺寸明显大于粟的种子（表23）。普通黍种子共有两种形态：Ⅰ型种子轮廓更圆，长宽比（L/W×100）约为100，或略高于100（表23；图4-3-3，10）；Ⅱ型种子的长度明显高于宽度，其中的某些种子的顶部略窄（表23；图4-3-3，11）。Ⅰ型种子在数量上更占优势。除此之外，该城址的植物遗存中还有一些普通黍的种子形态有些变异，无法归入上述任何一类。

表23　锡涅利尼科沃1号城址靺鞨文化层普通黍平均尺寸

出土单位	长度（毫米）	宽度（毫米）	厚度（毫米）	长/宽×100	备注
Р-1，2015年1号样本 И/5探方，1号房址地面、灶坑	1.71	1.65	1.28	103.6	测量10粒
Р-1，2015年9号样本 3-И/4-5探方，1号房址地面	1.66	1.51	1.25	109.9	测量10粒
Р-1，2015年10号样本 А-Б/2-3探方，1号灰坑底部	1.8	1.78	1.38	101.1	测量18粒
Р-2，2016年6号样本 И/4探方，4号房址	1.59	1.53	1.31	103.9	测量15粒 Ⅰ型
Р-2，2016年6号样本 И/4探方，4号房址	1.75	1.44	1.24	121.5	测量5粒 Ⅱ型

因此，有理由推断在锡涅利尼科沃1号城址中居住的居民，不止一次种植过普通黍，在种植过程中，存在一些与其他植物杂交的情况，产生了上述两种形态的种子，以及形态变异的品种。这应当可以证明普通黍是该地区唯一长期存在的农作物。

将锡涅利尼科沃1号城址和远东地区其他中世纪时期的遗址中发现的普通黍尺寸数据进行了比较（表24），但数据较少。

表24　俄罗斯远东地区中世纪遗址文化层普通黍平均尺寸

遗址，时代	长度（毫米）	宽度（毫米）	厚度（毫米）	长/宽×100	数据来源	备注
锡涅利尼科沃1号城址一号发掘区 靺鞨文化	1.69	1.61	1.30	104.8	本报告	测量43粒
	1.75	1.44	1.24	121.5	本报告	测量5粒 长形，Ⅱ型
契尔良基诺5号墓地2号房址 靺鞨文化	1.63	1.43	1.21	113.6	谢尔古舍娃、皮斯卡廖娃，2007	测量15粒
克拉斯基诺城址 渤海时期	1.29	1.29	0.92	100.0	谢尔古舍娃、格尔曼，2014б	二十号发掘区 测量9粒
科克沙罗夫卡1号城址 后渤海时期（10～11世纪）	1.75	1.69	1.35	103.5	谢尔古舍娃、斯托亚金，2015	一号发掘区 测量9粒

与锡涅利尼科沃1号城址以普通黍为主要植物遗存不同，在滨海地区的其他遗址的植物遗存中，普通黍的数量很少。比如，渤海时期的遗址中，所有已发现的人工栽培的植物种子没有超过4%。在俄罗斯远东南部地区中世纪时期，普通黍在当地经济活动中所起的作用很小（谢尔古舍娃，2014：113）。在这个背景下，锡涅利尼科沃1号城址中，普通黍发现数量很大的这一现象是独一无二的。在城址的浮选样本中，普通黍的种子遗存占人工栽培植物的16%～39%（表20；图4-3-1）。数量上，普通黍占第二位，仅次于粟。无论对于渤海时期还是后渤海时期的任何一个遗址（克拉斯基诺城址，戈尔巴特卡1号城址，杏山遗址，契尔良基诺2号村落址）来说，普通黍从数量上来看不是农耕文化的主要作物；只有从契尔良基诺5号墓地的靺鞨房址中所得到的植物遗存数据中，普通黍的含量相对较高，几乎占所有人工栽培作物的16%（谢尔古舍娃、皮斯卡廖娃，2007，图表）。因此，两个遗址中的植物遗存数据很相似，特别是与之后的考古学文化遗址的数据相比（图4-3-2）。

在对城址的植物遗存进行分析时，发现了一些数量较大的人工栽培小米种子，这些小米种子既可能是普通黍（*P. miliaceum*）也可能是粟（*S. italica* subsp. *italica*），因而对它们进行了单独的统计。统计发现，它们的数量很多，超过小米总数的20%，最高可达到39%（表20；图4-3-1）。

表25　俄罗斯远东中世纪遗址文化层中紫穗稗（*Echinochloa utilis*）平均尺寸

遗址，时代	长度（毫米）	宽度（毫米）	厚度（毫米）	长/宽×100	数据来源	备注
锡涅利尼科沃1号城址 靺鞨文化	1.58	1.33	0.87	119.3	本报告	一号发掘区．测量14粒
戈尔巴特卡城址 渤海时期	1.58	1.57	1.04	101.1	谢尔古舍娃，2002	
克拉斯基诺城址 渤海时期	1.46	1.27	0.85	114.9	谢尔古舍娃、格尔曼，20146	二十号发掘区 测量3粒
科克沙罗夫卡1号城址 后渤海时期（10～11世纪）	1.61	1.45	1.03	111.0	谢尔古舍娃、斯托亚金，2015	一号发掘区 测量5粒
	1.56	1.39	0.95	112.2		二号发掘区 测量5粒
	1.84	1.63	1.1	112.8		房址基坑 测量9粒
科克沙罗夫卡8号墓地 后渤海时期（10～11世纪）	1.86	1.71	1.16	108.8	谢尔古舍娃、斯托亚金，2015	测量10粒

第三种人工栽培小米是紫穗稗（*Echinochloa utilis*），只发现了少量，只在一号发掘区的四个遗迹单位（2、3、6号房址，9号灰坑）的填土中有所发现，共发现25粒紫穗稗种子，近半数（12粒）是从9号灰坑中获得的（表20）。该类种子腹部扁平，具有大而宽的胚沟，大而圆的种脐（图4-3-3，3、4）。所有的种子都没有种皮，其中14粒种子的尺寸可与远东南部地区中世纪时期遗址出土的相对比（科克沙罗夫卡1号城址和科克沙罗夫卡8号墓地中的个别材料除外）（表25）。这14粒种子中，最小的尺寸为1.3毫米×1.15毫米×0.6毫米，最大的尺寸为1.8毫米×1.7毫米×1.1毫米，平均值为1.58毫米×1.33毫米×0.87毫米（表16）。

房址填土中的人工栽培植物种子中，紫穗稗占总数的0.3%~0.7%，在灰坑填土中的样品含量较多，占总数的1.9%。总体来说，所有遗迹单位中发现的紫穗稗种子数量均很少，不能证明其是在城址居住的居民的主要粮食作物来源。

还有其他类型人工栽培植物种子，如青稞（*Hordeum vulgare* var. *nudum*）和人工栽培大豆（*Glycine max*）。这两类种子在大多数浮选样品中都有发现，但数量比粟和普通黍要少很多。

所有人工栽培的植物中，人工栽培大豆的数量位居第三，共有395粒，大多数都严重变形或为碎粒，完好的种子十分少见（图4-3-3，16）。其尺寸与在中世纪时期的其他遗址中发现的同类遗存类似（表26）。

表26　俄罗斯远东地区中世纪遗址文化层人工栽培大豆平均尺寸

遗址，时代	长度（毫米）	宽度（毫米）	厚度（毫米）	数据来源	备注
锡涅利尼科沃1号城址 靺鞨文化	6.14	4.14	3.39	本报告	一号发掘区测量9粒
	5.80	4.17	3.86	本报告	二号发掘区测量7粒
克拉斯基诺城址 渤海时期	6.3	3.7	3.1	谢尔古舍娃、格尔曼，2014	二十号发掘区测量2粒
	6.8	4.1	3.3		
	5.22	2.87	2.80	谢尔古舍娃，2011б	四十号发掘区测量6粒
科克沙罗夫卡1号城址 后渤海时期（10~11世纪）	4.85	3.1	>2.8	谢尔古舍娃、斯托亚金，2015	一号发掘区测量4粒
	5.47	3.47	2.21		房址灶坑测量7粒
科克沙罗夫卡8号墓地 后渤海时期（10~11世纪）	6.5	4.6	3.9	谢尔古舍娃、斯托亚金，2015	测量1粒

从百分比上看，不同的文化层中，人工栽培大豆仅占人工栽培植物种子总数的0.8%~10%（表20），且有一半的遗迹单位中人工栽培大豆的种子含量在2.3%以下，数量在1~25粒不等，这些遗迹单位分别是一号发掘区2~4号房址和1号灰坑、三号发掘区3~4号房址。在一号发掘区的文化层中，发现的大豆数量最多——1号房址74粒，5号房址81粒，6号房址89粒，9号灰坑51粒；二号发掘区的4号房址发现大豆37粒。这些单位中发现的大豆分别占人工栽培种子总数的4%、5.8%、5.7%、8.3%和10%。在中世纪时期的植物遗存中，人工栽培大豆并不是很多，只占全部人工栽培种子中很少的一部分（谢尔古舍娃，2014：116，表）。

锡涅利尼科沃1号城址发现人工大豆遗存，可以证明当地的居民曾经种植过这种农作物。但是，这些遗存的数量很少，很难证明这种作物在当地居民的饮食方面发挥主要作用。

类似的结论可以用于分析数量占据第四的青稞的比率。通过该城址的植物遗存采样，发现了109粒青稞，其中多数为碎粒或变形的种子。从保存完好的青稞种子的形态上看，应是青稞的变种（图4-3-3，17~19）。青稞在所有遗迹单位的填土中都有发现（表20），在大多数遗迹单位的样品中，其含量不超过人工栽培植物种子总数的1%。但在五个遗迹单位中比例很大：一号发掘区的1号灰坑和9号灰坑中，所占比例分别为1.3%和7%；三号发掘区的3号房址和4号房址中，所占比例分别为4.5%和5%；三号发掘区的1号房址中发现的33粒青稞，均出于一份样本中，数量上比其他作物占优势，占所有人工栽培种子的49%以上。该城址的三号发掘区样本中的青稞含量与其他发掘区[①]内的种子含量相比，数量上相对较多。但是仅从数量多这一点，很难证明三号发掘区较其他发掘区具有时间和地点上的独特性。通过分析发掘区中获得的植物遗存数据，发现它们具有很大的相似性，因此不能确定这种独特性是否存在。

考古工作者发现，很多青稞种子都是碎粒或严重变形的，仅有一号发掘区9号灰坑中出土的3粒保存完好，尺寸分别为5.8毫米×3.2毫米×2.4毫米、5.5毫米×2.8毫米×2.1毫米和3.6毫米×2.2毫米×1.8毫米。用这些数据与远东地区其他同类遗址的材料进行比较是远远不够的，但可以初步确定，它们的尺寸是相似的（表27）。

在一号发掘区的1号灰坑中，在两个样本中各发现了1粒种子，它们的形态不同，但根据其尺寸判断，疑似为豌豆［cf. *Pisum sativa*（？）］（图4-3-3，14）。仅仅通过观察已发现的个别样品，就对城址的居民是否曾种植过豌豆下定论还为时过早，虽说这一时期，人工栽培植物中出现豌豆也并不是完全不可能的。在渤海时期的戈尔巴特卡城址以及后渤海时期的科克沙罗夫卡1号城址的文化层中，也发现了少量豌豆种子（谢尔古舍娃，2002；谢尔古舍娃，2014：116，表）。无论在上述提到的遗址中，还是在锡涅利尼科沃1号城址中，豌豆发现的数量都很少，它未必会是占据主要地位的农作物。

---

① 三号发掘区2号房址中没有发现青稞遗存，可能由于采集的浮选土样量太少（仅1升），并且该样品中包含的植物种子总量也极少（仅16粒）。

表27 俄罗斯远东地区中世纪遗址青稞（*Hordeum vulgare* var. *nudum*）平均尺寸

遗址，时代	长度（毫米）	宽度（毫米）	厚度（毫米）	长/宽×100	数据来源	备注
锡涅利尼科沃1号城址 靺鞨文化	4.69	2.73	2.1	171.8	本报告	一号发掘区 测量3粒
契尔良基诺5号墓地 靺鞨文化	4.44	2.67	2.04	166.3	谢尔古舍娃、皮斯卡廖娃，2007	2号房址 测量18粒
鲍里索夫卡村落址 渤海时期	5.14	2.86	2.58	179.7	谢尔古舍娃、格尔曼，2014a	试掘区 测量7粒
克拉斯基诺城址 渤海时期	4.04	2.26	2.05	178.7	谢尔古舍娃，2011б	四十号发掘区 测量8粒
科克沙罗夫卡1号城址 后渤海时期（10~11世纪）	4.93	2.94	2.34	167.7	谢尔古舍娃、斯托亚金，2015	一号发掘区 测量7粒
科克沙罗夫卡8号墓地 后渤海时期（10~11世纪）	4.15	2.77	2.22	149.8	谢尔古舍娃、斯托亚金，2015	墓群 测量6粒

从一号发掘区的2号房址和三号发掘区的3号房址灶坑底部的采集样品中，发现了3粒十字花科种子，疑似为芸薹属/白芥属（cf. *Brassica* sp./ *Sinapis* sp.）（图4-3-3，12、13）。在该地区其他中世纪时期的遗址——克拉斯基诺城址和科克沙罗夫卡城址中，也曾发现过同类种子遗存（谢尔古舍娃，2011；谢尔古舍娃，斯托亚金，2015）。有学者推测它们有可能属于人工栽培植物（谢尔古舍娃，2011б）。在滨海地区的现代自然植物群中，有三种类型的芸薹属（*Brassica juncea*, *B. campestris*, *B. napus*），但都不是原生植物（沃罗什洛夫，1982）。以前，这些种子被认为可能是芸薹属的一种，甚至认为可能是人工栽培植物，要么是杂草植物后来作为人工栽培植物被引进到这里来，但没有驯化成功；要么是在引进其他人工栽培植物的时候，作为杂草被夹带到这里来的。

除了材料中所列举的人工栽培植物的遗存外，还有野生可食用植物、杂草及自生植物的种子遗存。野生可食用植物遗存在该城址的植物遗存中数量极少，仅在2号房址和5号房址的两份样品中发现了5粒（表19），它们中的4粒是属于同一类，为无法确定种类的接骨木属（*Sambucus* sp.）种子，且均出自同一个样品中，说明它们进入房址文化层绝非偶然，很可能这些种子是被居民故意存放在房址里的，但具体目的尚不明确。众所周知，在滨海地区生长着几种接骨木，但它们的果实不是用于食用的（乌先科，1984）。该类植物遗存在远东地区其他遗址中目前尚未发现。另一种野生植物的遗存是相对较小的果核碎片，无法鉴定种属。

在该城址的植物遗存材料中，野生植物遗存数量也极少。在契尔良基诺5号墓地的靺鞨文化遗存中，发现了红松果实、胡桃楸果实、榛子、山楂种子的碎粒以及橡树籽碎粒（谢尔古舍娃、皮斯卡廖娃，2007），证明在滨海地区的靺鞨人曾普遍食用这些植物。但在锡涅利尼科沃1号城址的房址文化层中，几乎完全没有发现这些植物的遗存，这可能是因为其居民定居时间相对较短，在此定居期间，野生植物的遗存没有在文化层中遗留下来。

自生植物和杂草植物的种子共587粒，这些种子几乎在所有样品中都有发现。它们在所有植物遗存中的平均占比在5%，在个别遗迹单位中，其含量甚至超过8%~9%（表19）。比例较大的自生植物和杂草植物种子出土单位与发现粟的作物含量较多的单位高度吻合，即一号发掘区的3号房址和5号房址。这一观察结果可以证明这些种子是杂草植物，很有可能是种植粟的时候生长出来的，与人工栽培作物种子一起存在于城址的地层堆积中。自生植物或杂草植物中，至少能辨识出24种不同类别的种子。鉴定出了几种黍族（cf. *Setaria viridis*, *S.* spp., *Paniceae*）植物种子；藜属（*Chenopodium* spp.）植物种子，包括灰菜（*Ch. album*）、滨藜属（*Atriplex* sp.）植物、苋属（*Amarantus* sp.）植物、拉拉草属（*Galium* sp.）、筋骨草（可能为多花筋骨草）［*Ajuga multiflora*（？）］、苔草属植物（*Carex* sp.）；某些豆科植物，包括野生大豆（*Glycine soja*）（图3，15）、豌豆（*Vicia* spp.）；十字花科；蓼科（*Polygonum* sp./ *Rumex* sp.）；唇形科（*Labiatae*）；锦葵科，包括疑似为三叉木槿属（cf. *Hibiscus trionum.*）的遗存和一种种属不明植物（*Malvaceae*）（图4-3-3，8、9）；竹石科（*Caryophyllaceae*）；茄科（*Solanaceae*）；百合科（*Liliaceae*）；菊科（*Asteraceae*）；毛茛科（*Ranunculaceae*）。

在这些植物遗存中，黍族植物种子出土数量占多数，共有四类，有两类属于狗尾草属（*Setaria* spp.），其中一种明显是狗尾草（*S. viridis*）（图4-3-3，5~7），还有一类为稗属（*Echinochloa* sp.），另有一种是不确定属于哪一个种类的黍亚族（*Paniceae*）。它们在每份浮选样品中几乎都有发现。总共发现了400多粒黍族种子，占自生植物和杂草植物遗存近70%。毫无疑问，大多数这些植物的遗存是随小米一起被带到了城址中。以往研究发现，野生黍族植物是小米作物中典型的杂草，这是由它们类似的生物学和生态学特性决定的（雷索夫，1968：105）。

发现数量第二多的种子是野生大豆（图4-3-3，15），共发现50多粒，它们通常与人工栽培大豆一起在样品中被发现。但是也有一些浮选样本中没有发现人工栽培大豆，却发现了野生大豆。城址中各房址的地层堆积中的野生大豆遗存，与人工栽培大豆的掺杂程度相关。

藜属种子的数量占据第三位，几乎在每个样本中都有发现，共发现了大约50粒。其中已鉴定出灰菜和另一种形体更大的种子。藜属是藜科中一年生的草本植物，是自生植物和杂草中常见的典型植物，常在人类活动的地区出现。藜属在人类居住的地方附近，如地层被扰动的地方、垃圾堆以及杂草丛生的地方会大量生长（布奇等，1981；多布罗霍托夫，1961）。

其他类型植物的种子类别较为单一。

在采集样品中，有117粒无法鉴定，这个比例占总量的1%。在个别样品中，这些无法鉴定的种子含量为0~4%。总的来说，这个比例非常低。在无法鉴定的种子含量较低的前提下，我们多次在样品中获取的可鉴定的植物遗存大部分为人工栽培的植物种子。

锡涅利尼科沃1号城址中的植物种子，无论是种类的丰富程度还是种子密度都是独一无二的。在远东地区的中世纪遗址考古学研究中，这是第一次获得数量如此之大的肉眼可见的植物遗存。对该遗存的研究表明，各个遗迹单位堆积中的人工栽培植物遗存种类统一，含量相似。所分析的样品中不仅含有同类人工栽培植物的遗存，而且它们的比例在多数房址和灰坑中都是近似的（表19；表20；图4-3-1）。在16个遗迹单位中，只有4个单位的植物考古材料有差异，它们是一号发掘区的9号灰坑和三号发掘区的3座房址。9号灰坑的填土中有616粒人工栽培的植物种子，其中除了有四类该城址常见的种属之外，还有紫穗稗。同时，9号灰坑中的人工栽培植物种子的数量比例与其他15个遗迹单位的浮选样本比例有所不同——虽和其他遗迹单位的浮选样本一样以小米（粟和普通黍）为主，但是人工栽培大豆、青稞和紫穗稗的含量较高，分别为8.3%、7%和2%。三号发掘区中的1号、3号和4号房址的植物考古材料与一号和二号发掘区中的考古材料有所不同，其青稞种子含量略高，在三号发掘区的1号房址样品中，青稞的种子占总人工栽培种子的49.2%（表20）。

研究表明，城址的居民共种植了四种人工栽培的植物：粟、普通黍、青稞和人工栽培大豆。从已经发现的种子数量上来看，主要农作物是粟，其次是普通黍，人工栽培大豆和青稞分别占据第三和第四位。并且，根据已发现的数量来判断，人工栽培大豆和青稞在当时人工栽培作物中所起的作用要小得多。

还有一种是紫穗稗。根据紫穗稗种子的稀有程度可以判断，其在该时期没有作为农作物的价值，甚至并没有作为主要的食物。另有1粒种子疑似为豌豆，还有2粒疑似为芸薹属的十字花科植物种子。城址的居民是否把这些植物作为农作物还无法确定。

该城址的植物考古资料与契尔良基诺5号墓地中的2号靺鞨房址的房内堆积中得到的数据很吻合。契尔良基诺5号墓地位于锡涅利尼科沃1号城址沿拉兹多利纳亚河向上几公里处，这两处遗址都位于同一个生态地理区域，遗址中都有包含了靺鞨文化拉兹多利纳亚河类型的考古遗存（皮斯卡廖娃，2005：422）。对从契尔良基诺5号墓地中得到的人工栽培植物种子的种属鉴定，也发现了粟、普通黍和青稞，还有人工栽培大豆（谢尔古舍娃、皮斯卡廖娃，2007）。在这两个靺鞨时期的遗址中，不仅都有人工栽培的种子，而且两个遗址中种子的种类和数量占比也很相似。但数据也显示出，两个遗址中有一个差异——在契尔良基诺5号墓地的靺鞨房址中，青稞的含量要比人工栽培大豆含量多（青稞30.5%，人工栽培大豆8.5%），还有大量野生食用植物种子（谢尔古舍娃、皮斯卡廖娃，2007）。两个遗址中，青稞种子的数量有所差异，这个现象在我们看来，是很正常的，尤其是与该地区处于渤海时期（即8~10世纪）的遗址（克拉斯基诺城址、戈尔巴特卡城址、杏山遗址、契尔良基诺2号遗址），以及后渤海时期（即10～11世纪）的遗址（科克沙罗夫卡1号城址、科克沙罗夫卡8号墓地）相比。上述遗址的植物遗存中，包含了8～12种人工栽培植物，主要以粟和紫穗稗为主，普通黍的数量很少（谢尔古舍娃，2014），遗址中除了这三种人工栽培的植物以外，还有青稞、带皮麦、软小麦、人工栽培大豆、赤豆、豌豆、紫苏属以及十字花科种子。我们对这些种子进行了分析，结果表明：在滨海地区进入渤海时期之前，该地区的靺鞨人并不知晓其中的大部分植物。在进入渤海时期之后，人们对之前并不熟知的人工栽培作物才越来越了解。

之前学者们进行了大量的尝试，从远东地区南部各个遗址（鲍里索夫卡3号居址，巴拉巴什5号遗址，杨树湖遗址特罗伊茨基类型）中获得的植物考古数据可知，只获得了少量种子，包括人工栽培植物的种子。鲍里索夫卡3号居住址与锡涅利尼科沃1号城址同处于拉兹多利纳亚河谷，在发掘它时，于靺鞨房址填土中采集了600升土样，但只从中发现了2粒人工栽培植物种子遗存，分别为粟和青稞黍，以及黄檗属果实的种子（谢尔古舍娃等，2010）。在巴拉巴什5号遗址中采集的1485升浮选土样中，也只发现了少量普通黍的作物。这说明，靺鞨居民虽已熟悉了农耕，但并不能就此判断农耕在其生业经济中是否扮演重要角色（谢尔古舍娃，2016б）。

从锡涅利尼科沃1号城址获得的植物考古材料，与契尔良基诺5号墓地的靺鞨房址的材料完全相符。这些植物考古材料，无论是在人工栽培植物的种属组成上，还是数量上，都与滨海地区其他的靺鞨文化遗址的植物遗存有着明显的不同。对陶制品进行分析后，得到了这些遗址存在的相对年代（见结语）[①]，在6～9世纪，拉兹多利纳亚河谷的靺鞨人在农耕方面发展比较迅猛，这与前述的陶制品分析结果也不矛盾。人工栽培植物的种类不断增加，以及在锡涅利尼科沃1号城址和契尔良基诺5号墓地中所发现的植物遗存的数量的增长，都充分证明了与滨海地区其他早期靺鞨遗址相比，该城址居民生产活动中，农耕所占比例在不断增长。我们认为，靺鞨居民的生产活动中，产生如此大的变化是在该地区的第一个靺鞨政权形成之前及其巩固阶段，也就是在其开疆扩土的时期，包括扩展东部边境时期，随着移民数量的增加，以及技术的进步和创新必然发生变革。

分析了滨海地区随后的渤海时期的遗址，其植物考古材料显示：人工栽培植物的种类有所增加，高达12种，同时，人工栽培植物遗存的数量和出现的频率也有所增加。此时的耕种，作为农业的一部分，已经成为滨海地区的主要生产模式。与早期的靺鞨时期相比，在驯化小米的过程中，发生了一些比重的变化。在滨海地区西部，如果早期的靺鞨居民种植的粟和普通黍的数量并不多，那么在进入渤海时期之前，居民就已经大量种植不少于四种的人工栽培植物，其中最多的就是粟和普通黍。在滨海地区进入渤海时期

[①] 鲍里索夫卡3号遗址要比时代和文化均极其相近的契尔良基诺5号墓地以及锡涅利尼科沃1号城址存在的时代稍早。

之后，普通黍几乎从植物遗存体系中消失了，只占所有人工栽培种子的5%。同时，在渤海时期遗址中，紫穗稗的份额增加，其中一些遗址中，紫穗稗的比例几乎占据所有人工栽培种子的40%（谢尔古舍娃，2014：114~115）。因此，随着滨海地区进入渤海时期，靺鞨人的耕种形态发生着转变。人工栽培植物的产量发生了巨大的变化，这是相应的农业技术发展而产生的变化。

第四节 结 论

对锡涅利尼科沃1号城址植物遗存进行的分析，成功地复原了该地区人工栽培植物的谱系，这些植物是滨海地区西部的靺鞨人所培育的，种植时间是在进入渤海时期之前。分析比较滨海地区早期的靺鞨遗存以及随后出现的渤海时期的类似遗存数据，使我们能够将它们与当地的农耕文化的发展联系起来，这些变化是由伴随着当地早期国家形成的社会经济发展过程所决定的。

参 考 书 目

［1］ Т. Г. 布奇、Н. Н. 卡丘拉、В. Д. 史维德卡娅、Е. Р. 安德烈耶娃：《滨海边疆区杂草问题及其防治措施》，符拉迪沃斯托克，1981年，第147页。

［2］ В. Н. 沃罗什洛夫：《苏联远东地区植物图鉴》，莫斯科，1982年，第672页。

［3］ В. Н. 多布罗霍托夫：《杂草种子》，莫斯科：农业文献出版社，1961年，第414页。

［4］ Е. Ю. 列别捷娃：《古代农耕植物考古重构（方法标准）》，《考古学中的跨学科研究》，莫斯科：平行出版社，2008年，第6期，第86~109页。

［5］ В. И. 雷索夫：《黍子》，列宁格勒：科洛斯（Колос）出版社，1968年，第224页。

［6］ Я. Е. 皮斯卡廖娃：《滨海地区靺鞨遗址原住群落》，《俄罗斯远东的古代与中世纪——问题、研究与讨论》，符拉迪沃斯托克：远东科学出版社，2005年，第419~438页。

［7］ Е. А. 谢尔古舍娃：《滨海地区戈尔巴特卡渤海城址中按古人类植物学材料分类的人工栽培植物》，第七届远东青年历史学者研讨会，符拉迪沃斯托克：远东国立大学出版社，2002年，第223~231页。

［8］ Е. А. 谢尔古舍娃：《滨海边疆区奥利金区青石崖遗址植物种子》，《揭开千年的面纱——纪念让娜·瓦西里耶夫娜·安德烈耶娃诞辰80周年》，符拉迪沃斯托克：雷亚有限责任公司，2010年，第29~49页。

［9］ Е. А. 谢尔古舍娃：《滨海边疆区植物考古研究——收获与前景》，《远东与西伯利亚考古热点问题》，乌苏里斯克：乌苏里斯克国立师范学院出版社，2011a，第82~90页。

［10］ Е. А. 谢尔古舍娃：《克拉斯基诺城址第40和42号发掘区果核（种子）初步鉴定（基于2009年的

发掘）》，《2009年俄罗斯及韩国对俄罗斯滨海地区克拉斯基诺城址的考古研究》，韩国东北亚历史财团，俄罗斯科学院远东分院远东民族历史·考古·民族研究所，2011б，第315~327页，图828~832。

[11] Е. А. 谢尔古舍娃：《2011年科克沙罗夫卡1号城址考古研究》，《滨海地区科克沙罗夫卡1号城址：2008~2011年俄韩考古队在滨海地区发掘收获》，第1部，大田：俄罗斯科学院远东分院远东民族历史·考古·民族研究所，韩国国立文化财研究所，2012年，第282~300页。

[12] Е. А. 谢尔古舍娃：《植物考古——理论与实践》，符拉迪沃斯托克：远东科学出版社，2013年，84页。

[13] Е. А. 谢尔古舍娃：《基于植物考古学数据的滨海地区渤海人的农业植物》，《欧亚考古学、民族学和人类学》2014年第2期（58），第111~118页。

[14] Е. А. 谢尔古舍娃：《滨海地区西南部中世纪早期锡涅利尼科沃1号城址植物种子初步研究》，《蒙古、贝加尔、西伯利亚地区和中国北方的古代文化》，第七届国际学术会议论文集，克拉斯诺亚尔斯克：西伯利亚联邦大学出版社，2016a，第2册，第254~260页。

[15] Е. А. 谢尔古舍娃：《俄罗斯远东南部中世纪早期靺鞨考古文化承载者的栽种植物》，《古代和传统社会的生态学会议论文集》，秋明：秋明国立大学出版社，2016б，第5卷，第2册，第138~143页。

[16] Е. А. 谢尔古舍娃、Е. И. 格尔曼：《渤海居住址杏山1号村落址植物种子研究结果》，《多学科考古研究》，符拉迪沃斯托克：远东科学出版社，2014 а，第117~127页。

[17] Е. А. 谢尔古舍娃、Е. И. 格尔曼：《克拉斯基诺城址东门发掘出土植物种子和果实的初步研究》，《多学科考古研究》，符拉迪沃斯托克：远东科学出版社，2014б，第128~141页。

[18] Е. А. 谢尔古舍娃、Я. Е. 皮斯卡廖娃：《契尔良基诺5号墓地和2号村落址的植物种子和果实》，《2006年滨海地区契尔良基诺5号墓地考古发掘》，2007年，第1册，第375~391页；第2册，第259~344页（俄韩双语）。

[19] Е. А. 谢尔古舍娃、Я. Е. 皮斯卡廖娃、Е. В. 阿斯塔申科娃：《鲍里索夫卡3号村落址考古发掘收获》，《俄罗斯与亚太地区》2010年第4期，第141~150页。

[20] Е. А. 谢尔古舍娃、М. А. 斯托亚金：《植物考古研究结果》，《滨海地区科克沙罗夫卡1号城址和科克沙罗夫卡8号城址考古遗迹——2012~2014年俄韩考古队在滨海地区的发掘》，大田：韩国国立文化财研究所，俄罗斯科学院远东分院远东民族历史·考古·民族研究所，2015年，第170~206页。

[21] Е. А. 谢尔古舍娃、С. В. 科瓦连克、Т. П. 萨夫琴科、Е. И. 克留奇科、И. В. 格利达索娃：《滨海地区西部靺鞨居民的农耕——植物考古方法运用结果》，（《新生代的欧亚大陆：地层学、古生态学、文化学》），伊尔库茨克：伊尔库茨克国立大学出版社，2017年，第6卷，第311~319页。

[22] Н. В. 乌先科：《远东的乔木、灌木和藤本植物》，哈巴罗夫斯克：哈巴罗夫斯克图书出版社，1984年，第270页。

[23] Е. А. 谢尔古舍娃:《从古植物学资料看滨海边疆区渤海人的栽培植物》,《欧亚大陆考古学、民族学与人类学》2014年第42卷第2期,第111~118页。

[24] Е. И. 杰列维扬科:《公元1千纪时期阿穆尔河沿岸的部落·民族史与文化纲要》,新西伯利亚:科学出版社西伯利亚分社,1981年,第32~33、35~44页。

第五章

结　语

　　20世纪90年代至2010年间的考古发掘成果揭示了该遗址的主要变迁阶段，并获得了反映这一时段考古学文化的各种实物资料。通过发掘发现，早在旧石器时代晚期就有人类在此活动，这一点可以通过该遗址东部的二号发掘区中的一些发现来证实，尤其是出土的黑曜岩石核。总体来看，锡涅利尼科沃1号城址东部的这处狭窄而凸出的陡峭地带，是人类开发程度最高的区域。在二号发掘区中发现了属于新石器时代中期的谢尔盖耶夫文化、什克利亚耶夫文化和博伊斯曼文化遗存，新石器时代晚期的扎伊桑诺夫卡文化和古金属时代的阿努钦-锡尼盖类型的遗存。在每个阶段的遗存中都有可以与其他遗址相同时代和文化进行对比的典型例证。

　　古金属时代，该遗址的东端防守薄弱的区域筑有城墙和城壕，用于保卫该居住址。

　　还需注意的是，早期文化层保存得极不完整，它们被中世纪早期的房址打破，当时整个山顶上都有人类居住和活动，在此期间修建了带有房址的阶地，山顶的平坦部分修筑了城墙用以加强防御。

　　早在20世纪90年代考古发掘的初期，学者们就提出要明确中世纪遗迹单位的文化属性及具体所属时期。В. И. 博尔金指出，在该遗址发现了靺鞨和渤海文化层，并且首次揭示了滨海地区西南部靺鞨文化向渤海文化的过渡过程。为了证明这一点，他对渤海时期重建的城墙进行了层位学观察，对房址相关考古材料进行分析，将其分别归入靺鞨时期和渤海时期。该遗址有两种类型的房址，其中一种带有火炕的房址属于渤海时期。总的来看，该城址所属时代为6~8世纪（博尔金，2001：130）。

　　2015~2016年间，由俄罗斯和韩国考古工作者联合对该城址进行的考古发掘和研究，使我们得以修正之前所取得的该城址中世纪定居阶段的认识。开展考古工作的四个发掘区位于该城址中部和东部，并且还涵盖了将该遗址东端部分与中心部分隔开的城墙和城壕。此外，考古工作者还对20世纪90年代发掘的城门和城墙进行了重新清理，并通过对考古材料的地层学和类型学分析，明确了该城址靺鞨时期的文化层。考古人员对18座房址遗迹进行了发掘，这些房址为"闭合式"的遗迹单位。房址曾被烧毁，并在火灾后不再使用，这可以通过火灾前位于房址中的陶器仍保留在原位来证明。许多已经烧毁的房址都已被专门填埋，包括一号发掘区的所有房址，二号发掘区的2号和3号房址，以及三号发掘区的4号房址。在其余房址的堆积中并未发现这种专门填埋的现象。这种现象应当是在建新房屋时，将因火灾被废弃的房址填埋后平整土地所致。一号发掘区中的个别灰坑也被专门填埋了。

在2015～2016年间的发掘工作中，并未发现与渤海时期直接相关的遗迹，但这并不意味着其不存在。在该遗址地层的上部，即表土层和表土层下的文化层中，多次发现了渤海时期的人工遗物。城址中发现的蓄水井也被证明在渤海时期仍继续使用。在该城址的东部，除了城墙和城壕外，还加筑了一道石墙。

在中世纪早期房址的考古发掘过程中，出土了一批量大且极具代表性的陶器，可以对其进行全面的分析。

第一节 轮制和手制陶器：制作技术、保存状况、出土层位

这组陶器中既有手制，也有轮制。手制陶器居多，占90%以上。轮制陶器很少，占9%～10%。轮制陶器可明确地分为两组。第一组（A组）的陶器为快轮制作，其特点为壁厚均匀，器表加工精细，有抹痕或磨光痕，胎质致密，平底。这类陶器在高温的氧化气氛或还原气氛中烧制，在滨海地区的所有渤海遗址中，如克拉斯基诺城址、斯塔罗列钦斯克城址、契尔良基诺5号墓地晚期墓葬、契尔良基诺2号居址的中世纪地层等，都有这类陶器出土。第二组（B组）的陶器使用慢轮制作，这通过口沿部分明显的平行凹槽可以看出。但与A组相比，这类陶器的质量相对较差，通常在氧化气氛中进行烧制，且烧制温度明显更低，胎质松散，胎体中的夹砂颗粒大小不等。这些陶器的器形同A组陶器和手制陶器都有类似之处：具有鼓腹或球腹的陶罐，口沿部分下部没有圆柱状附加纹饰带，口沿略微外侈。这类陶器在技术上与渤海时期在快轮上制作的陶器明显不同，但在器形上与它们相似。在契尔良基诺5号墓地第132、136、169号墓葬的发掘中也出土了类似的陶器（尼基京等，2007：136、151、297）。

这两组陶器的保存完整程度和埋藏条件存在显著差异。A组中完整的或可复原的陶器很少：在地层第1层和第2层中发现了大块的陶器残片及堆积，在二号发掘区1号房址中出土了1件陶器，在一号发掘区蓄水井中出土了2件，在一号发掘区5号房址中出土了1件，在三号发掘区3号房址填土中及其附近出土了陶器口部和底部的大块残片，在一号发掘区2号房址中出土了1件陶器的下半部分。其余的A组陶器都残缺不全，它们不仅在地层或房址间的位置有所发现，在房址内的地面上也有出土。一些轮制陶器的残片存在于房内从上部填土到房址地面的各层堆积中，如在一号发掘区5号房址处与В-Д/10-13探方区域内的上层填土和底部都发现了轮制陶器的残片。在三号发掘区中最大的房址——3号房址中及其周围半径1—2米的范围内都出土了轮制陶器的残片。残片在地层中的这种分布情况表明它们仅为填土中夹杂的遗物，与房址的存在时期没有直接关系。在蓄水井的各层填土中也发现了轮制陶器的残片，这是由于蓄水井的埋藏过程比较特殊造成的。这口井可能已经使用了很长时间，这影响了落入其中的人工制品的构成，从中出土的陶器、石器和金属制品，分属于从新石器时代到中世纪的不同时期。

在灰坑、房址等遗迹单位中，存在着少量A组陶器的小块残片。B组的轮制陶器都是

在房址的地面上与手制陶器一同出土的，各部位保存完好，可完整修复。在一号发掘区的1号灰坑和2、5、6号房址中也发现了此类陶器。

手制陶器的保存完整程度与埋藏条件直接相关。上层堆积中出土的陶器主要以残片为主，而保存完整或至少有三分之二完整的陶器主要出土于房址内的地面上，共出土了139件这种陶器。其中，一号发掘区的5、7、8号房址中分别出土了15件、11件和10件，二号发掘区1号房址中出土了22件，三号发掘区4号房址中出土了9件。

所有手制陶器均采用泥圈套接的方法制成。泥圈的宽度为5~7厘米。陶胎中夹有颗粒大小不同的砂粒，个别胎体中掺杂有大量云母，使得陶器表面看起来有光泽，这种技术也可能是出于美观的目的而实施。陶器腹部主要为球形或圆鼓状，曾受到按压——在其表面较平的部位遗留有清晰可见的痕迹。最常见的表面处理技术为抹光，器表磨光的容器十分少见。并非所有陶器的口沿部分下边都有附加纹饰带。有些陶器的底部微内凹。在一号发掘区的2~7号房址、二号发掘区的所有房址以及三号发掘区的1~3号房址中，各有1至2件该类陶器，总体上，此种陶器占总数的20%左右。需要注意的是，一些轮制陶器（B组）也具有底部略微内凹的特征。推测这些陶器都是由一个制陶作坊生产的，因此具有相似的特点，这都是陶工的某种技术操作的结果。

大多数手制陶器在氧化气氛中烧制，烧成温度不超过1000℃。

第二节　陶器形制分类：陶器的形状、纹饰

一、A组轮制陶器

出土的陶器除了为数不多的完整器之外，还有79件口沿。其中最常见的是展沿口沿、圆唇口沿和重唇口沿。其他类型的陶器发现较少。

根据器身的形制和比例，可分为以下几类陶器。

1. 大型罐

大型罐的形态矮胖墩实，罐身宽大，是渤海时期遗址中常见的陶器类型。在克拉斯基诺城址（考古发掘报告，2013：241）中有大量类似的器物出土。在锡涅利尼科沃1号城址中出土了2件完整的大型罐：第1件出土于11号灰坑处于C/18探方的区域，为1件具有倾斜的圆唇滑口沿和大平底、器壁厚达0.7~0.9厘米的陶器（图5-2-1，1），其口径（34.4厘米）大于器高（约26厘米）；第2件出土于蓄水井中，口沿部分急剧倾斜，圆唇，罐身圆鼓墩实，大平底（图5-2-1，13）。此外，在三号发掘区3号房址中也出土了大型罐（图5-2-1，14~16），同时，三号发掘区的上层文化层还出土了甑底（图5-2-1，8），推测大型罐可能与之结合使用，用作蒸制食物。

2. 小型罐

小型罐分为两种类型。

第一种类型为粗颈，溜肩，口径不超过15厘米。该类陶罐仅发现了口部，出土于上层文化层（图5-2-1，2～4）。

第二种类型为球腹，敛口，在克拉斯基诺城址（考古发掘报告，2011：157）中也出土过类似的器形。在锡涅利尼科沃1号城址一号发掘区的上层文化层出土了少量该类陶器的残片，三号发掘区中1件部分复原的该类陶器，口径为17厘米，器身最大径24厘米（图5-2-1，17）。

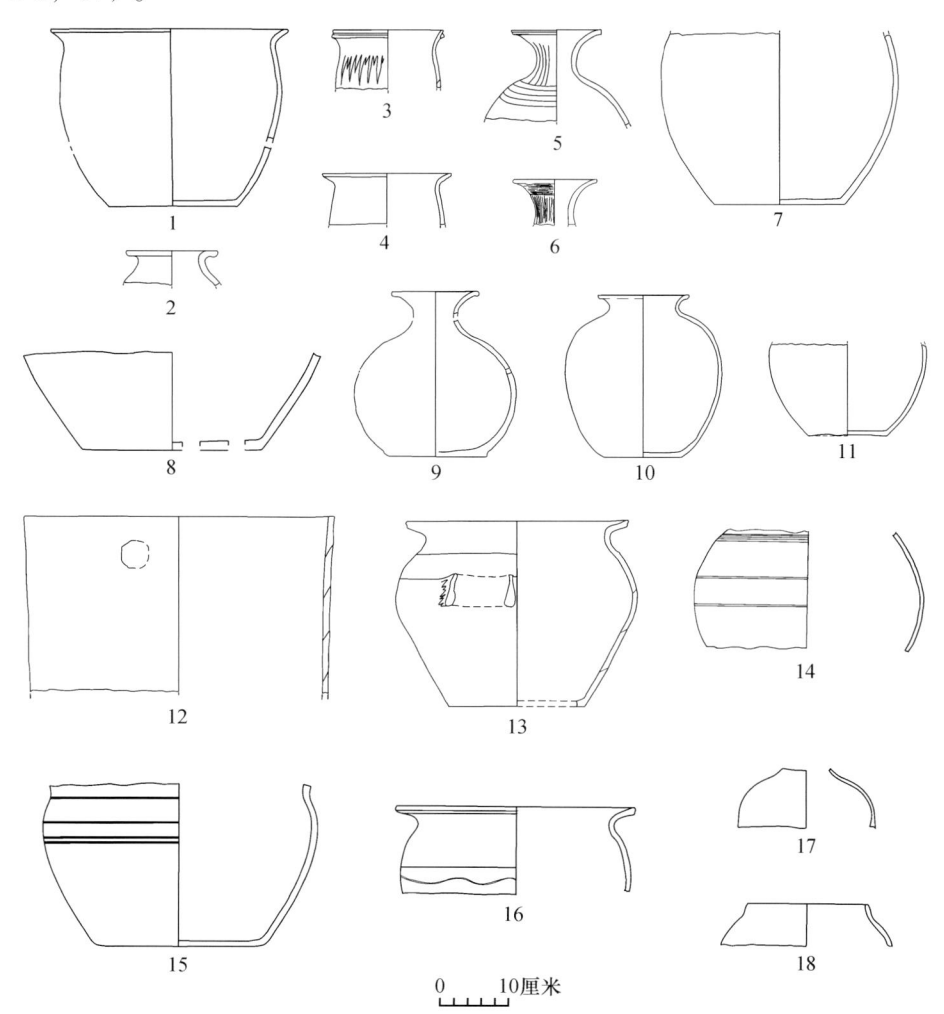

图5-2-1　锡涅利尼科沃1号城址A组轮制陶器

1. 一号发掘区第1层　2～5、7. 一号发掘区第2层　6. 1号灰坑（一号发掘区）　8. 三号发掘区第2层　9. 5号房址（一号发掘区）　10. 1号房址（二号发掘区）　11. 2号房址（一号发掘区）　12、13. 蓄水井（一号发掘区）　14～16. 3号房址（三号发掘区）　17. 三号发掘区第2层　18. 一号发掘区第2层

3. 陶壶

出土了两种类型的陶壶。

第一种为细长颈，球腹，大平底。一号发掘区5号房址填土中出土的残片复原后即为此类陶壶（图5-2-1，9），口径12、底径13.8、高约24厘米。一号发掘区1号灰坑的上层也发现了一些此类陶壶的颈部和口沿部分残片。

第二种为短颈，鼓肩，大平底。二号发掘区的1号房址中出土了1件近乎完整的该类陶壶（图5-2-1，10），器高（23.7厘米）与器身最大径（22厘米）的比值接近1，口径（12.8厘米）略大于底径（10.8厘米）。

4. 柱状陶器

在发掘蓄水井时出土了唯一的1件柱状陶器，没有颈部，直壁（图5-2-1，12）。从其形状和规格，以及上部边缘有一个直径为4厘米的孔等特征，推测为盛水的陶器。该陶器体型巨大且器壁较厚，壁厚约为1厘米，残存高度约为30厘米，口径50厘米。

二、B组轮制陶器

上文已述，在房址中出土手制陶器的同时也出土了轮制陶器。所有B组轮制陶器都是陶壶，有细长的颈部，鼓腹或球腹（图5-2-2）。这些陶壶与A组轮制陶壶的形制相同，其与手制陶器不同的是口沿下部没有贴塑的附加纹饰带。这些陶器的规格各不相同，从高度为15厘米的小型陶器到高度为23厘米的大型陶器均有。这些陶器主要出土于一号发掘区和二号发掘区的房址中。

三、手制陶器

与轮制陶器相比，手制陶器的类型更为丰富。

1. 类型1——深腹、大平底、粗颈陶罐

该类陶器数量占大多数，为最常见的手制陶器类型。根据颈部的高度可对该类陶器进行进一步的分类。大多数陶器均为短颈（图5-2-3，1~8），但也有个别为长颈（图5-2-3，9~14）。既有形体极小的陶器（图5-2-3，7），也有形体较大、器壁较厚的陶器（图5-2-3，9）。测量数据显示其平均高度约为20厘米。该类陶器在鞨鞨时期的各遗址中均有发现，如鲍里索夫卡3号居址（皮斯卡廖娃，2009；阿斯塔申科娃等，2011），契尔良基诺2号居址（尼基京、郑熺培，2009），米哈伊洛夫卡的拉科夫卡10号居址、米哈伊洛夫卡3号居址（皮斯卡廖娃，2014；皮斯卡廖娃，2014a）等。

第五章 结 语 269

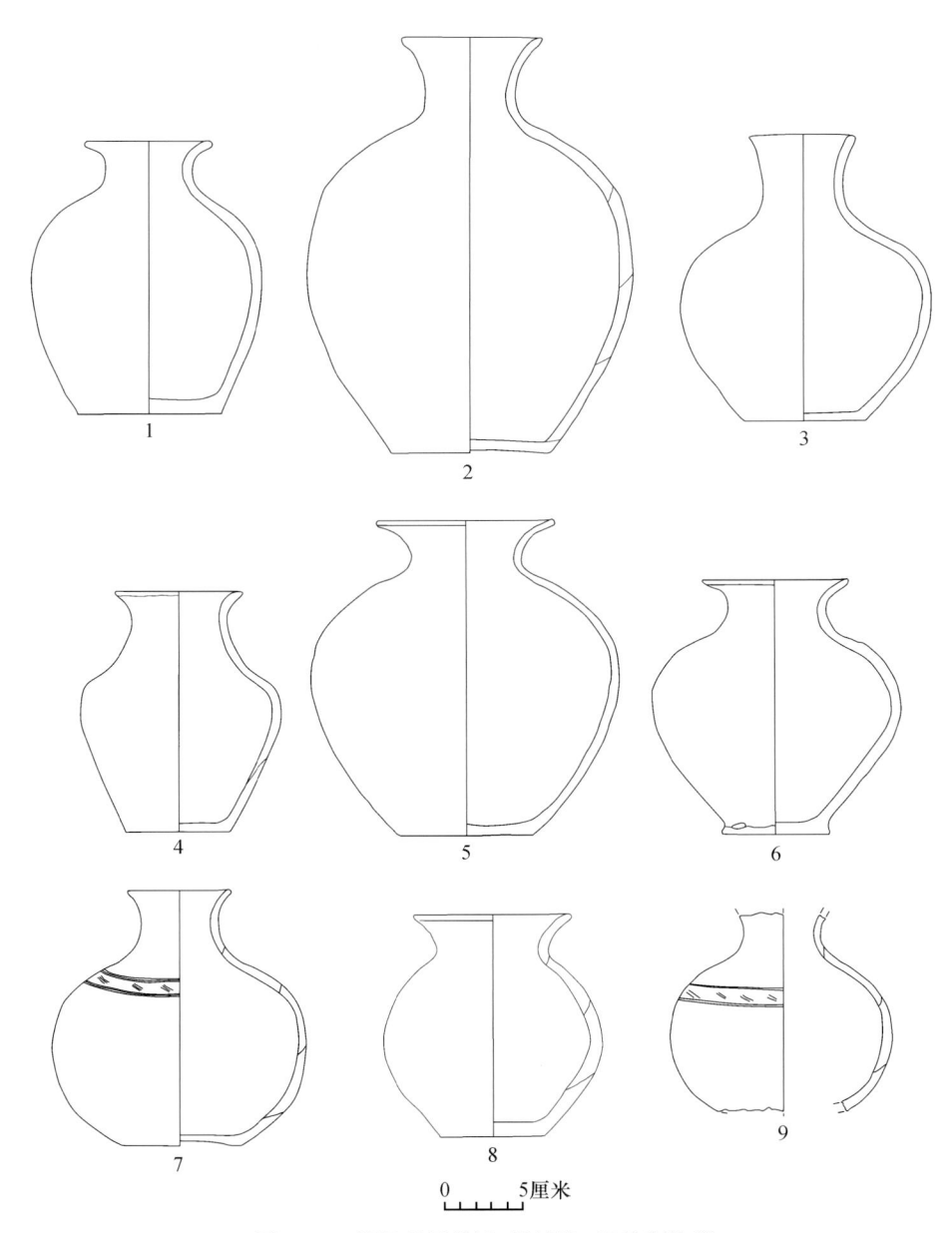

图5-2-2 锡涅利尼科沃1号城址B组轮制陶器

1、3.1号灰坑（一号发掘区） 2.2号房址（二号发掘区） 4.5号房址（一号发掘区） 5.6号房址（一号发掘区）
6.蓄水井（一号发掘区） 7.5号房址（一号发掘区） 8.3号房址（一号发掘区） 9.7号房址（一号发掘区）

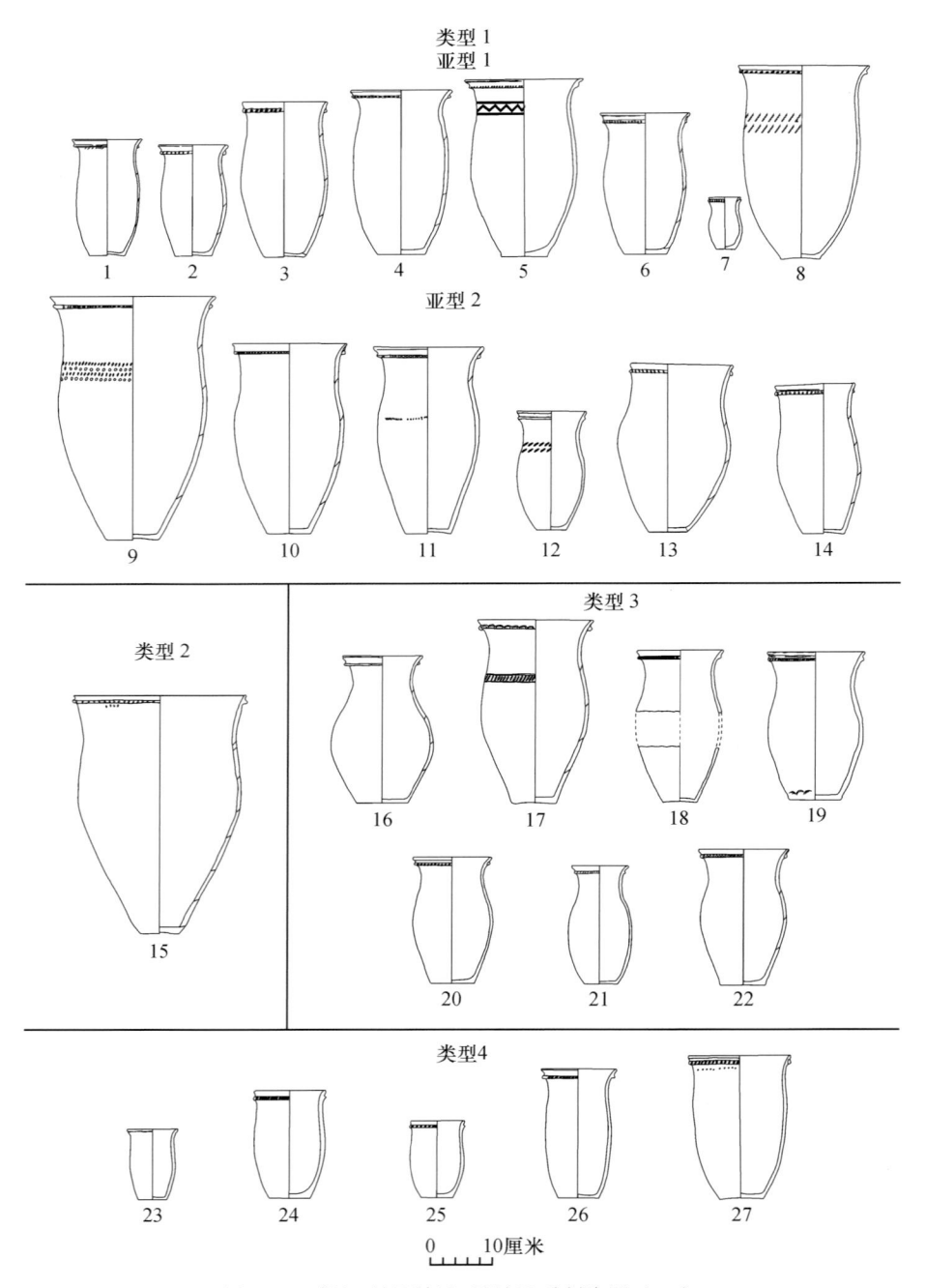

图5-2-3　锡涅利尼科沃1号城址手制陶器（一）

1、2. 二号发掘区，2号房址　3. 一号发掘区，4号房址　4. 二号发掘区，1号房址　5. 二号发掘区，3号房址　6. 二号发掘区，1号房址　7. 三号发掘区，3号房址　8. 三号发掘区，1号房址　9. 一号发掘区，5号房址　10. 一号发掘区，6号房址　11. 一号发掘区，5号房址　12. 三号发掘区，2号房址　13. 一号发掘区，2号房址　14、15. 一号发掘区，5号房址　16. 一号发掘区，1号房址　17. 一号发掘区，6号房址　18. 三号发掘区，3号房址　19. 一号发掘区，7号房址　20. 二号发掘区，4号房址　21. 一号发掘区，2号房址　22. 一号发掘区，6号房址　23. 二号发掘区，2号房址　24~27. 三号发掘区，3号房址

2. 类型2——粗颈、小平底、形制不规整的陶罐

在一号发掘区的5号房址中出土了1件该类型陶器，高度为39.4厘米（图5-2-3，15）。它与第一种类型陶罐的不同之处在于口径较大，颈部更粗，小平底，且口径为底径的四倍。在契尔良基诺5号墓地的早期墓葬中出土有形制类似但罐身肩部更鼓的陶器（尼基京、格尔曼，2002：206）。这种形制的陶罐很坚固，它们或被埋入地下或者用石块固定在地面上。

3. 类型3——细长颈深腹陶罐

该类型陶器也较为常见，它与第二类陶罐的不同之处在于颈部较细（图5-2-3，16~22）。此种陶器体量有大有小。值得注意的是，它们具有不同类型间的过渡样式，器形的不规整也使其分类更为繁多。

4. 类型4——筒形罐

该类型陶器与其他类型的主要区别在于没有明显的颈部，它们具有筒形或向下腹部渐收的器身（图5-2-3，23~27）。在该城址的发掘材料中，这类陶器十分少见，大部分出土于三号发掘区的房址中。在早期的靺鞨遗址中几乎找不到类似的陶器，这类陶器大约自7世纪中后期开始逐渐增多。

5. 类型5——球腹细颈陶壶

该类型陶器根据底径可进行进一步划分为两种类型：第一种类型底径等于或约等于口径（图5-2-4，1~10）；第二种类型底径大于口径（图5-2-4，11、12）。并非所有靺鞨遗址中的陶器都为球腹。但在该城址的考古发掘材料中，这是一种较为常见的器形，是几乎每个房址都出土的陶器类型，表明了这类陶器在日常生活中的不可或缺性。这种陶器中从未发现过食物残渣，很可能用于储存液体。该类陶器的规格差异较大，既有高16~19厘米形体相对较小的陶壶，也有高度大于30厘米的大型陶壶。

以往在拉科夫卡10号遗址、米哈伊洛夫卡3号遗址（皮斯卡廖娃，2014：90）中，也发现过类似的陶器，通过发掘材料和放射性碳元素测年我们可以确定其存在时期不早于公元7世纪下半叶。在靺鞨-渤海时期的契尔良基诺5号墓地的竖穴土坑墓葬中也发现了类似的陶器，经^{14}C测年获得的其绝对年代为661~681和681~715年（尼基京、格尔曼，2002：206）。

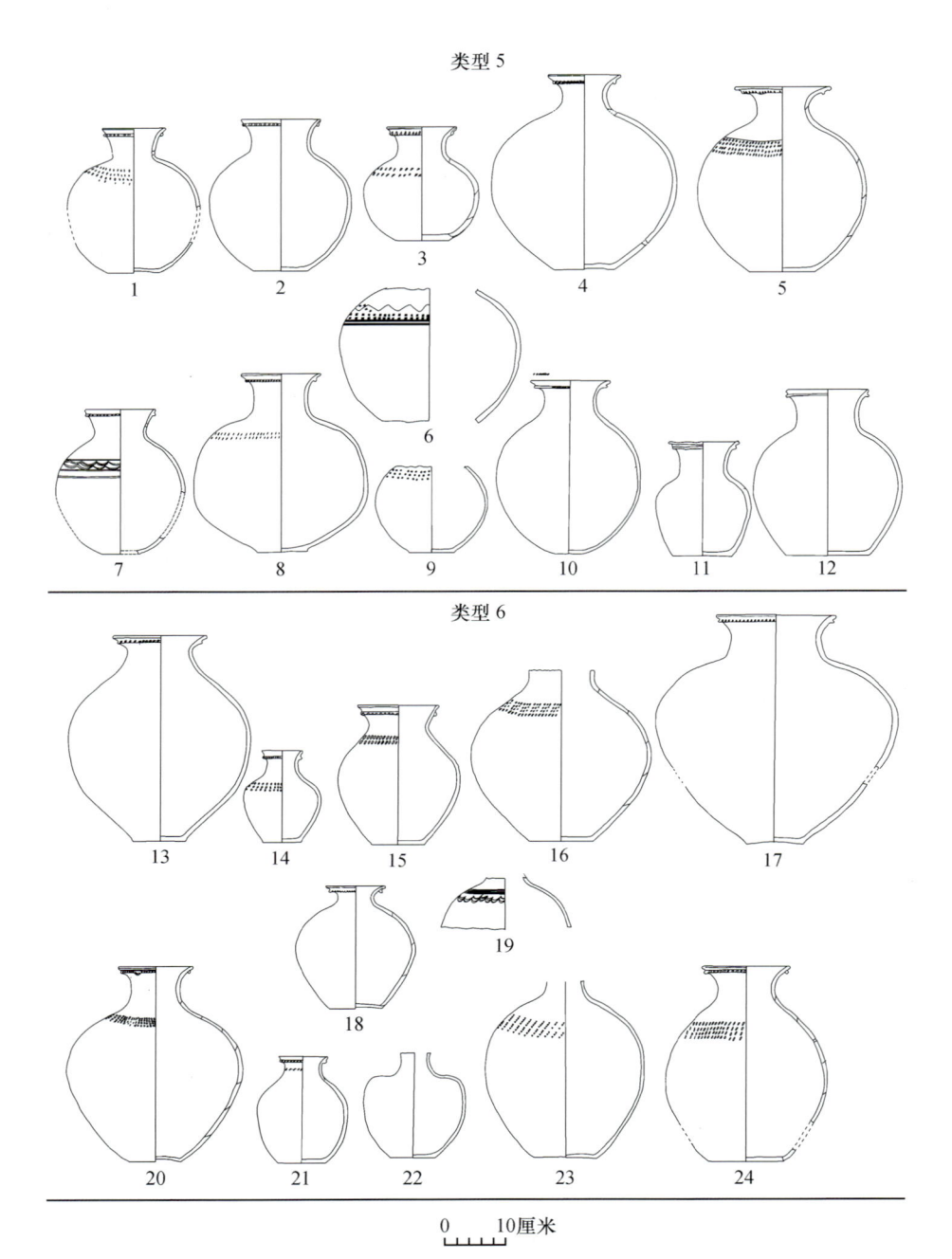

图5-2-4　锡涅利尼科沃1号城址手制陶器（二）

1. 一号发掘区，7号房址　2、3. 一号发掘区，5号房址　4. 一号发掘区，4号房址　5. 一号发掘区，1号房址　6. 一号发掘区，8号房址　7. 一号发掘区，4号房址　8. 二号发掘区，2号房址　9. 三号发掘区，1号房址　10. 三号发掘区，4号房址　11. 三号发掘区，2号房址　12. 一号发掘区，2号房址　13. 一号发掘区，8号房址　14. 一号发掘区，7号房址　15、16. 一号发掘区，6号房址　17. 二号发掘区，4号房址　18. 二号发掘区，1号房址　19. 一号发掘区，8号房址　20. 一号发掘区，3号房址　21. 一号发掘区，8号房址　22、23. 二号发掘区，4号房址　24. 一号发掘区，1号灰坑

6. 类型6——鼓腹、窄颈、小平底陶壶

该类陶器腹部较为圆鼓，上半部分与类型5陶器相似，但口径急剧增大，底径急剧缩小（图5-2-4，13~24）。在一号发掘区和二号发掘区的房址中都出土了该类型陶器。在契尔良基诺5号墓地、拉科夫卡10号遗址的发掘中也见有类似的陶器（皮斯卡廖娃，2014：88）。

7. 类型7——"蛋形"陶壶

仅发现了2件此种类型的陶器，分别出土于一号发掘区的8号房址和5号房址（图5-2-5，1、2）。其主要特点体现在器身最大径与高度的比值上，球腹陶壶的该比值接近1，而该类型陶壶的该比值小于等于0.7。细短颈，肩部圆鼓，深腹。2件陶器的高度分别为25.5厘米和33厘米。

8. 类型8——细颈筒形陶瓮

唯一的1件该类型陶器出土于一号发掘区的6号房址中。器身不对称，壁厚不均匀（图5-2-5，3）。器身最大径在肩部，向下逐渐内收，器体较大，高度为32.4厘米。

9. 类型9——碗

根据形制差异可分为以下几类：

（1）圈足底碗。出土4件，器形较小，碗底高度均不超过1.5厘米（图5-2-5，4~7）。

（2）平底碗。只在一号发掘区的1号房址中出土了1件，较其他类型的碗腹部更深，且为大平底（图5-2-5，8）。

（3）台底碗。该类型碗的底座很矮，最高为1.5厘米，碗底外撇。共出土了5件（图5-2-5，9~13）。

上述所有类型的碗形体都很小，口径9~15厘米，平均高度为5~6厘米。

10. 类型10——斜口器

斜口器的主要特征是器壁的一侧有较深的切口，器身呈扁平状，底部为椭圆形。这种大型陶器高约30厘米，口径约为25厘米（图5-2-5，14、15）。在一号发掘区和二号发掘区的所有房址中都出土了这种斜口器的残片，在三号发掘区3号房址中出土了2件斜口器的一些较大的残片，在一号发掘区1号灰坑和5号房址，以及二号发掘区3号房址中，出土了多件完整的斜口器。该陶器上没有烟炱痕和炭灰的痕迹，内表面和外表面没有磨痕，即未经过磨光处理。在滨海边疆区、哈巴罗夫斯克边疆区、阿穆尔州，以及中

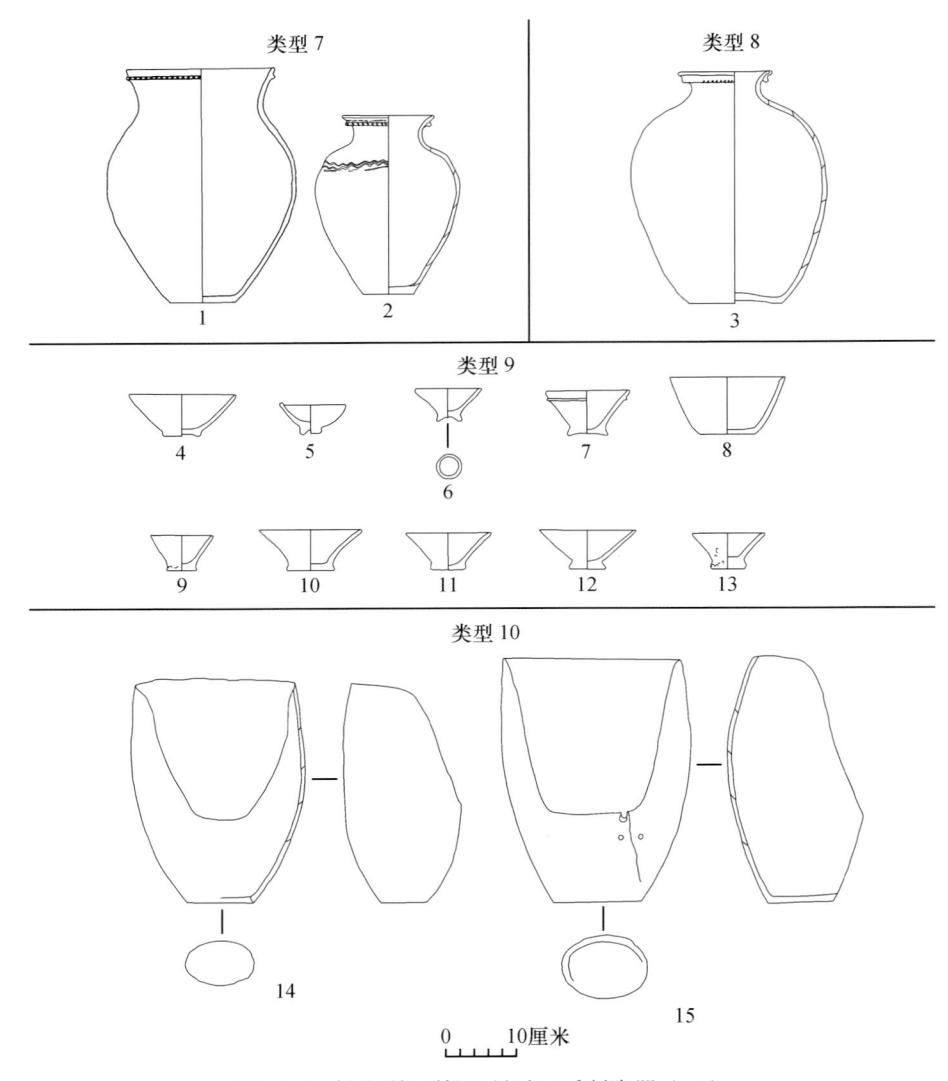

图5-2-5 锡涅利尼科沃1号城址手制陶器（三）

1.一号发掘区，8号房址 2.一号发掘区，5号房址 3.一号发掘区，6号房址 4.一号发掘区，4号房址 5.一号发掘区，6号房址 6.三号发掘区，2号房址 7.一号发掘区，8号房址 8.一号发掘区，1号房址 9.一号发掘区，7号房址 10.一号发掘区，1号房址 11.三号发掘区，1号房址 12、13.二号发掘区，1号房址 14.一号发掘区，5号房址 15.一号发掘区，1号灰坑

国东北的吉林省和黑龙江省的许多靺鞨时期遗址中都曾发现这种斜口器（皮斯卡廖娃，2017）。

综上所述，可知三号发掘区的4号房址、二号发掘区的1号房址、一号发掘区的5号房址和7号房址中的陶器类型最为多样。上述的所有房址都为"闭合式"遗迹单位。

四、纹　　饰

A组轮制陶器上的纹饰为刻划的平行线或波浪线以及矸光条纹带。带有纹饰的陶片较为少见，只有三号发掘区3号房址中出土的几件可复原的陶罐的肩部和腹部饰有纹饰（图5-2-1，14～16）。与渤海时期遗址（如克拉斯基诺城址）陶器常见矸光暗纹的情况有所不同，该城址只在个别陶器上有矸光暗纹。

B组陶器中只有2件带有纹饰，1件出土于一号发掘区的5号房址（图5-2-2，7），另1件出土于一号发掘区的7号房址（图5-2-2，9）。这2件陶器不仅纹饰相同，形制也相同，二者很明显是由同一位工匠制作的。纹饰为在两条平行线间填充数条斜向短刻划线，整个纹饰带用一种带有三齿的工具制作。在契尔良基诺2号村落址的发掘中也出土了具有类似纹饰的陶器。

手制陶器上的纹饰比轮制陶器上的多，且与轮制陶器相比更加多样化。纹饰的施加范围有：口沿部分下的附加堆纹带、颈部和肩部。

口沿部分带有附加堆纹装饰带的陶器[①]占大多数——82%。纹饰通常为圆形或椭圆形的较深的戳印纹，有时为短刻划纹。另有一种肩部用四圈凹窝纹装饰的陶器较为罕见（图5-2-4，5、20），共出土了5件带有这种纹饰的陶器。

颈部有纹饰的器物较少，只在二号发掘区3号房址出土了1件（图5-2-3，5），为刻划的两条平行线间装饰锯齿状线条。纹饰比较模糊，因为是在陶器表面抹光之前刻划上去的，但是可以清楚地看到每条线都是单独刻绘的，并未使用锯齿状的工具。在契尔良基诺5号墓地1号墓葬（尼基京、格尔曼，2002：199）以及126号和166号墓葬（尼基京等，2007：112、286）出土的鞣鞨陶器上也有这种纹饰。

肩部具有装饰的陶器占30%。纹饰刻印较深，有刻划或压印两种表现手法。在刻划纹饰中没有发现单独以平行线为装饰，通常与波浪线或凹窝纹饰（使用专门的工具或锯齿状工具戳压）相结合。最常见的图案是刻划的平行线间夹波浪线或凹窝（使用工具戳压），和与刻划的平行线相结合的弧线装饰（图5-2-4，6、7、19；图5-2-3，17；图5-2-5，2）。压印纹饰最为常见，形状多样，有正方形、圆形、椭圆形等的凹窝（图5-2-3，8、9、12；图5-2-4，1、3、8、20、23、24），在施加这种纹饰时通常使用锯齿状工具。在附近的遗址，如契尔良基诺2号村落址、契尔良基诺5号墓地、拉科夫卡遗址群（拉科夫卡-10、米哈伊洛夫卡-3）中，上述所有类别的纹饰都有出土。对纹饰类型与陶器形制之间的关系的分析表明，在各种形制的壶形陶器中，球腹或鼓肩的陶壶多带有纹饰，这种类型的19件完整器中，有11件的肩部有纹饰。罐形陶器中的这个比例明显较小，47件中有14件肩部有纹饰。在没有明显颈部的筒形罐、碗以及斜口器上没有纹饰。

---

① 这些陶器为完整的或三分之二以上完整。

第三节　商榷："闭合式"遗迹单位的考古材料和遗址的年代

在分析闭合式遗迹中的考古材料时，明确每个房址中的陶器组合，以及是否具有表28中A组、B组轮制陶器是十分重要的。

如前文所述，A组轮制陶器大多是在房内堆积中发现的，是随着填土进入到房址中的，因此在各层地层中的分布较为零散。出土于二号发掘区1号房址（闭合式遗迹）的轮制陶器是唯一的例外，该轮制陶器位于房址西侧的地面上，并与手制陶器同时出现在该处。上述情况以及在六个房址中出土B组轮制陶器的情况，表明当地工匠懂得制作轮制陶器，并且他们是以快轮制作的陶器器形为参照，在慢轮上制作轮制陶器的。陶器的形制多种多样，有食具（碗）、炊具（罐）和存储用具（球腹陶壶），这套陶器组合完全可满足1~2人日用生活需求，也符合房屋的规格，就当时的房屋面积而言，容纳更多的人不太可能。

表28　房址中的陶器构成

发掘区，遗迹单位	手制陶器类型	A组轮制陶器	B组轮制陶器
一号发掘区，1号房址	1（1，2），3，5，9（3）	—	—
一号发掘区，2号房址	1（1，2），3，5（2）	—	—
一号发掘区，3号房址	1（1，2），6	—	1件陶器
一号发掘区，4号房址	1（1，2），5，9（1）	—	—
一号发掘区，5号房址	1（1，2），2，3，5（1），7，10	1件陶器	2件陶器
一号发掘区，6号房址	1（1，2），3，6，8	—	1件陶器
一号发掘区，7号房址	1（1，2），3，5，6，7，9（3）	—	1件陶器
一号发掘区，8号房址	1（1），3，5，6	—	—
一号发掘区，1号灰坑	1（1，2）	—	—
一号发掘区，蓄水井	1（1，2）	2件陶器	1件陶器
二号发掘区，1号房址	1（1，2），3，5，6，9（1，2）	1件陶器	—
二号发掘区，2号房址	1（1），4，5，6	—	1件陶器
二号发掘区，3号房址	1（1，2），10，5	—	—
三号发掘区，1号房址	1（1，2），9（3），5	—	—
三号发掘区，2号房址	1（1），5（2），9（1）	—	—
三号发掘区，3号房址	1（1），3，4	3件陶器	—
三号发掘区，4号房址	1（1，2），3，5，6，9	—	—
三号发掘区，5号房址	1（1）	—	—
三号发掘区，6号房址	1（1），9	—	—

对一号发掘区和二号发掘区房址中的陶器进行分析的结果表明，这些陶器的所属年代是很接近的，因而它们的形制及纹饰的类型十分相似，个别陶器很可能是由同一位工匠制作的，如5号房址和7号房址中，具有平行线和斜线装饰的球腹陶壶很明显是由同一陶工制作的，类似的陶器壁残片在2号房址的填土中也有出土。在三号发掘区的各房址，根据某些间接的特征（如筒形罐）来看，很有可能是较晚时期才出现的。

所有类型的陶器及纹饰在附近的契尔良基诺2号村落址和契尔良基诺5号墓地中均有出土。毫无疑问，它们是被居住在该区域的同一群人留下的，这群人建造了古城，在这里生活，将同族的人埋葬在墓地中。从时代与文化上，与该城址最接近的考古材料，应当是紧邻墓地的房址和早期的土坑墓葬材料。

在发掘中世纪城址的过程中发现的其他遗物与这一结论并不矛盾。锡涅利尼科沃1号城址在1999年出土的铁甲片和2015～2016年出土的镞，在契尔良基诺5号墓地的95号墓葬中均有出土（尼基京、郑熺培，2006）。城址中出土的青铜铃铛也可以证明这一点，该青铜铃铛与上述墓地中发现的遗物完全相同（俄罗斯滨海边疆区的渤海遗物，2013：48）。另外，还有一些并不典型的滨海边疆区的中世纪遗物，比如细长的镞，它们可能是由国外传入。

在经过2015～2016年的考古发掘后，对城址中包含有文化遗存的这些区域进行了研究。基于对以陶器为主的考古材料的分析，参照 ^{14}C 年代测定结果（附录一），我们得出的结论是，该城址可能属于公元7世纪下半叶。正是从这个时候开始，有熟悉建城技术的人在该地区定居，他们熟知轮制陶器的制作技术。显然，位于拉兹多利纳亚河中游（契尔良基诺2号村落址、契尔良基诺5号墓地周边的房址及早期的城墙）以及滨海地区西南部的拉科夫卡河和巴卡拉谢夫卡河（汇入拉兹多利纳亚河南段）盆地的一些遗址（拉科夫卡10号村落址、米哈伊洛夫卡3号遗址）的出现与这些人有关。各大遗址中出土的陶器都具有鲜明的共同特征：具有慢轮制作的陶罐、球腹陶器、鼓肩陶器、斜口器，以及类似的纹饰。同时，滨海地区西南部更早时期众所周知的遗存材料，如阿卜拉莫夫卡3号遗址（皮斯卡廖娃，2014），截至目前在锡涅利尼科沃1号城址中尚没有发现。可以推测，这些居民的出现可能与7世纪40年代对该地区有较大影响的政治事件有关。

参 考 书 目

［1］ Е.В.阿斯塔申科娃、Я.Е.皮斯卡廖娃、Е.А.谢尔古舍娃：《鲍里索夫卡3号居址考古研究》，《俄罗斯与亚太地区》，2011年，第4期，第141～150页。

［2］ В.И.博尔金：《锡涅利尼科沃1号城址——滨海地区中世纪早期遗迹》，《东亚传统文化》，布拉戈维申斯克：阿穆尔国立大学出版社，2001年，第3卷，第122～131页。

［3］ 宋玉彬、А.Л.伊夫里耶夫、Е.И.格尔曼：《俄罗斯滨海边疆区渤海遗物》，北京：文物出版社，2013年，第278页。

［4］ Е. И. 格尔曼、Е. В. 阿斯塔申科娃、Я. Е. 皮斯卡廖娃、В. И. 博尔金：《2010年克拉斯基诺城址俄韩联合考古发掘》，首尔：东北亚历史财团，俄罗斯科学院远东分院历史考古民族研究所，2011年，第396页（俄韩双语）。

［5］ Е. И. 格尔曼、金恩国、郑燸培、Е. В. 阿斯塔申科娃、Я. Е. 皮斯卡廖娃、В. И. 博尔金：《2012年克拉斯基诺城址俄韩联合考古发掘》，首尔：东北亚历史财团，俄罗斯科学院远东分院历史考古民族研究所，2013年，第481页（俄韩双语）。

［6］ Ю. Г. 尼基京、Е. И. 格尔曼：《拉兹多利纳亚河流域中世纪早期墓地契尔良基诺5号墓地研究的若干成果》，《远东地区考古学和文化人类学》，符拉迪沃斯托克：俄罗斯科学院远东分院，2002年，第195～214页。

［7］ Ю. Г. 尼基京、郑燸培：《2005年滨海地区契尔良基诺5号墓地考古发掘》，扶余郡：韩国国立文化遗产大学，2006年，第1册，第372页；第2册，第324页；第3册，第200页（俄韩双语）。

［8］ Ю. Г. 尼基京、郑燸培、Я. Е. 皮斯卡廖娃：《2006年滨海边疆区契尔良基诺5号墓地考古发掘》，扶余郡：韩国国立文化遗产大学，2007年，第1册，第399页；第2册，第366页；第3册，第270页（俄韩双语）。

［9］ Ю. Г. 尼基京、郑燸培：《2008年滨海边疆区契尔良基诺5号墓地考古发掘》，扶余郡：韩国国立文化遗产大学，2009年，第1册，第163页；第2册，第147页；第3册，第125页（俄韩双语）。

［10］ Я. Е. 皮斯卡廖娃：《滨海地区靺鞨人鲍里索夫卡3号居址的陶瓷》，文化年代学和东亚遗迹调查中的其他问题》，哈巴罗夫斯克，2009年，第179～181页。

［11］ Я. Е. 皮斯卡廖娃：《关于滨海地区靺鞨遗迹的年代问题》，《多学科考古研究》，符拉迪沃斯托克：远东科学出版社，2014年，第80～91页。

［12］ Я. Е. 皮斯卡廖娃：《滨海地区靺鞨文化遗存年表》，《中俄合作的由来与前景——第四届国际科学实践会议论文集》，布拉戈维申斯克—黑河—哈尔滨，2014年5月14日至19日国际会议，布拉戈维申斯克：布拉戈维申斯克国立师范大学出版社，2014年，第4卷，第23～30页。

［13］ Я. Е. 皮斯卡廖娃：《滨海地区中世纪早期遗址中的斜口器》，《俄罗斯与亚太地区》2017年第4期，第171～185页。

附录一

¹⁴C测年结果

序号	样品号	年份	地点	常规¹⁴C测年（BP）	2 sigma校正
1	1	2015	二号发掘区，Д/4探方第4层，3号房址灶坑	1450±30	公元560~650年（距今1390~1300年）
2	2	2015	二号发掘区，Д/-1探方第4层，2号房址填土	1460±30	公元550~650年（距今1400~1300年）
3	3	2015	一号发掘区，A/1探方，1号灰坑底部	1500±30	公元475~485年（距今1475~1465年）公元535~620年（距今1415~1330年）
4	5	2016	一号发掘区，K/24探方第3层，8号房址灶坑出土陶器焦渣	1480±30	公元540~640年（距今1410~1310年）
5	6	2016	三号发掘区，A/3探方第2层，1号房址出土陶器焦渣（第3层角落）	1290±30	公元660~770年（距今1290~1180年）
6	7	2016	二号发掘区，И/3探方第5层，3号房址陶器焦渣	1480±30	公元540~640年（距今1410~1310年）
7	4	2015	早于土筑城墙的下层结构	1410±30	公元600~660年（距今1350~1290年）
8	16	2015	土筑城墙基底，第1层	1410±30	公元600~660年（距今1350~1290年）
9	17	2015	土筑城墙第1层（石质结构基础）	1450±30	公元560~650年（距今1390~1300年）
10	18	2015	土筑城墙第2层（石质结构基础）	1470±30	公元545~645年（距今1405~1305年）
11	19	2015	土筑城墙第3层（城墙中心部分）	1440±30	公元570~655年（距今1380~1295年）

^{14}C测年校正

（变量：^{13}C/^{12}C=−26.3 o/oo；lab. mult=1）

实验序号	Beta-447266：1
常规^{14}C测年	1450±30BP
2σ校正值（95%）	Cal AD560 ~ 650（Cal BP 1390 ~ 1300）
使用校准曲线的^{14}C年限	Cal AD610（Cal BP 1340）
1σ校正值（68%）	Cal AD 595 ~ 640（Cal BP 1355 ~ 1310）

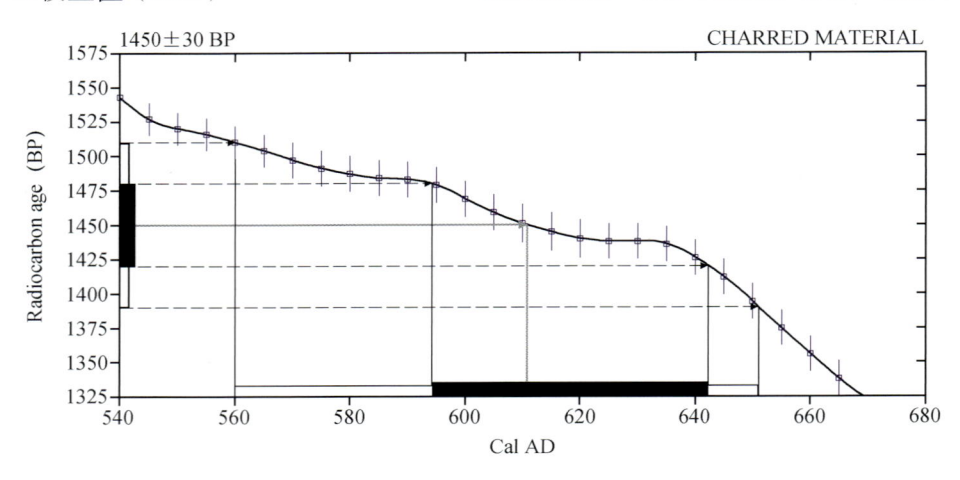

实验序号	Beta-447267：2
常规^{14}C测年	1460±30BP
2σ校正值（95%）	Cal AD550 ~ 650（Cal BP1400 ~ 1300）
使用校准曲线的^{14}C年限	Cal AD605（Cal BP1345）
1σ校正值（68%）	Cal AD 575 ~ 640（Cal BP 1375 ~ 1310）

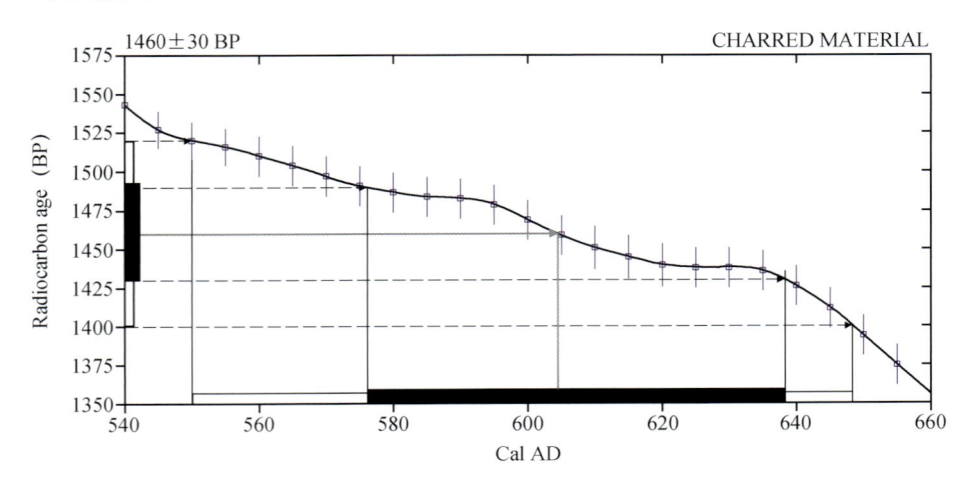

实验序号	Beta-447268：3
常规^{14}C测年	1500±30BP
2σ校正值（95%）	Cal AD475~485（Cal BP1475~1465）
	Cal AD535~620（Cal BP1415~1330）
使用校准曲线的^{14}C年限	Cal AD570（Cal BP1380）
1σ校正值（68%）	Cal AD 545~600（Cal BP 1405~1350）

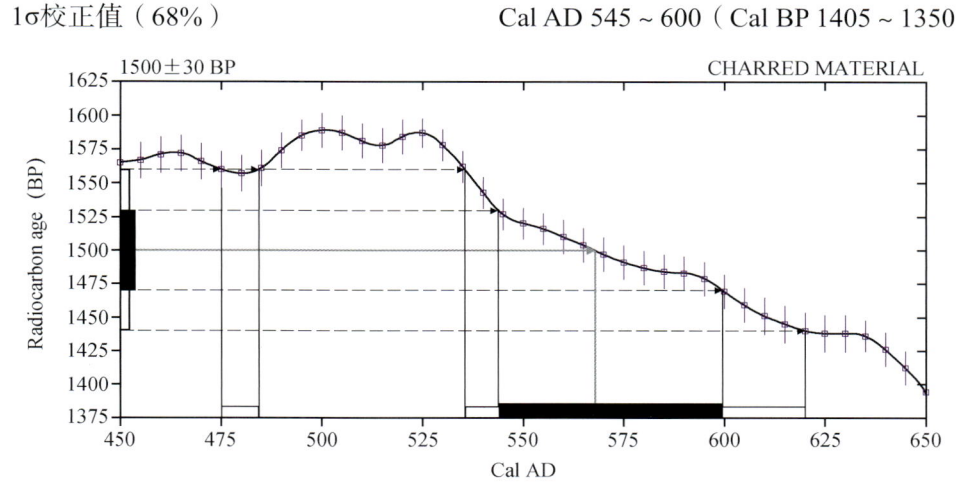

实验序号	Beta-447270：5
常规^{14}C测年	1480±30BP
2σ校正值（95%）	Cal AD540~640（Cal BP1410~1310）
使用校准曲线的^{14}C年限	Cal AD595（Cal BP1355）
1σ校正值（68%）	Cal AD 560~610（Cal BP 1390~1340）

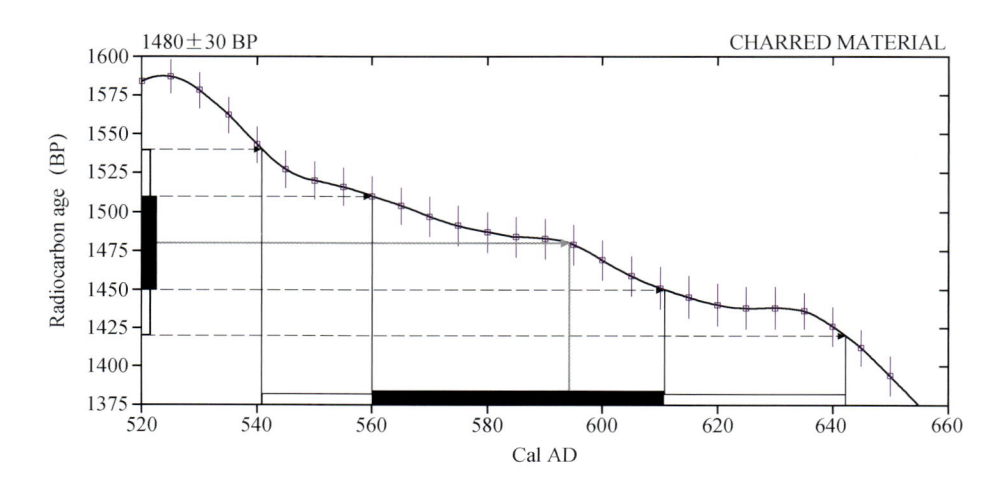

实验序号	Beta-447271：6
常规^{14}C测年	1290±30BP
2σ校正值（95%）	Cal AD660～770（Cal BP1290～1180）
使用校准曲线的^{14}C年限	Cal AD685（Cal BP1265）
1σ校正值（68%）	Cal AD 670～720（Cal BP 1280～1230）
	Cal AD 740～765（Cal BP 1210～1185）

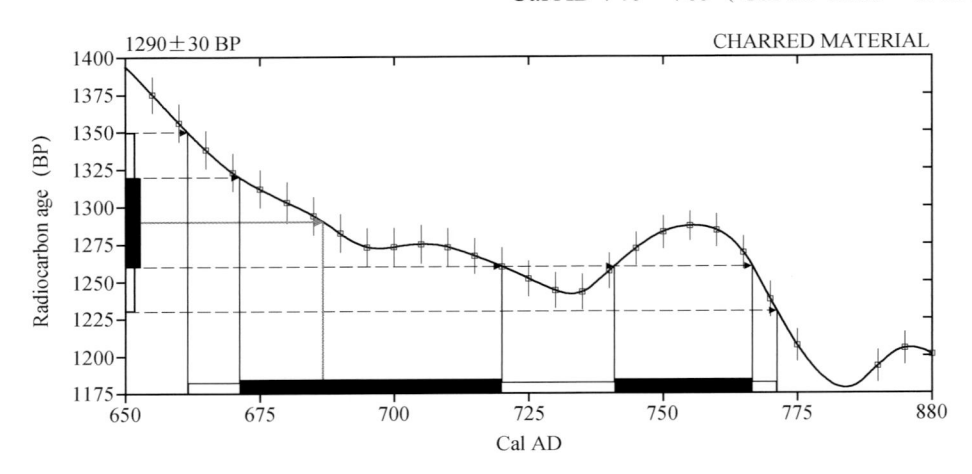

实验序号	Beta-447272：7
常规^{14}C测年	1480±30BP
2σ校正值（95%）	Cal AD540～640（Cal BP1410～1310）
使用校准曲线的^{14}C年限	Cal AD595（Cal BP1355）
1σ校正值（68%）	Cal AD 560～610（Cal BP 1390～1340）

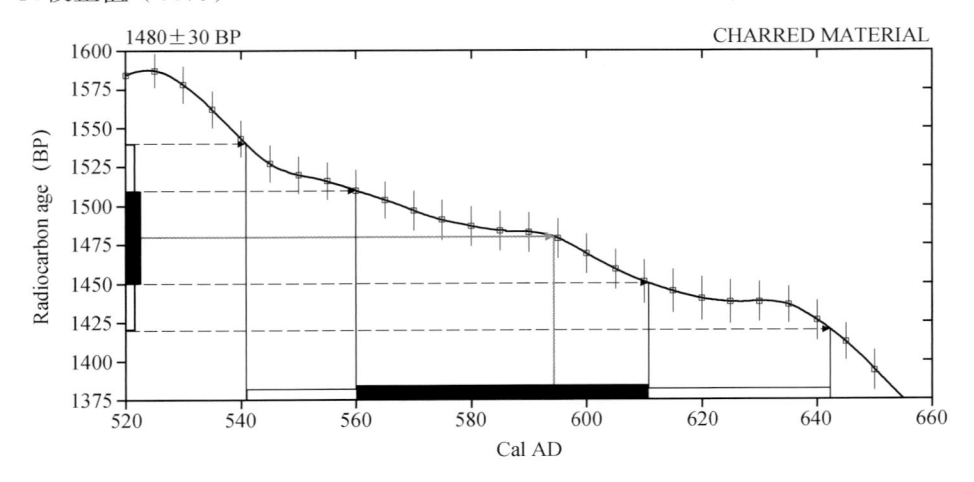

实验序号	Beta-447269：4
常规^{14}C测年	1410±30BP
2σ校正值（95%）	Cal AD600~660（Cal BP1350~1290）
使用校准曲线的^{14}C年限	Cal AD645（Cal BP1305）
1σ校正值（68%）	Cal AD 620~655（Cal BP 1330~1295）

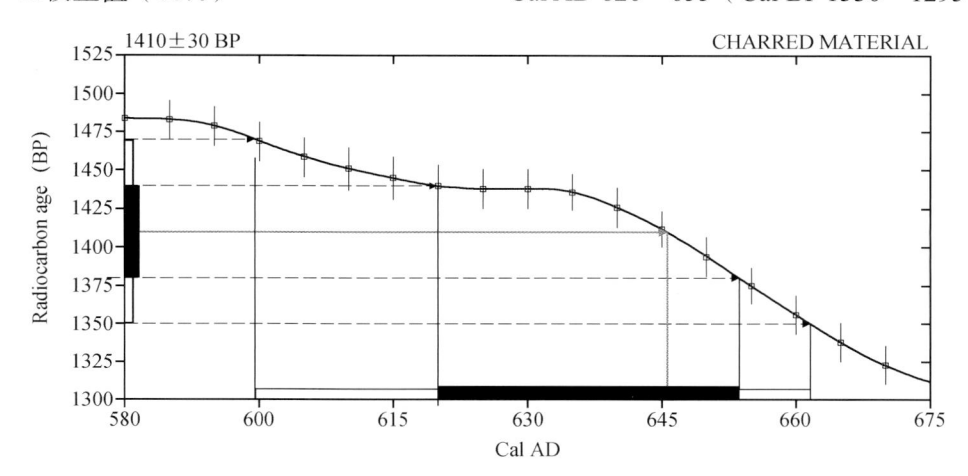

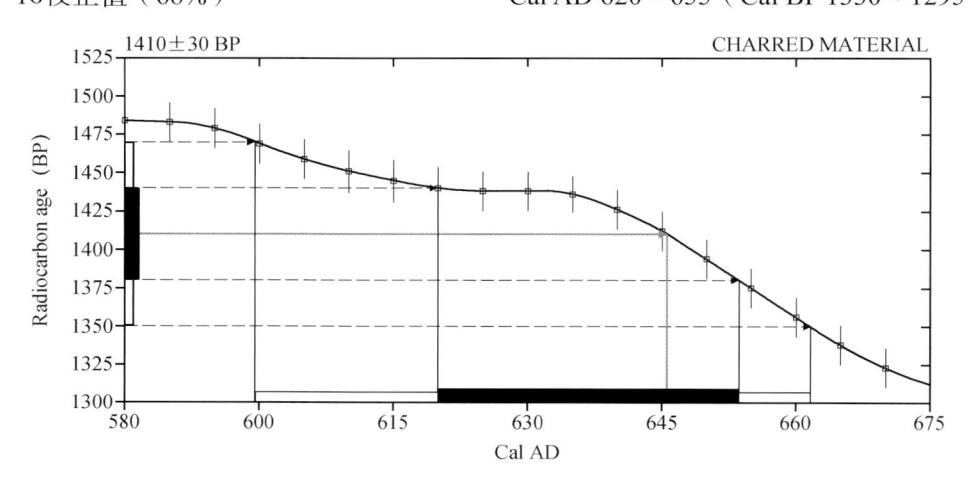

实验序号	Beta-449912：16
常规^{14}C测年	1410±30BP
2σ校正值（95%）	Cal AD600~660（Cal BP1350~1290）
使用校准曲线的^{14}C年限	Cal AD645（Cal BP1305）
1σ校正值（68%）	Cal AD 620~655（Cal BP 1330~1295）

实验序号　　　　　　　　　　　　　Beta-449913：17
常规^{14}C测年　　　　　　　　　　　1450±30BP
2σ校正值（95%）　　　　　　　　　Cal AD560~650（Cal BP1390~1300）
使用校准曲线的^{14}C年限　　　　　　Cal AD610（Cal BP1340）
1σ校正值（68%）　　　　　　　　　Cal AD 595~640（Cal BP 1355~1310）

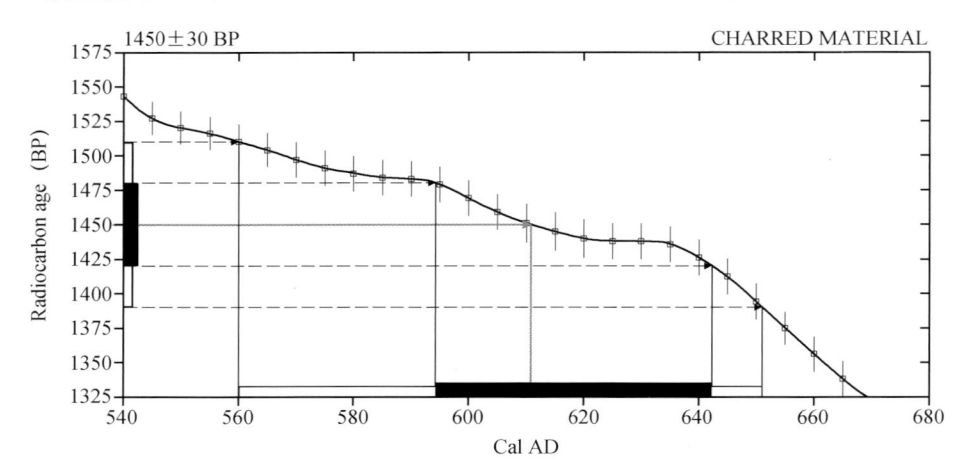

实验序号　　　　　　　　　　　　　Beta-449914：18
常规^{14}C测年　　　　　　　　　　　1470±30BP
2σ校正值（95%）　　　　　　　　　Cal AD545~645（Cal BP1405~1305）
使用校准曲线的^{14}C年限　　　　　　Cal AD600（Cal BP1350）
1σ校正值（68%）　　　　　　　　　Cal AD 570~620（Cal BP 1380~1330）

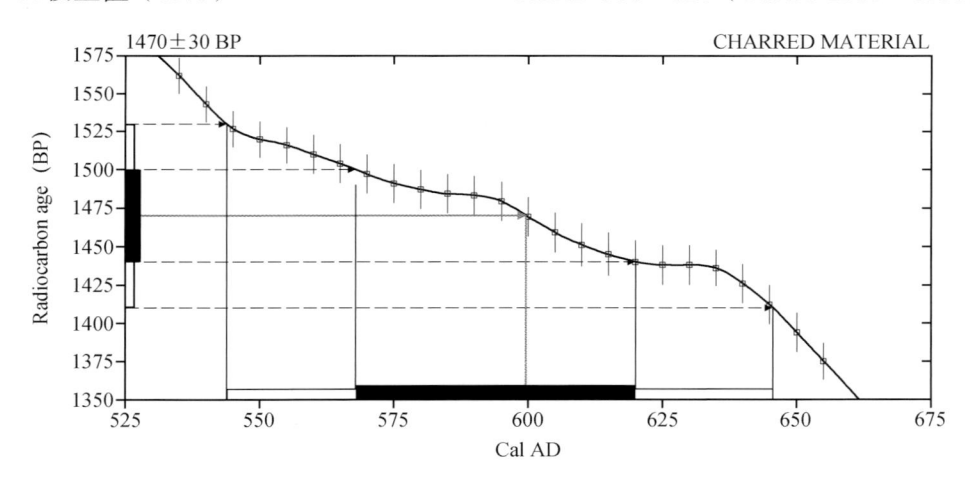

实验序号　　　　　　　　　　　　Beta-449915：19

常规^{14}C测年　　　　　　　　　1440±30BP

2σ校正值（95%）　　　　　　　　Cal AD570～655（Cal BP1380～1295）

使用校准曲线的^{14}C年限　　　　Cal AD620（Cal BP1330）

1σ校正值（68%）　　　　　　　　Cal AD 600～645（Cal BP 1350～1305）

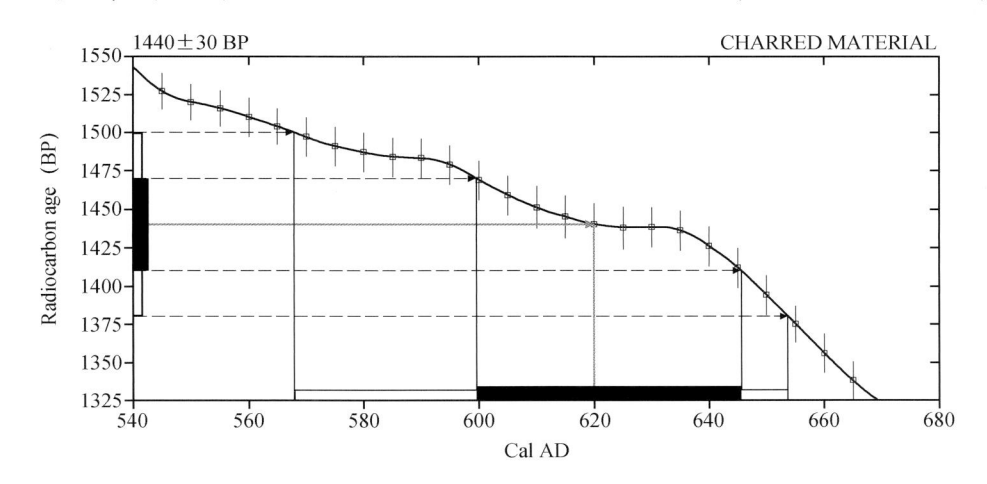

数据来源：INTCAL13

参考资料：

用于数据校正的运算：

Talma A S, Vogel J C. A simplified approach to calibrating ^{14}C dates. *Radiocarbon*, 1993, 35 (2): 317-322.

IntCal 13数据库：

Reimer P J, et al. IntCal13 and Marine13 radiocarbon age calibration curves 0-50,000 years cal B. P. *Radiocarbon*, 2019, 55 (4): 1869-1887.

附录二

锡涅利尼科沃1号城址存在时期的自然气候条件（依据孢粉分析数据）

一、引　言

在东亚地区，通过研究现代生态系统的形成与其在人类经济活动影响下的演化过程，探讨东亚自然与古人类的关系是区域历史地理和考古学的重要内容。

孢粉分析是考古学中植物考古的研究方法之一，用于确定特定植物的物种组成、人类生业活动的痕迹。它还可以用来重建文化层形成时代的景观气候条件，记录重要的气候变化事件，解决农耕出现的时间和特征等问题。

二、材料与方法

锡涅利尼科沃1号城址位于滨海边疆区西南部，拉兹多利纳亚河右岸，东距锡涅利尼科沃2号村落址2.5千米，处于河谷上方108米高处的一条狭窄陡峭的山脊顶端。在其南部、西部和东部筑有城墙，北部利用面向河流的陡峭悬崖作为天然防御屏障。该城址周长为700米，面积为18000平方米，通过考古发掘所获材料和地层情况表明其属于6~8世纪。在军事冲突期间，该遗址是当地居民的临时避难所，作为一个防御点，从这里可以清楚地看到拉兹多利纳亚河河谷的大部分区域。该城址的出土遗物为靺鞨和渤海时期，主要有陶容器、铁镞、砺石、骨制品等（博尔金，2001）。

该地区气候相对寒冷，年平均气温为3.6℃，年降水量约为600毫米，大部分降水在夏季，最大降水量出现在八月，平均122毫米。7月是一年中最热的月份，在此期间最高温度可达30~35℃。冬季寒冷、干燥，多小雪和晴天，从解冻到严寒到来期间温度波动幅度大，日温差可达15~20℃。1月平均温度为-20~-22℃。冰冻层上的积雪厚度虽然不大，平均仅12~13厘米，但冻土层可达180~190厘米之深。

丰富的夏季降水，加之土质较硬，使得地表长期湿度过大。在早春强风和相对高的温度下，蒸发显著增加，土壤干涸，春季的小雨不能为植物提供充足的水分。总体来看，该地区的自然条件有利于农业发展，因为拉兹多利纳亚河河谷的土壤肥力较好，温度对于作物的生长来说也较为适宜。

该地区的植被覆盖类型多样。森林分布范围并不太大，主要集中在山区地带。橡树阔叶林中夹杂着满洲里白桦树（黑桦、白桦），分布较广。该地貌的山岗和山地隆起部分，生长着橡树、白蜡树、枫树、桦树、椴树、榆树、黄檗属、杨树等大型植被，以及榛树、葡萄、茉莉、桤木、覆盆子等灌木类植物。草本植物种类也较为丰富，在耕地上有蕨类植物、鬼针草、铃兰、野燕麦、薄荷等；在河的洪泛区生长沼泽类植物，如各种类型的莎草、芦苇；杂草植被有节节草、艾草、菊苣、苍耳等。草地草甸是山谷中最好的"排水设备"（滨海边疆区的农业气候资源，1973）。

2015年在对锡涅利尼科沃1号城址的考古发掘中，从一号发掘区的靺鞨文化层中采集了若干用于孢粉分析的样品。其中，7个样本采自一号发掘区的西壁和北壁深21厘米处，5个样本采自两座房址，1个样本采自蓄水井。样品中含有足以进行孢粉分析的花粉和孢子。对孢粉样品的处理使用碱性成像和分离技术（波克罗夫斯卡娅，1950，1966）。分离出的孢粉则使用Axio Cam光学生物显微镜在400倍放大率下进行观察。在分析孢粉谱系数据[*]时，将花粉和孢子分为三组，即树木和灌木的花粉、草花粉、孢子，最后再确定每个分类群在其组中所占的百分比。

三、实 验 结 果

（一）发掘区东壁样本

Φ/18探方

对深0～3厘米的表土层样本进行的孢粉谱系分析结果表明，总成分组成中，草和灌木花粉含量达83%，其中艾草（*Artemisia* sp.）花粉含量最高，为42%，是最主要的成分；唐松草（*Thalictrum* sp.）次之，为28%；莎草（Cyperaceae）花粉占比排第三，为11%；菊科（Asteraceae）为6%；毛茛（Ranunculaceae）为5%；占比不到3%的有藜科（Chenopodiaceae）、豆科（Fabaceae）和报春花科（Primulaceae）；还有极少量的舌状花亚科（Cicoriaceae）、伞形科（Apiaceae）、荞麦（Polygonaceae）、蔷薇科（Rosaceae）、假升麻科（*Aruncus* sp.）、红景天科（*Sedum* sp.）、禾本科（Poaceae）、玄参科（Scrophulariaceae）、唇形科（Lamiaceae）等。

树木花粉占总组成的13%。以赤松（*Pinus densiflora*）为主，占50%；硕桦（*Betula* sect. Costatae）和白桦（*B.* sect. Albae）占比相对较少，分别是18%和16%；针叶树科里还发现了红松（*P. koraiensis*）花粉，占比5%；阔叶花粉中，榛子（*Corylus* sp.）花粉占比5%，蒙古栎（*Quercus mongolica*）占比4%，胡桃楸（*Juglans mandshurica*）占比2%。

孢子的占比为4%。包含水龙骨科（Polypodiaceae）、桂皮紫萁（*Osmunda cinnamomea*）和卷柏属（*Selaginella* sp.）。

---

[*] 在分析中获得的各组孢粉在一份样本中的百分比称为孢粉谱系。

深3~21厘米区间的地层孢粉谱系体现了均匀性特征，因此它们的形成可归为同一时期。与表土层样品相比，草花粉的量减少了（41%~58%）。草和灌木组中艾草花粉占主导地位，高达51%。毛茛花粉占比高达26%，唐松草占比18%，莎草占比7%，菊科占比6%，荞麦科占比6%，缬草（*Valerianaceae*）占比8%，豆科植物占比7%，玄参科占比5%，荨麻科（*Urtica angustifolia*）占比6%。花粉占比少于3%的有：天竺葵（*Geranium* sp.）、菊苣、桔梗（*Campanulaceae*）、伞形科、鸢尾属（*Iris* sp.）、蔷薇科、假升麻属、杜鹃花科（*Ericaceae*）、石竹科（*Caryophyllaceae*）、百合科（*Liliaceae*）、藜属、报春花科、虎耳草科（*Saxifragaceae*）、禾本科、唇形科、蓝盆花属（*Scabiosa lachnophylla*）、山芥属（*Barbarea* sp.）。在深15~18厘米区间的地层样品中，发现了一种人工栽培谷物的花粉粒，无法确定其种属。在深9~12厘米区间的地层样品中，基本都是荞麦（*Fagopyrum* sp.）花粉粒。

树木花粉组（不到52%）中，桦树最占优势，其中硕桦（*B.* Sect. *Costatae*）占比将近31%，白桦（*B.* Sect. *Albae*）占比将近76%，柴桦（*B. fruticose*）占比为12%。还发现了一些其他小叶树种的划分，包括毛赤杨（*Alnus hirsuta*）和柳树（*Salix* sp.）花粉（少于2%）。阔叶树种在花粉中占比不超过12%，其中平榛（*Corylus heterophylla*）6%，橡树5%，另有茨楸（*Kalopanax septemlobus*）和其他五加科（*Araliaceae*）树木花粉的占比不到1%。针叶树种花粉占比不超过7%，主要为赤松和红松（*Pinus koraiensis*）。

在孢子植物中，只发现了少量的水龙骨科（*Polypodiaceae*）和桂皮紫萁（*Osmundaceae*）、卷柏、节节草属（*Equisetum* sp.）、石松属（*Lycopodium* sp.）等植物遗存。

（二）6号房址

1. K/14探方房址下层填土，3号陶器堆

在孢粉谱系中，草和灌木类花粉的总和为88%。其中数量较多的有禾本科（*Poaceae*）花粉（42%）和艾草（31%），含量相对较少的有毛茛花粉（7%），莎草（6%）；少于3%的有菊苣、蔷薇科、唐松草、百合、藜科、月见草、豆类花粉、玄参科、唇形科、山芥、荨麻、毛茛属（*Ranunculus* sp.）、拉拉藤属、川续断科（*Dipsacaceae*）。谱系中人工栽培谷物的花粉（占草类组的3%）由两种形态类型组成，根据测定结果（见本报告第四章），这两种形态类型分别为大麦（*Hordeum vulgare*）和小米（*Panicum milliaceum*或*Setaria italica*）。

树木组中桦树花粉占主导地位，其中白桦占比44%，硕桦占比19%，柴桦占比6%。小叶品种中也发现毛榿木的花粉（2%）。在阔叶树中有大量的榛子花粉（14%）、蒙古栎花粉（4%）、榆树（*Ulmus pumila*）花粉（2%）。针叶树孢粉组成中含有赤松花粉（10%）。

孢子组中含有少量蕨菜和石松。

2. И/15探方房址下层填土，5号陶器堆

在孢粉谱系中，草和灌木类花粉占比最高，为82%。其中占主导地位的有艾草（35%）和谷物花粉（17%）；含量相对较少的有莎草花粉（9%），毛茛属植物（7%），紫菀（5%），矢车菊（5%），茜草（4%）；剩余种属的含量不超过2%，分别是：伞形科、荞麦、蔷薇属、缬草、报春花、豆类、三叶草、唇形科、荨麻等。出土的人工栽培谷物花粉的比例为12%，其中2%属于接近大麦的类型。

桦树花粉在树木组中占主导地位，其中白桦20%，硕桦20%，柴桦2%。橡木（20%）和榛树（20%）次之。数量较少的有：红松花粉（6%）和赤松（4%），红皮云杉（*Picea Koraensis*）（2%），冷杉（*Abies* sp.）（2%），水曲柳（*Fraxinus mandshurica*）（2%），枫树（*Acer* sp.）（2%），稠李（*Prunus padus*）（2%）。

在孢子组中，还有一些蕨类植物和石松。

3. К/14探方房址下层填土，7号陶器堆

在孢粉谱系中，草和灌木类花粉占比最高，为58%。其中占主导地位的有艾草，占比为31%；其次是毛茛花粉，占比为18%，谷物占比15%，窄叶荨麻占比11%，莎草占比10%；剩余种属的占比不超过2%，分别为天竺葵、紫菀、菊苣、伞形科、地榆、缬草、矢车菊和玄参。出土栽培谷物的花粉量为4%。

在木本植物组中，白桦花粉占比最高，为43%，硕桦17%，柴桦35%。在其他树木分类群中，发现了少量榛树（4%）和蒙古栎（2%）的花粉。

在孢子组中，发现少量蕨类植物、石松、青苔藓（*Bryales* sp.）和泥炭藓（*Sphagnum.* sp.）的孢子。

（三）7号房址

1. Г/20探方，石块下的填土

在孢粉谱系中，草类花粉占比最高，为84%，其中谷物花粉占主导地位，占比为43%，其次为沉积物花粉（15%），艾草（16%）和毛茛（10%）。占比不到3%的有紫菀、荞麦、蔷薇科、矢车菊、景天、报春花、豆科植物、芥花、山芥、荨麻和拉拉藤的花粉。人工栽培谷物（两种类型）的花粉含量为5%。

在木本植物组中，桦树花粉最占优势，其中白桦占比74%，硕桦占比4%，柴桦占比6%。还发现了少量其他树木遗存，包括蒙古栎（8%）、榛树（4%），以及极少量的赤松和红松花粉。

在孢子植物组中，发现少量蕨类植物、石松和绿苔藓的孢子。

2. Б/19探方，桦树皮器物下的地面

在孢粉谱系中，草和灌木类花粉占比最高，为67.5%，其中艾草花粉（43%）、人工栽培谷物（13%）和毛茛（11%）数量更占优势。还发现少量荨麻花粉（5%）和矢车菊（4%）。占比3%的有莎草、蔷薇科、虎耳草科。占比不到2%的有紫菀、苍耳（*Xanthium* sp.）、伞形科、蓼属（*Polygonum* sp.）、紫草科（*Boraginaceae*）、藜属（*Chenopodium* sp.）、豆科、银杏、唇形科、山芥、拉拉藤属（*Galium*）、茜草等。仅发现1种人工栽培谷物的花粉粒。

在木本植物组中，桦树花粉占优势，占比为23%，其中白桦39%，硕桦13%，柴桦13%。阔叶橡树花粉（13%）和榛树花粉（9%）次之。占比2%的有椴树（*Tilia* sp.）和接骨木（*Sambucus* sp.）。在针叶树群组中，发现了赤松（7%）和红松（2%）的花粉。

在植物孢子组中，有蕨菜、石松、青苔藓和阴地蕨属（*Botrychium* sp.）的孢子。

在孢子类中，发现了球囊霉属（*Glomus*）土壤真菌孢子和盘星藻属（*Pediastrum*）的绿藻。

（四）蓄水井

P/24探方， 井坑上部填土，轮制陶器底部下方

在孢粉谱系中，草和灌木类花粉占比最高，为71%，其中以蒿木（51%）和毛茛（20%）为主。占比不到5%的有：矢车菊、窄叶荨麻、紫菀、莎草、鹰嘴豆、报春花、山芥、藜属、大麻（*Cannabis* sp.）、蔷薇科、荞麦、伞形科、禾本科、天竺葵、菊苣、百合、豆、拉拉藤。未发现栽培谷物的花粉。

在木本植物组（20%）中，桦树花粉占主要地位，包括白桦71%，硕桦8%，柴桦1%。榛树花粉含量有所提高，达到12%，橡木花粉为8%。

在植物孢子组中，发现少量蕨类植物、石松。

四、所得结果的分析

孢粉分析的数据表明，在该遗址存在期间，周围有大片的森林覆盖区。与化石孢粉谱（13%）相比对来看，从发掘的东壁处探方中采集的大量木本植物花粉（高达52%）就表明了这一点。表土层样品中的赤松花粉（50%）含量很高，可能与附近现代居民种植此树种较多有关，其余样品中赤松花粉的存在也可以用风的作用来解释。孢粉谱系中柴桦花粉的存在表明，与现代相比，此遗址当时的气候较冷，因为在化石孢粉样品中并不存在花粉。

附录二　锡涅利尼科沃1号城址存在时期的自然气候条件（依据孢粉分析数据）

在滨海边疆区博伊斯曼湾的湖泊-潟湖沉积物，以及与它们重叠的河道和洪泛区冲积层（"左岸"，0.15~2.35米）中，记录了类似的中部亚大西洋气候降温和干燥的证据。值得注意的是，孢粉谱（Ⅲ-5复合物）的组成以小叶植物花粉为主，各类阔叶植物的花粉数量非常少。海岸附近地势开阔，生长着多种杂草。该地区的森林覆盖率当时大幅下降。赤杨树丛曾经生长繁茂，阔叶树种在当时罕见。据研究者提供的数据显示（米基申等，2008），当时此地气候比现代气候冷得多。大西洋中部（亚阶段SA-2a）的气候寒冷程度可与距今1300~1800年的日本古坟时代的相关记录相比较（坂口良子，1983）。

事实上，大约1500年前的大西洋中部降温规模是巨大的，科里缅克及其科研团队（科里缅克等，2001）针对俄罗斯西部的欧洲部分的研究获得的数据，与上述结果吻合。他们认为，当时7月份的平均气温和年平均气温比现在低了0.5~1℃，而1月份的平均气温则低了约1~1.5℃，降水量接近现代水平。

锡涅利尼科沃1号城址所在区域的山坡，森林植被以桦树、橡树及其他阔叶树为代表，还发现有榛树、接骨木、稠李、枫树等。

此遗址当时的植被是艾草和灌木植物。蒿木花粉在孢粉谱中占比很高，而荨麻花粉、苍耳、山芥、大麻、菊苣和其他植物的存在，体现了人类生业活动的人为影响。榛树花粉含量的增加也可能表明原有植被种类在被砍伐后被替换了。

在孢粉谱中发现的球囊霉属真菌的孢子，表明存在土壤侵蚀的现象，包括人类活动的影响（鲁达娅，2010），盘星藻属绿藻的出现也表明此地当时过度潮湿。

在其中一个谱系中发现的荞麦花粉粒，最有可能属于一种当地原生杂草——苦荞［*Fagopyrum tataricum*（L.）*Gaertn.*］。

采集于6号和7号房址的两个样品的谱系中，野生大麦花粉含量的增加表明这些花粉来源于当时聚居地的居民使用的物品，如草席垫子。

大麻花粉的发现同样证实当时有人种植这种作物。

在孢粉谱系中，栽培谷物花粉粒一直都有发现，这表明当时有农业活动。但同时，在所发掘的地层中，缺少与作物相关的栽培谷物花粉和杂草植物，这则表明农田距离城址比较远。最有可能的是，耕地位于便于排水的河谷地带，那里栽培谷物和杂草植物的花粉含量相对较高，但无法传播到定居点处。大多数栽培谷物的花粉如同杂草植物的花粉一样，在耕地内沉淀或被风携带至附近不远（费德罗娃，1958：19；亚历山大罗夫斯基等，1991；利亚波吉娜、伊万诺夫，2011）。显然，在房址的沉积物中发现的栽培谷物的花粉是与谷物一同被带过去的。例如，在6号房址出土的5号陶器堆下采集的样本中，栽培谷物的花粉含量高达12%，说明当时使用该陶器储存谷物。

五、结　　论

　　根据孢粉数据，我们总结了俄罗斯远东南部中世纪早期靺鞨文化所处的自然环境。结果发现，与现代相比，当时该地的气候更冷。该城址内的植被以艾草和灌木为代表，周围的森林植被以桦树、橡树、阔叶树为主，其中还有较多榛树、接骨木、稠李、枫树等其他树木。孢粉谱系中，杂草植物花粉的存在体现了人类及其生业活动对周围景观的影响。至少存在两种类型的栽培谷物花粉，体现了当时农业的多样性。

参 考 书 目

［1］《滨海边疆区的农业气候资源》，列宁格勒：水文气象出版社，1973年，第148页。

［2］А. Л. 亚历山大罗夫斯基、В. В. 安念科夫、Е. В. 格卢什克、Э. Г. 伊斯托敏娜、В. И. 尼古拉耶夫、А. В. 珀斯特尼科夫、Н. А. 霍津斯基：《全新世地层花粉谱系中的人为指标》，《环境变化历史重建的来源和方法》（地理版），1991年，第8册，第7～18页。

［3］В. И. 博尔金：《锡涅利尼科沃1号城址——滨海地区中世纪早期遗存》，《亚洲传统文化》，布拉戈维申斯克：阿穆尔国立大学出版社，2001年，第3卷，第122～130页。

［4］В. В. 科里缅克、В. А. 科里曼诺夫、А. А. 希林、А. М. 斯列普佐夫：《全新世晚期俄罗斯欧洲部分西部气候变化》，俄罗斯科学院报告，2001年，第5期，第379～683页。

［5］Ю. А. 米基申、Т. И. 彼得连科、И. Г. 格沃兹捷娃、А. Н. 波波夫、Я. В. 库兹明、В. А. 拉科夫、С. А. 戈尔巴连科：《全新世时期的滨海地区西南海岸》，《科学评论》2008年第1期，第8～27页。

［6］И. М. 波克罗夫斯卡娅：《花粉分析样品的实验室处理》，《花粉分析》，莫斯科：国家地理文献出版社，1950年，第29～45页。

［7］И. М. 波克罗夫斯卡娅：《室内作业方法论》，《古人类学》（第1册），列宁格勒：矿藏出版社，1966年，第32～61页。

［8］Н. А. 鲁达娅：《古生物学分析》，新西伯利亚：新西伯利亚国立大学，俄罗斯科学院西伯利亚分院考古学和民族学研究所，2010年，第48页。

［9］Н. Е. 利阿博金娜、С. Н. 伊万诺夫：《西西伯利亚古代农耕：论证问题、古人类植物学方法和事实分析》，《欧亚考古民族及人类学》2011年第4期（48），第96～106页。

［10］Р. В. 费德罗娃：《孢子粉分析在考古学研究中的应用》，物质文化史研究所简报，1958年，第72卷，第17～28页。

［11］Y. 坂口良子（Sakaguchi）：《日本过去7600年的冷暖阶段及其全球关联性——尤其气候对全球海平面变化及日本古代历史的影响》，《东京大学地理系简讯》1983年第15期，第1～31页。

附录三

拉兹多利纳亚河中游可视通信和交通体系遗迹分析

一、引　　言

近年来在古代文化研究中，跨学科的研究方法越来越多地被应用。数字技术的使用起到了特别重要的作用，它可以弥补文献研究和传统考古研究的不足。数据与地形相结合的地理信息系统（GIS）的使用已逐渐频繁起来，然而，在滨海边疆区以往的分析研究工作中，这种方法几乎没人用过。利用地理信息系统，在分析GIS系统数据的基础上，可以尝试重建古代各地存在的交通和防御系统中的某些要素。

滨海边疆区南部当时是中国唐代渤海政权的一部分。众所周知，克拉斯基诺城址位于从唐代渤海东京龙原府到日本的交通道上。在拉兹多利纳亚河流域，同样也发现了渤海时期的遗迹。然而，截至目前，仍然难以确定当时是否存在交通体系将该地区与渤海的中心地带连接起来。为了弄清楚这一问题，我们选择了位于拉兹多利纳亚河中游的一些中世纪遗址作为研究对象：康斯坦丁诺夫卡-3、4、11；契尔良基诺-3、17；锡涅利尼科沃-1；谢尼基那·沙普卡城址；鲍里索夫卡-1；克拉斯诺亚罗夫斯科耶城址。毫无疑问，这些研究对象在考古学文化上都属于渤海时期，虽然这些地区考古发掘工作规模较小，但上述的部分地区在当时可能为军事要塞，而这些要塞在考古学上的研究并不深入，所以，在现阶段，用这些遗址来进行分析是最适合不过的了。

这些要塞点，即山城和堡垒，位于高处，从那里可以看到拉兹多利纳亚河河谷的全貌。许多村落址、平地城、墓群甚至是佛教寺院都分布在附近，这表明在中世纪时期，这片土地得到了充分的利用。可以推测这些要塞点起到了向心力的作用，其他遗迹形成于其附近，与附近的平地城、村落址等存在紧密联系。

具有防御功能的遗址，如山城或堡垒，负责监测和保护这一带的领地，应该可以长距离传递消息。基于此考虑，视线内的可视控制区与某些距离较远的遗址之间的区域，很有可能存在着用于信息传达的重要枢纽、烽燧（烽火），或通过该区域的重要交通道。

在我们的研究中，平视可视控制范围使用的是半径4.7千米这一参数，而远距离（高空俯视）可视控制范围参数为半径18.7千米，从烽燧的顶部视线可覆盖到的范围算起（苏沃洛娃、维别尔，2013）（图1）。

可视区域　　　　　　　　　　　　　　不可视区域

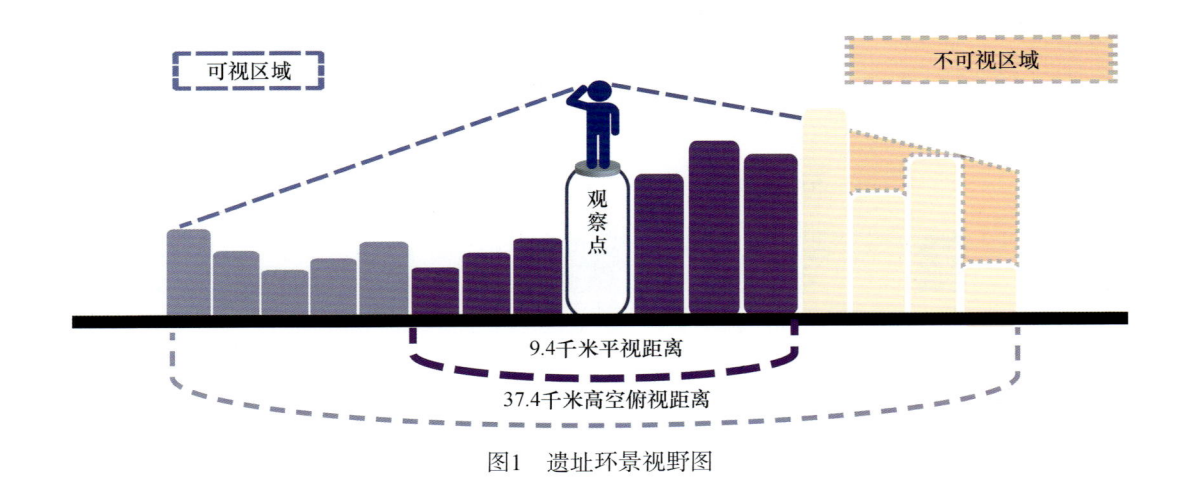

观察点

9.4千米平视距离

37.4千米高空俯视距离

图1　遗址环景视野图

同时，位于相对较高处（山或山丘）遗址的视野，涵盖了位于较低区域的遗址，而且不受任何障碍物阻挡，以此形成两个遗址间的视线互控区。另外，在DEM（数字高程模型）上，我们用点表示平地城和村落址的位置，用线来表示我们推测的交通路线和视线传达系统。在分析可视范围时，城址上的可视控制范围在地图上用明亮的半阴影标记，对于可视控制范围以外的区域，则不单独进行标记。

二、可视通信系统中城址视线范围

下面我们分析拉兹多利纳亚河中游地区城址之间可视通信系统中每个遗址的视线范围（图2-1；图2-2）。

1. 康斯坦丁诺夫卡3号遗址

该遗址位于一座小山丘顶部，山丘西部以康斯坦丁诺夫卡河为界，向北流入拉兹多利纳亚河中。平视范围内的视野覆盖了东北侧和南部的一部分。高空俯视的视线控制区域延伸到西北部，因此我们可以假设这一方向的区域为主要的控制区。从新戈尔杰耶夫卡平地城和A186公路起始，在东北部，清晰可见广阔的新戈尔杰耶夫卡山谷通往兴凯湖的区域。在西北部，平视视线内的控制区覆盖了康斯坦丁诺夫卡河和康斯坦丁诺夫卡1号村落址。鉴于康斯坦丁诺夫卡河河道整体较直，便于水路运输，因此有可能曾被开发利用过。由此我们推断，当时人们是从康斯坦丁诺夫卡3号遗址的位置控制水路运输的。至于南部，平视视线内的可控范围包括康斯坦丁诺夫卡3号和契尔良基诺3号等遗址。

2. 康斯坦丁诺夫卡4号遗址

该遗址位于康斯坦丁诺夫卡3号遗址南部山脉顶部的边缘。在东南部，监测范围比较有限，因为这个方向的视野被锡涅罗夫卡市所阻挡。然而，平视视线可控范围覆盖了西

附录三 拉兹多利纳亚河中游可视通信和交通体系遗迹分析 295

康斯坦丁诺夫卡-3

康斯坦丁诺夫卡-4

康斯坦丁诺夫卡-11

契尔良基诺-3

契尔良基诺-17

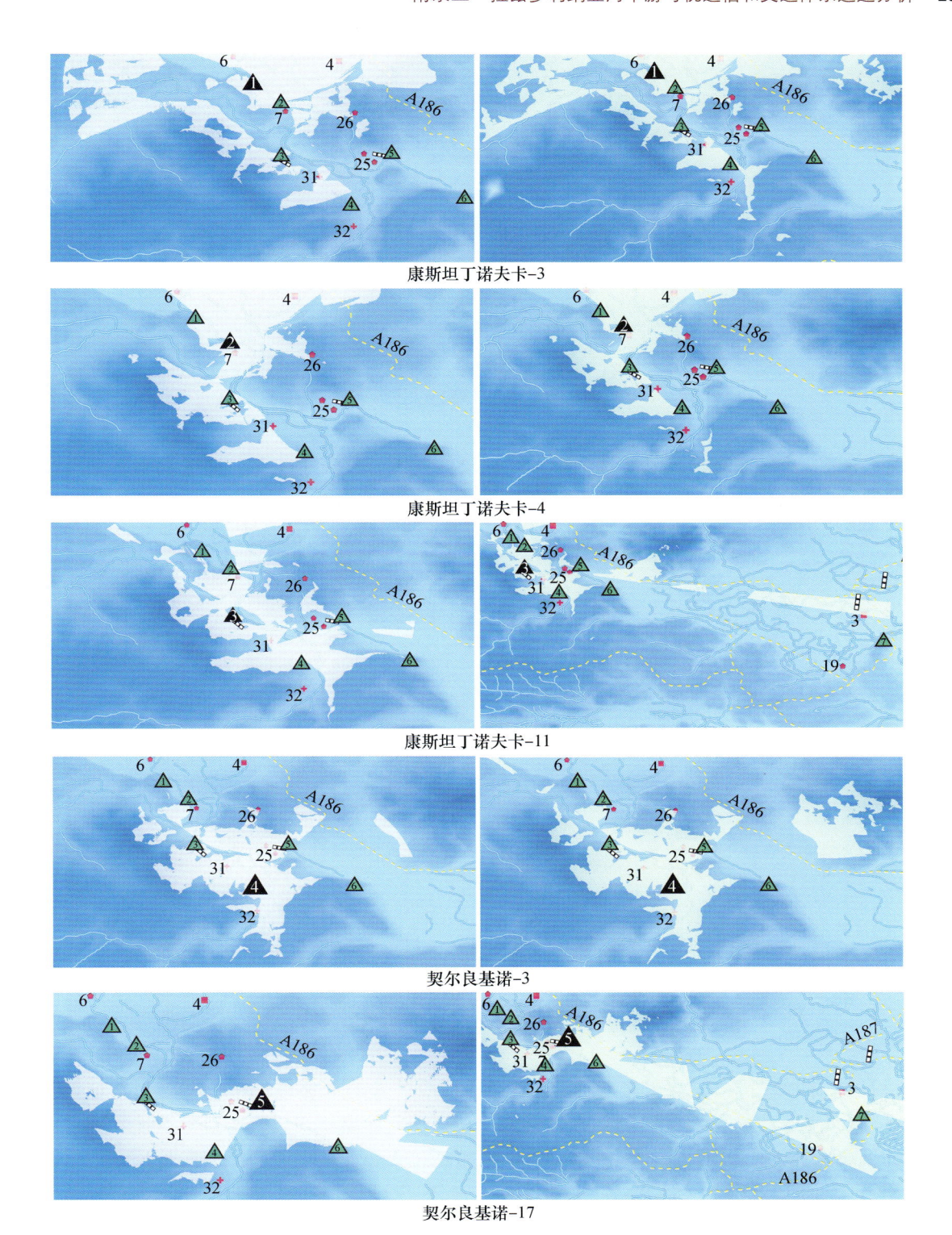

图2-1 各遗址可视范围（平视范围）

296　俄罗斯滨海边疆区锡涅利尼科沃1号城址考古报告

锡涅利尼科沃-1

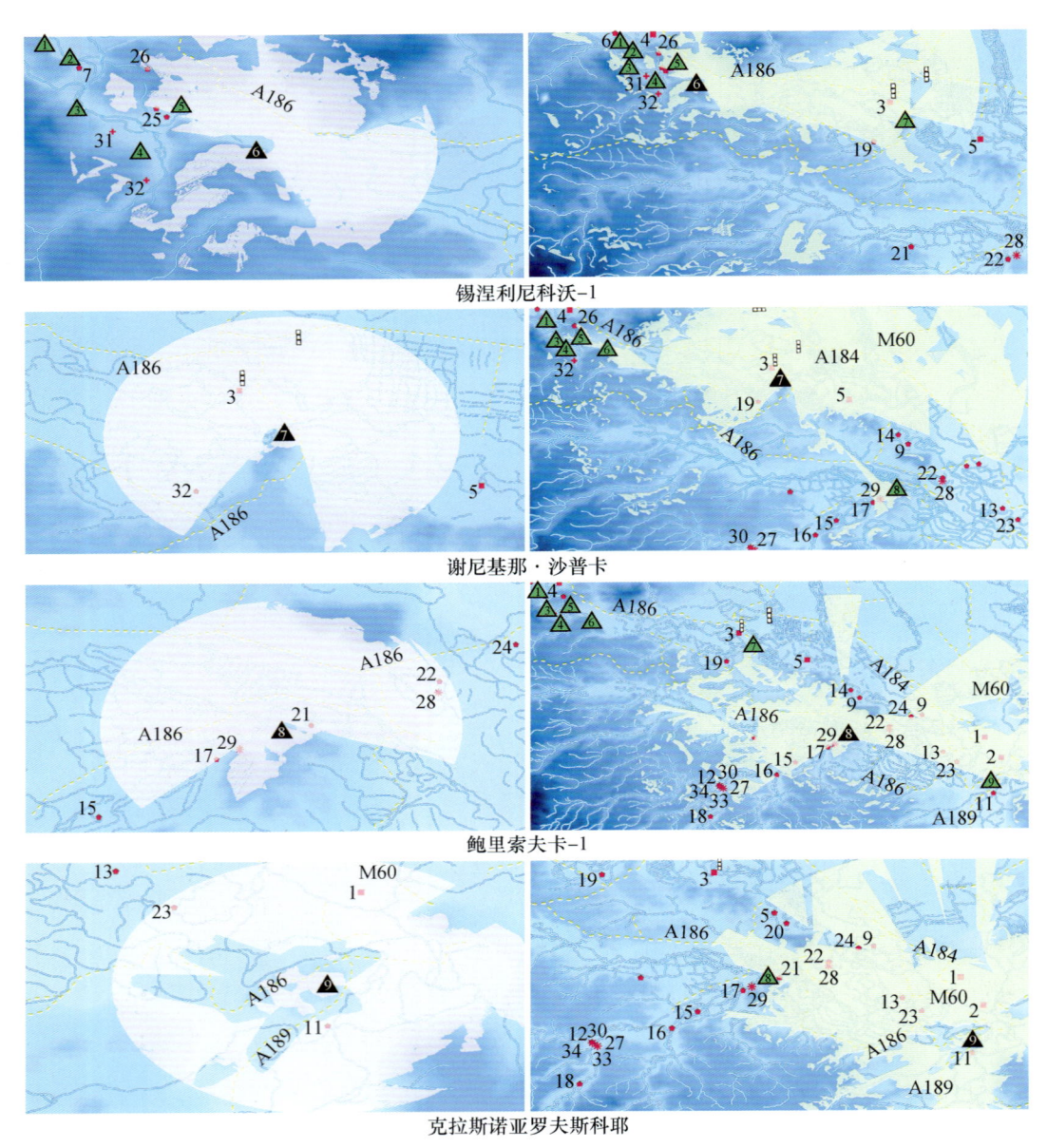

谢尼基那·沙普卡

鲍里索夫卡-1

克拉斯诺亚罗夫斯科耶

图2-2　各遗址可视范围（高空俯视范围）

南和东北区域。因此，在东北方向，视线可见区域涵盖了康斯坦丁诺夫卡1号村落址、新戈尔杰耶夫卡城址和A186公路。在西南部，可以看到康斯坦丁诺夫卡11号遗址、契尔良基诺5号墓地和康斯坦丁诺夫卡2号村落址。西南和东北方向形成的控制区与康斯坦丁诺夫卡3号遗址交汇的区域，构成了双重的监控系统。我们认为，康斯坦丁诺夫卡11号遗址填补了康斯坦丁诺夫卡4号遗址东南方向的监控盲点。

3. 康斯坦丁诺夫卡11号遗址

该遗址位于奥尔利哈山脉的东北斜坡上，该山脉沿着拉兹多利纳亚河的左岸向契尔良基诺村延伸。有资料表明，沿着遗址所在的西北—东南方向上，有一条古代道路遗迹。其平视视线内的可控范围延伸到东北和东南方向，覆盖了拉兹多利纳亚河的大部分区域。视野从城址开始，涵盖了整个奥尔利哈山脊的东部，该山脊位于河流的两岸。此外，锡涅利尼科沃山脊的整个西部区域也涵盖在内。因此，康斯坦丁诺夫卡4号遗址、契尔良基诺10号村落址和契尔良基诺5号墓地都囊括在其监控范围内。但是，契尔良基诺17号遗址所在的峰顶却无法监控到。至于此遗址较远距离的控制点，则主要以东南方向为主，可以推断，其与锡涅利尼科沃1号城址可能存在联系。

从奥尔利哈山脊西南缓坡上发现的古代道路（尼基京，1998）来看，从新戈尔杰耶夫卡山谷北部到契尔良基诺和锡涅利尼科沃地区的道路很可能也是该遗址的监控对象。如果上述分析结果是正确的，我们可以大胆地推测，沿着拉兹多利纳亚河主河道的水路同样也是它的监控对象。

4. 契尔良基诺3号遗址

遗址位于奥尔利哈河口附近，即奥尔利哈河流入拉兹多利纳亚河的地方。该遗址的远程监控区主要集中在西北、东北和西南方向。在东南方向，视线仅限于格兰纳托夫卡山。

西北方向监控区主要包括了康斯坦丁诺夫卡11号遗址、契尔良基诺5号墓地以及康斯坦丁诺夫卡4号遗址。在东北部，可以观察到契尔良基诺10号遗址和契尔良基诺17号遗址。在西南部，该地的观察区域涵盖了奥尔利哈河中上游部分，包括最远的契尔良基诺15号墓地。在东南部，能见度有限，但可以观察到契尔良基诺17号遗址所在的山丘。拉兹多利纳亚河主河道两岸的视野监控区与康斯坦丁诺夫卡11号遗址的监控区相重合，而朝向契尔良基诺山谷的视野与契尔良基诺17号遗址的视野则相辅相成。

5. 契尔良基诺17号遗址

该遗址位于锡涅罗夫卡山西南端的悬崖，靠近拉兹多利纳亚河流向突然改变的地方。平视视线内的可控范围覆盖东部和西部。在西部，监控区包括了位于奥尔利哈山顶东部的契尔良基诺3号遗址和契尔良基诺5号墓地。在东部，监控区延伸到契尔良基诺村和A186公路。高空俯视控制区延伸到了锡涅利尼科沃一号城址和谢尼基那·沙普卡遗址。整个南部和北部区域不在可控范围内。然而，即便如此，契尔良基诺17号遗址与南部的锡涅利尼科沃1号城址以及北部的康斯坦丁诺夫卡11号遗址之间存在交流仍是可能的，这弥补了原有可控范围外的几处盲点。

6. 锡涅利尼科沃1号城址

该城址位于拉兹多利纳亚河右岸一处山丘的险峻山顶上，该山是鲍里索夫卡高地系统的一部分。遗址的视线覆盖了东南方向和西北方向的一部分。在东南部，高原的坡度变缓，地势绵延，为此地提供了广阔的视野。

在西北部，可以看到A186公路，以及契尔良基诺17号遗址所在的锡涅罗夫卡山的顶部和西南侧。在东南部，监控区包括锡涅利尼科沃1号城址和2号遗址，波克罗夫卡和格兰纳托夫卡村，扎普罗托奇诺耶1号遗址和格兰纳托夫卡河。高空俯视控制区则在东部，我们可以观察到波克罗夫卡1号遗址和谢尼基那·沙普卡遗址。在西南部，可控区域并不理想，仅可以监控到A186公路的一部分，以及阿列克谢·尼克利斯克村和小哥萨克河。上文说到，契尔良基诺17号遗址将填补对奥尔利哈河部分的控制盲点，因为从锡涅利尼科沃1号城址看不见这一部分，由此形成契尔良基诺山谷和锡涅罗夫卡山南坡视觉监控区的交汇区，增加了相应区域的监控强度。

7. 谢尼基那·沙普卡遗址

该遗址位于山崖的顶部，朝向拉兹多利纳亚河右岸的山谷凸出部分。该地除了东南方能看到谢尼基那·沙普卡村外，其他方向的区域也都可得到控制。由于该遗址位于从北部的契尔良基诺村庄延伸的广阔平原上，一直延伸到位于东南部乌苏里斯克市的边界，这就为该遗址进行平视和高空俯视的全面监控提供了非常有利的优势。

该遗址的视野范围内包括了A186公路，该公路经过了锡涅利尼科沃和扎普罗托奇诺耶1号村落址。随着视野的延伸，对向分布的锡涅利尼科沃1号城址和鲍里索夫卡寺庙址也都被包含在其可控范围内。在北部，视野涵盖了扎列奇诺耶村和经过了波克罗夫卡1号遗址的A186公路，甚至于斯特鲁戈夫卡山谷，都被包含在高空俯视控制区之内。

此前，有资料显示，在处于主要视线控制区（布谢、科罗珀特金，1908）的平原防御点波克罗夫卡1号遗址附近，有两条南北向的公路和两条东西向的公路。这些道路与现代道路A184和A187方向相同。在东部，视野涵盖了斯塔罗列钦斯克城址，并将通往乌苏里斯克市的A184和A186公路交汇点区域纳入了控制范围。在南部，由于受到谢尼基那·沙普卡村的山脊阻挡，该方向的视野受到了部分限制。

8. 鲍里索夫卡1号遗址

该遗址位于鲍里索夫卡河与哥萨克河交汇处的浅滩附近的悬崖上。该交汇点是拉兹多利纳亚河河道变宽流入大海的那一段的起始处，与乌苏里斯克山谷相连，即西乌苏里和南乌苏里城址所在的山谷连接的地方。

监控区覆盖了西南和东南方向。在西部地区视野较大的情况下，涵盖了谢尼基那·沙普卡村和阿列克谢·尼克利斯克村。在西南方向，A186公路进入视线控制区域，视野范围内的公路从克罗乌诺夫卡村开始。此外，还可以看到以下遗址所在的区域：科尔萨科夫卡19号渤海寺庙址和科尔萨科夫卡1号、2号、7号村落址。高空俯视控制区一直延伸到克罗乌诺夫卡河、杏山寺庙址和马蹄山寺庙址。在东南方向，我们可以观察到A186公路、鲍里索夫卡3号、10号、26号村落址和多普罗玻里耶8号和15号村落址，以及鲍里索夫卡寺庙址。随着控制区域的延伸，可能可以看到南乌苏里斯克城址和克拉斯诺亚罗夫斯科耶城址以及对面的谢尼基那·沙普卡村所在的区域。在北方，可视范围有限，只有部分A186路段位于该遗址的视线范围内，其监控区总体上覆盖了哥萨克河河泛平原区，一直到乌里托夫卡村和普茨罗夫卡村。

9. 克拉斯诺亚罗夫斯科耶城址

该城址被认为是东夏国上京。城址由外城和内城组成，城内有各类功能不同的建筑遗迹，兼具平地城与山城的功能（阿尔杰米耶娃，2001）。城址位于拉兹多利纳亚河右岸的一座山丘上，该处河流为西北—东南流向，距离遗址不远处有三条现代公路（A186、A189和M60高速公路）交汇。除了位于北部0.8千米处的赫宁山有一些视线遮挡外，整体的视野较好。远处除了乌苏里斯克市东北边界的里米切夫卡村和西南方向的乌苏里斯克市外，其他区域均在可视范围内。

城址北部的直观可视范围包括A184公路，西乌苏里和南乌苏里城址。随着视野的扩大，可以看到多普罗玻里耶8号和15号遗址，在西部能清楚看见拉兹多利纳亚河和A186公路，以及扎格罗德诺耶4号遗址和14号遗址，鲍里索夫卡寺庙址，鲍里索夫卡3号、10号和26号村落址，以及鲍里索夫卡1号遗址。在南部，视野涵盖了A189和乌杰斯诺伊4号村落址。值得注意的是，A189公路沿着主河床延伸向远方，穿过乌杰斯诺伊4号村落址，并继续往前一直延伸到捷列霍夫卡村，基本上沿着古代道路的方向——由北向南。鉴于它有可能继续延伸到海岸，推测它很可能是一条长期使用的古老道路。在东部，城址的视野涵盖了拉兹多利纳亚河和M60高速公路，从乌苏里斯克中心出发，经过西乌苏里斯克城址和南乌苏里斯克城址，路线基本与A189公路的方向相同。虽然不能完全确定，但它们很可能部分地反映了古代道路的走向。

三、拉兹多利纳亚河中游视线传达和交通体系遗迹分析

我们认为这些城址不仅仅是防御点，也可能是沿路的堡垒。有学者通过对这些城址之间的视线交互关系的分析，认为这些城址的功能可被视为堡垒（赵炳诺等，2003）。在观察交通道路时，它们可以将信息从边界传输到中心，这样就可以为防御敌人入侵做好准备。在高句丽时期，彼此距离比较远的中型山城之间，有作为堡垒的附加城址（李成制，2009）。有的学者认为，中世纪在交通要道沿途使用要塞或防御性堡垒组成防御体系的观点，也是合乎逻辑的（梁时恩，2013）。

通过分析，我们概括出山城所具备的几个要素：相对良好的视野，有利于观察的区域，各观察区域具有交叉地带，每个遗址都可监控到至少两个方向不同的遗址（图3；表1）。我们可以就此尝试找出视线传达体系以及断定交通路线是否存在。

如果我们研究山坡上的有效观察区域，根据可能的观察距离，可以发现存在比例差异。所以可以假设，随着视线距离的增加，可观察到的面积也在增加（理论上，增加17倍）。然而我们发现，由于受该地区周围地形的影响，每个遗址的数据都有区别（表2）。

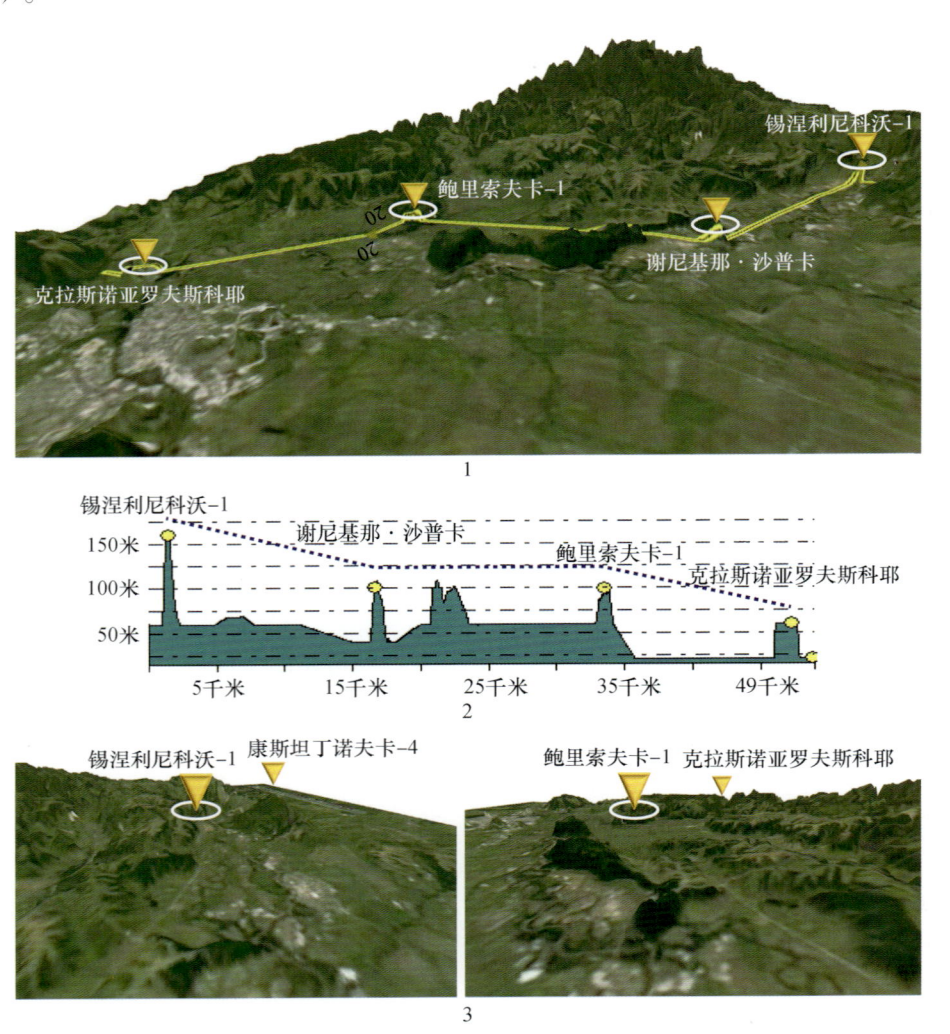

图3 城址间可视通信体系模型

1. 可视通信体系地形图　2. 可视通信体系平面图　3. 从谢尼基那·沙普卡遗址的视角（左：锡涅利尼科沃-1；右：鲍里索夫卡-1）

附录三　拉兹多利纳亚河中游可视通信和交通体系遗迹分析

表1　各山城视野范围内的遗址目录

行政区	山城*	视野内可见的遗址**
十月区	康斯坦丁诺夫卡-3（❶）	契尔良基诺-16、契尔良基诺-3、康斯坦丁诺夫卡-1（6）、新戈尔杰耶夫卡遗址（4）
	康斯坦丁诺夫卡-4（❷）	契尔良基诺16、康斯坦丁诺夫卡-1、2（7）、新戈尔杰耶夫卡遗址、契尔良基诺-5（31）
	康斯坦丁诺夫卡-11（契尔良基诺-16）（❸）	锡涅利尼科沃-1（远），契尔良基诺-2（10）
	契尔良基诺-3（❹）	契尔良基诺-17、康斯坦丁诺夫卡-4、契尔良基诺-2、10（25）、契尔良基诺-5
	契尔良基诺-17（❺）	锡涅利尼科沃-1（远）、契尔良基诺-10、契尔良基诺-5
	锡涅利尼科沃-1（❻）	契尔良基诺-17、谢尼基那·沙普卡（远）、波克罗夫卡-1（3）、扎普罗托奇诺耶-1（19）
乌苏里斯克区	谢尼基那·沙普卡（❼）	鲍里索夫卡-1（远）、锡涅利尼科沃-1（远）、波克罗夫卡-1、斯塔罗列钦斯克城址（5）（远）、鲍里索夫卡寺庙址（28）（远）、扎普罗托奇诺耶-1、契尔良基诺-10
	鲍里索夫卡-1（❽）	谢尼基那·沙普卡（远）、南乌苏里（1）（远）、西乌苏里（2）（远）、扎格罗德诺耶-14号（13）、鲍里索夫卡-10（21）、26（22）、多普罗玻里耶-8（24）、15（9）、科尔萨科夫卡-1（15）、2（16）、7（17）、科尔萨科夫卡（29）、杏山遗址（30）、马蹄山寺庙址（27）
	克拉斯诺亚罗夫斯科耶（❾）	鲍里索夫卡-1（远）、南乌苏里、西乌苏里、多普罗玻里耶-8、15号、鲍里索夫卡-10、25、3、扎格罗德诺耶-4（23）、14、乌杰斯诺伊-4（11）

*　插图中，山城用"❶"表示；其余类型遗址用"1"表示
**　（远）——表示高空俯视视野区域

表2　城址有效监控面积比率

遗址	有效监控面积百分比		有可能监控的面积比例关系
	平视监控区域百分比	高空俯视监控区域百分比	
契尔良基诺-17	30	5.8	3.06
康斯坦丁诺夫卡-11	19.3	2.2	1.81
契尔良基诺-3	19	1.6	1.33
锡涅利尼科沃-1	46.9	14.4	4.86
康斯坦丁诺夫卡-4	16.5	1.1	1.06
康斯坦丁诺夫卡-3	18.4	18.9	16.27
谢尼基那·沙普卡	80.9	37.4	7.32
鲍里索夫卡-1	65.7	33	7.96
克拉斯诺亚罗夫斯科耶	64.9	28.5	6.96

此外，表中靠前的五个遗址（契尔良基诺-17，康斯坦丁诺夫卡-11，契尔良基诺-3，锡涅利尼科沃-1，康斯坦丁诺夫卡-4）不仅具有防御和观察的功能，而且极有可能通过它们将信息传递到其他遗址或周围的村落址。但这五个遗址有可能观测到的面积，与表中其他的遗址相比较小，也就是说，即使将观察点放到很高的位置，能够增加的观测区域面积也很有限。最有可能的原因是，这些遗址是用来观察相对较小的区域的，显然，对于这些监控交通路线的遗址来说，远距离传递信息并不重要。因此，不同类型的遗址很可能具有不同的功能。

根据对GIS的分析，可以假设，位于滨海边疆区拉兹多利纳亚河中游的山城和堡垒特别是具有防御设施的城址，曾经用于监测周边区域，如新戈尔杰耶夫卡-1，乌苏里斯克市内的斯塔罗列钦斯克城址等，同时还监测大型的无防御设施的村落址，如康斯坦丁诺夫卡-1、克罗乌诺夫卡山谷的若干点以及乌苏里斯克市等。与其他地区相比，这些遗址周围观察区域存在一些交叉地带就证明了这一点，这也可以解释为对该地区的管控要求很高。类似的情况也表明，拉兹多利纳亚河流域是渤海时期的重要交通枢纽，连接了率宾府*的建州州治与上京龙泉府的湖州州治，相当于现今的中国东北地区和乌苏里斯克与滨海边疆区南部。这里此前（靺鞨）和此后（女真）都存在遗址，说明这一区域战略地位极为重要。

分析观测区交叉的区域，可以得出一幅地图。在该地图上可以大概描述出古代道路的行进方向。也就是说，沿拉兹多利纳亚河河岸的防御性遗址形成了特定的观测交叉区域。某些区域的观察点高度集中，这可能与古代道路的重要程度相关。如果我们参考对观测交叉区的分析结果，则可得出古代道路的行进路线不是沿着拉兹多利纳亚河左岸行进，而很可能是沿着河的右岸行进这一结论。目前，左岸已经铺设了A-186高速公路（图4）。

在这方面，非常重要的一个信息是，康斯坦丁诺夫卡11号遗址的缓斜坡上存在过一条古代道路。显然，这条道路曾经与连接滨海地区内陆河道、乌苏里斯克山谷和中国东北地区的河道相关。另外，该道路还极有可能与穿过滨海地区内陆的"黑貂之路"相关（沙弗库诺夫，1992）。

四、结　论

根据GIS系统的数据，我们研究了一些中世纪的防御性遗址，如山城和堡垒。通过新方法的使用，表明在拉兹多利纳亚河流域，中世纪早期防御设施之间存在着可视通信系统。根据所获得的信息，我们对拉兹多利纳亚河中游渤海时期的交通和防御体系进行了重新架构。这些数据不仅使我们可以推断该地区尚未发现的考古遗址可能存在的位置，

---

*　率宾府曾设三个州，分别为华州、益州和建州，其位置与拉兹多利纳亚河流域相关。

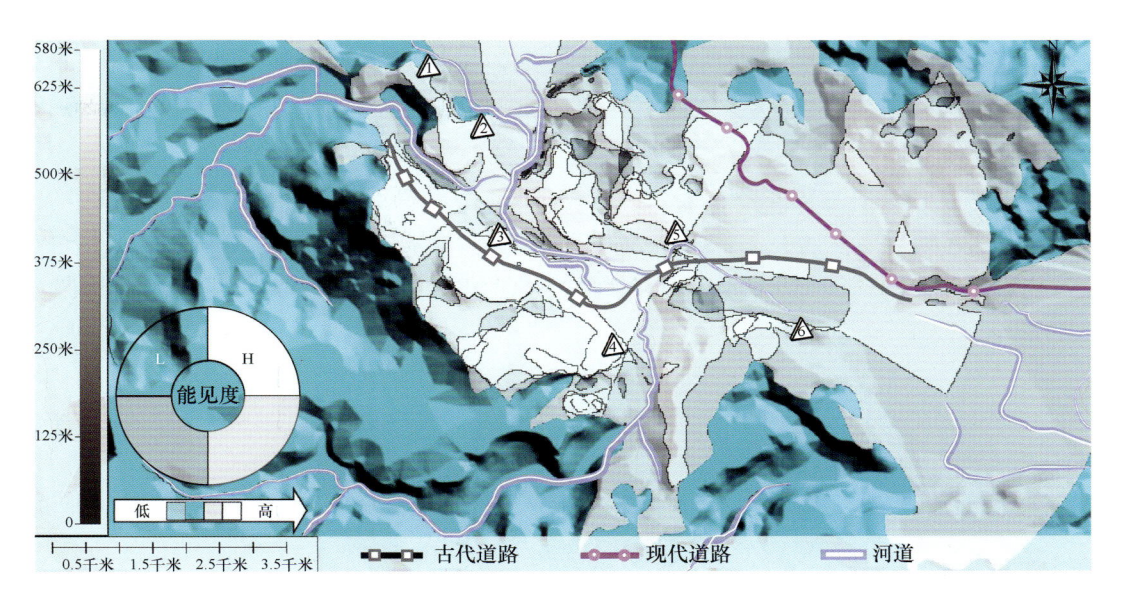

图4　十月区遗址视野交汇区地图

1. 康斯坦丁诺夫卡-3　2. 康斯坦丁诺夫卡-4　3. 康斯坦丁诺夫卡-11　4. 契尔良基诺-3　5. 契尔良基诺-17
6. 锡涅利尼科沃-1

而且还可以作为进一步研究滨海地区其他区域遗址的范本，以此来完整再现该地区的古代文化。

参考书目

[1] Н. Г. 阿尔杰米耶娃：《2001年滨海边疆区乌苏里斯克区克拉斯诺亚罗夫斯克耶遗址考古报告》，俄罗斯科学院考古研究所档案，P-1，第26403号。

[2] Ф. Ф. 布谢：《列富河、刀毕河和乌拉河山谷的古代遗存》，《阿穆尔地区研究会札记》，1888年，第1卷，第1~28页。

[3] Ф. Ф. 布谢、Д. А. 科罗珀特金：《阿穆尔地区古代遗存》，《阿穆尔地区研究会札记》，1908年，第12卷，第1~66页。

[4] Ю. Г. 尼基京：《1990年滨海边疆区十月区和游击队区尼古拉耶夫城址考古调查报告》，俄罗斯科学院考古研究所档案，P-1，第21377号。

[5] Ю. Г. 尼基京、Е. И. 格尔曼：《拉兹多利纳亚河流域中世纪早期的墓地》，《时事通讯》第10期，东京，1998年，第11~16页。

[6] А. Н. 苏沃洛娃、Е. И. 维别尔：《乌斯季——乔尔纳亚城址系统烽火台的重构》，《考古学、民族学和人类学跨学科研究》，第八届全俄考古和民族学大学生及青年学者研讨会，符拉迪沃斯托克，2013年，第261~263页。

[7] 赵炳诺等：《韩国烽火台》，首尔，2003年。

［8］ 李成制：《高句丽和渤海城址使用方式初步研究》，《高句丽渤海研究》2009年第34期。

［9］ Э. B. 沙夫库诺夫：《粟特人的黑貂之路》，《俄罗斯与亚太地区》1992年第1期，第60～66页。

［10］ 梁时恩：《高句丽城址研究》，首尔大学博士论文，2013年。

［11］ P. 鲍尔斯塔德（Bolstad）：《GIS基础：地理信息系统第一课》，艾德（Eider）出版社，2012年。

［12］ 伊恩·海伍德（Ian Heywood）：《地理信息系统导论》，皮尔森（Pearson）出版社，2011年。

附录四

遗址名、地理名称、人名对译表

遗址名、考古学文化名

阿卜拉莫夫卡3号遗址 Абрамовка-3

阿努钦诺4号遗址 Анучино-4

巴拉巴什5号遗址 Барабаш-5

鲍里索夫卡1号遗址 Борисовка-1

波格柳波夫卡1号遗址 Боголюбовка-1

波克罗夫卡1号城址 городище Покровка-1

博伊斯曼2号遗址 Бойсман-2

德沃良卡1号遗址 Дворянка-1

多普罗玻里耶8号遗址 Доброполье-8

戈尔巴特卡城址 городище Горбатка

戈沃兹杰沃4号遗址 Гвоздево-4

鬼门洞遗址 Чертовы Ворота

康斯坦丁诺夫卡1号遗址 Константиновка-1

科尔萨科夫卡1号遗址 Корсаковка-1

科克沙罗夫卡1号城址 городище Кокшаровское-1

克拉斯基诺城址 городище Краскинское

克拉斯诺亚罗夫斯科耶城址 городище Краснояровское

拉科夫卡10号遗址 Раковка-10

里索沃耶4号遗址 Рисовое-4

利多夫卡1号遗址 Лидовка-1

卢德宁文化 Руднинская культура

马尔加里托夫卡文化 Маргаритовская культура

马蹄山寺庙址 Копытинская кумирня

米哈伊洛夫卡3号遗址 Михайловка-3

莫纳斯特尔卡2号遗址 Монастырка-2

尼古拉耶夫卡1号遗址 Николаевское-1

普列奥布拉任尼耶1号遗址 Преображение-1
契尔良基诺2号遗址 Чернятино-2
青石崖遗址 Синие Скалы
什克利亚耶夫卡城址 городище Шекляевское
斯塔罗列钦斯克城址 городище Старореченское
苏沃罗沃6号遗址 Суворово-6
特罗伊茨基类型 Тройцкий вариант
乌杰斯诺伊4号遗址 Утесное-4
乌斯季诺夫卡4号遗址 Устиновка-4
乌斯季—乔尔纳亚城址 городище Усть-Чёрная
锡涅利尼科沃1号城址 Синельниково-1
锡尼盖A遗址 Синий Гай А
谢尔盖耶夫卡1号遗址 Сергеевка-1
谢尼基那·沙普卡遗址 Сенькина Шапка
新戈尔杰耶夫卡2号城址 Новогеоргиевка-2
杏山寺庙址 Абрикосовская кумирня
杨树湖遗址 Осиновое Озеро
伊利斯塔亚1号遗址 Илистая-1
扎格罗德诺耶4号遗址 Загородное-4
扎普罗托奇诺耶1号遗址 Запроточное-1
扎伊桑诺夫卡1号遗址 Зайсановка-1

地 理 名 称

阿列克谢·尼克利斯克村 с. Алексей-Никольское
奥尔利哈河 р. Орлиха
巴卡拉谢夫卡河 р. Бакарасьевка
鲍里索夫玄武岩 Борисовское базальтовое
刀毕河 р. Даубихэ
格兰纳托夫卡河 р. Гранатовка
赫宁山 Хенина сопка
捷列霍夫卡村 с. Тереховка
克罗乌诺夫卡河 р. Кроуновка
拉科夫卡河 р. Раковка
拉兹多利纳亚河 р. Раздольная

里米切夫卡 Лимичевка

利涅维奇村 с. Линевичи

列富河 р. Лефу

普茨罗夫卡村 с. Пуциловка

斯特鲁戈夫卡山谷 долина Струговки

乌拉河 р. Улахэ

乌里托夫卡村 сел Улитовка

乌苏里斯克市 г. Уссурийск

锡涅罗夫卡市 г. Синеловка

小哥萨克河 р. Малая Казачка

兴凯湖 оз. Ханка

扎列奇诺耶村 деревня Заречное

人　　名

А. А. 克鲁皮扬科 Крупянко А. А.

А. А. 格拉特琴科夫 Гладченков А. А.

А. А. 希林 Сирин А. А.

А. В. 珀斯特尼科夫 Постников А. В.

А. В. 梅尔兹利亚科夫 Мерзляков А. В.

А. В. 加尔科维克 Гарковик А. В.

А. Л. 亚历山大罗夫斯基 Александровский А. Л.

А. Л. 伊夫里耶夫 Ивлиев А. Л.

А. Н. 波波夫 Попов А. Н.

А. Н. 苏沃洛娃 Суворова А. Н.

А. М. 库兹涅佐夫 Кузнецов А. М.

А. М. 斯列普佐夫 Слепцов А. М.

В. А. 科里曼诺夫 Климанов В. А.

В. А. 拉科夫 Раков В. А.

В. В. 安念科夫 Анненков В. В.

В. В. 科里缅克 Клименко В. В.

В. Д. 史维德卡娅 Швыдкая В. Д.

В. И. 博尔金 Болдин В.И.

В. И. 季亚科夫 Дьяков В. И.

В. И. 雷索夫 Лысов В. И.

В. И. 尼古拉耶夫 Николаев В. И.

В. Н. 沃罗什洛夫 Ворошилов В. Н.

В. Н. 多布罗霍托夫 Доброхотов В. Н.

В. П. 阿列克谢耶夫 Алексеев В. П.

Г. И. 安德烈耶夫 Андреев Г. И.

Д. А. 科罗珀特金 Кропоткин Д. А.

Д. Л. 布罗江斯基 Бродянский Д. Л.

Д. М. 别洛夫 Белов Д. М.

Е. А. 谢尔古舍娃 Сергушева Е.А.

Е. Б. 克鲁缇赫 Крутых Е. Б.

Е. В. 阿斯塔申科娃 Асташенкова Е.В.

Е. В. 格卢什克 Глушко Е. В.

Е. В. 希多连科 Сидоренко Е. В.

Е. И. 格尔曼 Гельман Е.И.

Е. И. 杰烈维扬科 Деревянко Е.И.

Е. И. 克留奇科 Крючко Е. И.

Е. И. 维别尔 Вебер Е. И.

Е. Р. 安德烈耶娃 Андреева Е. Р.

Е. Ю. 列别捷娃 Лебедева Е. Ю.

И. В. 格利达索娃 Гридасова И. В.

И. Г. 格沃兹捷娃 Гвоздева И. Г.

И. М. 波克罗夫斯卡娅 Покровская И. М.

И. Ю. 斯列普佐夫 Слепцов И. Ю.

Л. Н. 别谢德诺夫 Беседнов Л. Н.

М. А. 斯托亚金 Стоякин М. А.

М. С. 利亚谢夫斯卡亚 Ляшевская М. С.

Н. А. 多罗费耶娃 Дорофеева Н. А.

Н. А. 霍津斯基 Хотинский Н. А.

Н. А. 克柳耶夫 Клюев Н. А.

Н. А. 科诺年科 Кононенко Н. А.

Н. А. 鲁达娅 Рудая Н. А.

Н. В. 乌先科 Усенко Н. В.

Н. Г. 阿尔杰米耶娃 Артемьева Н. Г.

Н. Е. 利阿博金娜 Рябогина Н. Е.

Н. Н. 卡丘拉 Качула Н. Н.

О. В. 扬希娜 Янщина О. В.

О. В. 博基 Бокий О. В.

О. Л. 莫列娃 Морева О. Л.

О. С. 加拉克季奥诺夫 Галактионо О. С.

Р. В. 费德罗娃 Федорова Р. В.

С. А. 戈尔巴连科 Горбаренко С. А.

С. А. 谢苗诺夫 Семенов С. А.

С. В. 巴塔尔舍夫 Батаршев С. В.

С. В. 科瓦连克 Коваленко С. В.

С. Д. 普罗科别茨 Прокопец С. Д.

С. Н. 伊万诺夫 Иванов С. Н.

С. С. 马尔科夫 Малков С. С.

Т. А. 奇基舍娃 Чикишева Т. А.

Т. Г. 布奇 Буч Т. Г.

Т. И. 彼得连科 Петренко Т. И.

Т. П. 萨夫琴科 Савченко Т. П.

Ф. Ф. 布谢 Буссе Ф. Ф.

Э. Г. 伊斯托敏娜 Истомина Э. Г.

Ю. А. 米基申 Микишин Ю. А.

Ю. Г. 尼基京 Никитин Ю.Г.

Я. В. 库兹明 Кузьмин Я. В.

Я. Е. 皮斯卡廖娃 Пискарева Я.Е.

安载弼 Ан Чэпиль

成正镛 Сон Чонён

池炳穆 Джи Бён Мок

洪亨雨 Хон Хёну

金东勋 Ким Донхуном

金恩国 Ким Ынгук

金景爱 Ким Кён Э

金天 Ким Ханыль

金王国 Ким Ванкук

金钟福 Ким Чон Бок

李成制 Ли Сонджэ

李圭勋 Ли Гю Хун

李敏英 Ли Мин Юн

李相俊 Ли Санджун
李宇硕 Ли Ву Соп
李智英 Ли Джи Ён
梁时恩 Ян Сиын
林驽丽 Им Ну Ри
刘恩植 Ю Ыи Сик
南皓贤 Нам Хо Хёном
申允俊 Син Юн Чжун
尹光进 Юн Кван Джин
尹亨俊 Юн Хён Чжун
赵炳诺 Чо Бённо
赵相基 Чо Санги
郑熺培 Чжун Сук Бэ
郑允熙 Чон Юнхи